Mama Flora

Des mêmes auteurs :

Queen, Plon, 1994.

ALEX HALEY
DAVID STEVENS

Mama Flora

Roman

traduit de l'anglais (États-Unis)
par Ania Cambau et Béatrice Vierne

PLON

Titre original :
Mama Flora's Family.

ISBN édition originale : Scribner, New York : 0-684-83471-5
ISBN : 2.259.19012.X

PREMIÈRE PARTIE

Flora

1

Le jour tombait et le petit Willie n'était pas encore rentré.

Flora, sa maman, jeta un nouveau coup d'œil par la fenêtre et, ne l'apercevant pas, elle sentit son estomac se nouer, sensation ancienne et familière.

Ouvrant la porte, elle appela à travers la moustiquaire.

« Willie ! »

Elle compta jusqu'à dix. Le soleil disparut au-dessous de l'horizon.

« Willie ! lança-t-elle une seconde fois, sans pouvoir chasser de sa voix une peur déguisée en colère. Tu m'entends, garnement ? Willie ! »

Toujours aucun signe de lui, mais elle voyait le soleil se coucher, et ce phénomène était son ennemi ; l'approche de l'obscurité lui faisait peur.

La lumière du jour n'était pas son amie, ni celle d'aucun des Noirs qu'elle connaissait, mais la nuit était un lieu effrayant. C'était la nuit qu'il arrivait du mal. Tous les malheurs qui avaient frappé Flora au cours de sa vie étaient survenus la nuit. Ses grands-parents, anciens esclaves, appelaient la nuit « les Heures du diable », et ils lui parlaient de tous les Noirs, esclaves et plus tard affranchis, qui, une nuit, avaient purement et simplement disparu à tout jamais. Sous bien des rapports, ses grands-parents trouvaient la liberté pire que l'esclavage, parce que au moins les esclaves avaient une certaine valeur aux yeux de leurs maîtres, ne serait-ce qu'à titre de cheptel.

L'affranchissement avait amené avec lui les sombres cavaliers de la nuit, qui fondaient sur les Noirs à la moindre faute, réelle ou imaginaire, et qui les emportaient pour les brûler, les pendre ou les noyer. Les premiers cauchemars de Flora résonnaient des cris silencieux de dizaines de milliers de disparus assassinés, lançant leur plainte du fond du puissant Mississippi, dont les eaux leur avaient servi bien malgré eux de tombeau. Sa Gran'ma appelait ces cris « la berceuse du Delta » ; Flora y avait trouvé une cible pour sa peur, et cette cible était blanche.

Élevée dans cette peur, et dans la croyance qu'elle n'était en sécurité qu'au milieu de ses semblables, elle s'était trouvée sans défense face à Lincoln, qui était de sa race et qui était venue la trouver la nuit. Lincoln avait usé de son charme pour la persuader de lui accorder ce qu'elle avait de plus précieux, et à la naissance de l'enfant il le lui avait volé et avait chassé Flora de chez elle.

C'était la nuit que le train qui l'avait emportée loin du Mississippi avait quitté la gare. Flora avait attendu à minuit, sans personne d'autre à ses côtés que sa maman et sa petite sœur Josie pour lui souhaiter bon voyage. Son père était parti depuis longtemps, nul ne savait où, vers le Nord, probablement, à Chicago ou à Detroit, et ses grands-parents étaient vieux et infirmes.

Flora avait grandi dans un minuscule hameau de moins de cinquante âmes, et elle ne supportait pas l'idée d'arriver, seule et sans amis, dans une grande ville comme Memphis. Au petit matin, le train s'arrêta à Stockton, dans le Tennessee, et elle prit sa décision. Elle descendit et se rendit jusqu'à l'église, où la femme du pasteur lui trouva une chambre dans une pension peu coûteuse. Flora accepta tout le travail qu'on lui proposait, des heures de ménage à l'hôpital, laver et repasser des chemises pour des Blancs, ou encore planter et cueillir le coton en saison. Les gens qu'elle côtoyait à l'église étaient gentils et Flora se créa un semblant d'existence, mais elle fermait toujours sa porte à clef la nuit.

À cause de Lincoln, elle se méfiait des hommes, et pendant cinq ans elle vécut sans en approcher un seul de près, mis à part le révérend Jackson.

Et puis elle rencontra Booker. C'était un métayer, un beau garçon, même s'il ne l'était plus désormais que dans ses souvenirs dorés, l'homme dont rêvent toutes les jeunes femmes. Ils se marièrent, et pendant quelque temps Flora fut heureuse.

La nuit lui enleva Booker peu après la naissance de leur fils, Willie. Ils n'étaient pas responsables de la tragédie qui les frappait, car personne n'aurait pu se donner plus de mal qu'eux deux pour tirer quelque chose de presque rien, de ce coton duveteux, blanc et doré, qui leur permettait tout juste de ne pas mourir de faim. Leur tragédie, c'était d'être nés pauvres et noirs dans un monde gouverné par les Blancs, et ils n'avaient aucun moyen d'échapper ni à l'une ni à l'autre condition.

Willie représentait encore une bouche à nourrir, alors qu'ils n'avaient rien à manger. Dans leur désespoir, ils imaginaient un avenir plus désolant encore que la pauvreté.

Booker était jeune et fort, prêt à mettre ses muscles au service de tout ce qui pourrait lui rapporter de l'argent, mais l'hiver, dans une petite ville du Sud, est un pourvoyeur bien avare. Booker dériva vers le monde crépusculaire et commença à « faucher du coton », dérobant, au plus noir de la nuit, des quantités pitoyables de la récolte à venir, afin de nourrir sa femme et son fils.

Il se fit prendre et abattre.

Il parvint à se traîner jusqu'à la petite cabane qu'il appelait « sa maison », où l'attendait Flora, et il mourut dans les bras de celle qui l'aimait. Ne sachant quoi faire, ni vers qui se tourner, Flora rampa jusqu'au cageot de pommes qui servait de berceau à son fils, le serra contre son sein et l'y garda toute la nuit, le protégeant des ténèbres — du moins l'espérait-elle — à côté du cadavre de son père.

À présent, Willie avait dix ans, il faisait presque nuit, et il n'était pas rentré.

Flora ouvrit brusquement la moustiquaire avachie et sortit sur la minuscule terrasse couverte, derrière la maison. Elle porta les mains à sa bouche pour former un porte-voix.

« Écoute bien, Willie T. Palmer ! hurla-t-elle. Si tu reviens pas tout de suite, je m'en vais te frotter l'échine ! Wil-lie ! Rentre à la maison ! »

De l'autre côté de la rue, Pearl, l'amie de Flora, gloussa pour elle-même, douillettement enfermée dans sa propre petite bicoque.

« Ce Willie, dit-elle à la cantonade, il me la fera mourir, ma Flora. »

En marmonnant, Flora entreprit de mettre un peu d'ordre sur la terrasse déjà parfaitement rangée. Elle descendit la vieille bassine en fer-blanc de son clou, avant de la suspendre à nouveau. Elle changea de place le vieux balai usé, pour ne pas dire hors d'usage. Elle réinstalla les quelques légumes qu'elle avait à vendre, les tresses d'oignons rouges et de piment séchés.

Elle fit tout cela machinalement, sans rime ni raison, car elle ne cessait d'observer le crépuscule qui s'épaississait.

« Tous les jours, faut que je l'appelle à tue-tête, déclara-t-elle aux bouquets de sauge qu'elle faisait sécher pour assaisonner les saucisses. Et lui, il reste à courir avec tous ces jeunots, jusqu'au moment où il revient ici mort de fatigue et de faim. »

Son regard fouilla encore une fois le paysage, au-delà de son potager. Aucun signe de son fils.

« Il refuse d'étudier, dit-elle d'un ton geignard aux épis de maïs. Mais il les apprendra ses leçons, même si je dois l'écorcher vif ! »

Elle rentra dans la cuisine en claquant la porte. Avec un peu de chance, peut-être resterait-il un peu de Pepto Bismol pour son estomac désormais en révolution, sinon elle prendrait du lait. C'était un ulcère, à ce que disait Pearl, dû au souci qu'elle se faisait, et rien ne pouvait la soulager à l'exception de l'épais liquide rose ou d'un verre de lait froid. Il fallait aussi mâcher quarante fois chacune des bouchées qu'elle avalait, mais comment se rappeler une chose pareille avec autant de corvées à faire et bien d'autres tracas en tête ?

Elle l'entendit avant de le voir : la respiration haletante qui se rapprochait et le claquement des pieds nus contre le sol. Il entra en trombe par la moustiquaire ; à dix ans, Willie était un véritable petit paquet d'énergie, débordant momentanément de contrition.

Flora l'empoigna sans lui laisser le temps de prononcer un mot, la crainte totalement supplantée par la colère à l'idée de l'inquiétude qu'il lui avait causée.

« Où t'étais ? hurla-t-elle en lui allongeant une taloche, sans taper trop fort. Moi qu'ai passé ma soirée à m'égosiller ! Combien de fois je t'ai dit que tu devais être rentré avant le coucher du soleil ? »

Elle lui administra une autre taloche, toujours sans taper trop fort, et Willie poussa un nouveau glapissement.

« J't'ai pas entendue, Maman ! s'écria-t-il. J'te jure que j't'ai pas entendue ! »

Cela devint une espèce de jeu, comme ils le savaient tous deux d'avance, c'était toujours comme ça ; mais un jeu dont la raison d'être était sérieuse, car il exprimait l'amour de la seule façon que connaissait Flora. Willie s'échappa de ses griffes et tenta de se réfugier derrière les meubles, tandis que sa mère le pourchassait, en lui collant des taloches chaque fois qu'elle le pouvait, mais sans taper trop fort.

« Regarde-toi donc ! Plus je lave, plus tu te salis ! » Elle pointa un doigt accusateur vers la culotte en coton qui descendait jusqu'aux genoux et la chemise à col ouvert, maculées de poussière. «Tu crois que je dis ça pour m'amuser, pas vrai ? Viens ici tout de suite, lave-toi et mets-toi à table. »

Sa colère retombait, et elle reporta son attention sur la marmite de haricots beurre qui frémissait sur le fourneau.

« Je te fais à manger, et puis après il faut que je te coure derrière. » Elle le menaça de sa cuiller en bois. « Tu m'entends, dis ? Où t'étais ? »

Willie s'approcha de l'évier, le dos collé au mur pour éviter la cuiller.

« Oui, M'man, oui, M'man, je t'entends, dit Willie, se dépêchant de se laver, afin d'apaiser sa mère avant de lui annoncer la bonne nouvelle. On était là-bas, près de la voie ferrée, on cherchait de la ferraille. J'ai gagné des sous, M'man... »

Il fut récompensé par une tape sur le derrière avec la cuiller en bois.

« Du vol, déclara Flora, vous faites rien que de la voler, c'te ferraille. Je t'ai déjà dit ce que j'en pensais, mon garçon. Je vais te mettre en pièces ! »

Les mains mouillées, Willie esquiva lestement la cuiller par un petit pas de danse. Il fouilla dans sa poche et en sortit une pièce de vingt-cinq *cents* et une de cinq.

« C'était pas sur la voie ferrée, Maman, c'était sur le talus. On l'a vendue chez le ferrailleur. Il m'a donné trente *cents* ! »

Il jeta l'argent sur la table, se tenant toujours hors de portée de la cuiller en bois. Le tintement des pièces calma un peu Flora et, dans sa tête, elles filèrent directement dans le pot à confiture rempli de monnaie qu'elle gardait enfoui dans son jardin.

Dieu sait qu'ils en avaient besoin ! Jamais Flora n'avait connu des temps aussi durs. Un an plus tôt, il y avait eu une catastrophe à New York, dans ce lieu appelé Wall Street, et depuis le travail se faisait de plus en plus rare. Flora ne lisait pas les journaux, parce qu'elle ne lisait pas très bien et qu'ils coûtaient trop cher, mais la rumeur publique était sa messagère. Elle entendait parler de centaines, et même de milliers de chômeurs dans les grandes villes. Elle entendait parler d'émeutes, de distributions de pain, de soupes populaires. Elle savait que la crise devait être gigantesque, du fait qu'elle touchait même la communauté blanche de Stockton, que Flora avait toujours crue pleine aux as et inaccessible aux problèmes d'argent. Un nombre croissant de vagabonds traversait la ville, en route pour Dieu sait où, n'importe où, la Californie le plus souvent, où il y aurait peut-être du travail. Le fait qu'ils étaient blancs pour la plupart sidérait Flora, et quelquefois elle éprouvait une espèce de satisfaction à se dire que ces gens fiers et cruels en étaient réduits à une telle misère.

Pourtant, son cœur saignait pour les Noirs de Stockton, qui, à son avis, étaient les plus touchés par la crise. Le prix du coton était tombé plus bas que jamais, et les hommes par dizaines n'arrivaient pas à trouver le moindre travail. Parmi les Blancs qui employaient Flora comme blanchisseuse, beaucoup avaient diminué la quantité de linge qu'ils lui confiaient ou carrément supprimé cette dépense, et elle savait que certaines de ses clientes blanches en étaient désormais venues — chose impensable — à faire leur propre lessive. Flora avait gardé presque toutes ses heures de ménage, mais même dans ces maisons-là elle entendait parler à voix basse d'ennuis d'argent, si bien qu'elle n'était pas peu fière de pouvoir encore mettre sur la table de quoi nourrir son garçon.

Mais cela, elle ne le dit pas à Willie. Si grande que fût leur misère, il resterait honnête.

« Je m'en fiche de ce qu'on t'a donné, dit-elle en regagnant le fourneau et la marmite qui bouillonnait. C'est du vol. Si tu repars faire des tiennes du côté de la voie ferrée, je te roue de coups. Bon, maintenant va donc finir de te laver et mets-toi à table pour manger. Après, tu feras tes devoirs. »

Willie obtempéra, espérant bien avoir gagné.

« Maman, c'est vendredi aujourd'hui, dit-il d'un petit air satisfait. Y a plus d'école avant lundi. »

Mais c'était une guerre qu'il avait perdue d'avance.

« Tais-toi donc ! aboya Flora. Tu feras tes devoirs ce soir. Vous autres, jeunots, vous allez courir dehors toute la journée de demain, et j'ai pas l'intention de te supplier de pas travailler le dimanche. Pas tant que je m'échine ici à laver et à repasser les affaires de tous ces Blancs pour essayer de joindre les deux bouts. Je te dis que tu vas te mettre du savoir dans le crâne, même si je dois le faire entrer à coups de taloches ! »

Et histoire de bien se faire comprendre, elle lui assena un dernier coup sur la tête avec sa cuiller, puis elle lui tourna le dos. Elle servit pour Willie une grosse assiettée de haricots beurre et d'okras, cuits avec un morceau de petit salé, et une plus petite pour elle-même.

Elle posa les assiettes sur la table, mais avant de s'asseoir pour manger elle s'en fut fermer à clef la porte de derrière.

Ni l'un ni l'autre ne ressortirait ce soir. Elle s'assit en face d'un Willie reluisant de propreté, qui inclina la tête.

« Que le Seigneur nous rende sincèrement reconnaissants de ce que nous allons recevoir », récitèrent-ils à l'unisson.

Tout en prononçant ces paroles, Flora regardait son fils et voyait en lui l'enfant qu'avait dû être son défunt mari. Elle était fière de lui et de toute l'instruction qu'il avait déjà, mais que ni Booker ni elle-même n'avaient jamais reçue.

Sa volonté inébranlable lui venait de Booker. En regardant Willie, Flora croyait encore entendre la voix de son mari :

« Ce gamin, on va lui faire donner de l'instruction, pour qu'il aille plus loin que nous. »

Il avait dit ces mots le jour où elle lui avait annoncé qu'elle était enceinte, et par la suite il les avait répétés au moins une fois par semaine — quelquefois même quotidiennement, lui semblait-il —, jusqu'au jour de sa mort.

Ils dînèrent dans un silence presque complet, car Willie sentait que sa maman ne lui avait pas tout à fait pardonné d'être rentré si tard. Il savait qu'elle avait peur de la nuit, et même s'il trouvait cela idiot — il était avec ses copains, il ne courait aucun risque — il respectait cette peur.

Quand ils eurent fini de manger, Flora fit la vaisselle, et sans se soucier du fait que c'était vendredi elle obligea Willie à se pencher sur ses livres. Cela faisait partie de sa punition. Ensuite, avant de l'envoyer au lit, elle lui raconta quelques histoires des sombres méfaits de la nuit, des histoires qu'elle avait entendues dans son enfance de la bouche de sa propre mère et de ses grands-parents, de ces choses qu'un enfant noir du Sud devait savoir et que Flora parait de sinistres couleurs pour mettre son fils en garde.

Elle finit par sombrer dans le silence. Les histoires avaient eu un autre effet que celui qu'elle recherchait. Les souvenirs de sa maman et de ses grands-parents affluaient à sa mémoire, les souvenirs de son enfance dans le Mississippi, traînant dans leur sillage le souvenir de ce démon de Lincoln qui lui avait volé son premier-né. Les larmes lui brûlaient les yeux.

Sans dire un mot, Willie remplit une cuvette d'eau et l'apporta auprès de sa mère. Il la posa à côté d'elle, se mit à genoux et, prenant un linge, il lava les pieds douloureux de Flora.

Il fit cela parce qu'il savait qu'elle était fatiguée et que ses pieds lui faisaient mal. Il fit cela parce qu'il lui savait gré de tout ce qu'elle faisait pour lui. Il fit cela parce qu'il l'aimait et qu'il voulait lui prouver son amour.

Et il fit cela aussi parce qu'il espérait qu'elle le laisserait quitter l'école. Mais il ne le dit pas. Pas encore.

Flora le regardait fixement tandis que ses mains douces lui massaient les pieds — exactement comme Jésus, se dit-elle. Son cœur était embrasé d'amour.

Quand il eut fini, Willie resta assis par terre.

« Billy Nelson, il viendra plus à l'école », marmonna-t-il.

Flora le dévisagea, sans vouloir croire qu'il n'avait été bon que pour être cruel. Elle savait précisément de quoi il était question. Il y avait déjà eu plusieurs fois des allusions du même genre, et elle savait que peu à peu le subtil sous-entendu se transformerait en requête ouvertement formulée.

« Non, dit-elle.

— Mais pourquoi, M'man ? pleurnicha Willie. J'suis bien assez vieux.

— Parce que j'ai dit non ! » aboya Flora, en se demandant pourquoi il n'arrivait pas à comprendre l'importance de l'instruction et des rêves qu'elle faisait pour lui. Il soutint son regard, tournant vers elle deux yeux têtus et suppliants, et un minuscule éclair enflamma le cœur de Flora, car c'était exactement l'expression de Booker.

« C'était le rêve de ton papa », chuchota-t-elle.

Willie le savait. Il l'avait entendu dire tous les jours de sa vie. Seulement ce rêve allait contre une réalité toute simple.

« Mais je suis bon à rien à l'école. »

Elle lui donna une petite claque, sans le quitter des yeux, comme pour l'obliger à s'instruire. « Tu seras un bon élève. Tu vas étudier, tu vas avoir des bonnes notes, et, que le bon Dieu me vienne en aide, tu iras à l'université. »

Willie lui rendit son regard et Flora lut dans ses yeux quelque chose qui l'effraya. Parce qu'un jour elle ne pourrait peut-être pas y résister.

Ce quelque chose, c'était le rire. C'était avec cette arme que Booker avait eu raison d'elle dans tous leurs désaccords.

Cette lueur coquine dans le regard de Willie se transforma en un large sourire, puis en un gloussement, et elle rit avec lui, parce qu'elle l'aimait. L'heure n'était pas encore venue de se disputer. Il n'était pas encore au bout de ses années d'enfance.

« File donc au lit, dit-elle. Y aura des tas de choses à faire demain. »

Willie s'étira en bâillant, il l'embrassa, lui dit qu'il l'aimait, et elle hocha la tête, parce que à ce moment précis — exception faite pour cette histoire d'école — tout allait bien pour elle. C'était la nuit, mais Willie était rentré et la porte était fermée à double tour.

Il passa sur la terrasse fermée qui lui servait de chambre à coucher, et Flora resta assise quelque temps à songer au passé, s'autorisant à faire pour le bonheur de Willie quelques rêves dont elle savait bien, au fond de son cœur, qu'ils ne rimaient à rien.

Depuis le jour où elle avait inscrit Willie à l'école communale de Stockton pour les enfants de couleur, quand il avait six ans, Flora avait veillé à ce qu'il ne manquât pas un seul jour, pour quelque raison que ce fût, à moins d'être authentiquement malade ; et au début il n'avait pas demandé mieux que d'aller à l'école, même s'il n'était guère brillant. Une fois par hasard, il obtenait un résultat dont elle pouvait se vanter auprès de ses amies.

« Saperlipopette, dit-elle un jour à Pearl, figure-toi que mon garçon m'a parié cinq *cents* que des haricots ça commençait pas par un "z" et qu'il me l'a prouvé dans un livre. »

Mais si de tels exploits étaient rares et si elle en était fière, ils ne suffisaient pas, ils étaient même loin de suffire. Les notes de Willie étaient des plus moyennes, mais Flora refusait pourtant de le laisser quitter l'école

…tenant, dans sa dixième année, comme le faisaient …upart de ses camarades, afin de travailler aux …nps et d'arrondir les fins de mois de leur famille. Ce n'était pas pour cela que Flora s'échinait tout au long de la journée, ce n'était pas pour voir son garçon cueillir le coton. Elle voulait mieux que cela pour lui, même si elle commençait à comprendre qu'il voulait autre chose pour lui-même. Elle se laissait aller à imaginer qu'il resterait à l'école et que peut-être, le temps aidant, il ferait mieux encore. Il y avait des universités pour les jeunes Noirs, et s'il travaillait dur, s'il obtenait de bonnes notes — et une bourse —, Willie serait accepté comme étudiant. Il décrocherait son diplôme, et ensuite il trouverait du travail, un travail sûr, bien payé, pas un de ces boulots qui dépendent des saisons ou du bon vouloir des Blancs, et alors il serait bien plus que tout ce que sa mère et son père auraient pu imaginer.

Mais pas plus que ce qu'ils auraient rêvé. Elle était fermement résolue, ne fût-ce qu'en souvenir de son mari, à pousser Willie vers l'instruction, de toutes ses forces, et si plus tard, d'ici à quelques années, il se révoltait contre elle, il devrait se battre pied à pied.

Quand Booker était mort, Flora avait cru qu'elle ne supporterait pas de continuer à vivre. Elle avait clamé son chagrin à Jésus, et Jésus, honteux peut-être de ce qu'Il avait fait, S'était radouci et avait été bon pour elle. Il était incapable de soulager sa souffrance — ce vide atroce, cuisant qui l'engloutissait, et qui, comme une marée imprévisible, revenait s'abattre sur elle pendant des jours, des semaines, des mois, des années peut-être — mais, pour l'amour du petit Willie, Il lui donna le force de continuer seule, sans Booker, la lutte pour la vie.

Quand Flora regardait son fils, elle ne voyait que son bien-aimé mort, et elle l'éleva selon l'image qu'elle avait gardée de lui, sans se douter qu'aucun garçon ne peut s'épanouir et devenir un homme sous une lumière aussi implacable.

2

Il ne lui restait plus qu'à songer à Dieu, et puis elle aurait terminé sa journée.

Flora parcourut du regard sa cabane propre et ordonnée ; elle rangea les livres de Willie, les empila sur la table, pour être sûre qu'il les verrait le lendemain matin, en prenant son petit déjeuner, et qu'ils viendraient lui rappeler tout ce qu'il avait encore à apprendre.

Elle ramassa ses chaussures et les emporta dans sa chambre minuscule, avec son lit à une place. Elle glissa les souliers sous le lit et se déshabilla lentement, pliant avec soin chacun de ses vêtements avant de les ranger dans la petite commode. Sur la commode, il y avait une photo de Willie, avec tous les enfants de son école. De bons petits Noirs des deux sexes, bien débarbouillés, bien tenus, vêtus des plus beaux habits que leurs parents démunis pouvaient leur offrir en ce jour important, le jour de la photographie scolaire ; les fillettes si jolies, avec leurs nattes serrées dans des rubans, hésitant entre la timidité et le fou rire, les garçons le regard exorbité, comme s'ils n'avaient jamais vu d'appareil de photo de leur vie, ce qui était d'ailleurs le cas pour beaucoup d'entre eux.

Tous sauf Willie. Il se tenait en plein milieu des trois rangées d'élèves, et quand le déclic avait retenti il était le seul à regarder ailleurs.

Le mince rideau de coton ne suffisait guère à cacher la nuit au-dehors, alors Flora éteignit l'éclairage, une simple ampoule qui pendait à son fil au milieu de la pièce et jetait une lumière crue. Un jour, c'était promis, elle s'achèterait un abat-jour pour l'atténuer, ou peut-être même une lampe de chevet, mais pas tout de suite. Il fallait d'abord payer les études de Willie.

Il filtrait assez de clair de lune, sans compter la pâle lueur d'un lointain réverbère, pour lui permettre de se déplacer sans difficulté. Elle enfila sa chemise de nuit en flanelle, rendue diaphane par d'innombrables lavages, elle ôta sa culotte, et se servit du pot de chambre. La nuit, elle n'aimait pas utiliser le cabinet d'aisances au fond du jardin. Elle s'assit un moment sur son lit, pour brosser ses cheveux courts. Le matelas en crin de cheval était bosselé, l'unique oreiller peu accueillant, vétuste et rêche, mais jamais elle n'avait connu de lit plus douillet, sauf avec Booker à ses côtés.

Une partie d'elle souffrait de ne plus le sentir là, si grand, prenant presque toute la place, avec ses bras chauds qui l'étreignaient, offrant un havre de paix où, tel un minuscule radeau, elle était en parfaite sécurité. Son odeur lui manquait, sa présence, le contact de sa peau sous ses mains. Elle n'avait pas cherché un autre homme dans sa vie, parce que Willie était toute sa vie, et qu'elle ne penserait pas à elle-même tant que ce devoir-là ne serait pas rempli.

Mais elle se sentait seule, et Booker lui manquait, alors elle se tourna vers Dieu.

Elle se leva, remit la brosse à sa place, et s'agenouilla à côté du lit. Une seule image ornait le mur. C'était Jésus, c'était ainsi qu'Il était, et elle savait qu'elle Le reconnaîtrait en ce jour béni où elle se tiendrait à Ses côtés et où Il plaiderait sa cause pour qu'on la laissât entrer au royaume des cieux.

Elle se mit à prier Jésus, car c'était Sa voix à Lui que Dieu entendait. Elle pria pour Willie, pour qu'il devînt meilleur élève. Elle pria pour sa sœur, Josie, qui n'allait pas bien, et pour le mari de Josie, et pour leur enfant, Ruthana. Elle pria pour son amie Pearl, afin qu'elle trouvât un réconfort auprès du Seigneur, et elle supplia

Dieu de donner de la force au révérend Jackson. Elle fit même une prière pour Mme Hopkins, la patronne blanche pour qui elle travaillait deux matins par semaine, dans l'espoir qu'elle se montrerait moins pingre, et elle pria pour Kevin Hopkins, son fils, un enfant bien élevé, mais qui virait à l'adolescent mal embouché. Elle pria pour elle-même, implorant le pardon de ses péchés. Elle pria pour Booker, dont l'âme était au ciel. Et comme toujours, la pensée du défunt rouvrit la plaie qu'elle avait au cœur, arrachant la croûte qui s'était formée, faisant de nouveau couler le sang. Elle pria pour son bébé inconnu.

Elle ne savait pas où il était, ni ce qu'il était devenu. Il représentait sa vie d'antan, avant de s'installer à Stockton, de rencontrer Booker, d'avoir Willie, mais la douleur de ne pas savoir, de n'avoir même pas pu voir l'enfant qu'elle avait porté, ne la quittait jamais.

En dernier lieu, elle pria pour son peuple, pour tous les gens de couleur d'Amérique, dans l'espoir que Dieu se montrerait miséricordieux envers eux, elle pria dans l'espoir qu'ils trouveraient enfin le chemin qui mène à Jésus.

Car cela devait arriver. Le jour viendrait où Dieu ferait preuve de mansuétude et pardonnerait à Ses enfants un péché qu'ils n'avaient même pas commis. Le Gran'pa de Flora lui avait tout raconté quand elle était petite.

Cham, fils de Noé, s'était moqué de son père et Dieu l'avait chassé jusqu'en Afrique. Cham et ses enfants avaient renié Dieu et adoré de fausses idoles, et leurs enfants, et les enfants de leurs enfants, et toutes les générations futures devaient expier ce grave péché, le payer de leur sang et de leur souffrance. C'était pour cette raison que Dieu avait toléré de voir la postérité de Cham réduite à l'esclavage, lui avait dit son Gran'pa. Le pardon ne leur serait accordé que quand tous les descendants de Cham seraient devenus les fidèles de Jésus.

Le grand-père de Flora lui avait dit qu'elle devait aimer Jésus et craindre Dieu, afin d'aider le peuple noir dans son grand voyage vers le repentir.

Flora trouvait cette idée parfaitement sensée. Comment croire, autrement, que Dieu serait si cruel ? Que Dieu laisserait le Blanc exercer une telle domination sur les Noirs, si ce n'était pas la voie de la rédemption ? Alors elle aimait Jésus de tout son cœur et elle craignait Dieu, et elle était prête à endurer tous les maux dont Il la frapperait, pourvu qu'un jour, dans un futur lointain, tous les Noirs du monde pussent retrouver grâce à Ses yeux.

Elle aurait tant voulu croire que cela arriverait de son vivant, mais elle en doutait fort. Il y avait trop de gens à ramener vers Jésus. Son grand-père lui avait parlé de gens de couleur qui ne croyaient pas, et d'autres, récemment affranchis de l'esclavage, qui voulaient retourner en Afrique et revenir aux coutumes païennes. Et le révérend Jackson lui avait révélé l'impiété des grandes cités d'Amérique — Chicago, New York et Philadelphie. Même à Memphis, tout près de chez elle, la luxure s'étalait au grand jour ; des hommes noirs faisaient étalage de leurs appétits charnels en s'abandonnant à des musiques et des danses lascives, et des femmes noires, pécheresses déchues de l'état de grâce, que leur propre salut n'intéressait absolument pas, vendaient leurs corps.

Flora s'était écartée du droit chemin jadis, il y avait bien longtemps, et elle avait passé le restant de sa vie à s'en repentir humblement. Le bébé qu'elle n'avait jamais vu, arraché de ses bras et confié aux soins d'une autre, était un des châtiments par lesquels elle expiait son péché. Booker, elle en était sûre, lui avait été enlevé pour la même faute. Et elle vivait dans la terreur morbide de se voir maintenant reprendre Willie ; elle redoutait de le voir sortir un après-midi, comme aujourd'hui, afin d'aller chercher de la ferraille près de la voie ferrée avec ses amis, pour ne plus jamais revenir.

Mais elle ne voulait pas marchander avec Jésus, ni avec Dieu. Elle n'était pas peu fière du fait qu'elle avait si bien survécu, en dépit de toutes les cruautés dont Dieu avait parsemé son chemin. C'était pour la mettre à l'épreuve, pour éprouver sa foi et sa force. Eh bien, elle en avait de la foi et elle était forte. Contre toute attente, elle avait élevé un garçon vertueux, qui craignait Dieu, et lui avait offert un foyer propre et bien tenu. Ils avaient de quoi manger à leur faim. Le pot à confiture, où elle mettait les pièces de un et de cinq *cents* et qu'elle gardait enfoui dans la terre du jardin, était à moitié plein. Willie et elle allaient à l'église tous les dimanches et tous les jours de fête, ils assistaient à toutes les fêtes paroissiales organisées par le pasteur, et parfois Flora, dans une transe d'adoration, se pâmait d'émerveillement devant l'œuvre du Tout-Puissant. Peut-être lui avait-Il pardonné.

Ou bien attendait-Il tout simplement le moment de lui assener une nouvelle et terrible épreuve ? Elle espérait que non. Mais elle jurait aussi que si cela arrivait, si l'impensable se produisait, Dieu la trouverait à son poste. Elle endurerait ce qu'il plairait au Seigneur de lui imposer, parce que la récompense était si démesurée. Elle ne verrait pas, elle en était sûre, la Terre promise en ce bas monde, en Amérique, de son vivant. Pour cela, il faudrait que trop de choses vinssent à changer, et elle ne voyait aucun signe indiquant que tel fût le cas. Au contraire même, elles empiraient. À cause de la crise, bien des Blancs qui n'avaient jamais été bons pour les Noirs devenaient de plus en plus cruels.

Mais un jour, quand le moment serait venu, elle quitterait cette vallée de larmes pour se présenter devant le trône du Jugement et elle connaîtrait alors son triomphe. Jésus expliquerait à Son Père tout ce qu'elle avait souffert et tout ce qu'elle avait fait, et le Père saurait qu'elle, Flora, la pécheresse, était sauvée. Il l'accueillerait au paradis.

Et elle connaîtrait son jour de gloire.

3

C'était la nuit qu'il arrivait du mal, mais une fois, une bonne chose avait surgi de la nuit, une chose merveilleuse qui avait rempli Flora d'un respectueux effroi pour la majesté des voies du Seigneur.

C'était la fin de l'après-midi et Flora était fatiguée. Elle avait travaillé toute la matinée pour l'impitoyable Mme Hopkins, à faire le ménage et la lessive, soulagée de savoir le petit Kevin à l'école. Kevin et Willie avaient le même âge et c'était à cause d'eux que Flora avait été remarquée par Mme Hopkins.

Quand Booker avait été tué, Flora n'avait eu ni argent ni travail, pas même un toit au-dessus de sa tête, et son garçon à élever.

Mais elle avait du lait. Par l'entremise du révérend Jackson, elle avait été engagée comme nourrice pour Kevin Hopkins que sa mère ne parvenait pas à nourrir.

Le teint crémeux du bébé avait fasciné Flora. Il formait un tel contraste avec celui de Willie qui possédait la peau sombre de ses parents ! Assise dans un fauteuil, elle ne quittait pas Kevin des yeux pendant qu'il tétait, déroutée à l'idée que ce chérubin angélique, cette vivante image du petit Jésus, portait en lui les germes de la haine que les Blancs vouaient aux Noirs. Elle se demandait si son lait salvateur changerait plus tard la façon de penser du nourrisson. Peut-être que si elle restait auprès de Kevin elle pourrait lui inculquer un peu de bienveillance envers les Noirs et le détourner de la destinée qu'elle pressentait chez lui.

Pendant quelque temps, cet espoir avait paru réalisable. Après la mort de Booker, Flora n'avait pas été en mesure de rester dans la cabane où ils avaient vécu ensemble. On en avait besoin pour le nouveau métayer. Mme Hopkins lui avait proposé une minuscule cahute, tout au fond de son jardin, et Flora, reconnaissante, s'y était installée avec Willie. Les deux petits garçons étaient devenus des camarades de jeux, sinon des amis, et Flora adorait les regarder jouer ensemble, accroupis sur une couverture devant sa cabane, occupés à échanger d'étranges borborygmes en apprenant d'abord à ramper, puis à marcher.

Mais une fois Kevin sevré, il n'y eut plus de raison d'employer Flora à plein temps, et les Hopkins déclarèrent qu'ils avaient mieux à faire de leur cahute. Encore une fois, le révérend Jackson était intervenu et il avait persuadé Caleb Brandon de louer à Flora une vieille bicoque qu'il possédait derrière son poste à essence. Cette masure était devenue le foyer de Flora ; elle l'entretenait et la bichonnait comme si elle lui appartenait. Elle planta un potager et dépensa le peu d'argent dont elle disposait pour donner à l'endroit un semblant de propreté, sinon de confort. Plus tard, toujours par l'entremise du révérend Jackson, Caleb avait proposé à Flora d'acheter son logis. Lui n'en avait pas l'usage et le geste paraissait digne d'un chrétien. Il ne réclama aucun paiement comptant, et désormais les loyers mensuels s'additionnaient, contribuant à faire de Flora la propriétaire des lieux.

Tout cela était venu plus tard. Quand Flora avait emménagé dans sa nouvelle demeure, après avoir quitté la famille Hopkins, elle avait eu besoin de trouver du travail. Mme Hopkins lui avait proposé des heures de ménage, ainsi que du linge à laver et repasser deux fois par semaine, et Flora avait accepté le salaire de misère, en partie parce qu'elle avait besoin d'argent, mais aussi parce qu'elle aurait bien voulu garder un peu d'influence sur Kevin. Elle trouva d'autres clients, principalement en tant que blanchisseuse, et elle parvint à réunir un revenu modique qui leur permettait de ne pas mourir de faim, en allant frapper à la porte de service d'un certain nombre de familles blanches de la ville pour demander si la maîtresse de maison voulait bien lui confier l'entretien de leur linge.

Dès qu'il fut assez grand, Willie lui donna un coup de main. Elle lui dégotta, dans une vente de charité de la paroisse, une petite carriole rouge qu'il traînait de maison en maison, faisant du charme aux clientes, tandis qu'il ramassait leurs ballots de linge sale et le leur rapportait ensuite, lavé, amidonné, repassé, et soigneusement rangé dans un large panier tressé recouvert d'un linge.

« Voilà votre blanchisserie, Mamzelle Vaughan. Si vous permettez, je vais la rentrer dans votre cuisine, si c'est ce que vous souhaitez, voilà mâme. »

Et ainsi Flora survécut, mais les espoirs qu'elle avait nourris concernant Kevin furent déçus. Celui-ci, un grand garçon dodu, au gentil sourire, devint en grandissant de plus en plus méchant, travers appris ou hérité, Flora en était sûre, de ses déplaisants parents. S'il lui restait un semblant d'affection pour Flora, il ne le montrait jamais, et maintenant, à l'âge de dix ans, elle discernait chez lui, vis-à-vis des Noirs, toutes les pires tendances de sa race. Il devint pour elle un étranger agressif, qui lui parlait à peine, sauf pour lui donner des ordres ou réclamer son attention. Il la traitait de guenon ou de mal blanchie. À la moindre erreur, il se moquait d'elle et lui disait de remonter dans les arbres avec les autres singes.

Elle commença à désespérer de l'enfant qu'elle avait allaité, et elle était toujours contente, comme aujourd'hui, de le savoir à l'école pendant qu'elle faisait le ménage chez ses parents.

Elle était revenue chez elle avec un gros tas de linge sale et elle avait passé l'après-midi à laver et à rincer les trois bassines de vêtements. La première fournée était déjà sèche et elle était occupée à humecter et à rouler les vêtements, tout prêts pour le repassage.

Willie, de retour de l'école, l'avait aidée à rentrer la lessive, mais elle n'avait pas besoin de lui pour repasser, et une fois qu'il eut fini de l'aider à écosser les haricots de leur dîner, elle l'avait envoyé jouer avec ses copains.

Elle était fatiguée et se demandait si elle avait le temps de faire un petit somme, quand elle aperçut, en jetant un coup d'œil par la fenêtre, Jerry Mitchell au volant de sa camionnette, qui venait de s'arrêter juste devant chez elle.

Il ne faisait pas nuit, mais elle devina qu'il s'agissait d'une mauvaise nouvelle. Jerry était le voisin de sa sœur et elle savait que Josie n'allait pas bien.

Elle n'allait jamais bien. Enfant, dans le Mississippi, elle avait contracté une fièvre qui l'avait laissée affaiblie. Cinq ans auparavant, quand leur maman était morte, Josie était venue s'installer à Stockton, pour être près de Flora. Elle avait rencontré un bûcheron du nom de George, qu'elle avait épousé ; il gagnait tout juste de quoi vivre et habitait une petite maison à une huitaine de kilomètres de Stockton. Ils avaient eu une fille, Ruthana, âgée maintenant de deux ans, mais la grossesse et l'accouchement n'avaient pas arrangé la santé fragile de Josie.

Comme s'il était las de sa chétive épouse et refusait la responsabilité d'un enfant, George n'était presque jamais chez lui. Il passait ses longues semaines de travail dans un camp de bûcherons hanté par les moustiques, près d'un marais, et ses week-ends à Memphis à faire la bringue avec une négresse blanche dont nul n'ignorait l'existence en dehors de Josie.

Flora avait tenté de persuader sa sœur de revenir en ville, mais Josie, par loyauté envers son mari et le foyer qu'il lui donnait, avait refusé. Les métayers qu'elle avait pour voisins prenaient soin d'elle.

Donc, si Jerry était venu en ville chercher Flora, ce ne pouvait être qu'une mauvaise nouvelle. Elle le regarda garer son véhicule, pousser la barrière et s'avancer vers la porte de la cuisine.

Il n'eut pas besoin de frapper, Flora lui avait ouvert. Il porta la main à sa casquette.

« Je suis venu vous chercher, Mamzelle Flora », dit-il.

Il se tut un instant et détourna les yeux, ne sachant quoi dire. Flora attendit. Elle n'avait aucune raison de se précipiter pour entendre l'inévitable.

« Y a un petit moment de ça, M. Johnny Fisher est venu jusque chez moi sur son cheval et il m'a dit de vous prévenir au plus vite. Y a votre sœur Josie qui va bien mal, là-bas où elle habite. »

Flora devinait la vérité, mais cela n'empêcha pas son cœur de battre la chamade.

« Oh, mon Dieu ! murmura-t-elle. Elle souffre, la pauvre petite ?

— Oui, mâme. »

Jerry répugnait à lui communiquer trop de mauvaises nouvelles à la fois, mais il ne voyait pas comment l'éviter.

« Y a Mamzelle Annie Fisher qu'est assise auprès d'elle pour le moment, et le Dr Pipkin va passer, dès qu'il reviendra de la visite qu'il est parti faire. Alors j'ai demandé au patron si je pouvais vous emmener là-bas très vite dans sa camionnette. »

Ça, c'était presque la pire nouvelle de toutes. Si le patron blanc de Jerry l'avait autorisé à se servir de la camionnette, c'était que Josie devait être très malade. Flora prit ses dispositions pendant que Jerry lui parlait.

« Jerry, s'il vous plaît, traversez la rue et allez dire à mon amie Pearl où je m'en vais. Et demandez-lui aussi de faire manger Willie et de s'occuper de lui jusqu'à mon retour. Le temps que vous la préveniez, je serai prête. »

Jerry porta de nouveau la main à sa casquette et partit faire la commission. Flora retira ses fers à repasser du fourneau et déplaça la marmite de ragoût à moitié cuit vers le fond. Elle tira sur ses cheveux désordonnés, mit son chapeau et ses chaussures, et prit son mince pardessus à la patère. Elle ne savait pas du tout combien de temps elle devrait rester là-bas, et peut-être ferait-il froid le soir.

Une armure d'incrédulité vint l'envelopper. La santé de Josie leur avait toujours causé du souci, mais jamais de véritable inquiétude. Elle ne parvenait pas à se dire que la vie de sa sœur était menacée, mais pourtant le caractère urgent de la visite de Jerry et le prêt de la camionnette infirmaient son espoir.

Le crépuscule tombait quand ils arrivèrent devant la modeste maison de Josie, blanchie à la chaux. Annie Fisher sortit accueillir Flora sur la terrasse couverte.

« Je suis contente que vous soyez arrivée à temps, Flora, dit-elle. Elle est là, au lit, et elle est bien bas. Dans un état de grande faiblesse. Elle vous a réclamée chaque fois qu'elle a réussi à parler. »

Flora entendit ces mots, et la vérité qu'ils contenaient, mais elle se cramponna quand même à son incrédulité. Annie Fisher la suivit à l'intérieur, en chuchotant : « Elle se fait tant de tracas pour sa pauvre petite Ruthana. Je l'ai prise chez moi. »

Dès qu'elle entra dans la chambre de Josie, tous les espoirs qu'avait eus Flora de voir sa sœur se rétablir disparurent.

Josie gisait sur son lit, sous une mince couverture, visiblement au seuil de la mort. Elle qui avait été une si jolie petite fille, elle était à présent pâle et jaunâtre, respirant à peine. La pièce était envahie par une odeur capiteuse, qui vous prenait à la gorge et que Flora connaissait bien. Elle avait travaillé quelque temps à l'hôpital et elle avait déjà rencontré l'odeur de la mort.

Un élan déferla dans ses veines, pour l'aider dans ces moments difficiles, mais l'incrédulité persista. Elle s'assit sur le bord du lit dont les pauvres ressorts s'affaissèrent sous son faible poids, et elle se pencha pour entendre les mots que murmurait Josie.

« Flo... t'es la seule sœur que j'ai... et je te demande... »

La voix de Josie n'était plus qu'un souffle, aussi léger que l'air, presque inaudible. Flora serra sa main dans les siennes.

« Je te demande... du fond du cœur... de prendre soin de ma Ruthana... et de l'élever à ma place... »

À présent, toute espèce d'incrédulité avait quitté Flora. C'était un testament oral, un testament sacré. Flora ravala ses larmes. Elle se pencha encore plus, pour déposer un baiser sur le front brûlant de Josie, puis elle approcha ses lèvres de l'oreille de sa sœur.

« Tu sais bien que je le ferai, promit-elle, comme si c'était ma propre fille. »

Peut-être Josie sourit-elle, c'était difficile à savoir, mais elle parut satisfaite par le serment de Flora.

Tandis que le jour devenait nuit, Flora resta assise en silence, la main de sa sœur dans les siennes, lui essuyant le front, et suppliant Dieu de ne pas la laisser mourir. Mais elle savait bien qu'en cette occasion Dieu n'écoutait pas, et que Jésus n'intercéderait pas. Elle n'eut pas précisément conscience du moment où sa sœur rendit l'âme ; elle sut seulement que Josie l'avait quittée, et qu'il faisait nuit.

Flora n'éprouvait aucune colère. Elle ne tempêta pas contre le ciel, comme elle l'avait fait quand Booker était mort. Dieu sait pourquoi, la mort de Josie lui paraissait inévitable. Elle n'éprouvait qu'une tristesse immense, elle était seule, d'une solitude insupportable.

Elle avait l'impression de ne plus pouvoir respirer et, comme si elle suffoquait, elle poussa un cri, un gémissement énorme et incohérent, puis elle poussa un nouveau cri, puis un troisième.

Sa tristesse fut en partie apaisée par la gentillesse des voisins. Quelqu'un qu'elle ne connaissait pas venait d'entrer pour veiller le corps et avait allumé les lampes. Jerry Mitchell ouvrit la porte au Dr Pipkin, arrivé trop tard. Il prit le commandement des opérations, et quelqu'un aida Flora à quitter le lit, à s'éloigner de sa sœur défunte. Plus tard — elle ne savait pas trop quand, elle savait seulement qu'il faisait nuit —, Annie Fisher lui fit traverser le champ jusqu'à sa propre maisonnette et lui remit Ruthana, confiée provisoirement aux bons soins de ses filles. Ce fut Ruthana qui combla en grande partie le vide et la solitude. La toute petite fille s'approcha gauchement de sa tante, comme si elle se rendait compte qu'il venait de se passer quelque chose de terrible dans sa vie, terrifiée à l'idée qu'il s'agissait de sa mère, redoutant le futur.

La vue de ce petit bout de chou intimidé et tremblant arracha à Flora des larmes d'amertume. Elle serra Ruthana contre elle et lui promit de la rendre heureuse, ne fût-ce que pour l'amour de Josie.

Jerry Mitchell les ramena à la maison. Ruthana était assise sur les genoux de sa tante, cramponnée à sa main, contemplant la nuit qui défilait sous ses yeux.

De retour chez elle, Flora remercia Jerry et offrit de le payer, mais il refusa tout sauf de les aider s'il le pouvait, et il repartit. Flora emporta sa nièce de l'autre côté de la rue jusqu'à la maison de Pearl, où attendait Willie.

« Voilà, c'est Ruthana », annonça-t-elle à son fils.

Tout comme la petite, Willie savait qu'il venait de se passer quelque chose de très important dans sa vie, qu'un changement était survenu, mais il ne savait pas trop quel changement, ni ce qu'il apporterait ; il savait simplement que cela avait un lien avec cette toute petite fille que tenait sa maman. Ruthana, qui s'était endormie, était à présent réveillée, accrochée au cou de Flora, ses grands yeux graves fixés sur son cousin. Willie ne l'avait vue qu'une seule fois, juste après sa naissance, et bien qu'il sût qui elle était, il ne put s'empêcher de demander :

« C'est ma cousine ?

— Non, plus maintenant, lui dit Flora. À partir d'aujourd'hui, c'est ta sœur. »

Willie baissa les yeux et racla les pieds d'un air incertain. D'habitude les petites sœurs de deux ans n'apparaissaient pas comme par magie ; donc, manifestement, si Ruthana venait habiter chez eux, cela voulait dire qu'il était arrivé quelque chose de vraiment très grave à sa tante Josie. Willie ne se rappelait pas la mort de son père et il n'avait encore jamais vu mourir personne ; il ne savait pas comment réagir, parce qu'il n'éprouvait rien d'autre que ce profond sentiment que sa vie avait changé.

Devait-il dire quelque chose à sa mère ? Lui présenter des condoléances ? La serrer dans ses bras ou l'embrasser ? Il lui semblait que oui, mais sa maman tenait Ruthana, et cela rendait les effusions difficiles. Fallait-il pleurer ?

Si Willie ne comprenait pas ce que sous-entendait la soudaine arrivée de Ruthana, ni ce qu'elle signifiait pour Flora, Pearl, quant à elle, le savait parfaitement. Elle enleva la petite fille des bras de son amie, la serra contre elle et lui murmura de tendres mots d'amour. Elle rêvait d'avoir un enfant à elle. Pearl, qui aimait tant les hommes, n'avait jamais trouvé un homme pour l'aimer.

Elle se tourna vers Willie et lui parla avec gentillesse.

« Ça veut dire qu'il faudra l'amener à mes cours de catéchisme, lui dit-elle. Tu m'entends ? »

Pour Willie, c'était une bouée de sauvetage. Au moins, là, il savait quoi répondre.

« Oui, mâme », dit Willie. Il espérait que cela suffisait.

4

On enterra Josie le jeudi matin, en présence d'une petite poignée de parents et d'amis.

Le vieux Tom Lanier tira sur la corde qui actionnait la cloche de l'église et le son lugubre du glas résonna, annonçant à tous qu'un des leurs partait pour sa dernière demeure. Le révérend Jackson dirigea le service religieux très simple et l'on chanta quelques-uns des cantiques préférés de Flora. « Grâce miraculeuse », bien sûr — on chantait toujours « Grâce miraculeuse » en toute occasion, triste ou joyeuse —, et un autre qu'elle adorait : « Je dois être loyal, car on a foi en moi. »

Le service en resta là.

Tandis que l'assistance sortait en file indienne, George, veuf de fraîche date, engoncé dans un costume de serge bleue, une chemise blanche et des souliers noirs qui le mettaient visiblement mal à l'aise, parlait à mi-voix avec Flora.

« Pour autant que je le pourrai, Mamzelle Flora, je ferai mon devoir envers vous. » Il paraissait tout à la fois gauche et reconnaissant, gêné de ne pas avoir beaucoup de chagrin, soulagé de ne pas avoir à se soucier de sa fille. « Je veux que vous sachiez que je vous remercie sincèrement de prendre Ruthana chez vous et de l'élever. »

Flora comprit la vérité. George, qui n'avait que vingt et un ans, s'était marié bêtement, trop jeune, à une fille qu'il désirait plutôt qu'il ne l'aimait, puis il s'était rebiffé contre les contraintes de la vie conjugale. Maintenant, il était libre de vivre sa vie sans s'encombrer d'une famille, et il serait sans doute à bord du prochain train en direction de Memphis, pour aller rejoindre sa petite amie. Flora ne lui en voulait pas de ne pas pleurer Josie. Elle était contente d'être débarrassée de lui, contente de voir qu'il ne revendiquait aucun droit sur Ruthana qui, dans l'esprit de Flora, lui appartenait à elle, tant par les liens du sang que par ceux du devoir. À cet instant, George devint ce qu'étaient tous les hommes noirs, à en croire la maman de Flora — et Flora comprit que son beau-frère savourait d'avance l'absence totale de responsabilités. Elle l'obligerait, cependant, à tenir sa promesse d'envoyer de l'argent, et pas seulement pour des raisons pratiques et pécuniaires.

Elle serra bien fort la main de Ruthana.

« Tant que j'aurai un souffle de vie dans le corps, déclara-t-elle, j'offrirai à l'enfant de ma petite sœur tout ce que je pourrai lui donner de mieux. »

Après les derniers rites au bord de la fosse, Flora récita une courte prière pour le repos de l'âme de Josie, pendant que l'on formait un petit monticule de terre pour recevoir les quelques fleurs apportées dans le corbillard.

Puis elle regarda Willie.

« Puisqu'on est ici, on va aller se recueillir sur la tombe de ton papa. »

Willie opina, intimidé par la solennité des obsèques et le chagrin qui les accompagnait. Flora lui avait mis ses habits du dimanche, un costume sombre, déjà trop petit pour lui, et son unique paire de véritables chaussures qui, du fait qu'il grandissait si vite, le serraient et lui comprimaient les orteils. Ce soir, il aurait des ampoules aux talons.

Ils avancèrent lentement au milieu des pierres tombales, jusqu'à une étendue de mauvaises herbes, autour d'une tombe déjà ancienne. Willie connaissait par cœur l'inscription figurant sur la modeste dalle de béton.

Booker T. Palmer
1893-1920

Flora se laissa tomber à genoux et se mit à arracher les mauvaises herbes. Parce que Booker était si proche, parce qu'il lui paraissait si réel en ce lieu où il reposait, elle réprima son envie de sermonner Willie au sujet de son père, et d'exprimer son vœu : le voir instruit.

Dès qu'elle était au cimetière, la souffrance que lui causait la mort de Booker l'anéantissait de nouveau, et elle se mit encore une fois à évoquer cette nuit fatale, comme elle le faisait toujours devant sa tombe. Elle expliqua que Booker sortait la nuit voler du coton, afin d'avoir de quoi nourrir Flora et Willie.

Qu'il avait été surpris et abattu par le fermier blanc, le Patron. Qu'il avait réussi tant bien que mal à regagner leur cabane, en perdant son sang à flots, et qu'il était mort dans ses bras.

« C'est pour nous qu'il l'a fait, dit-elle à Willie. Pour toi. Il voulait que tu sois quelqu'un. C'est pour ça qu'il faut que tu continues à t'instruire. En souvenir de ton papa. »

Willie contempla ses chaussures qui le pinçaient, puis il leva les yeux vers le ciel, ou vers Dieu sait quoi, en se demandant quand il trouverait le courage de mettre fin à cette petite guerre.

Et puis, de façon inexplicable, il se passa quelque chose qui fit comprendre à Willie que sa vie avait changé.

Ruthana se mit à pleurer, comme si le barrage qui retenait son chagrin avait cédé. La petite fille, qui n'était pas encore capable de comprendre ce qui lui était arrivé, qui ne comprenait pas non plus le triste récit de Flora, sanglotait, inconsolable.

Flora était stupéfaite.

La maternité était l'état naturel de Flora, et dès l'instant où Ruthana avait été auprès d'elle Flora s'était sentie pleine d'amour pour elle, mais elle pleurait encore la mort de Josie. Maintenant, Flora contemplait cette toute petite gamine en larmes, et son cœur se gonfla d'un nouvel amour maternel ; ses propres pleurs se remirent à couler, mais ce n'était plus pour Josie. Elle serra Ruthana contre elle, sanglota avec elle, et lui promit des lendemains heureux, lui jura que tout irait bien.

Comme si elle avait oublié Willie, et même Booker, elle emporta Ruthana, en lui murmurant des mots d'amour. Car elle venait de recevoir un merveilleux cadeau.

Willie le comprenait, sans savoir pourquoi. Piétinant derrière sa mère et sa nouvelle petite sœur éplorées, il sut qu'il venait de trouver cette clef qu'il avait tant cherchée. À présent qu'elle devait se préoccuper de Ruthana, sa mère s'intéresserait moins à la nécessité de poursuivre son instruction et davantage à celle de joindre les deux bouts. Il allait donc forcément devenir ce qu'il voulait être, un soutien de famille.

Il faillit bondir de joie, dans ce cimetière lugubre, mais il se retint. En retrait derrière sa mère et Ruthana, comme s'il partageait leur chagrin, il chantait dans son cœur un hymne joyeux de bienvenue et de gratitude à sa nouvelle sœur.

Quant à Flora, son vœu le plus secret avait été exaucé. Malgré tout son amour pour Booker, malgré toute l'adoration qu'elle vouait à Willie, elle avait toujours eu envie d'un autre enfant pour combler dans ses entrailles et dans son cœur le vide qu'avait laissé son enfant de l'amour, ce premier-né qu'on lui avait volé. Le bébé avait été un garçon, mais elle avait déjà un garçon, Willie, et elle aurait tant voulu une fille — une fille à habiller, à pomponner, à dorloter et à chouchouter, une fille à qui parler, une fille à « couver », à avertir de tous les malheurs qui sont le lot des femmes et à préparer à la vie future.

Elle se reconnaissait en Ruthana. De douloureux souvenirs lui revenaient à l'esprit : les anniversaires sans cadeaux, les Noëls sans gaieté, ne jamais manger à sa faim, ne jamais avoir de vêtements convenables. Elle jura que Ruthana ne connaîtrait jamais cette existence malheureuse qui avait été la sienne.

Et surtout, elle voulait apprendre à la petite comment éviter les erreurs qu'elle-même avait commises, afin qu'une femme au monde, au moins, n'eût jamais à connaître la souffrance d'un amour refusé et volé.

Pour Flora, comme pour Willie, malgré les tristes circonstances, l'arrivée de Ruthana était une bénédiction. Flora quitta le cimetière avec sa nouvelle fille, à qui elle parlait sans reprendre haleine non pas de l'avenir qui l'attendait, mais de son propre passé.

5

Le jour du cinquième anniversaire de Flora, sa mère lui avait donné un œuf, un gros œuf brun pondu le matin même.

« C'est pas grand-chose, avait-elle dit, mais c'est tout ce que j'ai à t'offrir. »

Flora ne savait pas trop quoi faire de cet œuf. C'était un cadeau, et des cadeaux, elle n'en recevait guère, donc elle était reconnaissante. Mais elle devinait qu'il était fertile et ne devait pas être mangé ; ce qui, bien sûr, l'emplissait de perplexité, parce qu'elle avait faim.

« C'est ton œuf, ta chose à toi, avait expliqué sa maman. Alors si tu le marques d'un coup de crayon, que tu le mets sous la poule qui commence à couver, et qu'il éclôt, le poulet sera à toi. »

L'œuf devint pour Flora un sujet d'émerveillement. Elle refusa de laisser sa petite sœur y toucher. Josie n'avait que trois ans et elle était assez brusque dans ses mouvements, alors Flora était sûre qu'elle lui casserait son œuf. Elle le tenait délicatement, pleine d'égards pour la vie qui se trouvait à l'intérieur, et sa maman l'aida à le marquer, tout doucement, en traçant dessus une simple croix du bout du crayon. Puis elles gagnèrent toutes les deux le poulailler et tout doucement, pour ne pas le casser ni faire peur à la poule, Flora déposa son œuf sous les plumes duveteuses, à côté de ceux qui s'y trouvaient déjà.

C'était l'époque de la cueillette du coton et, bien qu'elle n'eût que cinq ans, Flora allait aux champs faire de son mieux pour aider sa famille. Quelquefois, sa tâche se bornait à surveiller Josie, assise sur une couverture en bordure des champs, ce qui laissait maman, Gran'ma et Gran'pa tous trois libres de travailler. D'autres fois, elle aidait à faire du thé et le portait aux travailleurs, ou bien les jours où il faisait vraiment très chaud, ou quand le thé se faisait rare, elle veillait à ce que les gobelets fussent toujours remplis d'eau de la pompe.

Quelquefois aussi, elle aidait à cueillir le coton. Cinq ans, ce n'était pas trop petit pour apprendre. C'était Gran'ma qui donnait les meilleures leçons. Elle avait appris à cueillir sur les plantations, au temps de l'esclavage. Gran'pa aussi, mais à présent il n'était plus bon à grand-chose ; il vieillissait, et au bout d'une heure ou deux dans les champs, à peine, son dos lui faisait si mal qu'il devenait ronchon et vous disait des sottises. Le principal soutien de la famille, c'était la maman de Flora, qui cueillait plus de coton que tous les autres réunis, au point qu'elle n'avait même pas le temps de montrer à ses filles comment s'y prendre. Au fil des ans, sous la tutelle experte de Gran'ma, Flora devint aussi efficace que sa mère et, pendant quelque temps, elle gagna même autant qu'elle.

Cet été-là, quand elle eut cinq ans et apprit à cueillir le coton, Flora attendait avec impatience la fin de chaque journée, non pas pour en avoir terminé avec son travail, mais pour retourner bien vite au poulailler, surveiller son œuf. À la fin de la journée, dès qu'elle était rentrée chez elle, les mains en sang, égratignées par les épines du coton, elle filait auprès de la poule et s'asseyait à côté d'elle, lui chuchotant des mots doux et lui confiant ses rêves secrets.

Pour finir, le vingt et unième jour, son œuf marqué d'une croix se trouva parmi tout un lot d'œufs qui commencèrent à se fendiller, percés à coups de bec de l'intérieur. Flora émerveillée retint son souffle, et quand la petite créature malingre passa la tête hors de la coquille brisée, elle se mit à pleurer.

Elle ramassa son poussin, le nicha dans ses mains, le caressa, en lui disant qu'elle l'aimait. C'était la première fois qu'elle avait quelque chose à elle, quelque chose de vivant, et cela lui faisait l'effet d'un miracle.

Elle n'avait rien d'autre.

La famille vivait dans une petite masure, en bordure des champs qu'ils cultivaient pour le compte de Massa Yarborough, le grand Blanc dégingandé à qui appartenaient les terres. Il les logeait en partie par charité. Dans le temps, la Gran'ma de Flora avait été l'une des esclaves de son père, et après la guerre, il l'avait gardée, sans la payer, pour s'occuper de ses vieux parents. Gran'ma s'était mariée, avec un beau jeune homme qui cherchait du travail et à qui le vieux Massa Yarborough avait donné un emploi et la permission de loger dans la masure.

Gran'pa et Gran'ma avaient eu deux enfants. L'aîné était un garçon que les Blancs trouvaient insolent et qui avait tout simplement disparu une nuit, à l'âge de seize ans, condamné à périr noyé pour Dieu sait quelle impertinence décochée à un jeune Blanc, à peine plus âgé que lui et presque aussi démuni. Leur autre enfant, une fille, la maman de Flora, avait été toute sa vie timide et réservée ; elle avait peur de son ombre, et, à cause de ce qui était arrivé à son frère, les Blancs la terrorisaient.

Tout le monde avait été sidéré quand elle avait épousé un grand gaillard fort en gueule, qui promettait des tas de choses, mais qui ne produisit jamais rien de concret en dehors de ses deux filles. Personne ne s'étonna en revanche de savoir qu'il était parti un beau jour, en emportant une valise pleine d'affaires à lui et de l'argent volé dans le porte-monnaie de Gran'ma, jurant de revenir ou d'envoyer des sous dès qu'il aurait trouvé du travail. Et encore moins de voir la police arriver dès le lendemain, à la recherche de l'homme qui avait dévalisé le magasin général.

La famille s'installa dans une vie de pauvreté inextricable. La santé de Gran'pa était chancelante ; il avait le dos brisé par toutes les années passées à cueillir le coton. Ce furent Gran'ma et la maman de Flora qui durent gagner de quoi manger, mais personne, pas même les meilleures ouvrières du pays, ne pouvait cueillir suffisamment pour assurer la subsistance d'une famille entière pendant les mois d'hiver. Alors elles faisaient la cuisine et le ménage chez les voisins, elles prenaient du linge, elles élevaient des poules et vendaient leurs œufs, et les légumes qu'elles parvenaient à cultiver. La famille survécut, uniquement grâce à la bonté de toute la communauté et surtout aux largesses de Massa Yarborough qui leur donnait de l'argent et des vêtements usagés.

Les deux robes que possédait Flora lui venaient des filles Yarborough, la robe blanche toute simple qu'elle ne mettait que le dimanche pour aller à l'église, et le sarrau qu'elle portait les jours de semaine. Elle n'avait pas de chaussures, rien qu'une paire de sandales pour aller à l'église. L'hiver, elle s'enveloppait dans une vieille couverture pour se protéger du froid.

Tous les printemps, un ballot de vêtements devenus trop petits pour les filles du maître arrivait de la grande maison. On choisissait deux robes pour Flora et le reste était repris ou retouché avant d'être vendu. Les robes qu'avait portées Flora l'année précédente étaient ravaudées, raccourcies et données à Josie.

La famille se levait avant l'aube. Flora tirait l'eau du puits, traînant le seau jusqu'à la masure, toute seule d'abord, puis plus tard avec l'aide de Josie. Elles avalaient un petit déjeuner frugal, puis elles passaient le reste de la journée à faire des corvées ménagères ou à travailler aux champs, sauf quand elles étaient à l'école. Et quand venait la saison des plantations ou des cueillettes, l'école, de toute façon, passait en second. Cela ne contrariait pas Flora de partir travailler aux champs. Elle n'était jamais tout à fait à son aise à l'école, parce qu'elle ne paraissait pas capable d'apprendre à lire et à écrire assez bien pour ne pas être honteuse quand la maîtresse faisait remarquer ses fautes nombreuses et répétées. Chaque fois qu'elle avait l'impression de commencer à savoir, on avait de nouveau besoin d'elle dans les champs de coton.

Pourtant, c'était une fillette heureuse, douée d'un grand sens des responsabilités. Elle se plaignait rarement de son sort, n'imaginant aucun moyen de le changer, même si elle rêvait d'une vie meilleure. Pas nettement meilleure, juste un peu plus aisée. Elle aurait aimé avoir une jolie robe qui n'aurait appartenu à personne avant, le ventre plein, un lit bien chaud, et elle aurait aimé être débarrassée de sa peur.

Car la peur était sa compagne de tous les instants. Elle n'avait pas peur de ses grands-parents ni de sa mère. Quelquefois, ils lui cognaient dessus, mais elle savait bien qu'ils l'aimaient et feraient de leur mieux pour la protéger. C'était de l'inconnu qu'elle avait peur, et l'inconnu avait le visage blanc.

En dehors des Yarborough, elle ne voyait presque jamais de Blancs, mais les histoires qu'elle entendait, assise aux pieds de sa mère, la faisaient trembler, même devant leur bienfaiteur. Trois ou quatre fois par an, ou bien quand ils travaillaient aux champs, Massa Yarborough venait leur parler, et Flora en concevait un tel effroi qu'elle se cachait dans les jupes de sa maman, incapable d'articuler un mot. À l'occasion, sa femme, Mamzelle Yarborough, l'accompagnait, et une fois elle vint jusqu'à la masure leur remettre en mains propres le ballot de l'année, parce qu'elle s'efforçait d'être charitable. C'était trop compliqué pour Flora. Elle aurait préféré que Mamzelle Yarborough fût comme devaient être tous les Blancs, sévère et cruelle.

Une ou deux fois, il lui arriva de voir les petites Yarborough se promener en cabriolet avec leurs parents ; Flora les détestait. Elles étaient si jolies et si bien habillées, si sûres d'elle ! Flora ne parvenait pas à oublier les histoires relatives à la disparition de son oncle ; or les Yarborough appartenaient à la race qui en était responsable, et elle ne pouvait pas croire que les hommes blancs faisaient ces choses-là tout seuls, sans la complicité de leurs femmes.

Quand Flora eut la rougeole, Massa Yarborough lui envoya le médecin blanc, mais Flora eut le plus grand mal à supporter son contact ; de toute façon, il ne paraissait guère s'intéresser à son état, se souciant comme d'une guigne de la savoir vivante ou morte.

Quelquefois, des jeunes gens, les fils de fermiers de la région, passaient à cheval sur le sentier au bord duquel se dressait leur masure, et Flora avait si peur d'eux qu'elle courait aussitôt se cacher. Une fois, elle ne se sauva pas assez vite. Les Blancs s'arrêtèrent et se mirent à crier, lui réclamant de l'eau. Flora éclata en sanglots ; ils la terrifiaient à tel point qu'elle était incapable de bouger, et ils commencèrent à l'injurier à grands cris, jusqu'au moment où Gran'pa sortit de la masure et parvint à redresser la situation en se montrant servile et outrancièrement poli avec ces arrogants cavaliers.

Quand elle se rendait avec sa mère jusqu'aux quelques magasins qui faisaient office de bourgade, si Flora apercevait un Blanc, elle traversait la rue ou se cachait dans un coin. Elle savait, parce que sa mère le lui avait dit, ce que les Blancs faisaient aux petites Noires.

Et plus d'une fois, au cœur de la nuit, elle entendit des cavaliers passer devant chez elle, Flora entendit les hurlements d'un homme qui devait être noir, et elle vit un incendie en forme de croix.

Elle vivait dans un univers noir, un hameau de bric et de broc, composé de quelques cahutes, toutes assez éloignées les unes des autres. À un kilomètre et demi de leur masure se dressait une petite église en bois, délabrée, avec un toit en tôle, qui avait jadis servi de grange sur une plantation. À trois ou quatre kilomètres se trouvait un village plus important, avec un magasin, et, à en croire Maman, un endroit où l'on vendait de l'alcool et où les filles bien élevées n'allaient jamais seules.

Entre l'église et le magasin, il y avait une voie de chemin de fer, et Flora adorait jouer près des rails, ces deux rangées d'acier étincelant qui filaient vers le Nord, en direction de la fortune, à ce que tout le monde disait.

Même si l'idée d'un voyage lui paraissait grisante, Flora ne croyait pas qu'elle partirait jamais pour le Nord. Elle n'imaginait pas qu'elle quitterait un jour son foyer ; sa famille ne pourrait pas se débrouiller sans elle. Elle ne pouvait pas concevoir non plus qu'elle aurait un jour de l'argent, et pourtant on avait la preuve que la chose était possible pour des Noirs ; on les appelait les Rares Élus. Dans leur propre voisinage, la famille des Fleming était assez riche pour être propriétaire de ses terres. Surtout, Flora ne se résignait pas à l'idée qu'elle pût partir pour le Nord et vivre au milieu de Blancs. Elle se méfiait même de la charité de Massa Yarborough, et elle avait une sainte horreur de devoir essayer, chaque année, les robes défraîchies portées encore tout récemment par ses pimbêches de filles.

Jamais Flora n'avait été plus loin de chez elle que la voie ferrée. La plupart du temps, dans son enfance, elle avait été en mesure d'éviter tout contact avec les Blancs, et elle se complaisait au sein de sa petite communauté noire dont elle comprenait les règles, où elle se sentait en sécurité, dans l'ombre chaleureuse de son peuple.

Elle adorait Jésus et Lui adressait des prières tous les soirs avant de se coucher. À ses yeux, le fait que toutes les images, tous les dessins montraient Jésus sous les traits d'un Blanc n'avait rien de contradictoire. Les Blancs, c'était l'autorité, et Jésus était la plus puissante de toutes les autorités. Elle croyait qu'il existait un petit groupe d'hommes blancs, en nombre très restreint, qui avaient entendu la parole de Dieu et comprenaient les enseignements du Seigneur. Ces hommes accédaient au pouvoir suprême, ils étaient souvent présidents et, d'habitude, martyrs, comme les saints immolés par leurs semblables. Abraham Lincoln était l'un de ces hommes. Bien des années plus tard, elle en reconnaîtrait un autre sous les traits de Theodore Roosevelt, et plus tard encore sous ceux de John Kennedy. Ainsi la fonction de président des États-Unis devint-elle sacrée à ses yeux, et elle croyait certains des hommes qui la détenaient inspirés par Dieu.

Des hommes ordinaires, elle ne savait presque rien ; elle n'en avait aucune expérience. La famille n'avait guère de vie sociale ; la plupart du temps, ils étaient trop las pour sortir le soir et se couchaient presque dès la tombée du jour. Une fois par semaine, en faisant les courses le samedi ou en allant à l'église le dimanche, elle croisait d'autres hommes, mais toujours et uniquement en compagnie de sa famille. Elle jouait vaguement les mères poules auprès des petits garçons de l'école, mais les plus grands l'intimidaient ; ils n'étaient d'ailleurs pas bien vieux et ne pouvaient en aucun cas représenter une menace pour elle. Dès l'âge de dix ans, tous les garçons qu'elle connaissait quittaient l'école pour aller travailler aux champs, si bien que Flora n'avait presque rien à voir avec eux.

Quand elle atteignit la puberté, elle comprit ce qui se passait parce que sa maman, toujours raisonnable, l'avait avertie, et elle l'accepta comme une loi de la nature à laquelle il fallait bien se soumettre, un de ces fardeaux imposés aux femmes.

Les sentiments qui s'emparèrent d'elle au cours des années suivantes la surprirent considérablement par leur intensité, et rien de ce que put lui dire sa mère ne les rendait vraiment compréhensibles. Ils étaient indéfinissables, aussi mystiques que la lune. Ils avaient tous trait aux jeunes hommes, mais jamais à l'un de ceux qu'elle connaissait. C'étaient de vagues désirs d'être tenue dans les bras de quelqu'un et cajolée, des rêves d'un inconnu assez fort pour alléger son propre fardeau. Elle ne croyait pas aux contes de fées qu'elle avait entendus à l'école et répétés ensuite à Josie, ces contes où des princes charmants épousaient des jeunes filles et leur offraient une existence de paix et de bonheur parfait, car elle n'en connaissait aucun exemple réaliste. Elle voulait ce que possédaient Gran'pa et Gran'ma, mais sans pouvoir s'expliquer comment ils l'avaient obtenu, car elle ne parvenait pas à imaginer qu'ils avaient été jeunes.

Gran'pa devait être une espèce de saint, croyait-elle. Quoique souvent irascible, il était bon et affectueux, et il ne ressemblait pas aux autres hommes, contre lesquels sa maman l'avait mise en garde. Dans l'idée de sa maman, et donc dans celle de Flora, tous les hommes, blancs ou noirs, ne voulaient qu'une seule chose d'une femme, et pour l'avoir, ils étaient prêts à proférer les pires mensonges. Ils étaient tous déloyaux, cruels et brutaux, mais les Noirs étaient les pires, parce qu'ils avaient manqué à leur devoir le plus sacré. Les Noirs auraient dû se soulever bien des années auparavant contre leurs oppresseurs blancs, afin d'assurer la sécurité des femmes de leur race et de leur donner l'espoir d'un avenir meilleur.

Cette idée plaçait Flora dans une situation impossible. Elle n'avait aucun intérêt pour les Blancs, mais, à en croire sa maman, les Noirs n'étaient pas des hommes. Flora n'avait pas assez d'expérience pour comprendre que si sa mère condamnait ainsi tous les Noirs c'était par amertume, à cause de son propre mariage raté, et parce qu'elle était bien résolue à protéger ses filles de la concupiscence des hommes.

La maman de Flora instilla ces convictions dans l'esprit de ses filles avec les meilleures intentions du monde, en n'ayant que leur bonheur en tête. Jamais elle ne parvint à comprendre que ces croyances confuses eurent, en tout cas pour Flora, le résultat qu'elle redoutait.

6

À l'âge de dix-sept ans, Flora était capable de cueillir le coton aussi vite et aussi bien que sa maman, et mieux que beaucoup d'hommes. Josie ne cueillait presque jamais. Elle avait souffert d'une fièvre deux ans plus tôt, et pendant plusieurs jours sa famille avait craint pour sa vie. Les femmes lui appliquaient des compresses froides et l'obligeaient à boire des litres d'eau bouillie. Josie n'était pas morte, mais jamais elle ne s'était complètement remise de cette maladie qui l'avait laissée apathique et sans énergie. Elle restait la plupart du temps à la maison, prenant soin de la masure et des animaux, et préparant les repas rudimentaires.

L'époque de la cueillette était une période bizarre et pénible. À la fin de l'été, il faisait une chaleur moite, la pluie menaçait, le travail vous brisait les reins, car il fallait rester plié en deux pendant plusieurs heures de suite pour cueillir le fin duvet, les mains écorchées et tannées par les épines. La colère débordait souvent, et pourtant on ne se plaignait guère, car la récolte apportait les quelques malheureux dollars qui permettraient de tenir jusqu'à la saison des plantations, six mois plus tard. C'était un tourment qu'il fallait endurer, sinon on mourait de faim. Alors les Noirs chantaient en ramassant le coton pour se donner du rythme, et pour détourner un peu leur esprit de leurs souffrances physiques.

Quelquefois des visiteurs venaient séjourner chez les Yarborough, et ceux qui n'étaient pas originaires du Sud voyaient dans ce spectacle une ravissante pastorale, des rangées de travailleurs noirs apparemment heureux, occupés à gagner leur pitance, en lançant vers le ciel leurs beaux chants harmonieux. Ils ne se rendaient absolument pas compte que la cueillette du coton pouvait vous démolir un homme en pleine santé avant qu'il eût passé la quarantaine.

Massa Yarborough, qui avait grandi sur ces terres, n'était pas si bête, et il avait assez de jugeote pour offrir une petite récompense. Afin de célébrer la nouvelle récolte, il organisait, à la fin de la saison, une fête devant l'une des granges, où ses ouvriers trouvaient de la bière, des victuailles et un orchestre pour danser.

Flora avait été autorisée à y assister quand elle était enfant, non pas pour danser et s'amuser, mais pour surveiller les tout-petits et s'occuper d'eux. Sa maman aurait mieux aimé qu'elle en restât là, mais Flora avait fait de l'excellent travail, et cette année, avait insisté Gran'ma, cette année, sa dix-septième, la petite devait avoir le droit de célébrer l'événement. La maman de Flora avait protesté, sans vraiment y croire — il y aurait des hommes et de l'alcool, mélange détonant —, mais Gran'ma avait avancé un argument tout simple et irréfutable : comment Flora trouverait-elle un mari si elle ne rencontrait pas de jeunes gens ?

Flora fut donc autorisée à revêtir sa tenue du dimanche, une robe blanche très simple qui lui descendait jusqu'aux chevilles, et les chaussures en cuir verni noir que lui avait fait parvenir une des filles Yarborough ce printemps-là, mais qu'elle n'avait encore jamais sorties de leur boîte, de peur de les abîmer. Sa maman ellemême se laissa gagner par l'euphorie générale et lors d'une vente de charité, elle fouilla partout afin de lui trouver de jolis rubans roses pour sa coiffure et pour agrémenter sa robe.

Ils ne possédaient pas de véritable miroir, il n'y avait que le petit bout de glace dont Gran'pa se servait pour se raser, mais Josie le tint devint elle, en le tournant dans tous les sens, afin que Flora pût se faire une idée de l'effet qu'elle produisait. Ce qu'elle vit fit vibrer son cœur.

Elle n'était pas particulièrement jolie, elle le savait, mais elle n'était pas vilaine non plus, et le plaisir de porter ces rubans et cette robe, la griserie de la soirée en perspective, allumaient en elle un éclat intérieur que l'on pouvait prendre, à la lueur des bougies, pour de la beauté.

Flora se détourna du miroir et chuchota une petite prière à Jésus, Le suppliant d'empêcher la pluie de tomber et de lui faire rencontrer un jeune homme qui irait à l'encontre de tous les préjugés de sa maman.

Une de ces prières fut exaucée. Il ne plut pas.

Ils franchirent à pied les trois grands kilomètres qui les séparaient de la grange. Des éclairs fendaient les nuages au loin et le tonnerre grondait en sourdine, mais le sentier était ferme et sec, si bien que ni la robe ni les souliers de Flora n'eurent à souffrir de la boue. Il fallut s'arrêter à de multiples reprises, à cause de Gran'pa, dont les cors et les oignons étaient en guerre contre ses vieilles bottines, et de Josie qui s'essoufflait au bout de quelques centaines de mètres ; mais Gran'ma déversa un flot inépuisable de souvenirs de sa première fête, bien des années auparavant, quand la guerre de libération était encore toute proche, et la maman de Flora elle-même montra un peu d'animation à l'idée d'échapper à toutes les corvées habituelles, ne fût-ce que le temps d'une soirée.

Ils étaient à peine à mi-chemin qu'ils entendaient déjà la musique, puis ils virent les lumières, provenant de lampes-tempêtes suspendues tout autour de la grange. D'autres familles en route pour la fête les rattrapèrent, et le sentier qu'ils avaient été les seuls à emprunter grouilla bientôt d'une foule portée par la bonne humeur et les plaisirs anticipés.

La saison avait été bonne et d'autres propriétaires de la région s'étaient entendus avec les Yarborough, les

Henderson, les Mitchell, et même avec les Fleming, les Noirs fortunés, pour faire de cette occasion la plus belle fête de l'année. Il y avait donc près de trois cents personnes, les ouvriers agricoles et leurs familles, venues de toutes les fermes et plantations des environs. Chaque ferme possédait ses virtuoses du violon et d'autres instruments, lesquels s'étaient tous rassemblés pour se disputer officieusement l'honneur de faire la musique la plus suave. Un bœuf tournoyait sur sa broche, et les cuisiniers des Mitchell préparaient un barbecue.

Les réjouissances battaient déjà leur plein quand la famille de Flora arriva, et les yeux de la jeune fille étincelaient ; elle se dit qu'elle n'avait jamais rien vu d'aussi merveilleux. Trop timide pour danser, n'ayant pas de soupirant pour l'inviter, elle resta cramponnée aux basques de sa mère et de ses grands-parents, occupés à converser avec des connaissances, mais jamais ou presque ses yeux ne quittaient les danseurs. Puis quelques-unes des filles qu'elle avait côtoyées à l'école s'approchèrent et l'entraînèrent à l'écart pour bavarder ; après quoi, merveille des merveilles, un jeune ouvrier de Massa Yarborough l'invita à danser.

Charlie n'était pas l'homme de ses rêves. Il était petit et trapu, le visage plat, avec de très grosses lèvres, et sa peau était noire comme l'ébène. Mais il était enjoué et il avait bon cœur, Flora le savait. C'était le premier homme qui l'eût jamais invitée à danser. En cette occasion, il lui fit l'effet d'un adonis.

« Je sais pas danser, chuchota Flora.

— Voyons, Mamzelle Flo, dit Charlie en riant, tous les Noirs savent danser. Suffit de suivre la musique. »

Il lui offrit sa main et, encouragée par ses amies qui pouffaient de rire, Flora se laissa escorter jusqu'à l'espace ouvert, devant la grange, qui servait de piste de danse.

Ce n'était pas loin, mais c'était un long trajet pour Flora. Mourant d'envie de faire partie de cette foule énergique, désireuse de s'abandonner à la musique, elle était sûre qu'elle allait se couvrir de ridicule. Et quand elle vit les toilettes des femmes plus âgées qui glissaient sur la piste, les satins brillants, les taffetas éclatants, les plumes et les froufrous, tirés des vieilles malles en fer pour cette seule soirée de l'année, elle fut convaincue que sa robe blanche lui donnait l'air d'une écolière à une vente de charité.

C'est-à-dire l'air de ce qu'elle avait été jusqu'à maintenant. Mais quand Charlie l'entraîna au milieu des danseurs et sans perdre un instant commença à suivre la musique, une nouvelle Flora vit le jour, après dix-sept années de gestation.

La musique éclipsa tout. Elle l'habitait, la contaminait, la subjuguait. Elle entendait quelque part, tout au fond d'elle-même, des rythmes qu'elle n'avait pas eu conscience de connaître, mais qui lui étaient soudain aussi familiers que la journée d'hier. Elle sentait le mouvement — son esprit n'entrait pas en jeu —, son corps se balançait et se tordait, elle dansait comme elle respirait. Charlie était à la fois l'élan et la réponse. Elle le connaissait, de loin, depuis toujours, elle l'avait vu à l'école et dans les champs, et elle sentait qu'elle n'avait rien à redouter de lui. Un jour, quand il était petit et qu'il avait fait une chute dans la cour de l'école, elle avait étanché le sang qui coulait de son genou. Elle l'avait vu grandir et devenir un charmant jeune homme, l'avait vu charger des balles de coton, lui avait donné à boire quand il avait mal à la tête à force de travailler en plein soleil. Elle ne pouvait pas s'imaginer Charlie en train de faire un geste indésirable ou indélicat.

Elle avait profondément conscience autour d'elle d'une énergie qui, sans toutefois être capable de lui donner un nom, était au moins en partie sexuelle, et quand elle plongeait son regard dans celui de Charlie, son corps vibrait de sensations qui correspondaient soudain à quelque chose. Elle savait que Charlie le sentait, lui aussi, mais elle était certaine que cela prendrait fin avec la danse. Même quand il la serrait contre lui, et qu'elle percevait la chaleur de son ventre contre le sien, elle ne se disait pas que c'était parce qu'il avait envie d'elle. C'était la danse. La parfaite confiance qu'elle avait en Charlie, associée à la pulsation de la musique, lui donnait une liberté qu'elle n'avait jamais connue auparavant, et l'une ne pouvait pas exister sans l'autre.

Elle oublia la foule autour d'eux. Elle ne remarqua pas le petit groupe de visiteurs blancs venus non pas prendre plaisir à la danse ou à la soirée, mais « regarder les nègres faire la fête », divertis par leur absence de réserve et peut-être disposés à en profiter ; certains jeunes Blancs avaient le fusil au bras, au cas où il y aurait du grabuge, à moins que ce ne fût dans le but d'en causer.

Flora ne vit rien de tout cela. L'instant seul comptait.

Elle avait menti à Charlie. Elle savait danser. Elle possédait un don naturel et sa Gran'ma lui avait enseigné les premiers rudiments de la danse, car c'était quelque chose que toutes les femmes devaient connaître. Deux fois par an, Flora avait dansé aux fêtes paroissiales avec d'autres filles, et bien souvent elle avait dansé chez elle avec Josie ou avec sa maman, sur une musique que faisait Gran'pa avec un peigne et un morceau de papier.

À présent, avec un véritable orchestre et l'énergie rassurante de Charlie, au milieu d'une foule de gens qui ne songeaient qu'à s'amuser et qui méritaient cent fois de le faire, Flora dansait à l'unisson de la musique.

Elle n'était pas la reine du bal, mais si la fête avait été une de ces soirées où les jeunes filles ont un carnet de bal, le sien aurait été plein. Elle ne voyait pas le temps passer, elle n'entendait pas les airs se succéder, ni même les orchestres ; elle s'apercevait à peine que ses partenaires changeaient. Elle était elle-même, tout simplement.

Elle n'avait pas perdu la raison ; une partie de son

esprit enregistrait les visages de tous les garçons avec qui elle dansait, afin de pouvoir se les rappeler dans ses futures rêveries, afin de pouvoir parler à Josie, plus tard, du bon moment qu'elle avait passé, mais ils étaient tous des versions un peu différentes de Charlie, des jeunes gens des environs qu'elle connaissait vaguement, peut-être depuis toujours.

Et puis soudain, il y en eut un qui tranchait sur les autres.

« Dites donc, lança-t-il, vous savez vous amuser, vous. »

Sa voix était différente ; à l'évidence, c'était un garçon instruit. Son visage aussi était différent. Flora était habituée à toutes les nuances possibles et imaginables que pouvait offrir ce qu'il était convenu d'appeler une peau « noire ». La plupart des gens qu'elle connaissait avaient la peau plus ou moins brune, mais il y en avait comme Charlie qui étaient noirs comme du charbon, et d'autres dont la peau était si claire qu'on les traitait de nègres jaunes, ou même de nègres blancs, et elle connaissait d'ailleurs une fille, une albinos, aux traits négroïdes, mais à la peau rose et aux cheveux blancs.

L'homme qui lui parlait — elle ne parvenait pas à voir en lui un simple garçon — était presque blanc, il avait les traits fins, des cheveux à peine ondulés, et son allure, son assurance le distinguaient des ouvriers agricoles.

Ses vêtements étaient différents, bien coupés et à la dernière mode. Son sourire aussi était différent, franc et apparemment joyeux, quoique très légèrement inquiétant. Et ses yeux étaient sombres et curieusement troublants. Flora sut, dès que leurs regards se furent croisés, que cet homme était à part, qu'elle n'aurait sur lui aucun contrôle. Il était bien loin de Charlie.

Il lui offrit son bras.

« Vous permettez ? » Ce n'était pas une question.

Pour la première fois depuis qu'elle s'était mise à

danser, Flora cessa d'être sûre d'elle ; elle se sentait dépassée.

« J'ai dansé trop longtemps, murmura-t-elle. Il fait chaud. »

Il continua à lui présenter son bras.

« Alors pourquoi n'allons-nous pas vous chercher une limonade ? » demanda-t-il, avec toujours le même sourire au fond des yeux, une lueur de... de quoi ? D'amusement ? De menace ?

Ne sachant pas quoi faire d'autre, et alléchée à l'idée d'une limonade, Flora prit son bras. Il l'entraîna hors de la piste.

« Je m'appelle Lincoln Fleming, dit-il. Je vous ai regardée tout à l'heure. Vous dansez à ravir. »

Son prénom et son nom étaient lourds de signification pour Flora. Elle savait qu'il devait être un des Fleming à qui appartenait la plantation située à quelques kilomètres. Il lui semblait avoir vu ce Lincoln une fois ou deux, se rendant à la ville ou à l'église à cheval, avec sa famille. Les Fleming étaient de grosses légumes, des objets d'envie et d'admiration parmi les Noirs de la région. Personne ne savait comment la famille avait gagné son argent, mais tout le monde savait, en revanche, qu'elle en avait beaucoup. Flora était tout à la fois émoustillée et intimidée de se diriger vers la table où l'on servait la limonade, au bras d'un de ces Fleming.

Son prénom, Lincoln, possédait à ses yeux une magie plus forte encore, parce qu'il l'avait sûrement reçu en l'honneur du grand président, comme tant d'autres Noirs après la guerre ; et, bien qu'un nom ne fût jamais qu'un nom, il y en avait qui sonnaient de façon spéciale. Mais même s'il s'était appelé Charlie, elle l'aurait trouvé très intimidant.

« Et vous êtes... ? demanda-t-il.

— Flora », dit-elle.

Lincoln hocha la tête, d'un air qui paraissait approbateur.

« Flora. » Il dit son nom comme pour voir comment il sonnait. « Ça veut dire "fleurs", vous savez. »

Non, Flora ne le savait pas, Flora c'était son nom, rien de plus, mais le fait qu'il eût un sens et que ce sens fît penser à quelque chose de beau lui parut soudain merveilleux.

« Et vous êtes la plus jolie fleur qu'il y ait ici », ajouta Lincoln. Il fit claquer ses doigts et quelqu'un lui tendit deux verres de limonade. Il en offrit un à Flora.

Elle n'était pas très sûre de ce qu'elle devait faire. Il y avait dans la voix de Lincoln un accent très légèrement railleur, mais elle ne pensait pas en être la cible ; il semblait parler sincèrement. Embarrassée, elle ne trouvait rien à dire. Mais elle n'avait pas envie de partir, ni même de lâcher le bras de Lincoln. Son veston était en pure laine et jamais Flora n'avait touché quelque chose d'aussi doux. Elle ne voulait pas le regarder, parce que alors elle devrait plonger son regard dans ces yeux sombres, un tantinet moqueurs.

« Je vais les boire tous les deux », dit-il.

Flora leva enfin les yeux vers lui, et plongea son regard dans le sien, malgré le péril qu'elle savait tapi dans ses prunelles, et dès qu'elle l'eut regardé, elle fut perdue.

Elle prit la limonade et but une petite gorgée, en baissant de nouveau les yeux, mais Lincoln continua à bavarder, sans paraître remarquer son silence. Il babilla au sujet de la fête et des danseurs, au sujet de la saison et de la cueillette du coton — elle fut surprise de constater qu'il en savait si long là-dessus —, et il lui indiqua divers membres de sa famille, en racontant sur eux toutes sortes de bêtises.

La limonade disparut sans que Flora ait eu conscience de la boire, et elle ne se rendit pas compte non plus qu'elle était retournée, toujours au bras de Lincoln, jusqu'à la piste de danse.

« On danse ? » dit Lincoln, et cette fois, c'était une question.

« Oui », répondit Flora en inclinant la tête.

Et quand sa maman la vit danser avec Lincoln, elle aussi comprit le danger ; elle alla trouver sa fille et lui dit qu'il était temps de rentrer à la maison.

7

La maman de Flora avait beau être vigilante, il n'y avait plus rien à faire. Sa fille était perdue.

Elle pouvait défendre à Flora de sortir, mais elle ne pouvait pas interdire à Lincoln de venir jusque chez eux, car sa riche famille se serait sentie insultée.

Le soir de la fête, Flora rentra à la maison sans rien dire, la tête pleine de Lincoln. Cette nuit-là, elle ne dormit pas, elle rêva de lui. Et du fait que ses rêves n'étaient, elle en était sûre, que des rêves, elle se sentit en sécurité avec eux et s'autorisa à imaginer un avenir doré qui ferait d'elle l'épouse de Lincoln. Elle se montra irritable avec les membres de sa famille, comme s'ils faisaient obstacle à son bonheur. Elle accomplissait ses corvées habituelles et faisait tout ce qu'on lui demandait, mais elle trouvait toujours le moyen de filer en douce pour aller s'asseoir dans les arbres ou au bord du fleuve, afin de songer à Lincoln.

Et puis un jour, il arriva au milieu d'eux. Flora était en train de nettoyer le poulailler lorsqu'elle entendit le pas d'un cheval. Elle risqua un œil au-dehors et vit Lincoln mettre pied à terre devant la masure, avant de s'adresser courtoisement à Gran'ma et Gran'pa qui se trouvaient sur la terrasse couverte. Puis elle aperçut sa maman qui sortait de la maison, en s'essuyant les mains sur son tablier, mais elle ne parvint pas à entendre ce qui se disait.

Elle replongea aussitôt à l'intérieur du poulailler, le cœur battant. C'était elle qu'il venait voir, elle en était sûre. Il était venu l'inviter à sortir avec lui, et puis il l'inviterait une seconde fois et lui ferait une cour empressée, et pour finir il viendrait demander sa main à sa famille. À quoi rêvent les jeunes filles ?

« Il m'aime », confia-t-elle aux poules, et pour la première fois depuis qu'elle avait eu son propre petit poussin, elle eut le sentiment que quelque chose lui appartenait en propre et qu'on ne pourrait jamais le lui reprendre. Elle ne prit pas le temps de se dire que son poussin, devenu grand, avait fait un succulent ragoût.

Elle se faufila hors du poulailler et se dirigea vers l'arrière de leur maison, espérant pouvoir se nettoyer un peu avant de se présenter devant Lincoln. Sa robe était toute salie, elle était pieds nus et avait des plumes dans les cheveux.

Elle n'eut pas de chance.

Josie, qui écossait des petits pois, assise à côté de Gran'ma, l'aperçut et la héla ; aussitôt tout le monde, Lincoln compris, tourna les yeux vers elle, et Flora aurait aimé sentir la terre s'entrouvrir sous ses pas pour l'engloutir.

La terre n'eut pas cette obligeance et Flora s'avança timidement vers Lincoln, en essayant de remettre un peu d'ordre dans sa toilette. Il rit en la voyant et elle rougit, mais il la mit à l'aise en lui disant aussitôt une bêtise, puis il exposa la raison de sa visite.

La grand-mère de Lincoln, sa Nana, comme on l'appelait, n'était pas bien portante, et il se demandait si cela ennuierait Miss Flora de venir passer quelque temps chez lui pour tenir compagnie à la vieille dame plusieurs heures par jour. Bien entendu, Flora aurait toujours auprès d'elle le chaperon qu'imposaient les convenances, elle aurait sa propre chambre et elle serait rétribuée. Il proposa un salaire hebdomadaire supérieur à ce que sa mère ou elle-même gagnait en un mois.

C'était la tyrannie de l'argent.

Ce soir-là, Flora et sa maman n'échangèrent pratiquement pas un mot. Flora était perdue dans ses rêves concernant Lincoln, et sa mère avait été amenée à se faire complice de la séduction de sa propre fille.

Pourtant, chacune brûlait du désir de parler à l'autre. Flora se conduisait sottement, parce qu'elle se croyait amoureuse, mais elle n'était pas sotte. Elle ne comprenait pas les véritables intentions de Lincoln, mais elle savait bien que s'il lui demandait quoi que ce fût, même ce qu'elle avait de plus sacré, elle ne saurait pas comment le lui refuser. Et sa maman aurait bien voulu la mettre en garde, l'avertir de ce qui ne manquerait pas d'arriver, mais elle ne le pouvait pas, de peur de perdre le salaire proposé.

Au lieu de cela, tout le monde fit semblant de croire au mensonge. Tandis que sa maman lavait et repassait la robe du dimanche de Flora, que Gran'pa faisait de son mieux pour faire briller ses souliers, Gran'ma lui dispensa ses conseils quant à la façon de se tenir dans une grande maison, puisant son savoir dans sa propre enfance de petite esclave. À cette époque, c'était le maître blanc qui aurait fait venir chez lui la jolie négrillonne, afin de la plier à son caprice, et le fait que ce fût aujourd'hui un Noir qui agissait ainsi avait quelque chose d'ironique qui n'échappait pas à Gran'ma. Mais elle ne pouvait pas avertir sa petite-fille.

Seule Josie se hasarda à lâcher une allusion, avec de sottes plaisanteries d'écolière au sujet de cet amour physique dont elle ignorait tout, et elle ne comprit absolument pas pourquoi son intervention lui valut une bonne calotte de la part de sa maman.

Le lendemain, Lincoln vint chercher Flora dans son cabriolet, et se comporta avec une parfaite courtoisie, l'accompagnant jusqu'au véhicule et lui faisant compliment de sa beauté. Flora, inquiète et troublée par l'attitude ambiguë de sa famille vis-à-vis de son nouvel emploi, fit bon accueil à son charme et à ses flatteries. Lincoln devina sa crainte, et comme pour la rassurer sur ses intentions, il lui fit toutes sortes de beaux discours pendant le trajet jusque chez lui.

Les Fleming habitaient la maison de maître d'une ancienne plantation. Personne ne savait exactement comment la famille avait amassé suffisamment d'argent pour acheter la propriété, et peut-être Lincoln lui-même l'ignorait-il aussi, mais le bruit courait qu'il y avait eu des transactions douteuses avec les hommes d'affaires sans scrupule venus du Nord pour réorganiser la région après la guerre de Sécession, et on laissait volontiers entendre que le vieux grand-père Fleming ne s'était pas conduit de façon honorable envers ses frères de race, puisqu'il s'était, au contraire, engraissé sur leur dos. Tout cela était de l'histoire ancienne, cependant, et en grande partie oubliée, car à présent les Fleming étaient le seul exemple que l'on eût dans les environs de Noirs ayant réussi dans l'univers des Blancs, et cela leur valait le respect de tous.

La maison n'était pas en bon état, il en émanait une impression de décrépitude, de luxe envolé, mais elle restait néanmoins assez grandiose aux yeux de Flora. Dans le cœur de la jeune fille, l'excitation se mêlait à l'effroi, tandis que Lincoln arrêtait sa voiture devant l'entrée principale et que des serviteurs accouraient pour les aider à descendre. Il offrit son bras à Flora, pour lui faire gravir le perron et franchir la grande porte d'entrée. Elle se complut à imaginer un avenir où elle serait maîtresse de cette demeure, et elle se laissa aller à oublier qu'elle n'y venait qu'en qualité d'employée. Lincoln la présenta à sa mère, une femme lourdement charpentée, aux larges hanches, vêtue de taffetas criard, laquelle se montra à peine polie et franchement peu amicale envers la jeune arrivante apeurée, comme si elle devinait la véritable raison de sa présence.

On appela une servante qui accompagna Flora jusqu'à une chambre minuscule, située sur le derrière de la maison. C'était un endroit misérable, à peine plus grand qu'un cagibi et meublé en tout et pour tout d'un petit lit et d'une armoire, mais pour Flora qui n'avait encore jamais eu de pièce rien que pour elle, c'était une chambre à coucher princière.

Bessie, la servante, ne lui adressa pas trois mots, mais elle la toisa de la tête aux pieds et devina tout haut quelle taille de robe il lui faudrait. Flora hocha la tête, d'un air mal assuré, et Bessie la quitta pour revenir quelques instants plus tard avec une robe grise très simple qui pouvait être un uniforme. Elle dit à Flora de se changer puis de venir jusqu'à la cuisine au bout du couloir.

La robe était à peu près à ses mesures, et Flora se rendit à la cuisine. Bessie s'y trouvait, avec la cuisinière et un vieux serviteur ; aucun des deux n'adressa un mot à Flora, se contentant de la dévisager dans un silence maussade, avant d'en revenir à leurs tâches. De plus en plus apeurée par cette absence de gentillesse et même de la moindre espèce de conversation, Flora ne tenait pas en place et se demandait ce qu'elle devait faire. Puis elle entendit une sonnerie.

Bessie jeta un coup d'œil vers une planche où se trouvaient alignées plusieurs sonnettes et se dirigea vers la porte.

« Viens avec moi », marmonna-t-elle à Flora, qu'elle précéda jusqu'à un vaste salon sur le devant de la maison.

La pièce sentait le renfermé, ainsi qu'une odeur de maladie et de médicaments bon marché. Le papier peint se décollait et les boiseries étaient fendues. Il y avait un grand lit de cuivre à baldaquin dans un coin, avec une table de chevet couverte de fioles. Lincoln était assis près du lit, en train de parler avec une vieille femme enfouie sous un drap et des couvertures, malgré la chaleur du jour.

Flora devina qu'il s'agissait de la grand-mère et elle eut le sentiment qu'elle n'était pas aussi malade que le laissaient supposer son aspect et son environnement.

Elle tire au flanc, se dit-elle in petto, et elle faillit pouffer.

Ma foi, pourquoi pas ? Elle était âgée et il était évident qu'elle pouvait se permettre de rester au lit toute la sainte journée, à réclamer la compassion d'autrui, pendant que l'on pourvoyait à tous ses caprices et à tous ses besoins. Lincoln ne prit pas la peine de se lever.

« Nana, voici Flora, dit-il. Elle est venue vous tenir compagnie. »

Nana — tout le monde l'appelait ainsi — jeta à Flora un regard dépourvu d'aménité.

« Elle sait lire, celle-là ? » demanda-t-elle à son petit-fils. Il regarda Flora.

« Un peu », murmura Flora. Mais jamais ses capacités ne furent mises à l'épreuve.

Une routine s'installa. Lincoln, toujours aussi jovial, annonça qu'il avait à faire et quitta la pièce après avoir enjoint à Flora de rester auprès de sa grand-mère. La jeune fille ne savait pas trop où s'asseoir, ni quoi faire, jusqu'au moment où Nana lui lança vertement :

« Tu me caches le jour. » Une pile de journaux et de revues était posée à côté d'elle sur le lit, avec une loupe, et l'intéressait beaucoup plus que le bien-être de Flora.

Flora, un peu piquée, alla s'asseoir sur une chaise assez éloignée du lit et attendit des instructions.

Une heure s'écoula dans un profond silence, et Bessie entra, portant un plateau où se trouvaient un plantureux déjeuner pour la vieille dame et un petit sandwich pour Flora. Elles mangèrent sans rien dire, puis Bessie revint débarrasser.

Elles passèrent une autre heure sans échanger un mot, et Flora était en train de s'assoupir quand elle entendit une voix acide :

« J'ai besoin du pot, ma fille ! »

C'était Nana qui la foudroyait du regard. Flora trouva le récipient et aida la vieille femme à quitter son lit.

Quand ce fut fini, elle l'aida à se recoucher et lui demanda si elle avait besoin d'autre chose.

« Va le vider », ordonna Nana.

Pour la première fois, Flora commença à éprouver un vague sentiment de sécurité. Elle avait quelque chose à faire. Elle savait enfin quelle était sa place.

Elle couvrit le pot d'un linge et regagna la cuisine. La cuisinière l'aperçut et lui indiqua la porte d'un geste de la tête.

« C'est dehors », dit-elle. Flora sortit et, guidée par l'odeur, trouva le chemin de la fosse d'aisances. Elle vida le pot, le lava à la pompe et regagna la chambre de Nana en passant par la cuisine. Personne ne lui adressa un mot.

Nana avait posé son journal et paraissait sommeiller. Flora se rassit sur sa chaise et, tout en regardant par la fenêtre, elle se posa toutes sortes de questions sur cette maison si peu accueillante. Ce qui l'étonnait, c'était que Lincoln fût aussi aimable, au milieu de tant de gens revêches.

« Tu restes oisive, ma fille », lança sèchement Nana.

Flora, tirée en sursaut de sa rêverie, lui jeta un regard torve.

« Qu'est-ce que je dois faire ? » demanda-t-elle sans se démonter.

Nana lui indiqua du doigt une petite pile de vêtements sur un siège.

« Tu sais coudre, j'imagine », dit-elle toujours aussi sèchement.

La rancœur commença à croître chez Flora, tandis qu'elle inspectait les vêtements. Tous ses rêves de jours heureux passés en compagnie de Lincoln, à prendre soin de sa charmante grand-mère, s'étaient évanouis. Elle se trouvait ici en tant que domestique, pour laver, coudre et vider les pots de chambre, ni plus ni moins. Elle se demanda pourquoi Lincoln s'était donné la peine de la faire venir. Tout au fond d'elle, une petite cloche sonnait le tocsin et elle se demanda de quoi ses nuits seraient faites.

Elle était sûre que Lincoln viendrait la retrouver la nuit.

Elle dénicha la corbeille à ouvrage et se mit à raccommoder un accroc dans un chemisier. Puis elle entendit la voix de Nana, qui lui sembla arriver de très loin. Elle leva les yeux et vit que la vieille femme la dévisageait fixement, mais presque sans la voir.

« Les nègres se la coulent douce à présent, dit Nana à mi-voix. Tu peux pas t'imaginer comment c'était.

— C'était comment ? » demanda Flora.

Nana émit un petit ronflement méprisant et garda le silence un court instant. Puis elle se remit à parler, évoquant sa jeunesse et son enfance.

C'étaient les mêmes affreuses histoires que Gran'ma et Gran'pa avaient racontées à Flora, les histoires de l'ancien temps, de l'esclavage, mais empreintes d'une amertume que Flora ne connaissait pas. Avec le passage des ans, les grands-parents de Flora avaient fini par oublier la réalité des jours de servitude. Après l'affranchissement et la fin de la guerre, étant jeunes tous les deux, ils avaient considéré leur nouvelle existence d'hommes libres comme une grande aventure. Au début, le travail ne manquait pas, parce que beaucoup de Noirs avaient fui le Sud. Mais à mesure que les années passaient et qu'ils prenaient de l'âge, le travail était devenu plus dur, et la liberté ne s'était pas avérée être la bénédiction dont ils avaient rêvé, en dehors du fait qu'ils étaient libres. Les règles étaient différentes dans ce Sud reconstruit, l'existence était plus précaire, plus dangereuse. D'une certaine façon, ils regrettaient la sécurité de leurs jeunes années, et dans leurs souvenirs ils commencèrent à voir leur ancien maître d'un œil plus indulgent. Ils avaient au moins mangé à leur faim, ils avaient été soignés, ne serait-ce que parce qu'ils avaient une certaine valeur marchande, et ils avaient rarement été battus.

Les histoires de Nana étaient plus brutales. Son maître et la famille de son maître avaient été impitoyables et cruels, traitant les esclaves comme des sauvages. En écoutant ces récits, Flora tremblait à l'idée de la vie atroce que ces gens avaient menée, et cela l'aida à comprendre un peu la vieille femme. Quand l'esclavage avait pris fin, le mari de Nana n'avait pas cru à l'avenir heureux qu'on leur promettait et il s'était juré que seule une véritable fortune saurait assurer pour de bon le bien-être des siens.

« C'était facile, à cette époque, gloussa Nana. Les nègres avaient pas d'argent, mais les maîtres n'avaient plus de nègres. »

Cette idée parut la combler d'aise et elle rit tout fort. « On pouvait payer un nègre trois fois rien et lui faire faire à peu près n'importe quoi. Ils s'en fichaient, eux, du moment qu'ils étaient libres ! »

Elle peignit un tableau qui horrifia Flora, le tableau de la furieuse convoitise qui avait propulsé la famille jusqu'à sa présente position. D'anciens esclaves s'étaient échinés à faire à peu près tout ce que le mari de Nana exigeait d'eux, remplissant les fonctions les plus abjectes pour des salaires de misère, ravalés au rang d'esclaves sous tous les rapports sauf celui du nom. Alors, voilà comment leur famille a fait fortune, se dit Flora, en grugeant ses frères de race.

Nana finit par se lasser de parler et elle s'assoupit de nouveau, laissant Flora livrée à elle-même.

Et cette journée devint le modèle de toutes celles qui suivirent. Chaque matin, Flora venait dans la chambre de Nana et restait assise auprès d'elle, à attendre qu'on eût besoin d'elle. Nana, comme irritée de se dire que la jeune fille ne leur en donnait pas pour leur argent, finissait par lui imposer une tâche toute simple, mais très vite elle retombait dans les souvenirs de son affreuse jeunesse. Elle amenait Flora à comprendre l'égoïsme de la famille Fleming, qui ne comptait que sur elle-même et considérait avec antipathie et méfiance tous les étrangers, et jusqu'à ses serviteurs. Les Fleming ne se fiaient à personne qui ne fût pas de leur sang.

D'ailleurs, dans l'esprit de Nana, il n'y avait pas de véritable séparation entre les Blancs et les Noirs. Dans une certaine mesure, elle paraissait avoir davantage de sympathie pour les Blancs. Ils étaient le cruel ennemi, mais cet ennemi, les Fleming l'avaient combattu et ils en avaient triomphé, en tout cas jusqu'à un certain point, grâce à la fortune qu'ils avaient amassée. Les Noirs miséreux, en revanche, étaient plus dangereux, ils rappelaient constamment à Nana ce que seraient les Fleming sans leur argent. Elle n'avait guère que du mépris pour son peuple qui à ses yeux manquait d'énergie et d'ambition.

Elle se venge, se dit Flora. Elle nous traite comme on l'a traitée, elle.

Alors pourquoi Lincoln était-il différent ? Pourquoi était-il un homme si bon, si compatissant, si joyeux, alors qu'il avait été élevé par cette famille hargneuse ?

La réponse lui fut donnée la première nuit qu'elle passa chez les Fleming et ce fut la leçon la plus dure qu'elle reçut de toute sa vie.

Congédiée par Nana, Flora mangea dans la cuisine avec les serviteurs silencieux, puis on lui ordonna d'aider à faire la vaisselle. Les bribes de conversation qu'elle surprit n'étaient guère encourageantes. Elle en retira l'impression que Lincoln n'était pas l'homme qu'elle croyait, que ses façons joviales n'étaient qu'un masque, cachant un autre aspect de sa personnalité, plus proche du reste de sa famille.

Tôt couchée, la maisonnée était déjà plongée dans le silence, une heure après la tombée de la nuit. Dans sa chambre minuscule, Flora songeait non sans désespoir à l'écroulement de ses rêves et se demandait quand — et si — elle reverrait Lincoln.

Lorsqu'elle entendit gratter à sa porte, elle ne fut pas étonnée. Elle éprouva un bref éclair de joie à l'idée qu'il était venu la retrouver, lui restituant tous ses beaux rêves, mais sa joie était tempérée par le doute qu'il fût venu la visiter en tout bien tout honneur.

8

La première nuit, il l'avait cajolée en lui murmurant des mots d'amour, et elle avait été incapable de lui résister, parce que ces doux mensonges lui permettaient de raviver ses rêves, mais dès qu'il vit qu'elle ne lui résisterait pas, il cessa de se soucier de ce qu'elle éprouvait et la prit avec brutalité. Il eut vite terminé et repartit aussitôt, comme s'il ne s'était rien passé d'inhabituel. Flora s'endormit en pleurant, souffrant à la fois de ce qu'il lui avait fait et de sa terrible désillusion. Elle comprenait clairement, en outre, que tous les autres — les Fleming, leurs serviteurs et sa propre famille — savaient pourquoi elle se trouvait là et n'ignoraient pas que sa présence serait éphémère.

Flora devinait bien qu'elle n'était pas la première et ne pensait pas devoir être la dernière à se persuader qu'elle était la seule femme qu'il eût jamais aimée. Cela lui rendait la douloureuse vérité plus supportable.

Mais cela n'empêchait pas ses larmes de couler.

Après cette première visite, il revint toutes les nuits dans la chambre de Flora, aux heures les plus noires, et il ne se donna plus la peine d'user de persuasion. Il prenait ce qu'il voulait et repartait, mais elle avait le sentiment qu'il n'était pas satisfait. La cinquième nuit, il exigea qu'elle le laissât faire une chose qui lui paraissait inimaginable. Elle cria de douleur et il la fit taire à coups de gifles, si bien qu'elle se soumit comme un chien maté par un maître cruel.

Ensuite, il se désintéressa d'elle. Il revint encore deux autres nuits, et la seconde fois, lorsqu'il eut fini, il lui donna de l'argent et lui dit qu'elle rentrerait chez elle le lendemain. Depuis une semaine, c'étaient les paroles les plus gentilles qu'il eût prononcées.

Personne ne lui dit au revoir, pas même Lincoln ; d'ailleurs elle n'y comptait pas. Elle n'était qu'une catin, qu'on avait fait venir pour le plaisir du maître avant de la renvoyer, et on lui avait payé ses services.

Joseph, un vieil ouvrier agricole, la ramena chez elle dans une carriole. Sa famille fut étonnée de la revoir, n'ayant pas été avertie de son retour, et Flora se demanda s'ils n'étaient pas déçus. Si elle était restée plus longtemps, elle aurait gagné davantage. Elle vit que sa mère pleurait, et ce fut Flora, elle qui avait tant besoin de réconfort, qui devint la consolatrice. Elle serra sa maman dans ses bras et lui donna l'argent qu'on lui avait remis. Puis elle emporta une vieille bassine dans la grange, la remplit d'eau, se dévêtit, et se lava, encore et encore et encore, comme si elle ne pourrait plus jamais être propre.

Sa mère et ses grands-parents furent longs à converser avec elle, comme s'ils se sentaient gênés par leur culpabilité. Le lendemain, sa maman sortit — elle dit qu'elle allait faire des courses — et à son retour, elle offrit à Flora une robe neuve qu'elle lui avait achetée, la première robe neuve qu'elle eût jamais possédée.

Flora sanglota dans les bras de sa mère — ce n'était pas des larmes de joie, c'était simplement parce qu'elle était de retour chez elle. Elle ne s'y sentirait plus jamais en sécurité, mais elle n'avait rien d'autre, et elle aimait les siens, elle leur pardonnait d'avoir péché par omission. Le dimanche, elle se rendit à l'église, le cœur tout gonflé d'amour pour Jésus ; Il devint son unique réconfort.

Quand elle se rendit compte qu'elle attendait un enfant, des émotions contradictoires la submergèrent. Elle méprisait les causes de sa grossesse, elle haïssait la façon dont c'était arrivé, mais la vie qui se formait en son sein lui insufflait un amour radieux pour cet enfant à naître, plus grand même encore que son amour pour Dieu, et une volonté farouche de le protéger et de l'élever. De le faire parader sous le nez des Fleming, vivant témoignage de la turpitude de Lincoln, d'où était sorti quelque chose de bon et de pur.

Elle ne craignait pas d'avouer son état à sa mère. La honte était partagée, mais le silence qui accueillit la nouvelle la surprit.

Le lendemain, la mère de Flora l'emmena chez les Fleming. Elle parcoururent à pied les huit kilomètres qui les séparaient de leur demeure, où sa mère exigea de voir Mme Fleming. On la fit entrer, mais on laissa Flora seule sur la terrasse couverte. Il lui sembla entendre des cris ou des éclats de voix à l'intérieur, puis elle crut voir Nana à la fenêtre, qui la regardait, mais bientôt le silence s'installa de nouveau.

Au bout d'une heure environ, sa mère ressortit et elles rentrèrent lentement chez elles. Flora mourait d'envie de savoir ce qui s'était dit, mais quelque chose dans l'attitude de sa mère fit naître en elle une légère crainte, et elle ne posa aucune question. Puis elle s'aperçut que sa mère pleurait et son appréhension grandit.

Quand Flora apprit ce qui allait arriver, ce fut presque plus qu'elle n'en pouvait supporter. Elle hurla son chagrin, son incrédulité, et supplia Jésus à grands cris, mais Il ne l'écoutait pas. Elle lança à sa mère des paroles de défi, mais sans pouvoir la haïr. Gran'pa était vieux, presque incapable de travailler désormais. Gran'ma aussi se faisait vieille, et bientôt sans doute elle ne pourrait plus aller cueillir le coton. Josie était fragile, ce qui laissait en tout et pour tout Flora et sa mère pour gagner le pain de la famille ; or Flora venait de leur fournir à tous une source de revenus inattendue, sur laquelle ils ne pouvaient fermer les yeux.

L'accouchement fut long et pénible, et Flora était sûre que l'enfant était un garçon, car une toute petite fille n'aurait pu lui faire si mal.

Elle ne le vit pas, ne le tint même pas dans ses bras. Presque évanouie d'épuisement et d'incrédulité, elle regarda sa mère envelopper le nouveau-né dans une couverture et quitter la pièce. Elle entendit des voix au-dehors. L'une d'elles, elle en était sûre, était celle de Lincoln, puis elle entendit un cabriolet qui s'éloignait.

Josie, toute pâle d'affectueuse inquiétude, entra dans la pièce.

« Ils vont s'occuper de lui, chuchota-t-elle.

— Un petit gars », murmura Flora. Ce n'était pas une question.

Les larmes de Josie débordèrent. Elle courut jusqu'au lit et serra Flora à l'étouffer.

« Tu vas me manquer, Flo, sanglota-t-elle.

— Je sais », se contenta de répondre Flora. Elle venait d'encaisser tant d'épouvantables coups qu'un sentiment de solitude dévastateur l'enveloppait, une espèce d'armure contre les émotions plus pressantes, plus douloureuses.

L'arrangement était tout simple. Les Fleming, qui désiraient désespérément un petit-fils, avaient payé le prix fort pour le bébé de Flora. Afin d'éviter toute possibilité de scandale, tout risque de voir à l'avenir la jeune mère revendiquer le moindre droit sur l'enfant ou la famille Fleming, elle devait recevoir vingt-cinq dollars pour partir au loin, dans le Nord, n'importe où, et commencer une autre vie.

Le lendemain de son dix-huitième anniversaire, dans la soirée, Flora se rendit à la gare avec sa mère et Josie. Elle portait la robe neuve que sa mère lui avait achetée neuf mois auparavant, et un petit sac en toile où elle avait placé une autre robe et ses quelques hardes. Quelque part, dans une vente de charité peut-être, ou chez des voisins, sa mère lui avait déniché un manteau — une pauvre guenille bien mince — afin de la protéger contre le froid du Nord.

Les vingt-cinq dollars étaient en sécurité dans une bourse cousue à l'intérieur de sa culotte.

Elle avait fait des adieux presque muets à ses grands-parents, une heure plus tôt, sachant qu'elle ne les reverrait jamais. Gran'ma l'avait serrée dans ses bras et avait appelé sur sa tête, à voix basse, la bénédiction de Jésus, puis elle était sortie pleurer à l'abri des regards.

Gran'pa était inconsolable. Ce fut Flora qui dut essayer de le réconforter, mais il ne voulut pas la laisser approcher. Il se tenait dans un coin de la masure, poussant des cris inarticulés, et elle finit par se dire que le cœur du pauvre vieux allait éclater. Né en esclavage, il terminait ses jours esclave de l'argent, incapable de protéger sa famille. Il ne put se résoudre à lui dire adieu.

Elle marcha jusqu'à la gare, en compagnie de sa maman et de Josie, qui portaient tour à tour le petit sac comme si en se chargeant de ce léger fardeau elles pouvaient d'une façon quelconque alléger le poids terrible qui écrasait Flora. La mère de Flora ne dit presque rien, mais tout était prévu ; il n'y avait pas d'avenir à discuter, pas de passé à révéler.

Josie, fascinée par ce que pouvait être une grande ville comme Memphis, fit de son mieux, mais tandis qu'elles attendaient le train, la réalité du départ imminent de Flora s'abattit sur elle et le silence l'enveloppa comme un suaire.

Elles entendirent le convoi qui approchait et son sifflement. Elles attendirent en silence. Quand le train entra en gare, la mère de Flora serra sa fille contre elle, comme si elle ne voulait plus jamais la lâcher ; elle lui chuchota quelques mots où il était question de Dieu, puis s'écarta. Elle s'éloigna dans la nuit, incapable de supporter le départ.

Josie, essuyant ses larmes, gagna l'arrière du train avec Flora, jusqu'au wagon réservé aux Noirs. Il résonnait de voix d'hommes, dont certaines paraissaient avinées.

Flora fut prise de panique. Elle ne savait plus ce qu'il fallait faire, mais elle était certaine qu'elle serait incapable d'affronter ce terrible nouveau monde. Elle voulait s'enfuir, n'importe où, très loin, et se cacher jusqu'à ce que le cauchemar eût pris fin, jusqu'à ce qu'elle se réveillât par une belle matinée où tout serait connu et à sa place.

Elle ne s'enfuit pas. Où aller ? Le train était tout son avenir. Elle resta là où elle était, cramponnée à sa sœur et à son sac en toile, incapable de bouger.

Un chef de train jovial la remarqua, comprit, et s'occupa gentiment d'elle. C'était un spectacle dont il avait l'habitude. Dans toutes les petites gares du Sud, un peu partout, il voyait les Noirs de la campagne quitter leur foyer, pour une raison ou pour une autre, et il savait reconnaître leur angoisse. Les hommes, parfois, tentaient de la cacher sous les vantardises et sous une bonne humeur factice, mais chez les femmes, elle était presque palpable, comme c'était le cas à présent pour Flora.

Quand on était né et qu'on avait grandi à la campagne, il était bien dur de partir pour un endroit inconnu en laissant derrière soi tout ce qui était familier et sûr.

Il prit le sac de Flora et lui offrit son bras. Ce contact lui redonna des forces. Concentrant toute son attention sur l'effort à faire pour monter dans le train, lequel était déjà impressionnant, elle ne regarda de nouveau sa sœur que lorsqu'elle fut installée à une place que le chef de train lui avait procurée en ordonnant à un groupe d'hommes de se serrer un peu.

Isolée dans un cocon de peur, Flora garda les yeux rivés sur Josie qui, de l'autre côté de la fenêtre, articulait des mots d'amour et agitait la main, tandis que le train s'ébranlait lentement. Les quelques lumières du village ne tardèrent pas à disparaître, mais Flora continua à fixer intensément l'obscurité, s'efforçant de se faire invisible, redoutant de croiser le regard de quiconque, le regard d'un des hommes assis dans le wagon.

Écrasée sous le poids de la honte et de la culpabilité, il lui semblait que le mot « catin » était brûlé au fer rouge sur son front, que tous les hommes qu'elle voyait devaient automatiquement savoir qu'une nuit elle avait vendu son corps pour de l'argent, et donc qu'elle recommencerait ; puis qu'elle avait ensuite laissé vendre le fruit de son péché pour qu'il devînt un esclave d'une nouvelle sorte. Elle ne pouvait pas supporter de penser à son bébé et pourtant elle ne parvenait pas à le chasser de son esprit. Elle n'arrivait pas à croire que son petit amour aurait une vie heureuse dans la lugubre demeure des Fleming. Qui le câlinerait, le caresserait, le consolerait ? Qui l'aimerait ? Comment survivrait-il sans l'amour de sa mère ?

Un nouveau bruit dériva vers elle. Flora avait gardé les yeux baissés quand le chef de train l'avait fait monter dans le wagon et l'avait escortée jusqu'à son siège, si bien qu'elle n'avait vu que les jambes et les pieds masculins des autres passagers, leurs pantalons et leurs souliers. Elle croyait être la seule femme dans la voiture des Noirs, mais soudain, par-dessus le tohu-bohu, elle entendit s'élever une voix de femme, une voix rageuse, ordonnant aux hommes de se taire. Il était tard et son bébé essayait de dormir. Les hommes rirent gentiment, mais un silence s'établit, et la femme se mit à fredonner tout bas.

Une berceuse. Une mère cajolait son nourrisson pour l'endormir. C'était si doux, si ravissant, et cela amplifiait la détresse de Flora. Dans son désespoir pour son enfant perdu, elle ne put réprimer un cri de souffrance, qui fit sursauter ceux qui l'entendirent. Un homme assis à côté d'elle en fut si choqué, si ému, que sans pouvoir deviner ce qui avait provoqué tant de chagrin, il fit de son mieux pour la réconforter.

Il passa le bras autour des épaules de Flora et lui murmura des paroles consolatrices, mais elle ne se sentait pas capable d'accepter sa gentillesse. Elle se rappelait les mots doux prononcés par Lincoln, avant de la posséder ; elle crut que cet inconnu avait compris ce qu'elle était, une catin, et que si elle tolérait ses avances, cela mènerait tout droit à une intimité dont elle ne voulait pas.

Elle tenta de le repousser et, à sa grande surprise, l'homme parut comprendre.

« Vous en faites pas, chuchota-t-il, je vous veux pas de mal. Mais on a tous besoin de quelqu'un quand on a de la peine, et vous, ma petite, vous en avez sacrément. »

Flora opina d'un air malheureux, mais la bonté de son voisin avait eu pour elle un résultat important. Prête à le rabrouer uniquement parce qu'il était un homme, un autre Lincoln, elle reconnut l'accent d'honnêteté dans sa voix et dans ses gestes, et fit ainsi le premier pas vers sa réhabilitation.

L'homme retira son bras et ne parut plus prêter attention à elle, mais il resta à ses côtés, et Flora finit par le voir sous les traits d'un ange gardien, venu la protéger pendant son voyage.

La nuit s'écoula. Il était tard et la plupart des passagers dormaient, hormis quelques-uns, dans le fond du wagon, qui faisaient la fête en sourdine, et deux autres hommes, plus près d'elle, qui échangeaient à mi-voix des propos évocateurs sur les tentations de Beale Street à Memphis, la grande ville vers laquelle ils roulaient.

Flora ne trouvait pas le sommeil. À la détresse que lui causait tout ce qu'elle laissait derrière elle s'ajoutait la terreur de sa vie à venir, et quand elle osa se tourner pour regarder son ange gardien, elle vit qu'il ne dormait pas non plus.

« Où vous allez ? demanda-t-il. À Memphis ? »

Flora opina et se détourna de nouveau pour contempler la nuit.

« Vous avez de la famille là-bas ? Quelqu'un ? »

Elle secoua la tête. Son ange gardien fit entendre un petit sifflement, ce qui accrut la peur de ce qui l'attendait.

« Ah ça, ça me plaît pas du tout, dit-il, une jolie petite comme vous, seule dans une ville comme Memphis.

— J'ai pas le choix », répondit Flora.

En réalité, elle l'avait, le choix. Quand on lui avait annoncé qu'elle devait partir, on avait avancé le nom de plusieurs villes du Nord, et Chicago était le phare étincelant qui attirait un grand nombre de Noirs. Mais Chicago paraissait si éloigné, si gigantesque que Flora avait préféré choisir la ville de Memphis, plus proche et plus petite, dont elle ne savait presque rien.

Son ange gardien se présenta, il s'appelait Joe, et lui brossa un rapide tableau de la ville qu'il paraissait bien connaître, afin de l'avertir des dangers qui guettaient dans ses rues une jeune fille comme elle. Peut-être devina-t-il en partie le secret de Flora ; en tout cas, il comprit à coup sûr que c'était un événement terrible qui l'avait obligée à voyager seule dans ce train, en route vers une ville inconnue, et il n'était pas difficile d'imaginer de quoi il pouvait s'agir. Il lui soumit l'idée de ne pas aller jusqu'à Memphis, mais de descendre dans une ville des environs, une ville moins importante où elle se sentirait moins loin de chez elle, une bourgade de campagne.

Stockton, par exemple.

Flora trouva son raisonnement juste. Pourquoi diable sa famille avait-elle songé à une grande ville ? Et elle-même ? Ce qu'exigeaient les Fleming, avant toute chose, c'était qu'elle quittât la région, et dans un endroit comme Stockton, la condition serait remplie. Parce qu'elle n'en avait jamais entendu parler, la bourgade l'effrayait moins que Memphis. Elle questionna son ange gardien qui n'en savait pas bien long sur Stockton, où il n'avait séjourné qu'à une seule occasion, la première fois qu'il était parti pour le Nord. C'était une petite ville agréable, lui dit-il, où elle courrait beaucoup moins de dangers qu'à Memphis, et où elle trouverait du travail.

Il chercha à en apprendre davantage concernant Flora, mais elle lui donna des réponses fort succinctes et ils finirent par se taire.

Le train poursuivit son chemin en brinquebalant et l'ange gardien s'assoupit. Pas Flora.

9

Après cinq années passées à Stockton, Flora y avait fait sa vie à son idée, et le samedi était un jour de fête. Bien que la pension où elle vivait fût proche du centre, le samedi elle avait toujours l'impression de se rendre en ville. Elle se levait tôt, s'habillait, n'endossant pas tout à fait sa toilette du dimanche, mais presque, et elle comptait sou par sou la petite somme qu'elle avait décidé de s'octroyer pour ses emplettes. Elle traversait la rue pour aller chercher son amie Pearl, qui faisait partie des chœurs de l'église, puis les deux jeunes femmes remontaient les quelques pâtés de maisons qui les séparaient de la rue principale, impatientes de savoir ce que pourrait leur apporter la journée.

On ne s'ennuyait jamais, le samedi. Pour Flora, le samedi à Stockton était toujours merveilleux, c'était le jour où elle célébrait le travail de la semaine, avant le calme du dimanche.

La ville se scindait en deux communautés, blanche et noire, et Flora ne s'aventurait que très rarement dans le quartier blanc de la ville, sauf pour travailler. Elle ne demandait pas mieux que de vivre dans l'univers qu'elle connaissait et comprenait, avec les gens de sa race, et tout ce dont elle avait besoin lui était disponible auprès des siens, avec les siens.

Pendant la semaine, surtout au moment des fortes chaleurs estivales, Stockton était d'un calme feutré. En dehors d'une certaine activité près des deux égreneuses à coton et du côté de la scierie, et de quelques passants qui vaquaient à leurs affaires, la bourgade somnolait.

Le samedi matin, Stockton s'éveillait pleine d'énergie, car tout le monde venait en ville. Les habitants des fermes environnantes se vêtaient de propre et s'entassaient avec leur famille dans leurs chariots et charrettes, ou bien ils venaient à pied. Ceux qui avaient des marchandises à vendre les chargeaient avant l'aube. À leur arrivée, ils dressaient un éventaire sur le trottoir, quand ils n'empilaient pas tout simplement leur récolte au bord de la chaussée, tas de pastèques et de melons, paniers de pêches, de poires et de tomates de jardin, à mettre en conserve.

Flora et Pearl s'offraient une petite douceur, une tasse de café et un beignet au Café Clark, que tout le monde appelait Chez Pop, bien que le vieux Papa Clark fût mort depuis belle lurette et que l'établissement fût tenu par ses fils. Puis elles partaient à l'aventure, au milieu des marchands ambulants, inspectant les fruits et légumes, passant devant une charrette chargée de poissons — dont l'écriteau annonçait « POISSON-CHAT ET POISSON SUCEUR ».

Elles passaient ensuite devant le Doo Drop Inn. Devant le salon de coiffure pour hommes, bondé de jeunes gens qui attendaient leur coup de tondeuse à dix *cents*, en prévision du samedi soir. Devant le pressing Sims. Devant l'institut de beauté Norelle, rempli de jeunes femmes qui ne songeaient qu'à se faire belles pour la soirée à venir. Ni Flora ni Pearl n'avaient jamais mis les pieds dans ce genre d'établissement, car c'était au-dessus de leurs moyens, et Flora trouvait inutile de s'y rendre, puisqu'elle n'allait jamais aux fêtes du samedi soir ; ce qui ne les empêchait pas de s'arrêter un moment, en rêvant de se payer un « soin » un de ces jours, en riant de celles qui entraient, vilains petits canards, et en admirant celles qui ressortaient, pomponnées et bichonnées, outrageusement fardées, parfois même le cheveu raidi, devenues cygnes pour un soir.

Elles poursuivaient nonchalamment leur chemin,

s'arrêtaient de nouveau pour passer le temps avec leur amie Bertha, qui vendait de la limonade dans un grand seau en fer galvanisé, puis continuaient jusqu'à l'éventaire-barbecue d'Isaac Dixon, prévoyant déjà le sandwich qui leur tiendrait lieu de déjeuner.

Pour la foule du samedi, le barbecue d'Isaac était le centre du monde. Isaac avait une quarantaine d'années, il était mince, la peau sombre, coiffé d'une haute toque de cuisinier, un foulard rouge autour du cou, vêtu d'une veste en coutil blanc éclaboussée de rouge par la sauce barbecue. Son éventaire était une carriole à trois roues en forme de boîte, peinte en blanc, dont la moitié inférieure était en bois et la moitié supérieure en verre. Sur les longues poignées était installée une planche à découper, sur laquelle se trouvaient perchées les deux grosses bouteilles de la sauce réputée, dont seuls Isaac et son fils Isaac junior, qui travaillait avec lui, connaissaient le secret.

La confection des sandwiches était en soi un spectacle dont Isaac était la vedette. Il y avait toujours un attroupement pour regarder, sinon pour acheter. Un sandwich ayant été commandé, Isaac soulevait le couvercle en verre de sa carriole, sortait un savoureux morceau de viande cuite, qu'il claquait sur le comptoir. Sous les yeux ravis de la foule, il aiguisait son couteau avec d'amples gestes qui paraissaient dangereux, puis il attaquait la viande succulente. Plusieurs tranches épaisses étaient étendues sur un petit pain ouvert en deux et couvertes de généreuses rations de sauce. Refermant le sandwich, Isaac passait alors au client suivant, tandis qu'Isaac junior, qui avait hérité de son père le sens du spectacle, enveloppait l'article, avec élégance et précision, dans une feuille de papier journal et le remettait à l'acheteur avec un geste plein de panache.

Flora adorait les regarder travailler. Ils formaient un duo sans faille et haut en couleur ; debout devant leur éventaire, par une journée ensoleillée, au milieu de la foule admirative et bruyante, écoutant l'incessant boniment d'Isaac, elle se sentait partie intégrante de cet univers.

Elle se tenait volontairement à l'écart des hommes, mais leur compagnie lui manquait. Une partie d'elle-même mourait d'envie de danser encore, comme elle l'avait fait tant d'années auparavant dans la grange, le soir où elle avait fait la connaissance de Lincoln ; toutefois elle refusait de faire ce qu'il fallait pour rencontrer des hommes, de peur qu'ils ne se conduisent comme Lincoln naguère.

Pearl ne comprenait pas ce côté de Flora. Elle avait trois ans de moins et elle adorait aller au bal du samedi soir avec sa famille. Elle était désolée que Flora ne voulût jamais l'accompagner, car pour tout le reste elles étaient amies intimes, et n'avaient aucun mal à se confier l'une à l'autre. Sauf en ce qui concernait les hommes. Pearl aimait beaucoup les hommes, elle aimait se trouver en leur compagnie, flirter avec eux, être leur amie et, bien qu'elle sût pourquoi le cœur de Flora leur était fermé, elle ne parvenait pas à le comprendre et elle passait des heures à tenter de soustraire Flora à sa peur.

Ce fut donc Pearl qui poussa, un samedi, le coude de son amie et lui indiqua un jeune homme qui attendait de recevoir son sandwich devant l'éventaire-barbecue.

« Qu'est-ce qu'il est mignon, tu trouves pas ? » chuchota-t-elle en gloussant de rire.

Flora regarda et sut immédiatement de qui il s'agissait. Le jeune homme, qu'elle n'avait encore jamais vu, était en effet plein de charme. Il était grand et bien bâti, son torse et ses bras musclés faisaient saillie contre sa chemise de coton et ses bretelles, ce qui donnait beaucoup de grâce à sa silhouette. Des touffes de coton dans ses cheveux courts et crépus laissaient deviner son métier. Il avait la peau brune plutôt que noire, et ses traits étaient bien dessinés, les yeux grands et sombres, les lèvres épaisses et galbées.

Il était en outre peu soigné ou alors très pauvre, et Flora, habituée à la pauvreté, supposa qu'il entrait plutôt dans la seconde catégorie. Le samedi matin, la plupart des gens étaient lavés de pied en cap et propres comme des sous neufs, même si leurs habits étaient reprisés de partout, mais la chemise du jeune homme était mince et râpée, son pantalon kaki était sali aux genoux. Il n'avait pas de veste et, à l'encontre de la plupart des hommes ce jour-là, il ne portait pas de chapeau. Ses bottines, qui avaient dû être robustes, étaient fendues, avachies et ternes, en dépit des nombreux petits cireurs prêts à astiquer tout ce qui se présentait pour vingt-cinq *cents* seulement.

Il était par ailleurs évident qu'il avait faim. La plupart des clients d'Isaac achetaient un sandwich, histoire de grignoter, ou bien tout simplement pour s'amuser, et ils le dégustaient parce que c'était leur gâterie du samedi. Mais le jeune homme, quand il reçut son paquet, arracha le papier sans attendre et mordit à belles dents, comme s'il n'avait pas mangé depuis un certain temps. Tout en mâchonnant un gros morceau de viande, il jeta un coup d'œil autour de lui.

Et il vit Flora qui le contemplait fixement.

Aucun des deux ne détourna les yeux, mais au bout d'un moment, le jeune homme essuya ses lèvres grasses du dos de la main. Ni l'un ni l'autre ne sourit, ni l'un ni l'autre ne se sentit gêné ; ils se dévisagèrent, tout simplement.

Ce fut Pearl qui, après avoir jeté le charme, le rompit.

« Je l'ai vu la première », dit-elle en pouffant de nouveau, et pour rire elle donna un petit coup sur le bras de Flora. Celle-ci regarda Pearl et sourit, et quand elle tourna les yeux en direction du jeune homme, elle le vit qui s'éloignait, en dévorant son sandwich.

Elle ne savait pas ce qu'elle ressentait. Elle avait vu un beau jeune homme qui avait éveillé chez elle des sensations oubliées ou réprimées depuis bien des années, et une partie d'elle-même était franchement excitée. Pourtant, elle ne parvenait pas à faire table rase de toutes ces années de prudence, ni à oublier le passé, uniquement parce qu'un inconnu lui avait décoché un regard pénétrant, même si ce regard l'avait fait rougir.

Elle le suivit des yeux tandis qu'il s'éloignait, puis elle se sentit de nouveau en sécurité. Il ne s'était rien passé de bien grave. Un inconnu qu'elle ne reverrait jamais de sa vie l'avait regardée, c'était tout.

Soulagée, elle pouffa avec Pearl, et les deux jeunes femmes reprirent leur promenade.

Un charlatan, un Blanc d'un certain âge, avait établi son commerce à quelques mètres de celui d'Isaac, et les deux amies s'arrêtèrent pour regarder. La scène sur laquelle il évoluait était un grand chariot où étaient installés une table, quelques verres et plusieurs caisses en carton portant l'inscription suivante, en lettres d'imprimerie : « LES REMÈDES NATURELS DE BIG CHIEF. »

Un Indien d'Amérique, le « Big Chief » en question, se tenait à côté du chariot en costume d'apparat : une robe en daim brodée dans des couleurs éclatantes avec des perles en bois, plusieurs rangées de ces mêmes perles autour du cou, et une haute coiffure ornée de plumes. Il avait les bras croisés devant la poitrine, le visage sévère et impassible. Il ne regardait ni à gauche ni à droite.

Les petits garçons du quartier étaient émerveillés ; ils s'étaient massés autour de lui, se demandant mutuellement s'il était pour de vrai, fascinés par le tomahawk qui pendait à sa ceinture, et par l'arc et le carquois rempli de flèches qu'il portait dans le dos.

« Reculez, mes enfants, ne serrez pas Big Chief de trop près ! » leur cria le charlatan, sur un ton malgré tout jovial.

Plein d'entrain et de confiance, il indiqua une grosse bonbonne remplie d'un liquide rose.

« Vous voyez le nom de ce remède ? lança-t-il à la foule désormais considérable qui savourait le spectacle. C'est le remède naturel de Big Chief ! Il est fait d'ingrédients qui poussent dans le sol. Les racines naturelles. Les plantes de la nature. Selon une ancienne formule indienne. »

Il s'approcha de l'Indien impassible.

« Quel âge donnez-vous à Big Chief ? Allons, devinez, quelqu'un, n'importe qui ! »

La foule se mit aussitôt à crier des âges. Cinquante ans. Soixante.

« Quarante-cinq ans ! cria Pearl, hilare, à côté de Flora.

— Vous n'y êtes pas ! » Le charlatan avait désormais pris sa vitesse de croisière. « Big Chief a quatre-vingt-cinq ans ! Big Chief a su apprendre de la nature le secret d'une longue et excellente santé ! Quatre-vingt-cinq ans, mesdames et messieurs ! »

La foule resta bouche bée. Le charlatan sortit d'une des caisses un petit paquet et un verre de liquide incolore.

« Vous ne le trouverez pas en pharmacie, leur dit-il. Personne ne vous le vendra, sauf moi. Et regardez comme c'est facile ! »

Il éventra l'emballage et versa la poudre qu'il contenait dans le verre. Il mélangea le liquide qui vira au rose et commença à pétiller et à mousser. La foule applaudit.

Le charlatan se tourna vers un vieillard qui se tenait près du chariot.

« Quel âge avez-vous, papy ? demanda-t-il.

— Soixante-cinq ans.

— Eh bien, papy, je vais vous faire une gentillesse. » Il lui tendit le verre. « Avalez-moi ça et dites-nous un peu ce que ça vous fait ! »

Le vieux prit le verre, contempla le liquide rose et mousseux, puis regarda la foule qui lui rugit des encouragements. Conscient de faire désormais partie du spectacle, il vida le verre d'un coup.

« Ça vous nettoie le foie et ça vous décrasse les reins ! cria le charlatan en lui reprenant le verre des mains. Je parie que vous vous sentez déjà mieux, hein, papy ? »

Le vieil homme réfléchit un instant, mais un instant seulement. Il sourit, d'abord au charlatan, puis à la foule.

« Ouais, m'sieur », dit-il. Le sourire tourna à l'éclat de rire. « Ouais, m'sieur. J'me sens déjà mieux. C'est bien vrai ! Ouais, m'sieur, pour ça, ouais ! »

La foule éclata en applaudissements et en acclamations.

« Ça, c'est le remède interne, mes amis, et il agit vite, qu'on se le dise. Mais à présent, je vais vous montrer le remède externe. Un de vous aurait-il mal quelque part ? Mal au cou ou dans les membres ? Ne faites pas les timides, mesdames et messieurs ! Pourquoi souffrir quand on peut vous soulager ? Allez, montez près de moi, montez ! »

La foule chercha des yeux un volontaire. Edna Gildon, une belle femme d'une trentaine d'années, à la peau sombre, s'avança prudemment. La foule lui lança des encouragements, et le charlatan l'aida à grimper sur le chariot.

« C'est ma cousine Edna », murmura Pearl à Flora et elle s'enfonça dans la foule comme pour aller regarder de plus près.

Flora, que le spectacle divertissait beaucoup, ne la suivit pas. Elle savait très bien pour quelle raison Pearl s'était éloignée. Elle sentait qu'elle n'était plus toute seule.

Le beau jeune homme se tenait à ses côtés, sans la serrer de près, mais pas bien loin quand même. Flora garda les yeux fixés sur le chariot où Edna se plaignait d'avoir une douleur à l'épaule. Le charlatan brandit une autre bouteille, secoua son contenu blanc comme de la craie et en versa un peu dans la paume de sa main.

« C'est un remède à la poudre de perlimpinpin », dit le jeune homme. Flora ne tourna pas les yeux de son côté, mais négligemment elle se rapprocha un peu de lui.

Le charlatan glissa la main sous le corsage d'Edna et lui massa vigoureusement l'épaule.

« Une névralgie superficielle, dit-il à la foule. Beaucoup de gens en souffrent inutilement et je vais vous montrer à quel point c'est un mal facile à guérir ! »

Edna se laissa masser quelques instants, tandis que le guérisseur continuait à la fois son boniment et la friction.

« Je veux vous entendre dire à vos bons amis, que voici, si ce remède vous fait du bien. »

Edna cessa de froncer les sourcils. Elle remua légèrement l'épaule, puis un grand sourire lui fendit le visage.

« Ouais, m'sieur ! s'écria-t-elle. J'ai plus mal ! La douleur est déjà partie ! »

La foule rugit son approbation et s'approcha en masse du chariot, tandis que le charlatan passait à la vitesse supérieure, pour bien enfoncer le clou.

Flora ne bougea pas ; elle resta où elle se trouvait. Le jeune homme non plus n'avança pas, mais il fit un petit pas de côté, pour se rapprocher de Flora.

« Ce flacon coûte un dollar, mes amis ! » Le charlatan venait de passer aux choses sérieuses. « Mais aujourd'hui, je vous fais une offre spéciale ! Cinquante *cents* ! Cinquante *cents* seulement, mesdames et messieurs, pour être soulagés de toutes vos raideurs, toutes vos douleurs. Et quand ma provision sera écoulée, vous n'en trouverez plus à acheter pour aujourd'hui. Et je ne reviendrai pas par ici avant un an ! »

La foule n'avait pas besoin d'en entendre plus, mais il n'avait pas fini.

« Et comme mon offre est vraiment spéciale, vous aurez droit à un flacon de mon remède interne et un flacon de mon remède externe, avec en prime le nouveau, le tout nouveau remède de Big Chief, ultra-efficace contre les cors aux pieds. Les trois flacons pour un dollar seulement ! »

La foule était maintenant en ébullition et le suppliait de laisser tout le monde profiter de l'offre spéciale, chacun agitant en l'air son billet de un dollar.

Flora et le jeune homme étaient seuls.

« De la poudre de perlimpinpin, répéta-t-il.

— Il a fait de l'effet à Edna, protesta Flora qui avait envie d'y croire, en se tournant vers lui pour laisser voir que son scepticisme l'agaçait.

— Ça aurait aussi bien marché s'il l'avait frottée avec de l'alcool », répondit-il en regardant Flora droit dans les yeux, comme lorsqu'ils s'étaient vus pour la première fois.

Comme il ne portait ni casquette ni chapeau, il ne pouvait pas se découvrir, mais Flora eut l'impression qu'il s'inclinait très légèrement en se présentant.

« Booker, dit-il, j'm'appelle Booker.

— Et moi Flora, murmura-t-elle.

— C'est un joli nom », dit Booker.

Flora ne savait pas trop comment prendre ce compliment, ni quoi dire à présent, mais elle avait envie de poursuivre la conversation.

« C'est la première fois que j'entends votre prénom.

— Il y a eu Booker T. Washington, lui dit le jeune homme. Il a fondé une université pour les gens de couleur en Alabama. Mon papa m'a baptisé en son honneur.

— Il est de votre famille ?

— Non », répondit Booker.

Il y eut un nouveau petit silence.

Booker indiqua une grande affiche sur le mur derrière eux, annonçant une projection cinématographique le soir même.

« Vous auriez envie d'y aller ? »

Flora ne savait pas quoi dire. Elle avait très envie d'assister à une projection. Il n'y avait pas de cinéma à Stockton, mais de temps en temps un spectacle ambulant, tel que celui dont il était question sur l'affiche, passait en ville, projetant des bandes d'actualités et quelques courts-métrages sous un grand chapiteau.

Oserait-elle sortir avec un homme, un inconnu ?

En un éclair, Flora passa sa vie en revue. Dans son existence, et dans son cœur, il y avait une sorte de vide, et elle voulait le combler. Elle détourna les yeux et vit Pearl qui se tenait à quelques pas de là ; elle souriait et semblait acquiescer. Flora oublia toute espèce de prudence et regarda Booker.

« Si vous voulez, dit-elle.

— Où vous habitez ? »

Elle ne voulait pas le lui dire ; elle venait déjà de franchir un trop grand pas et elle n'était pas encore prête pour des relations aussi intimes.

« Par là », se borna-t-elle à répondre.

Booker haussa les épaules. Peut-être devinait-il sa peur.

« On se retrouve Chez Pop à six heures, proposa-t-il.

— Devant Chez Pop », corrigea Flora. Devant l'établissement, dans la rue, il y aurait des gens, tout comme il y en aurait dans le parc et sous le chapiteau. Elle n'osait pas aller plus loin. Ce qui se passerait après le spectacle, c'était une autre histoire, mais Flora avait l'impression que si elle parvenait à rester dehors, dans la rue, parmi la foule, Booker n'oserait pas se montrer trop entreprenant pour leur premier...

... rendez-vous ?

Venait-elle vraiment d'accepter un rendez-vous de ce garçon superbe et mal fagoté ? Non, ce n'était pas un rendez-vous. Flora n'acceptait pas de rendez-vous. Booker l'emmenait au cinéma. C'était tout.

Booker sourit. Il se moque de moi, se demanda Flora, ou bien il comprend ?

« Devant Chez Pop », dit-il docilement.

Son sourire s'élargit, puis il se mit à rire.

« Devant, répéta-t-il. À six heures. »

Il la regarda avec une sorte d'affection, le rire au fond des yeux et sur les lèvres, puis il s'éloigna.

Il sembla à Flora qu'il secouait la tête.

« Alors ? » demanda Pearl. Flora n'avait pas remarqué que son amie était de nouveau à ses côtés. Elle la regarda, presque rougissante.

« J'en ai jamais vu, de projection cinématographique ! dit-elle comme pour se défendre, et Pearl éclata de rire.

— Dieu du ciel ! s'écria-t-elle. Toi qui as une peur bleue de tous les hommes, je veux bien être pendue si tu ne viens pas de harponner le plus beau garçon de la ville ! »

Flora était tout à la fois gênée, heureuse et affolée. Elle regarda autour d'elle, désireuse de changer de sujet. Le charlatan, dans son chariot, faisait des affaires en or.

« Ça marche vraiment son machin, demanda-t-elle, ou c'est juste de la poudre de perlimpinpin ?

— T'occupe donc pas, dit Pearl en riant. T'en as aucun besoin. T'as tous les remèdes dont t'as besoin. Regarde-toi donc, ma fille. T'es resplendissante. »

Et Flora savait que c'était vrai.

10

Ils se retrouvèrent, comme convenu, Chez Pop — ou plutôt devant — le soir même. Flora fut soulagée de constater que Booker avait l'air presque présentable. Il s'était bien lavé et avait enfilé une chemise en flanelle, visiblement pas neuve puisque plusieurs boutons étaient dépareillés, et un pantalon en serge de couleur foncée. Ses vêtements du dimanche, devina Flora. Il portait une veste sur son bras et tripotait nerveusement un chapeau dont il ne se coiffait jamais. Il avait toujours ses souliers de travail, mais il avait dépensé vingt-cinq *cents* pour les faire astiquer, ou alors il les avait cirés lui-même.

Flora fut touchée de voir qu'il s'était donné la peine de se faire beau, tout comme elle ; mais quand elle l'aperçut devant le café, elle n'aurait même pas tiqué s'il avait porté les vêtements les plus miteux et les plus crasseux du monde. Il était si beau.

Et Booker la trouva ravissante.

Flora et Pearl avaient consacré tout l'après-midi à de fiévreux préparatifs. Flora s'était lavée de la tête aux pieds dans sa chambre, à l'aide d'une petite bassine d'eau, puis Pearl l'avait coiffée. Cela n'avait guère transformé sa physionomie ; ses cheveux courts et frisés résistaient aux changements, mais elle se sentait en beauté.

Le grand sujet de discussion fut la robe de Flora. Elle en possédait trois, deux qu'elle mettait pour aller travailler et sa robe du dimanche. Pendant une heure, elles tentèrent toutes sortes de variations, essayant les trois robes tour à tour, mais rien ne les satisfaisait. Pearl soutenait que son amie devait mettre sa plus jolie robe, mais Flora n'était pas encline à porter sa toilette du dimanche en dehors du jour prescrit.

Pour finir, elle emprunta un corsage et une jupe très simples à la mère de Pearl, qui faisait une taille de plus qu'elle. Les vêtements étaient un peu amples, mais Pearl lui dénicha une ceinture et s'activa avec une aiguille et du fil ; le résultat était ravissant. La logeuse de Flora se laissa gagner par l'euphorie du moment et lui prêta un joli chapeau de paille, noir, orné de faux fruits ; après quoi Pearl apporta un petit flacon d'eau parfumée qu'on lui avait offert pour son anniversaire. C'était un parfum bon marché, qui sentait tout bêtement la rose, mais il contribua à donner à Flora l'impression que la soirée était une grande occasion.

Elles se rendirent ensemble jusqu'à la rue principale ; Pearl riait comme une folle et déclara qu'elle voulait tout savoir du rendez-vous, une fois la soirée passée.

« C'est pas un rendez-vous ! aboya Flora en proie à une nervosité inattendue. On va simplement voir un spectacle.

— Ma fille, tu sors avec un garçon, s'écria Pearl, hilare, donc c'est un rendez-vous ! »

Flora ne répondit pas, parce qu'elle savait bien que c'était vrai, et de toute façon elles étaient à présent à une cinquantaine de mètres du café et Flora apercevait déjà Booker.

Elle s'arrêta, le cœur battant. Elle pouvait encore renoncer, faire volte-face et rentrer chez elle, s'enfermer à double tour dans sa chambre et ne plus jamais revoir Booker de sa vie, puisqu'il ne savait pas où elle habitait.

Ou bien elle pouvait continuer. Mais en était-elle capable toute seule ?

« Viens avec moi, dit-elle à Pearl d'un ton suppliant.

— Non, mais dis donc, je suis pas chaperon, moi ! » Pearl, toujours hilare, s'en donnait à cœur joie. « De toute façon, j'ai promis d'y aller avec mes parents, au spectacle. »

Elle savait à quel point Flora avait peur, alors elle lui déposa sur la joue un petit baiser d'encouragement.

« T'es ravissante », lui chuchota-t-elle avant de s'éloigner très vite.

Restée seule, Flora ne se sentit pas encore capable de bouger, mais elle savait que ça ne durerait pas. Elle regarda fixement Booker, nonchalamment appuyé contre le mur, et elle adressa une petite prière à Jésus : Faites que ce garçon soit gentil avec moi et ne me déçoive pas.

Puis elle s'avança lentement à sa rencontre.

Jésus dut entendre sa prière, car Booker ne la déçut pas. Il ne la déçut jamais. En la voyant apparaître, il ne sourit pas ; il se redressa, tripotant son chapeau, et à mesure qu'elle se rapprochait, Flora lut dans ses yeux qu'elle était à son avantage et qu'elle lui plaisait.

Tout comme il lui plaisait dans tout ce qu'il faisait.

« Vous sentez bon », dit Booker.

Flora rougit et contempla ses souliers, ne sachant quoi répondre.

« Pile à l'heure, observa-t-il en jetant un coup d'œil à la pendule du café.

— Je voudrais pas manquer la séance », dit Flora.

Booker lui offrit son bras.

« Alors vaut mieux y aller », remarqua-t-il.

Parce que c'était une agréable protection, Flora prit son bras comme si c'était la chose la plus naturelle du monde, et elle s'aperçut qu'ils s'accordaient merveilleusement. Il était beaucoup plus grand qu'elle, mais elle se sentait à son aise, et il ajusta légèrement son pas en marchant, de façon à ne pas avancer trop vite pour les jambes plus courtes de Flora.

Ainsi, bras dessus, bras dessous, ils traversèrent la ville, perdus dans la foule qui se dirigeait vers le jardin public. Au début, leur conversation se limita à quelques lieux communs.

« Il fait beau, ce soir, dit Booker.

— Oui, très beau », convint Flora.

Le temps d'arriver jusqu'au jardin, cependant, Booker avait déjà commencé à parler de lui-même et de sa vie simple et difficile, et lorsqu'ils atteignirent le chapiteau, Flora était sur le point d'en faire autant.

Jamais elle n'avait connu un tel bien-être, un tel sentiment de sécurité.

Il devait y avoir deux projections cinématographiques ce soir-là. La première, qui allait commencer alors qu'il faisait encore jour, était strictement réservée aux gens de couleur. Plus tard, une fois que la nuit serait tombée et que les images ressortiraient mieux sur l'écran, il y aurait une projection pour les Blancs.

Ils se joignirent, devant le chapiteau, à une longue file de gens qui avançaient lentement en bavardant, tout excités à l'idée de ce qu'ils allaient voir. Quand ils arrivèrent devant le petit éventaire qui faisait office de guichet, ils eurent leur première petite prise de bec.

« Deux billets, s'il vous plaît, dit Booker en cherchant l'argent dans sa poche.

— J'ai de l'argent », lui murmura Flora à l'oreille. Elle avait dévalisé le pot à confiture qui lui servait de tirelire, et elle avait cinquante *cents* au fond de sa poche.

« Si je peux pas nous offrir ça, c'est que je suis vraiment dans la dèche », riposta Booker d'un ton assez ferme pour mettre fin à toute discussion.

Il paya pour eux deux. C'était à coup sûr un vrai sacrifice, mais Flora ne voulait pas le gêner en insistant.

Sous le chapiteau, ils trouvèrent de bonnes places, et l'animation croissante du public les gagna.

« Zut alors, quand est-ce que ça va commencer ? s'écria un homme.

— Quant tu la fermeras ! » riposta un bel esprit à l'autre bout de la tente.

Devant eux se dressait un grand écran blanc, avec un piano sur le côté. Des enfants jouaient dans l'allée centrale. Tout le monde s'était mis sur son trente et un pour l'occasion, car c'était un événement important dans l'existence de tous ces gens, une fête, quelque chose de nouveau, de différent.

Les lumières ne s'éteignirent pas, puisqu'il n'y en avait pas, mais la tombée du jour assombrissait l'intérieur du chapiteau. Un Blanc rubicond, en costume à carreaux, vint leur faire un petit discours de bienvenue, puis une Blanche en robe du soir apparut et prit place au piano, sous un tonnerre d'applaudissements. Elle joua une ouverture pleine d'entrain, saluée par des acclamations et des sifflets d'admiration, puis un homme qui se tenait à côté d'une grosse machine, au fond du chapiteau, tourna un bouton.

L'écran fut aussitôt inondé de lumière et les grosses bobines de pellicule, sur le projecteur, se mirent à tourner. Flora retint son souffle, pâmée de plaisir anticipé.

Le spectacle commença par les actualités, bruyamment accompagnées par la pianiste, tandis que des intertitres sur l'écran précisaient au public de quoi il s'agissait.

Cela n'avait d'ailleurs aucune importance ; on aurait pu filmer n'importe quoi, la foule aurait été enchantée. Tout au long de la séance, les spectateurs se confondirent en acclamations, en applaudissements et adressèrent toutes sortes de remarques aux personnages qu'ils apercevaient sur l'écran, hurlant leur satisfaction et leurs commentaires.

Des images de New York et de Boston défilèrent, puis ils virent des gens dont ils avaient entendu parler, dont ils avaient vu la photo dans le journal, en train de bouger cette fois, pour de vrai. Et des automobiles comme ils n'en avaient jamais vu. Et d'énormes paquebots.

Et une guerre en France, des soldats montant à l'assaut.

Flora se sentit transportée dans un univers nouveau et merveilleux, en assistant ainsi à une projection cinématographique avec un beau garçon à ses côtés, et quand Booker lui prit la main et la serra, elle fut heureuse.

Il y avait d'autres films, un court western au cours duquel des cow-boys poursuivaient des Indiens ; puis un film comique avec des policiers imbéciles occupés à sillonner la campagne au volant de voitures qui paraissaient toujours aller dans le mauvais sens ; il arracha des acclamations aux spectateurs, parce qu'un des acteurs était noir. Un homme comme eux, avec d'énormes yeux ronds, qui semblait dans un perpétuel état de stupeur craintive devant les événements. Comme ils l'étaient eux-mêmes.

Ce fut à la fin de ce film que Booker passa son bras autour des épaules de Flora. Elle se raidit et refusa de se laisser aller, mais Booker ne retira pas son bras. Puis les policiers imbéciles du film commirent une nouvelle bévue et Flora se mit à rire, se détendit et se nicha douillettement contre Booker.

Le dernier film était un film à suspense dans lequel l'héroïne n'arrêtait pas de s'attirer des ennuis et d'être sauvée par le héros. À la fin, elle se retrouvait ligotée aux rails du chemin de fer, tandis qu'un train approchait à toute allure. Le public affolé lançait des conseils frénétiques au héros qui arrivait à cheval pour la sauver. Et au tout dernier moment, il y parvenait, arrachant la malheureuse à la voie ferrée et s'éloignant avec elle, sur son cheval, vers le soleil couchant, tandis que l'auditoire tout entier restait convaincu d'avoir participé au salut de la jeune femme.

Le Blanc rubicond reparut devant l'écran pour annoncer qu'il serait de retour dans trois mois avec de nouveaux films. Il les remercia d'être venus et ajouta qu'il espérait les revoir à son prochain passage.

Ce qui, à n'en pas douter, serait le cas. Le public sortit à la queue leu leu, au milieu de louanges dithyrambiques, chacun expliquant à son voisin comment son conseil à lui avait sauvé la jeune héroïne, et prévoyant déjà sa prochaine visite lors du prochain passage en ville du spectacle.

Flora, transportée dans un autre monde, était grisée par tout ce qu'elle venait de voir. Bien que l'héroïne en détresse eût été blanche, elle s'était complètement identifiée à elle, versant des larmes au moment de ses pires déboires et criant de joie en la voyant sauvée.

Ils s'éloignèrent du chapiteau, bras dessus, bras dessous, pour retourner Chez Pop, et Flora passa tout le trajet à épiloguer sur le spectacle et sur les sensations qu'elle avait éprouvées.

Arrivés devant le café, ils s'arrêtèrent.

« Vous voulez une glace ? demanda Booker.

— Uniquement si c'est moi qui paie », répondit Flora, bien décidée à garder un tant soit peu d'indépendance, et doutant par ailleurs que Booker eût les moyens de lui payer un rafraîchissement.

Il hésita. Elle devina qu'il était tenté d'accepter son offre, et sut aussi, infailliblement, que son orgueil le lui interdirait.

« La prochaine fois », dit-il, et il lui ouvrit la porte.

C'était la première fois que Flora entrait dans un café le soir, la première fois aussi qu'elle goûtait une coupe glacée, la première fois qu'elle s'asseyait dans un petit compartiment pour deux, au milieu d'un environnement aussi coloré et réconfortant. Pearl et elle venaient Chez Pop tous les samedis, mais elles prenaient toujours place au comptoir et se montraient fort économes.

Le soir, c'était différent. Le soir, il y avait des lumières de couleur et des rires, des gens détendus, dont la plupart paraissaient avoir assisté à la projection et continuaient à en parler. Assise dans le petit compartiment avec Booker, occupée à goûter sa première coupe glacée au milieu de cette foule enjouée, Flora se sentait en territoire inconnu ; c'était une folie qui revêtait pour elle un caractère entièrement nouveau. Cela parachevait cette soirée de rêve.

La réaction de Booker vis-à-vis du spectacle de cinéma était moins exubérante que la sienne, ce qui ne manqua pas de l'intriguer. Il lui dit qu'il s'était bien amusé, qu'il avait adoré les films, mais que la bande d'actualités l'avait mis en colère.

« On voyait pas un seul Noir dans leur armée », dit-il.

Flora fut étonnée. Elle ne savait pas que des Noirs se battaient.

« Mon cousin Abner, il a fait cette guerre. Il a même été tué. »

L'instant fut bref, mais dégrisant pour Flora. Elle contempla Booker qui arborait une expression de tristesse rageuse. Malgré tout le soin qu'il avait pris de lui-même, il restait une petite touffe de coton dans ses cheveux. Elle se pencha par-dessus la table pour l'enlever.

Il ne sourit pas, ne la remercia pas. Il plongea son regard au fond de celui de Flora, touché par ce petit geste affectueux et attentionné.

« Je vous raccompagne », dit-il.

Flora n'était pas sûre d'avoir envie de rentrer, parce qu'elle aurait voulu que la soirée ne finît jamais, mais il se faisait tard pour quelqu'un qui travaillait aux champs, et même si le lendemain était dimanche, ils avaient tous deux l'habitude de se coucher tôt.

Ils marchèrent jusque chez elle, bras dessus, bras dessous. Flora ne craignait plus du tout de révéler son adresse à Booker et elle l'emmena vers sa maison sans réfléchir.

Ils s'arrêtèrent devant le petit édifice en bois. La lumière de la logeuse était allumée et Flora subodorait que celle-ci était parfaitement au courant de son retour, de même que plusieurs autres personnes, dans leur maison et dans la rue. Surtout Pearl.

Elle s'en moquait.

« Vous allez à l'église demain ? demanda-t-elle à Booker.

— J'y vais pas souvent. » Il haussa les épaules. « J'ai trop à faire. »

Flora opina, comme si elle comprenait, alors qu'elle était incapable d'imaginer comment on pouvait ne pas trouver de temps pour Dieu.

Et quand Booker se ravisa, elle en fut tout émue.

« Mais... cette fois peut-être que si, dit-il. À demain.

— J'y serai », chuchota Flora.

Ils se turent. Il fallait mettre un point d'orgue à cette soirée.

Quand il vint, il leur apparut comme la chose la plus naturelle du monde, et la plus délicieuse.

Booker se pencha vers Flora, s'inclinant légèrement parce qu'elle était plus petite, et de ses belles lèvres charnues il effleura les siennes, avec tant de douceur, de façon si peu insistante, avec toute la faiblesse du fort, que Flora sentit disparaître le dernier vestige de sa peur des hommes, ou en tout cas de cet homme-là.

Il ne lui en demanda pas plus. Il l'embrassa une fois, une seule, puis il la regarda dans les yeux, lui murmura bonne nuit, et s'éloigna.

Ce soir-là, entre Booker et le spectacle de cinéma, Flora avait connu toutes les grandes émotions. L'inquiétude. L'impatience. L'excitation. Le rire. La peur. Le bonheur. La satisfaction. La griserie du salut. L'adieu au passé. Le choc de la nouveauté. Et à présent venait la plus grande de toutes, et Flora avait l'impression que son cœur allait éclater.

Car à présent venait l'amour.

11

Ils se marièrent l'été suivant, parce qu'ils étaient amoureux, et parce que le mariage était pour tous deux la solution de leurs problèmes financiers.

Les quelques arpents qu'exploitait Booker étaient, dans le meilleur des cas, de la mauvaise terre ; or la fin de la guerre en Europe et le retour des soldats avaient provoqué un effondrement désastreux dans le prix du coton et de la laine. Le même été, il y eut une invasion d'anthonomes, qui anéantit une grande partie de la récolte de coton.

Si l'été avait été bon, Booker aurait demandé la main de Flora, mais n'étant pas en mesure de subvenir à ses besoins, il préféra se taire. Ce fut Flora qui proposa de se marier, de façon à mettre en commun leurs maigres ressources. Elle économiserait ainsi ce que lui coûtait son logement, et ses petits revenus, ajoutés à ce que rapporterait le travail que pourrait trouver Booker et à l'allocation d'hiver, leur permettraient de survivre.

Booker proposa une autre solution. Il renoncerait à travailler la terre et trouverait un emploi, quelque part, n'importe où ; mais Flora redoutait de devoir partir s'installer à Memphis, ou même plus loin, et elle fit tout pour l'en dissuader. Ils possédaient de la terre, Booker avait déjà énormément investi dans ces quelques arpents, et ils avaient une cabane à leur disposition. Pourquoi sacrifier tout cela ?

« Ou alors c'est peut-être que tu veux pas m'épouser », ajouta-t-elle. Ce n'était pas une ruse. Puisqu'il ne lui avait pas officiellement demandé sa main, elle ne pouvait pas être certaine de ses intentions, même s'ils en avaient parlé plus d'une fois.

« Y a rien que je désire plus au monde », avait déclaré Booker.

Donc, ils se marièrent, une cérémonie toute simple à l'église que fréquentait Flora, célébrée par le nouveau pasteur, le révérend Jackson. La logeuse de Flora avait fourni la robe, sa propre robe de mariée, soigneusement rangée dans une boîte en carton. Elle avait été blanche, mais le satin avait légèrement jauni avec l'âge. Aucune importance. Flora était ravissante, même si elle retardait de vingt ans sur la mode du moment.

Booker emprunta à l'un de ses cousins, qui lui servit de témoin, un costume presque neuf, et il fit l'acquisition d'une nouvelle paire de bottillons de travail qu'il porta pour la première fois le jour de son mariage. Ses vieux souliers étaient bons à jeter.

Pearl était demoiselle d'honneur, mais elle dut s'éclipser quelques instants pour aller donner de la voix, car elle possédait une note aiguë qui était l'orgueil des chœurs et de toute la congrégation.

Les grands-parents de Flora étaient morts, mais elle avait écrit à sa mère, dans l'espoir qu'elle pourrait assister au mariage, avec Josie ; sa maman, toutefois, avait répondu par retour de courrier qu'elles n'en avaient pas les moyens et que le trajet serait trop pénible pour Josie. Elle avait glissé dans la lettre un billet de un dollar, leur cadeau de mariage.

Les parents de Pearl offrirent un repas de noces tout simple après la cérémonie, et presque tous les gens qui y assistaient firent un discours. Certains hommes — mais pas Booker — consommèrent un peu trop de bière, et la fête se termina comme à l'accoutumée : les femmes partirent dans la cuisine, laissant les hommes entre eux. Les jeunes époux recueillirent un joli lot de cadeaux, des objets utilitaires pour la plupart, par exemple un fer à repasser et un sac à picotin pour une mule, bien que Booker fût trop pauvre pour en posséder une. Les parents du jeune marié avaient économisé sou par sou, et ils leur donnèrent cinq dollars pour construire leur avenir.

Comme ils ne possédaient pas non plus de chariot, Jerry Mitchell les emmena dans le sien jusqu'à la cabane de Booker ; il ôta son chapeau, leur présenta tous ses vœux de bonheur, et ils se retrouvèrent seuls.

Tout comme leur union, leurs noces avaient été dominées par des considérations pratiques, mais cela ne diminuait en rien leur bonheur. Pendant leurs douze mois de fiançailles, ils avaient mis de l'ordre dans leurs rapports, reconnu aussi bien ce qui les irritait l'un chez l'autre que ce qui leur plaisait. Booker, quoique peu bavard, avait la manie de rabâcher, ce qui exaspérait parfois Flora. Quand cela arrivait, ils se taisaient tous les deux, puis Booker la regardait avec une lueur malicieuse au fond de l'œil et il répétait encore une fois sa rengaine ; aussitôt Flora se mettait à rire et tout allait bien.

Flora, elle, était d'une maniaquerie qui agaçait Booker. Elle poussait des clameurs s'il entrait dans la cabane avec des pieds boueux.

« J'en ai jamais fait toute une histoire », ripostait-il. Flora savait qu'il disait vrai. La première fois qu'elle avait visité sa cabane, elle avait été horrifiée par le désordre qui y régnait.

« Eh bien, moi si, glapissait-elle. J'ai autre chose à faire qu'à nettoyer derrière toi du matin au soir, et je viens juste de laver par terre ! »

Il ressortait, la mine renfrognée, enlevait ses souliers, puis il rentrait pieds nus, en la regardant, et elle voyait le rire dans ses yeux ; aussitôt, elle fondait, haussait les épaules et lui servait à dîner.

Le lit conjugal fut le lieu de leur triomphe, et pas seulement pour l'acte d'amour. La première nuit, Booker la traita avec les plus grands ménagements et ne chercha pas à obtenir d'elle, par ses cajoleries, plus qu'elle ne pouvait donner. Il savait qu'elle avait eu une expérience épouvantable, et il vivait seul depuis trop longtemps pour se montrer plus pressant qu'il n'était nécessaire. En s'assoupissant entre ses bras puissants, ce soir-là, bien au chaud, bien en sécurité, amoureuse, Flora crut s'endormir avec les anges.

Au cours des nuits suivantes, elle se détendit à son contact, et bientôt leur ébats amoureux devinrent passionnés et marquèrent l'apogée du plaisir qu'ils prenaient à être ensemble.

C'était aussi leur grande consolation, car l'hiver fut bien dur. Comme chaque année, Booker avait reçu du Patron, du fermier blanc à qui appartenaient les terres qu'il exploitait, le prêt hivernal, mais la somme n'était pas bien grosse. Même dépensée avec parcimonie, elle ne les mènerait guère qu'au mois de mars, et ne permettrait de pourvoir qu'au strict nécessaire. Booker donnait des coups de main rémunérés ici et là, et Flora continua à travailler, mais elle dut renoncer à son emploi de fille de salle à l'hôpital, parce que les heures étaient très longues et que la bicoque de Booker était à huit kilomètres de la ville, ce qui faisait trop de chemin à parcourir à la fin d'une rude journée de travail.

À Noël, Booker lui offrit une broche, un petit bijou qui se donnait l'air d'être en or. Il lui dit qu'il l'avait achetée au rabais, mais elle devina qu'en réalité il l'avait trouvée, voire chapardée ; il avait fait un joli paquet, avec un papier qu'il avait peint lui-même pour lui donner un air de fête, et c'était bien suffisant, c'était même plus que suffisant.

Flora fit cadeau à son mari d'une pipe en terre toute neuve et d'une demi-once de tabac. C'était l'un des très rares plaisirs qu'il s'accordait, de façon très occasionnelle, et qui aux yeux de Flora, loin de représenter son seul et unique vice, était une merveilleuse vertu. Chaque soir, par n'importe quel temps, sauf s'il pleuvait ou s'il faisait un froid de loup, ils s'asseyaient ensemble devant leur cabane — n'ayant pas de terrasse couverte — sur de vieux fauteuils à bascule. Pour Flora, c'était un moment de parfaite communion avec Booker, avant de songer à se mettre au lit.

Quand il en avait les moyens, Booker s'achetait un peu de tabac, et il tirait sur sa pipe, spectacle qui donnait à Flora un puissant sentiment de sécurité. S'il n'était pas en fonds, il se contentait de sucer sa pipe vide, mais d'une certaine façon cette image paraissait incomplète à Flora, car l'absence de fumée venait lui rappeler le goût amer de leur pauvreté.

Pour ce premier Noël, elle reçut de lui un autre cadeau. Le sol était couvert de neige, si bien qu'ils avaient rentré leurs fauteuils à bascule, et s'étaient offert le luxe d'un feu dans leur poêle ventru. La pièce était enfumée par la lampe-tempête et par ce qui filtrait d'une fissure dans le conduit de la cheminée, mais elle était bien chaude, pour ne pas dire presque douillette. Ils se balançaient dans un silence paisible, en faisant semblant de croire que leur garde-manger était aussi bien garni que leur cœur plein d'amour.

« Tu vas être papa », dit Flora doucement.

Elle avait un peu peur de le lui dire ; elle était sûre qu'il en serait très heureux, mais ça leur ferait une autre bouche à nourrir. Et Flora, même momentanément, serait bien obligée d'arrêter de travailler, ce qui ajouterait à leurs difficultés. Elle priait pour que la récolte du coton fût bonne.

Booker s'immobilisa et tourna vers elle deux yeux écarquillés.

« Cet été, reprit-elle, tu seras papa. »

Il garda le silence. Flora devina qu'il devait se dire exactement la même chose qu'elle, qu'un enfant coûtait cher, et elle avait raison dans une certaine mesure, mais elle se méprit sur la cause de son silence.

« Je te demande pardon, murmura-t-elle.

— Oh ! mon amour », lui dit Booker, sur le même ton.

Il tendit le bras, prit la main de sa femme dans la sienne, et la serra si fort qu'elle dut presque étouffer un cri de douleur. Ce fut alors qu'elle comprit. Il pleurait.

Elle se leva et s'approcha de lui pour l'étreindre de toutes ses forces. Peut-être qu'il ne voulait pas d'enfant. Peut-être qu'il lui demanderait de s'en débarrasser. Flora ne voyait pas comment elle pourrait s'y résoudre, mais si Booker le lui demandait, elle le ferait.

« Oh ! mon amour », répéta-t-il. Il leva les yeux vers elle. Flora vit qu'ils étaient mouillés de larmes.

Et puis elle vit autre chose qui la transperça de joie jusqu'au plus profond de son être.

Elle vit qu'il était heureux.

Le petit garçon naquit l'été suivant. Flora eut pour sage-femme la vieille Mammy Perkins à qui Booker donna tout l'argent dont il disposait, c'est-à-dire pas grand-chose, mais il promit de lui donner le reste à mesure qu'il le gagnerait. Mammy Perkins se plaignit amèrement, car elle se plaignait toujours de tout, mais elle était habituée à ce genre d'arrangement. Elle recevait rarement l'intégralité de ses honoraires au moment de son intervention, mais ce qu'on lui devait lui était rendu au centuple sous forme de viande et de légumes qu'on lui offrait, de petits travaux qu'on faisait pour elle, de services qu'on lui rendait, et même parfois sous forme d'espèces sonnantes et trébuchantes.

C'était une grosse commère qui ne mâchait pas ses mots, dure avec les femmes qui enfantaient et brutale avec les nouveau-nés, à qui elle assenait de grandes claques pour leur faire prendre leur respiration, mais elle avait un cœur d'or.

Une fois Mammy Perkins repartie, Booker s'approcha de Flora qui serrait contre elle le minuscule bébé. Elle lui présenta leur fils, il le prit, le tint dans ses bras, s'éloigna un peu, et chuchota quelques mots, ces paroles secrètes qu'un homme ne dit qu'à son fils qui vient de naître.

Flora ne savait pas ce qu'il disait, et elle s'en moquait d'ailleurs. Il lui suffisait de savoir que son mari avait l'enfant et de voir son amour. Le plus doux souvenir de sa vie devait être cette vision de Booker tenant leur fils dans ses bras.

Au bout d'un petit moment, Booker lui rapporta le bébé et le déposa tendrement sur sa poitrine. Il s'assit au bord du lit et la contempla, les yeux pleins d'une détermination insondable.

« Ce garçon, il ira à l'école, dit-il. On va le faire instruire. Comme ça, il vaudra mieux que nous. »

Ils baptisèrent l'enfant William, le prénom du père de Booker, mais dès le premier instant on ne l'appela jamais autrement que Willie.

Avec un vieux cageot de pommes, Booker avait fabriqué un berceau pour Willie, et il avait mendié, ou peut-être bien volé, une chaude couverture pour lui. Le soir, il restait assis pendant des heures à côté du berceau ; au début, il se contentait de regarder fixement le bébé, ou de le caresser d'un doigt, le consolant s'il pleurait, changeant ses couches s'il était mouillé ou sale. Il lui chuchotait des confidences que Flora n'entendait pas, mais elle n'en concevait aucune jalousie. Depuis le soir où Willie était né, elle était ravie de voir que Booker l'aimait tant.

« Ce petit, on va le faire instruire », disait Booker. Il le disait presque tous les jours. « Il cueillera pas le coton, celui-là. »

Chaque fois qu'il le disait, Flora opinait, agacée parfois de l'entendre radoter, mais c'était ça, l'amour. Si la chose avait tant d'importance pour Booker, elle en avait aussi pour elle. S'il éprouvait le besoin de dire ces mots, alors il fallait qu'ils fussent dits. S'ils l'horripilaient à force d'être trop souvent rabâchés, eh bien, elle devait se dire que l'amour, c'était d'accepter les travers de celui qu'on aimait.

Pourtant, Booker n'était plus le même, et Flora savait pourquoi. Une de ses prières n'avait pas été exaucée. La saison n'avait pas été bonne.

Le prix du coton avait connu une légère hausse par rapport à l'année précédente, mais il n'y avait pas eu beaucoup de pluie et la récolte serait mauvaise. Il était certain, aussi, que Willie était une lourde charge, sur le plan matériel. Bien souvent, ils n'avaient pas suffisamment à manger, et quand cela arrivait, Booker se privait, afin qu'il y eût un peu de lait et des croûtes de pain pour le petit.

À l'exception des moments où il se trouvait auprès de son fils, ou bien seul au lit avec Flora, une sorte de désespoir l'envahissait. Il partait travailler tous les matins, et personne n'aurait pu s'échiner davantage, mais c'était pour ainsi dire inutile. Il ne pleuvait pas. Le coton ne poussait pas.

Ils cueillirent la récolte de Booker, et ils en tirèrent une somme pitoyable. Une fois les comptes faits, une fois remboursés le prêt de l'hiver précédent, le coût des graines et de l'engrais, une fois réglées toutes les petites complexités de la comptabilité, la part qui revenait à Booker n'atteignait même pas la moitié de ce qui leur était nécessaire.

Le désespoir de Booker s'intensifia.

Il alla trouver le Patron pour l'habituel prêt en prévision de l'hiver, et comme à l'accoutumée, l'argent lui fut compté à contrecœur. Mais la somme ne suffisait pas à Booker. Il réclama davantage.

Le Patron le foudroya du regard.

« Dis donc, mon gars, je suis pas une banque, moi, dit-il. Ces dix dollars devraient te suffire. »

Booker parvint à se contenir.

« M'sieur, je vous en remercie, dit-il, mais il me faudrait un peu plus. »

Le Patron garda le silence. Booker sentit la moutarde lui monter au nez.

« Enfin, je veux dire, en plus de ce qu'il nous faut pour manger. Le bébé a besoin de couches, et, j'ai honte de vous parler de ça, mais ma femme aurait absolument besoin de dessous neufs. »

C'était la vérité. Ils n'avaient pas de quoi acheter des dessous pour Flora. Sans compter que c'était humiliant ; Booker avait l'impression d'avouer qu'il n'était qu'un incapable, en tant que mari et soutien de famille.

Le Patron resta de marbre.

« Écoute, les couches on peut en faire dans des vieux chiffons, fit-il. Et dis donc à ta femme de raccommoder ses dessous. »

Booker éclata. Il y eut une dispute homérique, et le Patron traita Booker de fauteur de troubles, puis menaça de le chasser de ses terres.

Cela mit fin à la querelle. Booker était jeune et fort, prêt à faire tout ce qui pourrait lui rapporter de l'argent, mais l'hiver ne nourrissait pas son homme dans un bourg de province. Certes, il avait proposé à Flora, avant leur mariage, de renoncer à son exploitation pour prendre un travail à plein temps, mais c'était au printemps, à l'époque où l'on pouvait trouver des emplois. Maintenant, à l'automne, peut-être y aurait-il quelques semaines où l'on aurait besoin de bras pour manipuler les balles de coton, mais ce serait tout jusqu'au printemps suivant, et si la saison était encore mauvaise, l'été n'apporterait guère qu'un peu de chaleur pour les réconforter.

S'il perdait ses terres maintenant, il perdrait tout. Il fut forcé de présenter ses excuses au Patron, et il repartit avec ses dix dollars en poche. Il n'aurait rien d'autre d'ici au printemps.

Il ne rentra pas directement chez lui retrouver Flora. Il parvint à se faire prendre à bord d'un véhicule qui se rendait à Stockton et s'en fut chez le boucher. Il acheta une livre de viande, des bas morceaux. Ce soir, et même demain, ils feraient un bon dîner. En descendant la rue, il passa devant la mercerie Lanier. Il entra acheter des dessous vendus au rabais pour Flora, ainsi qu'une couche pour son fils, une seule. Enfin, il s'arrêta à la boulangerie et acheta une miche de la veille.

C'était lui qui gagnait le pain de sa famille. Il rapporterait du pain.

Il revint chez lui à pied et donna ses emplettes à sa femme ; il lui fit croire que tout allait bien, que le Patron avait accepté d'augmenter le prêt.

Mais Flora savait bien qu'il mentait.

Elle ne lui posa pas de question, et visiblement Booker n'était pas d'humeur à parler de leur situation financière. Elle l'accueillit par ses baisers et feignit d'être ravie. Elle préleva un petit morceau de viande pour préparer un ragoût, et tandis qu'il mijotait dans la marmite, elle s'assit dans son fauteuil, ses nouveaux dessous à la main ; le cadeau lui paraissait plus beau que des joyaux, car, en comparaison de ce qu'ils possédaient, il avait coûté plus cher que des diamants.

Booker s'assit à côté de Willie, dans son berceau, tenant sa menotte. Il ne parla pas à son fils. Non plus qu'à Flora. De temps à autre, il marmonnait quelques mots dans sa barbe, pour lui-même.

Le ragoût était prêt. Flora posa le pain sur le poêle un bref instant, pour le réchauffer et le faire paraître plus frais qu'il n'était. Elle servit le dîner et Booker sortit brusquement de sa rêverie, puis se montra presque jovial, la félicitant pour ses talents de cuisinière et la taquinant au sujet de ses dessous neufs.

Flora se dit qu'il était soulagé d'un grand poids et qu'il en était arrivé à une décision qui le satisfaisait. Elle avait peur, parce qu'elle ne savait pas ce que c'était.

Après le repas, Flora desservit et fit la vaisselle. Booker resta assis dans son fauteuil à bascule, suçant sa pipe, et quand il fit nuit, il se leva.

« Je sors, dit-il. Faut pas m'attendre. »

La peur transperça Flora comme une épée acérée. Il ne sortait jamais la nuit.

« Non, supplia-t-elle, fais pas ça. »

Booker la regarda, d'abord d'un air sévère, puis avec une lueur de malice au fond des yeux.

« Tu sais pas ce que je vais faire », répondit-il, et il sortit de la cabane.

Mais Flora savait. Il allait faucher du coton.

Une fois qu'on a cueilli le coton dans un champ, il en reste toujours un peu sur les plantes, quelques touffes qui ont échappé aux mains des ouvriers. Il était généralement admis, dans la région sinon ailleurs, que c'était une aumône pour les gens vraiment démunis, qu'une fois la récolte dûment rentrée, ce qui restait appartenait à qui saurait le prendre. Il y en avait rarement pour plus d'un dollar par dizaine d'arpents, mais pour ceux qui ne possédaient rien, un dollar, c'était beaucoup d'argent.

Toutefois, certaines récoltes étaient encore à faire. Il était illégal et dangereux de faucher du coton dans ces champs opulents. Tout exploitant avait le droit de protéger son bien, et il était prêt pour ce faire à user de la force, et même d'une arme à feu.

Flora ne pensait pas que son mari se contenterait des misérables touffes laissées dans les champs après la cueillette, donc ce qu'il s'apprêtait à tenter présentait un danger.

Elle ne savait pas quoi faire. Elle s'efforça de se changer les idées en accomplissant ses tâches ménagères, mais elle ne pouvait penser à rien d'autre que Booker. Elle ne cessait d'aller à la fenêtre, pour guetter son retour ; elle aurait donné n'importe quoi pour le voir surgir de la nuit et regagner la cabane, sain et sauf.

Willie se mit à pleurer. Elle le prit dans ses bras, s'assit dans son fauteuil, lui donna le sein, puis elle se balança avec lui et chanta des berceuses jusqu'à ce qu'il se fût rendormi. Elle le recoucha dans son berceau et retourna à la fenêtre.

Elle ne vit que la nuit.

Elle se mit à genoux et pria, elle supplia Jésus d'intercéder auprès de Dieu afin qu'Il protégeât son homme, puis elle oublia Jésus et s'adressa directement à Dieu, mais elle ne croyait pas qu'Il l'eût entendue.

Soudain elle entendit du bruit dehors, une espèce d'étrange grattement accompagné d'un halètement, comme ferait un animal blessé, et aussitôt elle sut qu'elle avait eu raison.

Elle courut jusqu'à la porte et l'ouvrit à la volée. Booker s'écroula contre elle, le sang coulant à flots d'un trou qu'il avait dans le dos. Se sentant enfin de retour dans les bras de sa femme, il hurla de douleur et se cramponna à elle, la couvrant de sang et la suppliant de lui pardonner.

Le souffle entrecoupé par la souffrance, il lui dit avec une violence qu'elle n'imaginait pas combien il l'aimait.

Elle essaya de le tirer à l'intérieur de la cabane, pour pouvoir refermer la porte au nez du monde extérieur et se sentir en sécurité ; elle lui demanda de ramper un peu plus loin, mais il était désormais revenu là où il voulait être. Dans les bras de Flora. À l'abri.

Elle le serra contre elle et le berça, en sanglotant, les cris de douleur du mourant se mêlant à son propre chagrin dans un paroxysme de désespoir.

Et puis il n'y eut plus que sa voix à elle, car les cris de Booker s'étaient tus. Flora comprit aussitôt. Il avait rendu l'âme, ses tortures avaient pris fin, il ne souffrirait plus.

Elle continua pourtant à bercer le corps sans vie. Elle hurla son chagrin à Jésus, implora Dieu à grands cris de lui rendre Booker, en sachant bien qu'Il n'en ferait rien. Puis elle demanda à Dieu de la prendre elle aussi, elle L'en supplia. Sans Booker, elle ne voulait plus vivre.

Ce fut alors que Dieu lui montra sa pitié. Ce fut alors

qu'Il lui montra sa bonté. Il ne pouvait soulager sa douleur, ce vide atroce, lancinant qui l'avait engloutie, et qui, telle une imprévisible marée, devait revenir pendant des jours, des semaines, des mois, des années, mais Il lui donna la force de continuer la lutte pour la vie toute seule, sans Booker. Ce fut alors qu'Il lui fit comprendre son dessein.

Willie pleurait. Le son de sa voix s'insinua, comme un filet de sang, au cœur de sa détresse et l'emplit d'une peur nouvelle. S'il pleurait, ce ne pouvait être de faim, puisqu'il venait de téter. Peut-être qu'il pleurait parce qu'il ne se sentait pas bien. Peut-être qu'il était malade. Peut-être que Dieu allait faire preuve d'une cruauté insupportable et le lui enlever, à son tour.

Sans cesser de sangloter, toujours couverte du sang de Booker, elle quitta à quatre pattes son mari mort pour s'approcher de son fils vivant. Elle sortit Willie de son berceau et le serra contre elle, en faisant des prières pour son salut, sans comprendre qu'il avait peur, tout simplement. Le bébé avait entendu des plaintes horribles et, tout comme un chien fidèle reconnaît le bruit de la souffrance humaine, il était effrayé. Il avait besoin du réconfort et de la sécurité des bras maternels.

Ce réconfort, elle le lui donna, même si elle n'en trouvait aucun. Elle se mit à faire les cent pas dans la pièce, en câlinant Willie pour le faire taire, implorant Dieu de lui rendre son calme, et elle fut tout étonnée quand Dieu répondit à ses vœux.

Booker était mort. Willie vivait. Mais Willie ne survivrait pas sans Flora. Elle était nécessaire à son existence. Elle devait pleurer le défunt, mais accorder toute son attention au vivant, faute de quoi elle perdrait tout.

Elle ne sut jamais combien de temps elle avait passé à cajoler son bébé. Elle sut simplement qu'il avait fini par se taire et qu'elle se sentait pleine d'une détermination farouche.

Booker l'avait quittée, mais le fils de Booker lui restait, et à travers Willie, Booker allait revivre, ainsi que tous ses espoirs, tous ses rêves, toutes ses aspirations.

Willie serait le triomphe de son père. Flora ne lui permettrait pas de se montrer inférieur à ce qu'elle attendait de lui.

Willie

12

En élevant Willie, Flora avait essayé de l'amener à aimer Dieu, mais il n'était pas profondément pieux. Dieu était là, tout simplement, au ciel, mais dans l'idée de Willie, Il ne jouait aucun rôle actif dans leur existence. Willie était un gentil petit garçon, généreux, qui disait régulièrement ses prières, avait peur d'aller en enfer, et espérait un jour recevoir un accueil favorable de saint Pierre, mais il ne parlait que très rarement à quiconque, fût-ce à sa maman, de Dieu ou de la modeste foi qu'il avait en Lui. Il prenait certes grand plaisir à assister à l'office religieux du dimanche, avec la musique, les battements de mains, les exclamations et les sermons débordants de passion, et il aimait beaucoup voir les femmes hystériques hurler et s'évanouir, mais il était toujours gêné de voir sa maman se joindre à elles.

Aujourd'hui, c'était différent. Aujourd'hui, il était heureux de rendre grâces au Seigneur, parce qu'il avait eu raison et qu'il venait de prendre une grave décision.

L'arrivée chez eux de Ruthana, quatre ans auparavant, avait marqué un important changement dans la vie de Willie. Pendant les dix premières années de sa vie, il avait été l'unique objet de l'amour de sa mère, et il avait dû supporter la détermination farouche avec laquelle Flora s'évertuait à faire de lui quelqu'un qu'il n'était pas. Willie savait pourquoi. Pendant ces dix années, il avait entendu louer la vertu, la noblesse de son père, devenu dans l'esprit de Flora un saint et un martyr, et elle n'avait cessé de lui dire que Booker était bien résolu à faire de lui un homme instruit. Tel avait été le fardeau de son enfance, et il n'avait jamais changé, mais grâce à l'arrivée de Ruthana, l'énergie avec laquelle sa maman s'acharnait à réaliser cette ambition avait diminué. Willie savait qu'un jour viendrait où elle accepterait sa décision de quitter l'école et de trouver du travail, même si ce n'était que bien à contrecœur.

Ce jour était désormais proche, peut-être même était-il arrivé. Willie avait quatorze ans. Il avait respecté le commandement de son père et supporté l'école quatre ans de plus que la plupart de ses amis. Il était le seul et unique garçon de la classe de quatrième, et cela suffisait. Il était temps d'arrêter et de prendre un métier. Ne serait-ce que parce que les finances familiales l'exigeaient.

Un tel geste n'était pas sans danger, comme le leur expliquait en ce moment même le révérend Jackson, en arrivant au terme de son sermon dominical. L'église était bondée ; la congrégation, sachant que l'office touchait à son apogée, commençait à se mettre en condition pour atteindre à l'extase frénétique.

« ... en ces temps troublés — OUI ! »

Le révérend Jackson psalmodiait chaque phrase, puis reprenait bruyamment sa respiration avant la suivante. Cette pause, la foule idolâtre l'emplissait de ses cris : « Oui, oui, oui ! » ou « Béni soit Jésus ! » ou « Jésus nous sauvera ! ».

« Avec tant de gens au chômage ! [*Oui, oui, oui* !] Avec le pays entier en proie à la crise et à la famine ! [*Jésus, aie pitié de nous* !] Alors que nous n'avons eu que quelques gouttes de pluie et des nuages d'anthonomes ! [*Ça, c'est bien vrai* !] Et qu'on nous paie trois fois rien les petits bouts de coton qui restent dans les champs ! [*Pour ça oui, ils paient rien du tout* !] Il y a des gens qui disent que le monde touche à sa fin ! [*Jésus, sauve-nous* !] Ils disent que bientôt le temps n'existera plus ! »

Willie trouvait ces propos un peu extrêmes. D'accord, il y avait une crise. D'accord, on avait du mal à trouver du travail, et d'accord, d'interminables files de chômeurs attendaient devant les soupes populaires et mendiaient dans les rues des grandes cités, sinon dans celles de Stockton. Mais il était jeune et fort. Quant au prix du coton, jamais personne n'en avait été content depuis la naissance de Willie, il n'y avait jamais assez de pluie pour les exploitants, et, à les entendre, chaque été les anthonomes menaçaient d'envahir le monde entier. Mais, Dieu sait comment, ils parvenaient toujours à survivre.

Un groupe de femmes n'en étaient pas si sûres. Elles sanglotaient toutes ensemble, en se tordant les bras et en bramant la peur que leur inspirait la fin du monde. La voix du révérend Jackson s'éleva au-dessus de leurs plaintes et il brandit sa Bible.

« Mais j'ai de bonnes nouvelles, mes frères, mes sœurs ! » Il leva les deux bras au ciel. « Là-haut dans les cieux siège un Dieu juste ! Un Dieu qui s'inquiète de nous, aujourd'hui ! Un Dieu qui sait que nous sommes réunis ici même, ce matin ! Dans Son église ! »

La perspective d'un désastre cataclysmique s'éloigna. L'espoir renaquit.

« Voici le plus grand livre jamais apparu dans le monde ! Il nous dit, dans le premier Livre des rois, chapitre dix-sept, sixième verset... »

Oui, Seigneur ! Oui, oui, oui ! Prêche, mon frère, prêche !

« ... que Dieu a envoyé du ciel des corbeaux apportant du pain pour nourrir le prophète Élie... »

Willie se demanda combien de temps le révérend Jackson pourrait encore tenir ; il commençait à laisser percer des signes d'épuisement.

« ... parce qu'il avait la foi ! tonna le révérend Jackson, presque fâché contre eux. Un petit peu de foi ou énormément de foi, ça n'existe pas, mes frères et mes sœurs ! Il y a la foi, un point c'est tout ! »

Les femmes étaient au bord de l'hystérie. Une d'entre elles s'évanouit. Mama Flora, happée dans le tourbillon de piété, poussa un cri et bondit sur ses pieds, joignant ses sanglots à ceux des autres.

Willie aurait préféré qu'elle se contînt. Comme toujours, cela l'embarrassait, lui, et faisait peur à Ruthana. La petite fille, qui n'avait encore que six ans, était assise à côté de Willie, cramponnée à sa main. La chose avait beau se reproduire presque tous les dimanches, elle en était immanquablement terrorisée. Elle contemplait sa maman, les yeux écarquillés, se contentant d'observer au lieu de participer. Et pourtant, se dit Willie, un jour, quand elle serait plus grande, Ruthana se laisserait gagner par cette fièvre et ferait la même chose que les autres femmes.

La voix du révérend Jackson était retombée pour n'être plus qu'un chuchotement rauque. La foule, sachant ce qui allait suivre, fit à peu près silence pour l'écouter.

« Alors, mes frères et mes sœurs, ce matin, voici quel est mon message. Sans la foi, vous n'êtes rien du tout ! Mais si vous avez la foi..., c'est que la grâce de Dieu est sur vous ! »

L'assistance rugit son approbation, tapant des pieds et hurlant : « Oui, oui, oui ! » ou « Alléluia ! ».

Le pasteur sortit un gigantesque mouchoir blanc, épongea la sueur qui ruisselait sur son visage, et attendit un semblant d'accalmie avant de poursuivre.

« Les chœurs vont chanter, joignons-nous à leur chant. »

Les membres des chœurs, en robe rouge, se levèrent aussitôt. Pearl, assise à l'orgue, actionna le pédalier et martela les touches. Le révérend Jackson entonna le cantique.

« Grâce miraculeuse, qu'il est doux le son qui a sauvé un misérable tel que moi... »

Willie, comme tout le monde, adorait cette hymne, et il chanta à tue-tête, parce que c'était vrai. Il s'était fourvoyé en voulant répondre à l'attente des autres, mais maintenant il se retrouvait. Maintenant, il allait s'affirmer. Maintenant, il était un homme.

Il contempla Ernestine, debout au dernier rang des chœurs. Il aimait beaucoup la regarder, elle était la plus jolie des filles qu'il connaissait. C'était sur Ernestine, sa cadette de un an, que se concentrait la majeure partie de l'intérêt que Willie portait au sexe opposé.

Pendant que l'on chantait ainsi, M. Sanford, un des Anciens, adressa un signe à deux fillettes plus jeunes, d'une douzaine d'années. Toutes deux vêtues de blanc, elles saisirent des petites corbeilles d'osier et les distribuèrent à chaque rangée, afin qu'on les fît circuler pendant la quête.

Aussi loin que remontaient les souvenirs de Willie, tous les dimanches matin avant de partir pour l'église, Flora avait distribué des petites sommes d'argent pour la quête — dix *cents* pour elle-même et pour Willie, cinq pour Ruthana. Depuis quelques mois, les choses avaient changé. Elle ne donnait plus à Willie que cinq *cents* et deux à Ruthana.

Willie savait que même d'aussi petites sommes étaient un véritable sacrifice pour sa mère, parce que le révérend Jackson avait raison. Le travail se faisait rare, tant pour les femmes que pour les hommes. Plus d'une cliente de Mama Flora n'avait plus les moyens de lui confier son linge désormais, et au cours des deux dernières années, elle avait aussi perdu la pratique de deux personnes chez qui elle faisait le ménage. Les Hopkins eux-mêmes, qui passaient pour être plus qu'à l'aise, avaient cessé d'employer Flora, ou qui que ce fût d'ailleurs. Le bruit courait que M. Hopkins avait perdu une grande partie de son argent en boursicotant.

Willie ne rechignait nullement à faire don à l'Église de cinq *cents*, ou même de dix ; il savait que c'était pour la bonne cause. Mais il rechignait, en revanche, à donner l'argent que gagnait sa mère. Il voulait donner le sien.

M. Sanford s'était levé et les chœurs se mirent à chanter un peu moins fort.

« Et pendant que nous donnons tout ce que nous pouvons donner, ce matin, déclara Sanford, notre frère Dixon va faire quelques annonces. »

Isaac Dixon, un autre Ancien, le roi du barbecue métamorphosé en pilier de la congrégation, se leva pour parler.

« Je pense que tout le monde ici sait que notre frère dans le Christ Peter Parm est malade, très malade », commença-t-il, d'un ton mesuré qui présentait un contraste frappant avec le boniment retentissant qu'il faisait entendre derrière son éventaire. « Que tous ceux qui souhaitent participer à la prière spéciale que l'on va dire pour lui veuillent bien rester après le service. »

On entendait tinter les pièces à mesure que les corbeilles circulaient le long des rangées.

« Notre frère Sanford nous signale que le camion de M. Johnnie Jacobs s'arrêtera demain à six heures, sur la route, afin de prendre à bord quiconque souhaite cueillir du coton dans les champs du bas, près du fleuve. M. Jacobs paie un dollar et demi pour cent balles de coton. »

Willie jubilait. Du travail, il y en avait. Il en trouverait. Ce travail était payé des clopinettes, mais des clopinettes qui viendraient remplir sa poche à lui et pas celle d'un autre.

Isaac Dixon ne put résister à l'envie de faire brièvement l'article.

« Et quand vous toucherez l'argent de la cueillette, mes frères et mes sœurs, n'oubliez pas votre Église. »

La corbeille approchait de Willie. Il la prit des mains

de son voisin, y lâcha ses cinq *cents*, et la présenta à Ruthana qui y déposa ses trois *cents*. Willie passa ensuite la corbeille à Flora qui s'en saisit. Willie observa attentivement. Il vit la main de sa mère au-dessus de la corbeille, mais il n'entendit pas tinter l'argent. Il était sûr qu'elle n'avait rien donné.

Son regard croisa celui de Mama Flora et elle rougit. Elle détourna les yeux et fit circuler la corbeille. M. Dixon continuait ses messages.

« Et puisque nous parlons des membres les plus remarquables de notre communauté, s'il y a une personne que tout le monde aime ici, c'est notre sœur Edna Mae Riley ! »

Des cris d'appréciation retentirent.

« Parmi toutes les Anciennes que nous avons eu le privilège d'honorer au cours des années, aucune ne l'a mérité davantage que notre sœur Edna Mae. Retenez bien la date. Dans un mois aujourd'hui. »

Willie, qui observait toujours sa mère, vit son visage se figer et il savait pourquoi. Pour les fidèles de leur Église, c'était un grand honneur de se voir accorder ce titre d'« Ancienne », qui ne récompensait que les plus pieuses. Flora était encore relativement jeune, mais c'était une chrétienne loyale qui fréquentait assidûment l'église et elle aurait donné beaucoup pour voir sa foi ainsi reconnue de tous.

« À ce qu'on nous dit, continua Dixon, les enfants de notre sœur Edna Mae, qui sont partis pour le Nord, et même certains de ses petits-enfants, vont venir ici se joindre à elle et aux fidèles de notre église, pour l'occasion. N'oubliez pas... le troisième dimanche du mois prochain ! Nous voulons absolument remplir l'église pour notre sœur Edna Mae. »

Un jour, se dit Flora, quand je deviendrai une des Anciennes, mes enfants se rassembleront ici pour m'honorer. Mais ce sera différent. Mais enfants n'auront pas besoin de revenir dans la région. Ils ne partiront pas pour le Nord, eux.

« Et maintenant, notre frère Henderson a un message particulier », déclara Dixon en guise de conclusion.

Il se rassit et Henderson se leva pour parler. La quête était terminée. Les deux fillettes rapportèrent les corbeilles du fond de l'église à M. Sanford qui se mit à compter l'argent.

« J'ai l'intention de prendre la tête d'une équipe de volontaires samedi prochain, à huit heures du matin, afin de nettoyer le cimetière. C'est un péché et une honte de voir à quel point nous négligeons nos morts qui reposent en ce lieu. » Henderson était en colère et quelques personnes applaudirent en signe d'assentiment.

« À chacun de nos enterrements, nous passons devant le cimetière des Blancs, où certains d'entre nous sont employés à tondre, nettoyer, ratisser, alors que notre propre lieu de sépulture ressemble à une friche. »

La congrégation accepta ses remontrances ; il avait raison de les tancer ainsi. Willie soupira. Sa maman insisterait certainement pour qu'il participe au nettoyage du cimetière, or Willie considérait le samedi comme son jour de liberté. Il jeta un coup d'œil en direction d'Ernestine, dans le chœurs, et la vit incliner légèrement la tête. Cela le remit de bonne humeur. Si Ernestine devait faire partie des volontaires, la journée lui semblerait plus belle.

« Et j'aimerais que toutes les sœurs dévouées qui fréquentent cette église préparent des paniers pour nourrir mes volontaires ! Et notre cher frère Sweet Owens, qui habite juste à côté du cimetière, nous fournira une barrique d'eau bien glacée ! »

Henderson aurait volontiers continué à les exhorter à travailler pour les morts, mais Sanford fit entendre une petite toux, et Henderson comprit aussitôt.

« Et maintenant, le trésorier de notre église, notre

Ancien Todd Sanford, va vous annoncer à combien se monte la quête d'aujourd'hui. »

Sanford se mit debout, derrière la table où il avait compté l'argent.

« Mes frères et mes sœurs, nous avons vraiment pris plaisir à entendre tous ensemble ce matin l'excellent sermon et les beaux chants qui ont résonné ici, sous le toit de Dieu. »

Il fit une pause. Tout le monde savait ce qui allait suivre.

« Mais pour faire de notre quête un succès complet, il nous faut encore quatre-vingt-quatorze *cents* qui nous permettront d'atteindre le chiffre rond de cinq dollars ! Quatre-vingt-quatorze *cents*, mes frères et mes sœurs, pas un de plus. Qui va me donner les dix premiers ? »

Tous les fidèles s'entreregardèrent ou baissèrent les yeux. Personne n'avait envie de donner davantage, mais quelques-uns d'entre eux avaient prudemment gardé une petite somme en réserve. Afin de les encourager, le révérend Jackson entonna un nouveau cantique, au tempo plus enlevé, aussitôt repris par les chœurs : « Que le soleil entre dans ton cœur ».

Une main se leva, brandissant une pièce de dix *cents*. Une des fillettes se précipita avec la corbeille.

« Notre frère Nash Campbell ! annonça d'une voix forte Todd Sanford. Merci, mon frère, pour ces dix premiers *cents*. Qui d'autre ? »

Une à une, au son du cantique, des mains se levèrent, offrant des pièces de un ou de cinq *cents*, et les petites filles couraient les recueillir. Sanford annonçait le nom du donateur et la somme. Au bout de quelque temps, les offrandes cessèrent.

« Il ne nous manque plus que quelques *cents* ! dit Sanford d'une voix pressante. Allez, mes amis, comme ça le révérend Sanford pourra nous laisser sortir d'ici et rentrer chez nous pour notre repas du dimanche. »

Il promena sur l'assemblée un regard plein d'espoir,

mais rien ne vint. La congrégation retint collectivement son souffle.

Willie aperçut le geste du coin de l'œil. Il se tourna vers sa maman qui fouillait dans sa poche. Il aurait voulu lui dire de rester tranquille, mais ses paroles n'auraient servi à rien.

Mama Flora remit une pièce de cinq *cents* à Ruthana et souleva la petite fille qui tendait vers le ciel une main où reluisait la petite pièce. La foule poussa une acclamation.

« Merci, ma sœur Flora ! lança Sanford d'un ton soulagé. Ou bien devrais-je dire merci à votre adorable petite fille, Ruthana ? » L'enfant lui adressa un sourire épanoui.

« Ruthana Palmer, mes frères et mes sœurs ! »

Mama Flora se sentit tout à fait justifiée.

« Nous avons franchi le seuil. Cinq dollars et trois *cents*, mes frères et mes sœurs. Remercions le Seigneur ! »

L'assistance se leva pour l'ultime prière.

Willie ne pria pas. Il était consumé de rage. Sa maman n'avait pas donné à la quête, uniquement pour pouvoir se distinguer à la fin de l'office et s'offrir un triomphe à cinq *cents*.

Ce n'était que cinq *cents*, bien sûr, mais ils n'avaient pas les moyens de les donner.

13

Willie mangea du bout du lèvres. C'était un maigre repas, une soupe aux pommes de terre trop délayée, des navets et quelques petits morceaux de lapin où il y avait plus d'os que de viande. Sa maman, il en était sûr, avait fait de son mieux, mais cela ne fit qu'attiser sa colère. Il n'y avait aucune raison pour qu'ils vivent aussi misérablement. Désormais, il n'en serait plus ainsi.

Il parcourut la pièce du regard. La toile cirée sur la table était propre, mais vieille ; Willie l'avait toujours connue et, à certains endroits, elle était usée jusqu'à la trame. Il manquait un pied au fourneau de fonte noire, si bien qu'un des coins s'appuyait sur trois briques empilées. Le tuyau avachi était soutenu par un morceau de fil de fer accroché à un clou au plafond. Cela faisait belle lurette qu'un vieux bout de chiffon avait remplacé la poignée en bois de la bouilloire noire sur le fourneau, portée disparue. Les marmites et les casseroles étaient cabossées. Un des battants du placard où ils rangeaient leur vaisselle n'était plus là. Sur la console était posée une bassine en fer-blanc pour l'eau. Elle avait un trou et bien que le père de Pearl l'eût réparée, au moyen d'un morceau de zinc, elle continuait à fuir.

Toutes ces choses, Willie les connaissait ; il les voyait tous les jours, il y était habitué et il acceptait de se dire qu'elles faisaient partie de leur existence. Tout à coup, il avait l'impression de les découvrir.

Il n'y avait aucune raison pour que leur intérieur fût aussi pauvre. Il ne le serait plus.

Mais il sentait peser sur lui de tout son poids l'inévitable affrontement qui accompagnerait ce changement.

Il soupira et repoussa son assiette.

Ruthana, qui avait déjà fini sa portion plus modeste, avalée de bon appétit, regarda Flora.

« Je peux avoir ce qu'a laissé Willie ? » demanda-t-elle.

Flora foudroya son fils du regard, mais elle s'adressa tendrement à la petite fille :

« Tais-toi, ma petite, va donc voir s'il y a des haricots prêts à cueillir. »

Ruthana soupira, mais elle avait parfaitement conscience de leur pauvreté, et elle savait aussi qu'en dépit de ses promesses son père envoyait rarement de l'argent pour subvenir à ses besoins.

« Oh, Maman, tu t'en occuperas pas avant demain. Je les cueillerai à ce moment-là...

— Mêle-toi donc de tes affaires et va me cueillir des haricots », dit Flora d'un ton plus sec, mais aussitôt elle se radoucit et eut recours à un petit chantage. « Peut-être qu'il reste un gâteau sec dans le pot. »

Ruthana retrouva le sourire et sortit par la porte de derrière.

Willie fit une petite prière intérieure pour réclamer l'aide du ciel. Il savait pourquoi sa mère envoyait Ruthana dehors. C'était pour maintenant. Flora avait choisi l'heure et le lieu de l'affrontement.

Il se mit à tripoter la toile cirée, préférant ne pas regarder sa mère.

« Qu'est-ce qui va pas, mon garçon ? » l'entendit-il dire.

Il haussa les épaules, captivé par la toile cirée.

« Toute la semaine, t'as chipoté. T'es malade ? »

Nouveau haussement d'épaules.

« J'ai quelque chose qui me pèse », marmonna-t-il.

Savait-elle ce qui allait suivre ? Avait-elle deviné ? Elle se leva et commença à desservir. Elle mit de côté le repas que Willie n'avait pas mangé. Il en aurait envie plus tard.

« Vaut mieux en parler, alors », reprit-elle.

Il obtempéra.

« Maman, je veux plus... »

Il reprit sa respiration au beau milieu de la phrase.

« ... je veux plus aller à l'école. »

Il n'avait toujours pas levé les yeux de la toile cirée. Il ne voyait donc pas sa mère et son silence l'intriguait.

« Je sais bien que t'as pas envie de m'entendre dire ça... »

Elle lui assena un coup cinglant sur la nuque. Elle s'était avancée derrière lui, sans faire de bruit, et elle frappa fort.

« Alors le dis pas ! »

C'était justement ce dont Willie avait besoin. Ce coup fit remonter à la surface toute sa colère, toute sa frustration, dans une véritable explosion d'énergie. Il bondit sur ses pieds ; sa tête lui cuisait.

« Je gagne pas un rond, assis derrière mon pupitre ! Je suis pour ainsi dire le seul garçon qui travaille pas ! »

Flora lui adressa un regard furieux, mais elle se retint de lui donner un autre coup, pour le moment en tout cas. Elle voyait bien comme il était grand et fort, mais cela ne lui faisait pas peur ; jamais Willie ne frapperait sa maman. Elle croyait voir Booker adolescent.

Elle sentit s'envoler les rêves qu'elle faisait depuis tant d'années. Des années d'espoirs. D'illusions.

« Je m'use les mains jusqu'à l'os pour te payer des livres et de quoi t'habiller ! lui hurla-t-elle. Je m'en moque de savoir si t'es le seul et unique élève de l'école ! »

Mais elle n'offrait qu'un contrepoint au discours que Willie répétait depuis si longtemps. Les mots sortirent de sa bouche comme un déluge, rien n'aurait pu les arrêter.

« C'est bien ce que j'essaie de te dire, Maman ! T'es obligée de sortir t'échiner, jour après jour, et moi, je reste assis à rien faire, à l'école ; ça me brise le cœur, Maman, de te regarder te tuer au travail. Et pour quoi ? J'apprends rien, j'y arrive pas, je suis nul à l'école et j'y retournerai pas ! »

Ayant laissé jaillir le premier éclat de colère, ayant déclaré ses intentions, il se calma un peu et lui parla plus doucement.

« Tu crois vraiment que je sais pas, que je vois pas ? Y a des fois où tu fais semblant de manger, et puis tu caches ce qui reste et tu nous le donnes, à moi ou à Ruthana, quand on a faim. Je t'ai vue, Maman, je t'ai vue le faire. Tu crois que je t'ai pas vue faire semblant de déposer ta pièce dans la corbeille de la quête à l'église ? Tu crois que ça me ronge pas au-dedans de te voir rentrer chez nous épuisée tous les jours ; et pourquoi, Maman, pour quelle raison ? Pour que je puisse aller à l'école ? Tu crois vraiment que j'ai envie de vivre comme ça, envie de te voir vivre comme ça, ou Ruthana, tout ça pour aller à l'école où je suis bon à rien ? T'as vu mes notes, Maman. Tu sais bien qu'elles sont minables... »

Elle n'avait pas envie de douceur.

« Je veux pas t'écouter ! s'écria-t-elle au bord des larmes. J'écouterai pas ! Je me fiche de ce que ça coûte, j'ai promis à ton papa, le soir de sa mort. »

Ce n'était pas vrai, jamais elle n'avait fait une telle promesse à Booker à l'heure de sa mort, mais elle aurait aussi bien pu, parce qu'elle y croyait dur comme fer. Pourquoi Willie ne comprenait-il pas ?

« Tu seras pas ignorant, tu seras pas un de ces hommes qui savent rien ! le supplia-t-elle. Pas comme nous autres. »

C'était un terrible aveu du sentiment qu'elle avait de sa propre infériorité, et il déclencha chez son fils une réaction contre laquelle elle n'avait pas d'armure. Elle le fit sourire.

« Voyons, Maman, fit-il remarquer, ça fait huit ans que je vais à l'école et je sais rien. »

Ces mots firent couler les larmes de Flora et elle se détourna de lui.

« Mais je suis assez costaud pour charger le coton, et c'est ça que je vais faire. Je retournerai plus à l'école. »

Il sut qu'il avait gagné. Une partie de lui-même avait envie de prendre sa mère dans ses bras, de la serrer à l'étouffer, et de lui chuchoter qu'il l'aimait, mais un instinct lui dit qu'il devait faire encore un pas. Il devait aussi, concrètement, affirmer son indépendance.

Il faisait nuit. Il ne voulait pas faire de peine à Flora et, pourtant, il n'y avait pas moyen de faire autrement.

« Je sors », annonça-t-il.

Elle laissa échapper un hoquet de stupeur. Il ne sortait jamais le soir. La nuit, il arrivait du mal. Une ou deux fois, peut-être, au cours des deux dernières années, elle l'avait laissé assister à des soirées organisées par le pasteur, parce qu'elle savait où il était et avec qui. Mais pas tout seul de son côté.

Elle entendit claquer la porte et se retourna pour hurler dans sa direction, afin d'avoir le dernier mot.

« Tu vas retourner à l'école ! C'est moi qui te le dis ! Tu m'entends, mon garçon, je te garantis que tu vas y retourner ! »

Elle parlait toute seule.

Elle fouilla dans son tablier et découvrit la loque qui lui servait de mouchoir, avec laquelle elle se tamponna les yeux. Elle s'approcha du fourneau et posa une marmite dessus, avec violence, à seule fin de laisser éclater sa colère.

Elle entendit la porte se rouvrir et leva les yeux, espérant voir rentrer son fils, prêt à s'excuser, à faire ses devoirs et à retourner à l'école.

Mais c'était l'autre porte, la porte de derrière. Ruthana entra, chargée d'une cuvette remplie de haricots fraîchement cueillis.

Elle regarda Flora d'un air hésitant, car elle avait entendu la dispute. Depuis quatre ans qu'elle vivait dans cette maison, jamais elle n'avait entendu une telle explosion de colère, et cela lui faisait peur. Bien qu'elle se sache aimée chez sa tante, Ruthana n'était pas encore assez sûre d'elle pour s'y sentir installée de façon permanente. Elle ne se rappelait pas l'endroit qu'elle avait habité précédemment, mais elle savait qu'elle n'avait pas toujours vécu chez Flora, et que celle-ci n'était pas sa vraie mère, ni Willie son vrai frère.

« Y en avait pas beaucoup à cueillir, dit-elle d'un ton apeuré, en faisant voir les haricots.

— Mets-les sur la table, je m'en occuperai plus tard », répondit Flora.

La petite fille obéit et resta plantée à côté de la table, attendant un témoignage de satisfaction.

Il ne vint pas. Flora, toujours en rage contre Willie, s'efforçait de remettre de l'ordre dans son petit univers en rangeant sa cuisine.

« T'as dit que j'aurais un gâteau sec », finit par murmurer Ruthana.

Flora se retourna pour la dévisager — pendant des heures, sembla-t-il à la fillette.

« Regarde dans la boîte en fer, dit Flora. Je sais pas ce qui reste. »

Ruthana alla regarder dans la boîte. Il restait un gâteau. Elle s'en empara et se tourna de nouveau vers Flora qui s'était assise à la table. Ruthana lui offrit le gâteau sec, mais elle secoua la tête.

« J'en ferai une autre fournée un de ces jours », dit-elle. Elle se sentait brusquement épuisée, trop fatiguée pour faire quoi que ce fût. « Viens t'asseoir près de moi », dit-elle à Ruthana.

C'était ce dont l'enfant avait besoin. Tout allait de nouveau parfaitement dans son petit monde. Elle alla s'asseoir sur la chaise voisine de celle de sa maman, mais Flora l'attira sur ses genoux.

Elle resta assise à la câliner, pendant qu'elle dégustait son gâteau.

« T'aimes l'école, toi, Ruthana ? chuchota Flora.

— Hmm », répondit l'enfant, la bouche pleine. L'école était encore un mystère pour Ruthana, elle n'était qu'en première année, mais la compagnie des autres petits lui plaisait.

« Tant mieux, parce que t'as intérêt à aimer ça, déclara Flora. L'école, y a rien de mieux pour une fille comme toi. Si t'as de l'instruction, tu pourras faire le métier qui te plaît. »

Ruthana marmonna quelques paroles d'assentiment, sans comprendre de quoi il s'agissait. Elle était parfaitement contente de rester assise là, sur les genoux de Flora, serrée entre ses bras. Elle espérait que c'était cela l'amour, mais à six ans, elle était assez avisée pour savoir qu'à ce moment précis elle était le plus grand réconfort de sa mère. Si ce n'était pas de l'amour, c'était presque aussi bien, et cela lui suffisait.

« Il va rentrer, Willie ? » demanda-t-elle.

Flora ne répondit pas tout de suite. Elle resta assise, les deux bras autour de Ruthana, frottant sa joue contre les doux cheveux de la fillette. Ainsi, voilà à quoi ressemblait la fin d'un rêve. C'était curieux, parce que, bien qu'elle se sentît abattue et flouée, bien qu'elle eût le sentiment que tous les projets qu'elle avait faits avec Booker venaient d'être brutalement foulés aux pieds, au plus profond d'elle-même, elle avait su que ce jour viendrait. Elle y était préparée. Elle éprouvait en outre un sentiment de soulagement. C'était un peu comme si, au moment où elle était en train de se noyer, elle avait vu apparaître à l'horizon un petit bateau de sauvetage.

Elle fit quelque chose qui surprit Ruthana. Elle pouffa.

« Pourquoi tu ris, Maman ? demanda l'enfant.

— C'est toi qui me fais rire, ma petite, parce que t'es si vilaine », répondit Flora.

Ce n'était pas vrai. Ruthana n'était pas vilaine, et ce n'était pas pour cela que Flora avait ri. Mais elle était fermement résolue à empêcher Ruthana de devenir vaniteuse, car c'était la porte ouverte aux mauvais sujets du sexe opposé. Chaque fois qu'elle en avait l'occasion, elle disait donc à Ruthana qu'elle n'était pas jolie. Elle le faisait dans les meilleures intentions et jamais l'idée ne lui vint que la fillette pouvait en pâtir.

C'était pour une tout autre raison qu'elle avait ri. Si Willie trouvait effectivement un travail, cela leur rendrait à tous trois la vie plus facile. Elle n'aurait plus besoin de travailler si dur. Plus besoin de se priver de nourriture. Plus besoin de faire semblant de mettre sa pièce dans la corbeille de la quête.

Mais jamais elle ne laisserait voir à son fils que la décision qu'il avait prise lui causait la moindre satisfaction.

« Oui, il va rentrer, Willie, dit Flora, plus tard. »

14

Quand Willie rentra chez lui, la porte n'était pas fermée à clef et Flora l'attendait. Sans rien dire, elle jeta un coup d'œil au réveil — il était neuf heures — puis tourna le regard vers une chemise propre et un pantalon kaki, soigneusement pliés sur la table.

« Si tu dois trouver du travail, vaut mieux être présentable », se contenta-t-elle de déclarer, sans un geste d'affection.

Cette attitude devait lui servir de modèle pour les deux années suivantes de la vie de Willie.

Flora se leva et passa dans sa chambre dont elle ferma la porte. C'était la fin de la dispute, tout était réglé. Willie resta quelque temps assis à la table, en se demandant ce qu'il devait faire, comment célébrer ce sentiment d'avoir enfin acquis son indépendance, d'être devenu un homme.

Après être sorti de chez sa mère en claquant la porte, il avait passé une heure à courir les rues, bien décidé à ne pas rentrer tout de suite, et il avait fini par se retrouver Chez Pop. Il ne pouvait pas entrer, parce qu'il n'avait pas un sou vaillant, mais deux copains qu'il côtoyait à l'église, deux jeunes garçons de son âge qui avaient déjà quitté l'école pour travailler, traînaient devant l'établissement et Willie se joignit à eux.

Ils battirent le pavé en bavardant de tout et de rien, et Willie confia à ses camarades sa volonté de trouver lui aussi du travail. Il espérait qu'ils lui donneraient des idées, mais ils se contentèrent de lui confirmer que l'embauche était rare et que son meilleur — pour ne pas dire peut-être son seul — espoir était de charger les balles de coton près de l'égreneuse ; cela, Willie le savait déjà.

En dehors de cela, Willie resta tout à fait étranger à leurs propos, car ils s'entretenaient de choses auxquelles il ne connaissait presque rien. De la sauterie du samedi soir et des filles qu'ils avaient invitées à danser. De l'argent qu'ils avaient joué. Des filles, encore une fois. Willie se demanda ce qui s'était passé. Ce genre de sujets lui était familier par ouï-dire, mais à présent il en entendait parler sur un ton différent, comme s'il était lui-même coutumier de telles aventures, comme s'il était un jeune homme, à l'image de ses deux compagnons, au lieu de n'être encore qu'un simple écolier. Il avait l'impression d'avoir franchi une porte jusque-là fermée, pour accéder à un paysage nouveau et passionnant.

Il y eut un petit moment désagréable, lorsque trois jeunes Blancs de leur âge s'engagèrent dans la rue, en quête de bagarre, ou bien simplement histoire de regarder les nègres se divertir. Les Blancs venaient rarement dans ce quartier où ils n'avaient rien à faire, sinon semer la pagaille. L'un de ces trois garçons était Kevin Hopkins ; Willie le connaissait de vue et pour avoir échangé quelques mots avec lui. Bien qu'ils eussent passé ensemble les deux premières années de leur vie, une fois Flora partie de chez les Hopkins, ils n'avaient eu pratiquement aucun contact. Quelquefois, cependant, en allant ramasser le linge sale chez les Hopkins ou en le rapportant propre et repassé, Willie avait vu Kevin. La plupart du temps, celui-ci l'avait ignoré, mais il trouvait toujours moyen de lancer une vanne désagréable sur les gens de couleur, et Willie avait rougi, prêt à se battre, mais incapable de riposter. Frapper un Blanc, même s'il s'agissait d'un jeune garçon de son âge et même si c'était pour se défendre, l'aurait exposé aux foudres de sa maman et de la loi.

Ce soir, c'était différent. Willie était avec des frères de race, et il n'était plus un enfant.

Mine de rien, les trois jeunes Noirs prirent position de façon à bloquer le trottoir. Les trois Blancs continuèrent d'avancer vers eux et ils ne s'arrêtèrent que lorsqu'ils ne purent pas faire autrement.

« Ôte-toi de mon chemin, négro », dit l'un des trois.

Personne ne bougea.

« Qu'ils aillent se faire foutre ! » lança Kevin en jetant un regard mauvais à Willie, et il se remit en marche, fonçant droit sur les Noirs, recherchant un contact quelconque.

Au tout dernier moment, les jeunes Noirs reculèrent, mais à peine. Ils s'écartèrent de quelques centimètres pour laisser passer les Blancs, sans chercher à cacher la colère qui couvait en eux. Kevin et ses amis passèrent leur chemin en silence, mais leur propre envie d'en venir à un violent affrontement crevait les yeux. Ils foudroyèrent les Noirs du regard, les poings serrés, grommelant des quolibets racistes.

« Ils s'y croient un peu trop, ces négros », dit Kevin sans quitter Willie du regard. Ils avaient à peu près la même taille et la même corpulence, mais les amis de Willie étaient plus costauds et les Blancs continuèrent leur route sans véritable incident.

Willie comprit qu'il ne perdait rien pour attendre et qu'un jour Kevin et lui en viendraient aux mains, ne fût-ce que pour effacer définitivement tout souvenir de cette petite enfance passée ensemble.

La soirée tourna court. Les Blancs avaient gagné, comme ils l'avaient toujours fait et le feraient toujours, et le sentiment d'avoir été vaincus teinta d'amertume la bonne humeur des trois jeunes Noirs. Ils restèrent quelque temps silencieux, puis un des amis de Willie jeta un mot que ce dernier avait rarement entendu auparavant. Un mot qui commençait par un « e ».

C'était un mot que Willie connaissait sans savoir comment ni pourquoi, et il savait aussi qu'il ne fallait pas le dire devant les grandes personnes, surtout les femmes, bien que ce fût justement un mot de grande personne. S'en servir comme s'il faisait partie du vocabulaire de la vie quotidienne revenait à faire un pas important vers l'âge adulte, et ce pas Willie le franchit à cet instant précis.

« Ouais, enculés », répéta-t-il. Dès qu'il eut proféré le mot, il éprouva une espèce de griserie. Maintenant, il était un homme. Pour lui, cette soirée était celle des miracles.

Ses amis s'éloignèrent et Willie s'en retourna lentement chez lui, faute de savoir où aller. Ce ne fut pas sans inquiétude qu'il tourna la poignée de la porte — il n'était pas certain que sa mère l'aurait laissée ouverte — et il fut enchanté de voir qu'elle n'était pas fermée à clef.

Il entra, prêt à reprendre la dispute ; il aperçut ses vêtements de travail, bien repassés, sur la table, et il sut, rien qu'à entendre les quelques mots que lui adressa sa mère et à voir son attitude, qu'il avait gagné la bataille.

Mais pas la guerre.

Le lendemain matin, il alla se présenter au contremaître, Pete Lanier, et il fut embauché pour charger les balles de coton. Il y avait des tas de raisons à cela. Il était le fils de Flora, or tout le monde aimait Flora et connaissait les raisons de sa pauvreté. Il était aussi le fils de Booker, et beaucoup de gens se rappelaient Booker, ainsi que l'histoire de sa vie et de sa mort. Mais avant tout, Willie fut embauché parce qu'il était jeune et ne coûtait pas cher.

La plupart des jeunes gens célibataires avaient quitté la ville pour aller faire fortune à Memphis ou dans les grandes cités du Nord, ou en tout cas pour y trouver du travail. Les jeunes hommes mariés restés dans la région travaillaient presque tous la terre. En dépit du chômage qui sévissait dans tout le pays, les emplois agricoles étaient les plus sûrs, même s'ils étaient mal payés, parce qu'il fallait bien que les gens eussent à manger. C'étaient les hommes plus âgés qui avaient du mal à se faire embaucher, parce qu'il faut être jeune pour jongler avec les balles de coton.

C'était une gymnastique pénible qui vous brisait les reins. Pete Lanier eut beau surveiller Willie du coin de l'œil et lui permettre de faire plusieurs pauses, à la fin de son premier jour de travail, le jeune garçon rentra chez lui en se demandant s'il pourrait un jour redresser l'échine.

Flora fut à deux doigts de fondre quand elle l'aperçut, car il était devenu la vivante image de son père, jeune et fort, mais presque vaincu, avec dans les cheveux ces touffes de coton qu'elle connaissait si bien et qui ne devaient jamais orner la tête de leur fils, Booker l'avait juré.

Elle ne changea pas d'attitude à son égard. Elle était bien résolue à mener une guerre d'usure, afin d'essayer de le forcer à mettre les pouces un jour et à lui demander pardon d'avoir brisé son rêve. Néanmoins, Willie était son fils, c'était un travailleur et il serait bientôt en mesure de pourvoir à leurs besoins à tous trois. Elle devait donc s'occuper de lui.

« T'as besoin d'un bain », déclara-t-elle.

Willie s'était effondré dans un fauteuil ; chacun des os de son corps lui faisait mal et il parvenait à peine à parler.

Flora ordonna à Ruthana d'apporter la baignoire cabossée, pendant qu'elle mettait du bois sur le feu de façon à faire chauffer l'eau. Ensuite elle envoya la fillette hors de la pièce, dit à son fils de se déshabiller et l'aida à s'installer dans la baignoire. Il se souciait fort peu de sa nudité, ne songeant qu'à ses douleurs.

« Ce sera encore pire demain », lui assura sa mère.

Elle avait préféré éloigner Ruthana, car, même si les enfants se connaissaient par cœur depuis des années qu'ils partageaient leur bain hebdomadaire, quelque chose avait changé. Willie n'était plus un enfant.

Elle le laissa faire trempette, pendant qu'elle lui préparait son dîner. Elle avait pioché dans le pot qui lui servait de tirelire pour lui faire une surprise en achetant un bon morceau de porc. Elle pouvait se le permettre. Si Willie parvenait à soutenir le rythme, dès la fin de la semaine, ils seraient deux à gagner de l'argent, et il fallait pourvoir aux besoins du nouveau soutien de famille.

Willie tint vaillamment le coup. Le deuxième jour, comme l'avait prédit Flora, fut pire encore que le premier ; chacun des muscles de son corps lui faisait souffrir le martyre, tandis qu'il chargeait les balles de coton dans le camion ; mais le troisième jour il s'habituait déjà à ce nouvel exercice, et dès la fin de la semaine il se prenait pour un vieux de la vieille.

Lorsqu'il toucha sa première paye, il se sentit amplement dédommagé de toutes les souffrances qu'il venait d'endurer. Il rentra chez lui sur un nuage de bonheur, avec ses quatre dollars dans sa poche.

Puis il se rappela quelque chose. Du fait que la cueillette battait son plein, ils avaient travaillé même le samedi, si bien qu'il n'avait pas pu se joindre à l'équipe de volontaires réunie pour nettoyer le cimetière. Décidément, le statut de travailleur possédait de grands avantages. Cela le fit penser à Ernestine, qu'il n'avait pas revue, à laquelle il avait à peine songé au cours de cette semaine miraculeuse ; mais il se dit qu'elle serait à l'église le lendemain.

Quand il arriva chez lui, Flora était en train de repasser. Ce n'était pas ainsi qu'il avait envie de la voir. Il espérait bien qu'un jour il rentrerait chez eux pour la trouver assise à se prélasser dans un fauteuil. Oui, ce jour viendrait.

Déjà, il avait changé physiquement. Il se tenait droit et paraissait plus grand, se dit Flora, plus fort. Ses cheveux et ses vêtements étaient parsemés de touffes de coton qu'aucun lavage ne parviendrait à éliminer tout à fait. Sa chemise était déchirée aux entournures, comme si ses muscles avaient déjà pris du volume en l'espace d'une courte semaine. Son pantalon était crasseux. Il serait possible de le ravoir avec un bon lavage, mais il était déjà trop court.

Sur la table se trouvaient quelques épis de maïs.

« T'as travaillé dans le jardin, dit Willie.

— Ouais, ce sont à peu près les derniers de la saison », déclara Flora.

Willie fouilla dans sa poche. Il sortit les quatre billets de un dollar et il en déposa trois sur la table, pour payer sa pension et garnir le pot à confiture de sa mère.

« Je garde un dollar, dit-il. J'ai besoin de m'acheter un crochet pour attraper les balles.

— Et aussi des vêtements neufs, dit Flora. Bien solides. »

Presque par consentement mutuel, ils s'étaient abstenus de faire un tel achat la première semaine. Il était absurde de dépenser de l'argent pour se procurer des vêtements neufs avant d'être sûrs que Willie serait à la hauteur.

Willie hocha la tête et s'assit sur sa chaise, devant la table, tandis qu'un nouvel univers de responsabilités s'ouvrait devant lui. Il avait besoin d'un crochet. Cette semaine, il en avait utilisé un qui servait un peu à tout le monde, mais chaque ouvrier devait avoir le sien. Il lui fallait aussi des habits neufs. Ceux qu'il portait en ce moment — ses habits d'écolier — ne tiendraient pas une autre semaine, et il se sentait déjà plus grand, plus costaud. Toutes ces emplettes mangeraient l'argent qu'il avait gagné cette semaine et même davantage, mais elles étaient indispensables. Il se demandait quand il pourrait cesser de dépenser et commencer à épargner, mais au moins il avait de l'argent pour la quête. Il y avait encore autre chose.

« Ce soir, je sors, Maman », annonça-t-il. Certains de

ses camarades de travail l'avaient invité à se joindre à eux pour la soirée, afin de célébrer comme à l'accoutumée la semaine accomplie et, après quelques instants d'hésitation, Willie avait accepté, comme s'il venait d'être prié d'adhérer à un nouveau club réservé aux adultes.

Flora n'avait aucune envie de le voir sortir, mais elle ne dit rien. C'était son droit, il l'avait gagné. Il était entré dans l'univers des hommes accomplis.

« Je vais te repasser une chemise blanche », dit-elle, en se demandant si une seule de ses chemises blanches lui irait encore à la fin de cette semaine de musculation.

Néanmoins, elle devait le mettre en garde, même si elle savait que c'était inutile, que Willie n'en ferait qu'à sa tête.

« Tu toucheras pas une goutte d'alcool, j'espère.

— Voyons, M'man ! » lança-t-il, en tournant vers elle deux yeux où le rire se mêlait au reproche.

Mais il ne dit pas non.

Ce soir-là, il ne but pas d'alcool fort, bien qu'un de ses compagnons eût une bouteille de whisky. En revanche, il avala deux bières. Il savait qu'une petite sauterie avait lieu tous les samedis soir et que certains de ses camarades s'y rendaient, mais il ne se sentait pas encore mûr pour ce genre de chose. Il retrouva ses nouveaux amis chez Pete Lanier ; il y avait un tonnelet de bière, de la musique, et quelques femmes vinrent bientôt les rejoindre. Willie était emprunté, peu sûr de lui au début, ne sachant trop comment se comporter, car il n'avait pas encore fini d'apprendre le nouveau jargon de la virilité ; mais la bière le décontracta, et bientôt il riait comme tout le monde des plaisanteries grivoises, même s'il ne les comprenait pas tout à fait.

Il fut aussi question de jeux d'argent, ce qui le fascinait. Il en avait déjà entendu parler à l'école, mais il n'avait jamais vraiment compris de quoi il s'agissait. Les hommes parlaient des sommes qu'ils avaient pariées, sur tout et n'importe quoi, lui sembla-t-il : les chevaux, les chiens, les combats de boxe. Ils plaisantaient même au sujet d'un type qui chaque semaine organisait une tombola avec sa paye et qui en sortait toujours gagnant. Willie n'entendit qu'un seul son de cloche, parce que personne ne mentionnait l'argent qu'il avait perdu, uniquement celui qu'il avait gagné.

Willie était abasourdi de se dire qu'il y avait moyen de gagner de l'argent sans travailler, et il se demanda quelles autres surprises l'attendaient.

Il aurait voulu que la soirée n'eût jamais de fin, mais quelques-uns de ses camarades partirent à la sauterie, avec leur bonne amie, et Pete Lanier déconseilla à son jeune protégé de boire une troisième bière. Flora risquait de remarquer son haleine. Pete lui adressa un sourire de conspirateur. Willie le lui rendit et avala la tasse de café qu'il lui tendait.

Sur le chemin du retour, il s'arrêta Chez Pop pour boire une autre tasse, non pas parce qu'il en avait besoin, mais parce qu'il avait envie de fêter l'idée qu'il pouvait se l'offrir. C'était la première fois qu'il entrait là tout seul et le soir, de surcroît. Il n'y avait pas grand monde, la plupart des gens étaient à la sauterie, mais deux jeunes femmes s'esclaffaient dans un des compartiments, et Willie, assis tout seul au comptoir, avait du mal à ne pas les dévorer des yeux. Les femmes avaient soudain pris une importance nouvelle dans sa vie, elles faisaient partie de l'univers où il venait de pénétrer.

Il songea à Ernestine, qu'il verrait à l'église le lendemain ; puis, parce qu'il ne trouvait rien de mieux à faire et qu'il était fatigué, il rentra chez lui.

Il n'était pas tard, neuf heures et demie peut-être, mais la maison était silencieuse. Ruthana était au lit, cela Willie le savait d'avance, mais ce qui le surprit, ce fut de voir que Flora aussi était allée se coucher. Elle avait laissé un petit mot pour lui sur la table, lui précisant qu'il y avait du pain et du fromage, si jamais il avait faim.

Willie n'avait pas faim, mais il sortit le pain et le fromage et s'assit à la table pour manger.

Il ne voulait pas que cette soirée prît fin, parce qu'il venait de se passer quelque chose d'important. Pour la première fois de sa vie, sa mère était allée se coucher avant qu'il ne fût rentré à la maison.

15

L'argent que Willie rapportait chez lui chaque semaine, et les cadeaux occasionnels qu'il faisait à Flora et Ruthana leur rendaient la vie plus facile. Ils achetèrent un nouveau fourneau et une toile cirée pour la table ; et pour Noël, Willie offrit à sa mère une lampe de chevet.

Bien qu'elle lui en sût gré et bien qu'elle en fût venue à accepter son statut de travailleur, la guérilla entre Flora et Willie se prolongea pendant deux ans. L'un et l'autre ruèrent dans les brancards, l'un et l'autre pleurèrent la disparition de quelque chose qui avait existé entre eux. Il n'y avait plus désormais de gaieté dans leurs relations, ni même un puissant sentiment d'amour.

Comme ils en avaient tous deux envie et que cet amour leur manquait, ils allèrent le chercher ailleurs. Ruthana en vint à occuper la première place dans le cœur de Flora ; elle était encore jeune, mais elle était davantage qu'une élève. Enfant attentive et attentionnée, jamais elle n'avait été tout à fait sûre de la place qu'elle occupait chez Flora, mais quand Willie commença à s'émanciper, Ruthana prit possession des lieux.

Dès huit ans, elle était capable de préparer un repas tout à fait acceptable, et elle avait remplacé Willie dans sa tournée de blanchisserie. De mille façons imperceptibles, elle soulageait sa maman de ses fardeaux, mais Flora veillait toujours soigneusement à ce que la fillette eût le temps d'étudier. Il était désormais évident que

Ruthana était douée dans ce domaine, et qu'elle avait de merveilleuses facilités pour apprendre.

En vertu de quoi Flora se livra à quelques remarquables ajustements. L'idée d'un jeune Noir — en l'occurrence Willie — fréquentant l'université lui avait toujours paru inusitée, mais enfin, il y en avait des exemples. En revanche, celle d'une jeune fille de couleur — Ruthana donc — poursuivant ses études lui était totalement étrangère. S'il existait des cas de ce genre, Flora n'en avait jamais entendu parler. Mais à mesure que les notes de Ruthana devenaient de plus en plus brillantes, à mesure que son intellect paraissait prendre de l'ampleur sous les yeux de sa maman, Flora commença à se dire : Pourquoi pas ?

Elle en discuta avec Pearl, d'abord avec circonspection, et son amie était tout à fait favorable à cette idée. Pearl, qui adorait les hommes, mais n'en avait jamais trouvé un pour l'épouser, vivait avec ses vieux parents dont elle s'occupait. Elle était toute dévouée à l'église et à la vie paroissiale, assurant le catéchisme du dimanche et accompagnant les chœurs à l'orgue ; mais elle profitait du peu de temps libre qui lui restait pour lire les journaux.

Flora ne parvenait pas à s'imaginer ce qu'il pouvait y avoir dans ces montagnes de papier, mais il fallait bien dire que Pearl était une véritable mine de renseignements. Elle se mit à lire à Flora tous les entrefilets où il était question de jeunes filles noires qui avaient fréquenté l'université et obtenu des diplômes, et qui se faisaient désormais une place au soleil. Les informations étaient rares, et, une fois diplômées, ces jeunes universitaires renonçaient souvent à l'idée de faire carrière pour se marier, mais Flora n'en avait cure. Le diplôme en soi lui suffisait presque.

Les deux amies commencèrent à former des projets d'avenir pour Ruthana, et Flora y trouva de nouveau matière à rêver et de bonnes raisons de lutter.

Mais par-dessus tout, Flora s'aperçut qu'elle avait de grandes affinités avec Ruthana, que la petite devenait pour elle non seulement une compagne, mais une amie. Elle s'aperçut qu'elle pouvait lui ouvrir son cœur comme elle n'aurait jamais pu l'ouvrir à Willie. Avec son fils, elle avait toujours eu besoin de paraître forte. À sa fille, elle pouvait révéler sa faiblesse.

Willie, quant à lui, découvrit son âme sœur chez Ernestine. Il l'avait toujours trouvée jolie, avait toujours goûté sa compagnie, mais pendant les deux années qui suivirent l'entrée de Willie dans la vie active, Ernestine devint bien plus que cela. Il ne voulait pas le reconnaître, mais ses camarades de travail lui disaient pour le taquiner qu'Ernestine était sa bonne amie, et tout le monde ou presque acceptait de se dire que, partout où allait Willie, Ernestine le suivait. Quand elle eut quinze ans, ses parents autorisèrent même Willie à l'emmener danser, à l'occasion d'une « sauterie campagnarde à l'ancienne », mais ils lui enjoignirent de la ramener chez elle pour onze heures.

C'était un samedi soir. Willie portait son nouveau costume du dimanche, un peu trop « moderne » au goût de sa mère, et il s'était enduit les cheveux de vaseline pour les faire briller. Quant à Ernestine, sa mère lui avait fait une nouvelle robe pour cette soirée, sa première vraie robe de bal, en organdi rose et doux. Quand il se présenta chez elle et qu'elle lui ouvrit la porte, Willie la trouva ravissante, bien qu'elle eût encore des rubans dans les cheveux, comme les écolières. Pete Lanier devait prendre son camion pour les conduire, en compagnie d'une demi-douzaine d'autres jeunes gens, jusqu'à la ferme où avait lieu la soirée, et avant même de se mettre en route, tout le monde avait le cœur en fête. Clayborn Baker, un des camarades de travail de Willie, qui avait quelques années de plus que lui, cherchait toujours à affirmer sa supériorité.

« Je savais pas qu'on autorisait aussi les écoliers à venir danser », dit-il à Willie sans méchanceté, tandis qu'il aidait Ernestine à grimper dans le camion. « Qu'est-ce que tu fiches ici, gamin ? »

Leo Barnett, qui avait vingt ans, prit le parti de Willie.

« C'est pas un gamin qu'a pu nous aider à charger cinquante-deux balles de coton hier, répondit-il à Clayborn qui n'en ignorait rien. J'étais juste à côté de lui. »

Depuis l'arrière du camion, il tendit la main à Willie pour l'aider à monter à bord.

« Ça va, Willie ? » demanda-t-il.

Willie était tout à fait à l'aise avec ces garçons, qui étaient ses amis et ses camarades de travail, et il se moquait pas mal de voir que Clayborn ne laissait jamais passer l'occasion de rappeler à tout le monde qu'il était le plus âgé et le plus costaud. Il fut content, en revanche, d'entendre Leo le complimenter et reconnaître qu'il avait fait du bon travail.

Ils parcoururent les trois ou quatre kilomètres qui les séparaient de la vieille ferme décrépite, et leur agitation augmentait à chaque tour de roue. Quand ils arrivèrent, la sauterie avait déjà commencé dans la cour de ferme ; il y avait là une cinquantaine de personnes, et il ne cessait d'en arriver d'autres. L'endroit était éclairé par le clair de lune, ainsi que par une vingtaine de bouteilles de Coca-Cola suspendues à un fil à linge tendu entre deux arbres et remplies de kérosène, dans lequel trempaient des mèches qui fumaient en brûlant.

Ils descendirent du camion et, à mesure que leurs yeux s'accoutumaient à la lumière tamisée, Ernestine eut un petit mouvement de recul. Willie la regarda.

« Y a que des hommes, dit-elle, brusquement effrayée au milieu de tant d'adultes.

— Non, y a aussi des femmes », dit Willie avec un petit rire. Il lui en indiqua deux qui dansaient parmi la foule. « Et en voilà d'autres qui arrivent. »

Un second camion venait en effet de faire son apparition, amenant une demi-douzaine de nouveaux danseurs ultra-bruyants, parmi lesquels, heureusement pour Ernestine, se trouvaient trois femmes. Elle fut toutefois chagrinée de constater qu'elles étaient plus âgées et vêtues de couleurs criardes. On était bien loin des petites fêtes paroissiales qui étaient les seules soirées dansantes auxquelles elle eût assisté jusqu'à présent.

« Tout ira bien, lui dit Willie. Reste avec moi. »

Il lui prit la main et l'entraîna dans la cour, mais Ernestine n'était pas rassurée. La musique, même si elle en avait déjà entendu des bribes auparavant, sonnait encore de façon très neuve à son oreille ; c'était un blues canaille, chanté sur un accompagnement de guitare assez sommaire. D'autres bruits peu familiers lui parvenaient de la zone que les lumières n'éclairaient pas ; c'étaient les cris des joueurs de kraps. Deux ou trois couples dansaient au son du blues, les femmes vêtues de robes bon marché et clinquantes, les hommes en costume, certains encore en bleu de travail. Leurs mouvements lents et peu compliqués se limitaient principalement à des étreintes de pieuvre.

Charlie White, un trafiquant d'alcool du coin, servait à boire. Par terre, à côté de son éventaire en bois rudimentaire, était posé une grande cuve où il avait entreposé un pain de glace de cinquante livres et des bouteilles de boisson gazeuse colorée. Sur l'éventaire se trouvaient un certain nombre de tasses et de verres dépareillés. Ceux qui voulaient une boisson gazeuse se contentaient de la prendre et de poser une pièce de cinq *cents* sur une assiette. Ceux qui préféraient quelque chose de plus corsé devaient d'abord remettre à Charlie leur pièce de vingt-cinq *cents*, avant qu'il ne consentît à leur verser ce qu'ils lui commandaient à grands cris — « Un Joe Louis ! » ou « File-moi un coup ! ». Sortant une bonbonne de cinq litres de sous son éventaire,

Charlie versait alors dans une tasse une rasade d'alcool de contrebande, limpide et âpre.

Tout le monde était de charmante humeur, ce qui n'empêchait pas Ernestine de rester inquiète. Elle regarda un des buveurs siffler sa rasade d'alcool et brailler « Merde alors » en sentant le liquide lui brûler le gosier, et elle se demanda ce qu'elle allait dire à ses parents quand elle leur raconterait la soirée.

Ce qui l'incita, d'ailleurs, à se poser des questions sur Willie, et sur ce qu'elle éprouvait envers lui. Elle avait connu un grand gamin dégingandé, mais brusquement, dans cet endroit et au milieu de tous ces gens, il était devenu un homme. Ernestine ne mettait pas en doute l'honnêteté de ses intentions à son égard, elle savait qu'elle ne courait aucun risque avec lui, mais elle devinait autour d'elle une violence potentielle, et elle se demandait comment Willie réagirait en cas de bagarre.

Elle était aussi intriguée de constater qu'en dépit de son inquiétude et de son impression de n'être pas du tout à sa place une partie d'elle-même s'amusait bien. Si Willie était désormais un homme, devenait-elle à son tour une femme ?

« Tu veux un sandwich au poisson ? » lui demanda Willie.

Elle rit en inclinant la tête. Elle s'inquiéterait plus tard des conséquences de cette soirée et de ce que diraient ses parents. Pour le moment, elle avait l'intention de s'amuser.

L'éventaire du vendeur de sandwiches était fait de deux planches reposant sur deux bottes de foin. L'homme y avait installé des pains blancs tranchés, des bouteilles de sauce épicée et de ketchup, et une bouteille plus petite de piments rouges au vinaigre. Sur le couvercle d'une grosse boîte de conserve étaient empilés des morceaux de poulet frit, doré et croustillant, et sur deux autres couvercles des morceaux de poisson cru, grands comme la main, roulés dans de la farine de maïs.

« Deux poissons-chats », lança Willie. Il paraissait évident à Ernestine qu'il savait se débrouiller, que ce n'était pas la première fois qu'il assistait à une sauterie de ce genre.

Le vendeur de sandwiches empala au bout d'une pique deux morceaux de poisson et les lâcha dans une marmite d'huile bouillonnante posée sur un brasero chauffé au charbon de bois. L'huile se mit à grésiller et à sauter.

Clayborn et Leo vinrent les rejoindre d'un pas nonchalant.

« Tu t'amuses ? » demanda Leo à Ernestine, et timidement elle fit signe que oui. De façon assez limitée, elle s'amusait en effet.

Leo but une gorgée du breuvage qu'il tenait à la main, fit la grimace, gonfla les joues, et tendit sa tasse à Willie.

« Finis donc ça pour moi, dit-il. J'm'en vais gagner des sous au jeu. »

Il les quitta pour aller se joindre à la partie de kraps. Willie contempla la tasse qu'il lui avait fourrée dans la main.

« Tu seras pas un homme tant que tu sauras pas boire ça », lança Clayborn avec un large sourire.

Willie le regarda, puis il baissa les yeux vers la tasse, avant de les tourner vers Ernestine qui, à son tour, lui adressa un sourire épanoui. Encouragé de la sorte, Willie avala ce qui restait au fond de la tasse. Aussitôt, il s'étrangla et dut faire un gros effort pour supporter la brûlure de l'alcool qui lui déchirait la poitrine. Clayborn s'éloigna en s'esclaffant. Ernestine fit chorus, étonnée par l'audace de Willie.

« Un peu de sauce épicée ? » demanda le vendeur de sandwiches en fourrant les morceaux de poisson frit sur des tranches de pain. Willie, incapable de parler, secoua la tête. Le vendeur regarda Ernestine d'un air interrogateur, et elle haussa les épaules.

« Un petit peu », dit-elle.

Le temps de prendre et de payer les sandwiches, Willie avait retrouvé l'usage de la parole, et il regarda son amie d'un air étonné.

« T'aimes ça épicé ? demanda-t-il.

— Ouais, j'aime bien », riposta-t-elle. Jamais jusqu'à présent elle n'avait goûté un sandwich au poisson — ou à autre chose — ainsi assaisonné, mais à l'évidence les autres clients n'en étaient pas morts, et elle était prête à essayer pour voir. Elle ne se rendait pas compte qu'elle faisait sa coquette avec Willie, mais de toute façon elle aurait continué quand même.

Ernestine mordit dans son sandwich, une petite bouchée délicate, et mastiqua quelques instants. Puis elle se mit à rouler des yeux affolés, et elle cracha ce qu'elle avait dans la bouche, s'étouffant à moitié. Elle venait de découvrir qu'« épicé » n'était pas un vain mot.

Willie se mit à rire et Ernestine lui envoya une claque, mais sans violence.

« Tu le savais ! » s'écria-t-elle d'un ton accusateur. Willie ne répondit que par un sourire d'une oreille à l'autre. Il prit le sandwich d'Ernestine, en retira la majeure partie de la sauce en le frottant avec le papier journal dans lequel il était emballé. Puis il le garda pour lui et donna le sien à la jeune fille.

« Tu as déjà vu un jeu de kraps ? » lui demanda-t-il, la bouche pleine.

Ils s'en furent vers le fond de la cour, où une douzaine d'hommes s'étaient rassemblés pour faire rouler des dés.

C'était 'Lonzo, un jeune homme mince, d'environ vingt-cinq ans, au teint basané, qui paraissait diriger les opérations. Il secoua les dés vigoureusement dans son poing droit, tout en lâchant une fusillade ininterrompue de propos agressifs.

« Bon, ça va, bande d'andouilles. Faudrait voir à aligner vos picaillons ! Je vise le six ! Et je vous parie deux dollars que je le fais !

— Fais donc rouler les dés », lança Leo Barnett d'un ton furieux. Il ne gagnait pas.

« Et toi, sors donc tes petits billets verts ! » rétorqua 'Lonzo. Leo aperçut Willie et Ernestine.

« Prête-moi donc deux dollars, demanda-t-il à Willie d'une voix suppliante. Faut que je regagne tout mon pèze. »

Willie fouilla dans sa poche et tendit l'argent à Leo. Ce dernier fit claquer sur le sol deux pièces de vingt-cinq *cents*.

« Vingt-cinq *cents*, lança Leo à Willie d'un ton pressant, mets vingt-cinq *cents*. Allez, mouille-toi un peu ! »

Willie se mit à rire, emporté par la griserie du moment, et il posa par terre une pièce de vingt-cinq *cents*.

« L'argent y est ! s'écrièrent les autres joueurs. Vas-y, fais-les rouler ! »

'Lonzo souffla sur sa main, en en faisant des tonnes, avant de lâcher les dés.

Les parieurs retinrent leur respiration... puis un concert de soupirs et de lamentations s'éleva. 'Lonzo ratissa toutes les mises.

« Quatre dollars ! Je double la mise ! s'écria-t-il, triomphant. Allez-y, pauvres crétins, qui parie ?

— Il est trop raide pour moi, déclara Willie en riant.

— Au prochain coup, il va mollir un peu », assura Leo en posant d'autres pièces de vingt-cinq *cents*. Il se retourna vers Willie pour l'encourager, mais celui-ci était déjà reparti avec Ernestine.

Ils s'avancèrent jusqu'à la piste et observèrent les danseurs quelques instants. Puis Willie regarda Ernestine en haussant les sourcils et elle répondit par un signe de tête affirmatif. Il la prit dans ses bras et ils se mirent à danser, heureux d'être ensemble.

À la fin du morceau, le guitariste, Allen Shaw, quitta son siège, qui n'était autre qu'une caisse de boissons gazeuses renversée, et interpella Willie.

« Hé ! Willie, on m'a parlé de toi ! Monte donc ici faire un peu de musique. J'ai besoin de me dégourdir les jambes. »

Willie jeta un regard en coin à Ernestine qui crut le voir rougir.

« Oh non, je suis nul ! » répondit-il, mais Allen ne voulut rien savoir. Il lui tendit la guitare.

« Allez, mon gars, je te cède la caisse ! »

Une partie des danseurs applaudissait et encourageait Willie à jouer un morceau.

À contrecœur, il empoigna la guitare et s'installa aussi confortablement qu'il put sur la caisse. Il se mit à jouer un blues ; son style simple et poignant formait un contraste saisissant avec la sonore virtuosité d'Allen Shaw.

Ernestine le contemplait, émerveillée. Willie n'était pas un grand musicien, mais il jouait très bien. Ce qui étonnait Ernestine, c'était qu'il ne lui avait jamais dit qu'il savait jouer de la guitare ; elle se demanda combien de choses encore elle ignorait à son sujet.

Elle eut assez vite quelques réponses. Willie n'interpréta que deux airs qui lui valurent les applaudissements de la foule, mais ce n'était pas de la musique de danse, et tout le monde fut très content de voir revenir Allen Shaw. Willie le premier. Il retourna auprès d'Ernestine qui leva vers lui un regard caressant.

« C'était drôlement bien, dit-elle. Ça fait combien de temps que t'apprends la guitare ? »

Willie haussa les épaules. « Un petit moment, se borna-t-il à dire. Allez, viens, je te paie à boire. »

Tandis qu'ils se dirigeait vers l'éventaire de Charlie White, un véritable colosse les accosta. Dès qu'il l'aperçut, Willie chercha du regard le moyen de s'enfuir, mais il leur barrait la route.

« Dis donc, Willie, et ces sept dollars ? » dit le colosse. Il parlait bas, mais son ton était menaçant.

« Pas ce soir, Hank, murmura Willie, tout gêné qu'Ernestine fût témoin de la scène.

— Si, mon pote, ce soir. Tout de suite ! » insista Hank d'une voix moins basse, plus menaçante.

Willie évita de regarder son amie. Il tira quelques billets d'un portefeuille râpé et les tendit à son interlocuteur, en espérant qu'il en resterait là.

Ses espoirs furent déçus. Hank, qui était bookmaker, s'approcha tout près de lui.

« Écoute, blanc-bec, laisse-moi te dire quelque chose. Si t'es assez grand pour jouer de l'argent, t'es assez grand pour payer ce que tu dois. Et si tu paies pas, tu te feras démolir le portrait. »

Sûr de s'être bien fait comprendre, il s'éloigna. Willie resta cloué sur place, décontenancé, et Ernestine sentit son cœur battre à tout rompre. Un peu plus tôt, Willie lui avait fait l'effet d'être un homme, surtout quand il avait joué son blues pour distraire la foule des danseurs. Mais à d'autres moments, par exemple quand il avait lampé la rasade d'alcool illicite, on voyait reparaître l'adolescent. Et maintenant aussi.

« Alors, on le boit ce coup ? » demanda Ernestine, en prenant les choses en main.

Willie lui adressa un regard reconnaissant. Elle avait eu quelques surprises plus ou moins agréables ce soir, dont la moindre n'était pas d'apprendre qu'il avait perdu au jeu, mais elle les avait encaissées sans sourciller.

Il avait envie de lui témoigner sa gratitude en la prenant dans ses bras pour l'embrasser. Il n'en fit rien, parce que ce n'était ni le lieu ni le moment ; il y avait trop de monde autour d'eux et il n'avait encore jamais embrassé Ernestine.

Mais il en avait diablement envie, et il se jura de passer à l'acte un peu plus tard.

« Ouais », dit-il.

Il la prit par la main et l'entraîna vers Charlie White et sa caisse pleine de boissons gazeuses.

16

La sauterie se termina dans la violence, mais leur soirée à eux s'acheva en douceur, même si Ernestine n'était pas au bout de ses surprises.

Peu après leur rencontre avec le bookmaker, pendant qu'Ernestine et Willie sirotaient leurs boissons gazeuses, il y eut des cris et des bruits de bousculade du côté du jeu de kraps, suivis d'un hurlement de femme.

« Il l'a suriné ! Bon Dieu, il l'a suriné ! »

Après avoir perdu tout son argent, Leo avait aussi perdu la tête et s'était pris de querelle avec 'Lonzo qui avait sorti un couteau pour se défendre. Le temps pour Willie de fendre la foule en traînant Ernestine à sa suite, quelques hommes avaient empoigné 'Lonzo hors de lui, tandis que Leo couinait comme un porc qu'on égorge, en regardant le sang couler d'une entaille qu'il avait au bras.

La blessure n'était pas sérieuse, mais réclamait néanmoins des soins. Willie était désolé de voir son ami dans cet état, mais les bagarres n'avaient rien d'inusité, et il était relativement soulagé que celle-ci fût survenue à ce moment précis. Car il ne disposait pas d'autre moyen de transport que le camion de Pete Lanier pour ramener Ernestine chez elle à l'heure stipulée par son père.

Tout au long du trajet de retour, Leo ne cessa pas un instant de se plaindre, jurant de se venger de 'Lonzo, jusqu'au moment où Clayborn lui dit de la fermer.

« La prochaine fois que tu te frotteras à 'Lonzo, on te ramènera dans un cercueil. »

Leo la ferma.

Pete déposa les deux amoureux au coin de la rue où habitait Ernestine, et Willie escorta la jeune fille jusque chez elle.

« T'as passé une bonne soirée ? » demanda-t-il. Willie était inquiet. Si elle mettait ses parents au courant de tout ce qui s'était passé ce soir, peut-être en parleraient-ils à Flora. Elle ne pourrait rien y faire, mais cela risquait de déclencher une nouvelle dispute et peut-être lui interdirait-on de revoir Ernestine. Ce qui le désolerait.

« Tu paries souvent ? » voulut savoir la jeune fille. Il y avait des tas de choses qu'elle avait envie d'apprendre concernant ce Willie inconnu, parce qu'elle trouverait peut-être certaines réponses aux questions qu'elle se posait.

« Un peu », dit Willie. Ce qui n'était pas tout à fait vrai. Il pariait plus qu'il ne l'aurait dû, sur les courses de chevaux principalement, et du fait qu'il misait sur les favoris, il ne s'en sortait pas trop mal ; mais parfois les favoris perdent.

« Où t'as appris à jouer de la guitare ?

— Ici et là », répondit Willie. Il était soulagé de voir qu'Ernestine prenait les choses aussi calmement. « Je voudrais aller à Memphis, à Beale Street. On y fait de la chouette musique. Ou alors à Chicago, peut-être bien. »

Ernestine ne fut pas étonnée d'apprendre qu'il avait envie d'aller à Memphis, qui était si près ; quant à Beale Street, beaucoup de gens considéraient l'endroit comme le centre de l'Amérique noire. Mais Chicago, c'était autre chose. Elle était surprise que Willie songeât seulement à s'y rendre, c'était si loin. Et hier encore, il paraissait si jeune. Mais elle aussi, elle s'était trouvée jeune hier.

« À Chicago ? » chuchota-t-elle.

Willie sourit de toutes ses dents. C'était la première fois qu'il exprimait à haute voix cette ambition, mais elle n'avait cessé de grandir en lui depuis qu'il avait commencé à travailler. Ses camarades parlaient de

Chicago à tout bout de champ, de ceux qui y étaient allés, ou de ceux qui avaient envie d'y aller, et leurs histoires avaient fait naître chez lui un violent désir d'aller découvrir l'endroit par lui-même. Il se sentait trop grand pour Stockton, ou alors Stockton était trop petit pour lui.

« Tu trouves pas qu'on s'embête ici ? demanda-t-il à Ernestine qui le regarda comme si elle n'y avait jamais songé.

— Ouais, un peu, reconnut-elle. Mais qu'est-ce qu'il y a d'autre ?

— Plein de choses, répondit Willie. Comme ce soir, mais en plus chouettes, et tous les jours. »

Ils étaient arrivés devant la porte, mais ils se tenaient assez loin pour ne pas être éclairés.

« Faut que je rentre », dit Ernestine, et Willie sentit dans sa voix qu'elle n'en avait aucune envie.

Il l'embrassa. Elle mit un moment à réagir, parce que jamais encore un homme ne l'avait embrassée sur la bouche, mais elle savait ce qu'il fallait faire ; sa grande sœur lui avait tout expliqué.

Elle enfonça sa langue entre les lèvres de Willie, jusque dans sa bouche, et elle le laissa y goûter un bref instant. Puis elle la retira.

Willie avait fermé les yeux. Il les rouvrit pour la dévisager fixement.

« Encore un petit baiser, supplia-t-il. Juste un. »

Il le dit sur un ton si implorant qu'elle fut incapable de résister. Ils s'embrassèrent une deuxième fois, et cette fois elle laissa la langue de Willie se faufiler dans sa bouche à elle. Mais pas trop longtemps.

Elle rit, déclara qu'elle avait passé une soirée formidable, puis elle s'avança vers sa porte. Willie s'éloigna, mais sans cesser de la regarder par-dessus son épaule, en souriant, et il agita même la main. Ernestine attendit qu'il eût tourné au coin de la rue et disparu. Pour elle, c'était une soirée qui compterait dans sa vie, une soirée pleine de rebondissements et de surprises, agréables pour la plupart, mais jamais elle n'aurait imaginé que la grande ambition de Willie était de partir, peut-être pour Memphis, et sans doute plutôt pour Chicago.

Flora, quant à elle, l'avait deviné. Flora avait dix longueurs d'avance sur Ernestine. Elle ne savait pas comment elle avait su, elle ne savait pas quelle serait la grande ville, mais elle était sûre que Willie, comme tant d'autres jeunes gens, s'éloignait peu à peu de Stockton — dans sa tête, il était déjà parti. Elle ne voulait pas le croire, mais elle savait que le jour viendrait où ce besoin de partir serait formulé.

Ils avaient laissé s'installer, en ce qui concernait la paye de Willie, une espèce de rite du vendredi soir. Il rentrait à la maison, et sans faire la moindre allusion à l'argent, sans dire combien il avait gagné, ni combien il comptait donner à sa mère, il sortait quelques billets et les posait sur la table.

Flora non plus ne prononçait pas un mot à ce sujet, pas même pour dire merci. Elle laissait les billets sur la table, attendant que Willie eût quitté la pièce, après quoi elle les ramassait, les comptait et se réjouissait.

Un vendredi soir, pas très longtemps après la sauterie, il y eut un changement. Flora avait une migraine qui l'avait rendue plus distante encore que de coutume, et elle en avait par-dessus la tête de repasser le linge des autres. Ruthana la supplia d'aller s'allonger et de la laisser finir le repassage, mais Flora secoua la tête. Willie allait rentrer bientôt, et elle ne voulait pas qu'il la crût malade.

Il revint dans le même état que d'habitude, ses vêtements de travail constellés de touffes de coton, son crochet suspendu par une bride en cuir à sa ceinture. Il avait pris l'habitude de porter un vieux chapeau de paille pour ne plus avoir de coton dans les cheveux ; il l'ôta et le suspendit à une patère à côté de la porte.

« Salut, Ruthana », dit-il.

Ruthana pouffa. Elle adorait la petite guéguerre du vendredi soir entre Flora et Willie. Elle se faisait des paris, en son for intérieur, essayant de deviner lequel des deux parlerait à l'autre en premier. D'ordinaire, c'était Willie, et ce soir ce fut lui.

« J'ai vu Pearl tout à l'heure en ville, dit-il en se déchaussant. Elle a demandé si tu comptais aller aux prières spéciales, ce soir. »

Sa mère ne répondit pas.

« Je lui ai dit sans doute que oui.

— Oui, j'y serai », dit Flora d'un ton morne, sans cesser de repasser. Comme elle baissait la tête, elle ne vit pas le long regard appuyé que son fils tourna vers elle. Ruthana le remarqua, en revanche, et Willie s'aperçut qu'elle les observait. Il lui fit un signe de la tête. La fillette comprit. Elle ramassa sa poupée de chiffon et se mit à lui parler en bêtifiant, tandis qu'elle quittait la pièce.

Willie se leva, sortit de l'argent de sa poche et posa les billets sur la table. Flora ne leur jeta même pas un coup d'œil et son fils aboya :

« Maman, j'en ai marre que tu me traites comme si j'avais tué père et mère depuis que j'ai commencé à travailler. »

Il se tourna vers l'évier, pour se laver. Flora compta jusqu'à dix avant de répondre, soulagée que la dispute eût enfin éclaté, mais ne voulant surtout pas se mettre en colère.

« T'as ton indépendance. C'est ce que tu voulais. »

Willie aussi garda son calme.

« Ça me paraît pas normal que tu m'en veuilles parce que je tiens à prendre soin de ma maman. »

Flora posa son fer sur le fourneau.

« Tu pourras pas comprendre ce que je ressens, Willie, dit-elle, tant que t'auras pas toi aussi des enfants, un de ces jours. Quand t'essaieras de leur faire faire quelque chose pour leur propre bien, pense à ta vieille maman.

— Figure-toi que ce genre de chose, je m'en inquiéterai quand j'en serai là, Maman. Moi, je fais simplement ce qui me paraît juste... »

Il s'efforçait de faire preuve de considération, ce qui rendait Flora folle de rage. Elle avait envie d'une dispute à tout casser, afin d'assainir l'atmosphère. Elle se tourna vers son tas de linge, empoigna une chemise et se mit à la secouer.

« Tu peux faire tout ce que tu veux. Ça fait deux ans que je te dis plus ce que tu dois faire. Et je chercherai plus jamais à te le dire. »

Elle étala la chemise sur la table et prit son fer. Il était chaud et elle l'abattit brutalement sur la chemise.

« Maman, si tu dois jamais être contente que je travaille — il s'arrêta un instant, en se demandant s'il aurait l'audace d'aller plus loin —, peut-être que tu préférerais que je reste pas ici. »

Pleurait-elle ? Il n'en savait rien.

« Parce que je peux m'en aller, tu sais. Peut-être à Chicago. »

Il la regarda. Flora repassait la chemise, comme une malade.

« Je savais bien que t'avais ça en tête », chuchota-t-elle. Elle posa son fer. « Mais je pensais pas t'entendre un jour dire ça à ta maman. »

Elle ne pleurait peut-être pas, mais elle n'en était pas loin. L'argent était toujours sur la table.

« Maman, prends cet argent, soupira-t-il. C'est pour ça que je travaille. »

Flora baissa les yeux vers les billets verts et vit qu'elle avait roussi la chemise, qu'elle l'avait brûlée même, avec son fer trop chaud.

« Merde ! » explosa-t-elle. Jamais encore elle n'avait proféré un gros mot devant Willie, et celui-là était un mot qu'elle utilisait très rarement, même en son for intérieur ; ils en furent tous les deux si choqués qu'ils se mirent à rire, et ce rire fit venir aux yeux de Flora les petites larmes qui attendaient d'être versées.

Willie s'approcha pour la serrer dans ses bras, et elle se laissa faire, s'abandonnant à son étreinte ; elle était enfin de retour chez elle, là où elle rêvait de revenir depuis deux ans. La guerre était finie, tout allait bien entre eux.

« J'ai encore une chance, Willie, murmura-t-elle. Ruthana. »

Elle le sentit se raidir. Il n'était pas au courant des projets qu'elle avait formés avec Pearl, afin que Ruthana pût poursuivre ses études.

« Mais c'est une fille !

— Oui, c'est une fille, dit Flora. Mais ça veut pas dire qu'elle est pas futée. Ça veut pas dire qu'elle peut rien apprendre. Ça veut pas dire qu'elle peut pas être quelqu'un. Ton dîner est sur le fourneau. Ruthana va te préparer tout ça et elle t'aidera à prendre ton bain. Moi, je file à l'église pour les prières. » Elle l'embrassa et quitta la pièce.

Willie était absorbé dans ses pensées. Ruthana n'avait que huit ans, et il était bien sot de rêver d'université pour une si petite fille. Cela dit, rien ne l'empêchait d'y aller, si elle réussissait bien à l'école. Mais une fille pouvait-elle aller à l'université ? Jamais Willie n'avait entendu parler d'une chose pareille. Et puis, si elle y allait, qu'est-ce qu'elle ferait ensuite, quand elle aurait son diplôme ? Qu'est-ce qu'une fille pourrait bien faire d'un diplôme ? Surtout si elle était noire.

Il se rendit soudain compte que Ruthana était sur le pas de la porte.

« T'as entendu ce qu'elle a dit ? » Willie était sûr qu'elle allait répondre oui.

« Hon-hon, murmura Ruthana.

— T'aimes ça, l'école ?

— Hon-hon.

— T'as envie d'aller à l'université ?
— Hon-hon.
— Pourquoi ? »

Ruthana réfléchit un long moment, puis elle haussa les épaules.

« Qu'est-ce que tu feras, si tu vas à l'université ? Ensuite ? »

Ruthana n'avait pas de réponse précise à cette question-là non plus, mais Willie vit dans ses yeux une farouche volonté. Il reconnut qu'il s'agissait d'un sentiment semblable à celui qui l'avait poussé à quitter l'école et à trouver du travail, lequel lui était venu à peu près à l'âge qu'avait maintenant sa petite sœur.

Ruthana était très jeune, mais pas trop jeune pour avoir ses propres rêves, même s'ils n'étaient pas encore clairement définis.

« Quelque chose », finit-elle par répondre.

17

Willie n'avait pas pris la moindre mesure pour quitter Stockton ; ce n'était encore qu'une vague intention plutôt qu'un projet bien arrêté, c'était un rêve de voyage, l'envie d'un avenir plus vaste. D'abord, il n'avait pas assez d'argent. Ensuite, il avait un tout petit peu peur ; c'était quand même un très grand saut dans l'inconnu. Et enfin, Ernestine était en train de prendre dans sa vie une place de plus en plus grande.

Toutefois, en laissant entendre à sa mère que ce départ surviendrait un jour ou l'autre, il avait assaini la situation, et il se sentait libre d'en parler de temps en temps.

« Il est exactement comme son papa, dit Flora à Pearl d'un ton plaintif. Il vous rabâche les choses à n'en plus pouvoir, ce garçon. S'il vous les a dites un jour, faut qu'il vous les redise le lendemain, et le surlendemain aussi. »

Pearl trouvait l'idée excellente. Peut-être parce que, sans avoir jamais eu d'enfant, elle avait guidé des dizaines de jeunes à travers les écueils du catéchisme du dimanche, elle avait l'esprit plus large que Flora. À coup sûr, elle en savait plus long que son amie sur les petits garçons et les jeunes gens.

« Ils ont tous besoin d'en passer par là, dit Pearl. De déployer leurs ailes et de quitter le nid. Y en a qui arrivent à se débrouiller, d'autres pas. Y en a qui reviennent en pleurant dans les jupes de leur mère. Y en a qui restent sur le bord de la route. Mais faut qu'ils y passent. »

Flora voyait bien qu'elle disait vrai. Plus d'un homme du coin, jeune ou moins jeune, avait cédé au chant des sirènes en provenance des grandes villes. La plupart ne revenaient pas, sinon en visite, quelle que fût la réussite ou l'absence de réussite qui eût suivi leur départ. Quelques-uns revenaient l'oreille basse.

Elle se mit à penser que ce serait une très bonne chose pour Willie. Du moins à Chicago aurait-il l'occasion de trouver un emploi digne de ce nom. Elle préférait Chicago à Memphis, bien que ce fût nettement plus loin. Memphis était trop près, c'était encore le Sud, et, comme tant de Noirs de sa génération et de celles qui l'avaient précédée, Flora croyait que dans le Nord la flamme de l'affranchissement brûlait toujours.

Elle commença à avoir envie de le voir partir, non pas parce qu'elle voulait en être débarrassé, mais parce que si tel était son rêve il fallait le réaliser. Une toute petite partie d'elle-même était contente que Booker n'eût pas vécu assez vieux pour assister à tout ça. Son désir de voir Willie instruit avait été si intense, si passionné qu'il aurait été affreusement déçu par la réalité. Elle ne voulait pas qu'il arrivât la même chose au rêve de Willie, parce que alors il se décevrait lui-même.

Elle devinait aussi que son fils aurait besoin d'être poussé pour partir de chez lui ; il était désormais embourbé dans une ornière fort commode ; il parlait volontiers de son rêve, mais sans jamais aller plus loin. Elle entreprit de faire comprendre à Jésus qu'Il ferait bien de donner un petit coup de pouce à Willie. À sa grande surprise, Jésus entendit ses prières et, quand Il les exauça, elle se maudit et Le supplia de lui permettre de ravaler ses paroles.

Par une chaude soirée de juin 1937, Joe Louis, surnommé « le Bombardier noir », l'orgueil de toute la population de couleur d'Amérique, sortit vainqueur du combat de boxe qui l'opposait à James Braddock et devint champion du monde des poids lourds. Tous les postes de radio et de T.S.F. d'Amérique (noire) ou presque étaient branchés sur l'événement et le coup de poing qui décida de l'issue de la rencontre avait derrière lui les muscles de tous les hommes et jeunes garçons noirs ou presque, et de beaucoup de leurs femmes.

Cet exploit déclencha une explosion de joie à travers le pays, à Stockton comme ailleurs. Ce soir-là, les hommes arpentèrent les rues d'un pas conquérant, grisés les uns par l'alcool, les autres tout simplement par leur propre exubérance, se répétant les uns aux autres tous les détails du combat dont ils avaient gardé le souvenir, puis recommençant depuis le début. Les jeunes garçons mimaient le match dans les petites rues et les cours de récréation, et ils continuèrent pendant des jours entiers. Le révérend Jackson écrivit un sermon à ce sujet.

Mama Flora elle-même avait suivi le match à la radio, en compagnie de Pearl et, bien qu'elles fussent l'une et l'autre hostiles à la boxe, ce qui comptait ce soir-là, ce n'était pas le combat, c'était la victoirc.

Beaucoup de Blancs écoutèrent aussi la radio, et la plupart estimaient que le résultat était juste. Du fait que l'affaire n'était pas pour eux aussi viscérale, le résultat avait moins d'importance. Ce qui était important, surtout dans une petite ville du Sud, c'était la réaction des Noirs.

« Ces négros commencent à faire un peu trop les malins », murmuraient les Blancs entre eux.

Dans l'ensemble, la ségrégation n'était pas une question fondamentale pour les Blancs de Stockton, c'était simplement une réalité et une loi. Les deux communautés coexistaient dans le cadre d'un alliance parallèle, et les règlements étaient ainsi faits que si jamais une limite était franchie il était aisé de la rétablir. Très peu de Blancs avaient la moindre notion des ressentiments qui brûlaient dans le cœur de leurs voisins noirs, dans les quartiers situés au sud de la ville. La victoire de Joe

Louis fit remonter à la surface, dans un bouillonnement de colère, toutes ces rancunes.

Cela se manifesta, au début, de façon presque imperceptible. Les Noirs, débordant d'assurance parce que la victoire ne pouvait en aucun cas être mise en doute, lançaient des piques à ce sujet aux Blancs qu'ils croisaient. Quelques-uns allèrent même plus loin, criant la nouvelle aux Blancs qui passaient dans leurs camions ou leurs voitures. Certains jeunes gens, habitués à céder le passage aux Blancs sur les trottoirs, cessèrent de le faire.

Plusieurs têtes brûlées, en quête d'émotions fortes, allèrent au-devant des ennuis et payèrent d'audace en buvant à la fontaine publique réservée aux Blancs et en répondant des sottises à ceux qui cherchaient à les en empêcher. Jusqu'à l'intervention du shérif.

Deux jours plus tard, dans la soirée, il y eut dans le jardin public une échauffourée qui tourna presque à la bataille rangée, et Willie se trouvait là. Il y assista, mais sans y prendre part, car il était avec Ernestine. Il ne sut jamais comment la bagarre avait commencé. Il déambulait avec la jeune fille dans le jardin public, par cette douce soirée, lorsqu'ils entendirent des cris et une dispute. Ils virent un groupe de jeunes Noirs qui se querellaient avec une bande de garçons blancs presque aussi nombreux, et soudain des coups de poing furent échangés. Très vite, l'affrontement dégénéra. D'autres Noirs vinrent en courant à la rescousse de leurs amis, d'autres Blancs arrivèrent à l'aide de leurs camarades, et au plus fort de la mêlée, il y avait bien vingt combattants de part et d'autre. Le sang coulait à flots, deux ou trois nez furent cassés, et il fallut un certain temps à la police, et aux vieux plus raisonnables de l'un et l'autre camp, pour rétablir l'ordre.

Willie mourait d'envie de se mêler à la lutte, mais il se sentait tenu de protéger Ernestine. Ils regardèrent donc de loin, et Willie se jura intérieurement que si la bagarre se rapprochait le moins du monde il entraînerait la jeune fille dans la direction opposée. En l'occurrence, les combattants restèrent à bonne distance, mais Ernestine trouva le spectacle insupportable, si bien que Willie, à contrecœur, l'emmena plus loin.

Tandis qu'ils avançaient parmi les arbres, une silhouette les rejoignit hors d'haleine, s'éloignant elle aussi du combat. C'était Kevin Hopkins, le nez en sang.

« Ôte-toi de là, négro ! » hurla-t-il.

Willie ne savait pas trop quoi faire. Il voyait bien que Kevin avait envie de continuer à se battre, que ça le démangeait, mais l'allée était grande et il ne comprenait vraiment pas pourquoi il fallait s'écarter. Il escortait une jeune fille. Il passa son bras autour de la taille d'Ernestine et continua son chemin.

Kevin s'arrêta devant eux.

« T'es sourdingue, mal blanchi ? Laisse-moi passer.

— T'as toute la place pour passer, rétorqua Willie calmement, sans laisser paraître sa colère.

— T'as pas à me répondre ! dit Kevin, écumant de rage. Fais ce que je te dis !

— Non, répondit Willie. T'importunes cette jeune personne. »

Il avait prévu le coup de poing qui arriva ; il le para et enfonça son poing dans l'estomac de Kevin.

« Fiche le camp d'ici ! » hurla-t-il à Ernestine, mais loin d'obtempérer, elle se mit à appeler à l'aide.

Bien que le coup de poing de Willie lui eût coupé le souffle, Kevin avait l'avantage d'être en colère, si bien qu'il se ressaisit vite. Il ne se battait pas à la loyale, mais Willie qui avait passé des années à manier les balles de coton était plus costaud.

Le combat fut bref, violent et rapidement conclu. Après quelques horions de part et d'autre, Willie balança un crochet qui s'abattit en plein sur le nez déjà ensanglanté de son adversaire et il entendit craquer les os. Kevin hurla et tomba à genoux, le visage dans les mains.

Willie, bien campé sur ses jambes, les poings levés, hurlait à Kevin de se relever pour continuer, mais Ernestine, en larmes, courut vers lui et, le tirant par le bras, le supplia de partir.

« T'as intérêt à écouter ta pétasse, négro ! » brailla Kevin.

Willie entendit des gens accourir et retrouva l'usage de la raison. Il se laissa entraîner par Ernestine.

« T'es un homme mort, négro ! » hurla Kevin tandis qu'ils s'éloignaient. « T'entends, t'es mort ! »

Ne rêvant que plaies et bosses, Kevin portait en permanence plusieurs bagues à chaque main, et l'une d'elles avait fait une entaille au-dessus de l'œil de Willie. Il ne serait pas aisé d'expliquer la chose aux parents d'Ernestine ; donc les deux jeunes gens retournèrent d'abord chez Willie. Fort heureusement, Mama Flora ne s'y trouvait pas ; elle était allée voir Pearl.

Ruthana était toute seule en train de faire ses devoirs. Elle laissa échapper un hoquet de surprise en voyant entrer Willie, suivi d'Ernestine, et elle voulut savoir dans le détail tout ce qui s'était passé. Elle fit aussi quelque chose qui épata Willie. Elle soigna sa blessure comme aurait pu le faire un médecin.

Ernestine avait quelque peu perdu la tête, non pas tant à cause de la bagarre qu'à cause de la dernière menace proférée par Kevin, à laquelle elle croyait dur comme fer. Elle s'abandonna à une minicrise de nerfs, répétant avec insistance que plus jamais Willie ne serait en sécurité ici, à Stockton, parce que Kevin tiendrait parole. Peut-être n'irait-il pas jusqu'à tuer Willie, mais il le réduirait en bouillie.

Sur ces entrefaites, Mama Flora rentra chez elle, et lorsqu'elle apprit ce qui s'était passé, elle ajouta sa voix à celle d'Ernestine. Elle connaissait le mauvais fonds de Kevin et elle supplia Willie de ne plus sortir seul le soir.

« Je vais pas rester prisonnier chez moi, protesta-t-il.
— Alors, où tu vas t'enfuir, où tu vas te cacher ? » voulut savoir sa mère. Les souvenirs de son oncle disparu, comme tant d'autres Noirs dans le Mississippi, la submergèrent et vinrent se mêler à l'hystérie d'Ernestine ; les deux femmes sombrèrent dans une frénésie de désespoir.

Willie s'écria qu'elles se conduisaient comme des sottes, qu'il n'avait l'intention ni de s'enfuir ni de se cacher, mais pourtant un peu de leur terreur le gagna. Il savait que son empoignade avec Kevin pouvait avoir des conséquences et que celles-ci n'auraient rien de plaisant. Au milieu de tout ce tumulte, il entendit une voix sèche lui ordonnant de se tenir tranquille.

C'était Ruthana qui s'efforçait de lui poser un sparadrap sur l'arcade sourcilière. Cela le calma. Il s'immobilisa.

« Tu parles toujours de partir pour Chicago, dit la fillette. Ben, voilà, c'est le moment rêvé.
— Je vais pas prendre la fuite.
— Il s'agit pas de prendre la fuite, dit Ruthana en haussant les épaules. Tu nous parles de Chicago depuis toujours. »

Mama Flora et Ernestine étaient tombées dans les bras l'une de l'autre, et se consolaient mutuellement, sans cesser de pleurer.

« Qui c'est qui s'occupera d'elles ?
— Elles ont besoin de personne, dit Ruthana. Regarde-les, elles s'y entendent parfaitement pour se réconforter. »

Elle adressa un grand sourire à son frère qui le lui rendit, puis ils se mirent à rire, avec une espèce de connivence. Leur hilarité vint empiéter sur la détresse de Mama Flora qui tourna vers eux un regard furibond.

« Qu'est-ce qu'il y a de si drôle ? » voulut-elle savoir.

Sans trop savoir pourquoi, cette question les fit rire encore davantage.

Néanmoins, Willie n'était pas convaincu. Il ne résolut

de partir que le lendemain soir. Le bruit courait que le Ku Klux Klan avait organisé une réunion en dehors de la ville, et plus tard, cette nuit-là, quelqu'un expédia une brique dans l'une des fenêtres de Mama Flora.

Willie ne croyait pas que ce geste eût le moindre rapport avec le Klan ; il pensait que c'était tout simplement Kevin, venu seul ou avec des amis, mais la peur que l'incident fit naître chez sa mère, et même chez Ruthana, le poussa vers la décision qu'il était sur le point de prendre.

Le lendemain soir, les Noirs de Stockton regardèrent avec désespoir leur église brûler de fond en comble, entièrement détruite par les flammes.

Le révérend Jackson mit sur pied une longue chaîne de volontaires qui faisaient circuler des seaux d'eau pour lutter contre le sinistre, mais en vain. En dépit de ses appels pressants et réitérés, les pompiers n'arrivèrent qu'une fois le foyer bien installé.

Quand il se rendit compte que l'issue était inéluctable, le révérend Jackson rassembla sa congrégation autour de lui et commença, en pleurant, à réciter des prières.

Flora contempla l'édifice en feu avec horreur. Elle ne pria pas, elle n'avait que trop prié : Jésus l'avait entendue et Il avait administré à Willie la poussée dont il avait besoin.

Mais à quel prix ?

18

Les criminels — car l'incendie n'était sûrement pas accidentel — ne furent jamais découverts, personne ne fut arrêté. Après une enquête bâclée, la catastrophe fut officiellement attribuée à un court-circuit.

Le ressentiment bouillonnait, même parmi les Noirs qui n'étaient pas particulièrement pieux, mais ils ne pouvaient rien faire, ils n'avaient aucun moyen de se venger. Les rumeurs concernant le Klan suffisaient à étouffer dans l'œuf toute envie de réagir. Personne n'avait vu de robes blanches ni de cagoules, il n'y avait pas eu de croix de feu, on n'avait aucune preuve que le Klan fût mêlé à l'affaire. Cela n'entrait pas en ligne de compte, d'ailleurs. À vrai dire, le Klan aurait tout aussi bien pu ne pas exister, n'être qu'une armée fantôme ; son pouvoir était tel qu'il suffisait que l'on y crût.

Bien des gens remercièrent Dieu parce qu'il n'y avait pas eu de victime, et reprirent le cours de leur existence, telle qu'elle avait été avant que Joe Louis ne leur eût insufflé, même si ce n'était que pour un bref instant, un peu de fierté et d'amour-propre.

Mais ce n'était quand même plus tout à fait comme avant. Les Noirs de Stockton avaient toujours eu le sentiment puissant d'appartenir à une communauté, d'être seuls face au monde extérieur ; après l'incendie de leur église, ce sentiment s'intensifia. Tout le monde avait entendu parler de la bagarre entre Willie et Kevin, ainsi que des menaces de ce dernier ; il fut donc décidé que l'on fêterait dignement le départ de Willie pour Chicago, afin de montrer que la communauté noire soutenait ses membres. Sans compter que l'arrivée et le départ d'un train étaient toujours une grande source de distraction et qu'il n'y avait pas grand-chose d'autre à faire.

Un certain nombre d'hommes, chômeurs ou retraités, passaient la journée entière à la gare, à mâchonner du tabac en pérorant sur l'état du monde, attendant de voir un train arriver et repartir. Les Noirs étaient assis d'un côté de la voie ferrée, les Blancs de l'autre. Quelquefois, il y avait un contact, des propos lancés d'un côté à l'autre des rails, car ils se connaissaient tous, ils avaient grandi dans la même ville, mais la séparation persistait.

Si un convoi emportait ou ramenait un membre de la communauté noire, alors tous ses parents et amis, ainsi que de nombreux spectateurs, se rassemblaient sur place, et il régnait une atmosphère de fête. Le départ de Willie fut le plus grand événement dont on eût le souvenir, parce qu'il y avait une bonne raison de le célébrer.

Willie avait pris sa décision le soir où la brique était venue fracasser leur vitre, mais la destruction de l'église lui avait communiqué un sentiment d'urgence. Il était abasourdi par la violence qu'avait déchaînée la victoire de Joe Louis, et il aurait voulu être déjà parti, loin de Stockton, en route vers l'atmosphère plus libre, croyait-il, plus libérale de Chicago.

Flora, qui avait eu une telle envie de le voir s'en aller, répugnait à présent à se séparer de lui, redoutant qu'il ne lui arrivât quelque chose d'épouvantable, loin de ses bras protecteurs. Mais il lui était déjà arrivé quelque chose d'épouvantable ici même à Stockton, à portée de ses bras, et elle accepta sa décision malgré le chagrin qu'elle lui occasionnait.

Ernestine ne voulait pas le voir partir, car il lui manquerait, plus qu'elle ne l'aurait cru possible quelques semaines auparavant. Elle souhaitait, pourtant, qu'il puisse connaître cette aventure, parce qu'elle avait envie de la connaître elle-même, et parce qu'elle savait qu'il se sentirait incomplet, et donc malheureux, s'il ne partait pas.

Au cours des heures effervescentes de la dernière soirée qu'ils passèrent ensemble, où l'agitation se mêlait à la tristesse, Ernestine autorisa Willie à prendre quelques privautés qu'elle n'avait jamais tolérées auparavant. Quand il lui caressa les seins, elle se laissa faire. À sa demande, elle porta la main sur la zone la plus intime de son corps d'homme, dure et insistante, et elle trouva ce contact fascinant, en partie à cause du besoin qu'il éveillait chez elle. Elle refusa d'aller plus loin, cependant, ou de lui accorder des faveurs plus poussées, en dépit de toutes ses supplications, mais elle lui murmura d'une voix rauque certaines promesses pour leurs retrouvailles.

Ruthana prit grand plaisir aux préparatifs que faisait Willie pour son départ et elle fit preuve de sens pratique, dressant des listes de ce qu'il devait emporter, notant les noms et les adresses que leur donnaient les amis de personnes établies à Chicago, tout spécialement l'adresse de son oncle George, le propre père de Ruthana. Elle l'accompagna même quand il alla acheter son billet, ce qui était déjà une aventure en soi.

Le principal souci de Willie était l'argent. Il en avait mis un peu de côté, mais pas assez, et il devait vingt-cinq dollars au bookmaker, Hank. Il en paya une partie et demanda un délai pour le reste, espérant parvenir à quitter la ville avant d'être obligé de payer. Malgré tout, il n'avait pas de quoi tenir plus de deux ou trois jours à Chicago, ou même ailleurs. Le problème fut en partie résolu là où il travaillait. Lors de son ultime vendredi, il trouva dans l'enveloppe qui contenait sa paye une semaine supplémentaire — ses congés payés, lui expliqua-t-on — ainsi qu'une petite prime pour le bon travail qu'il avait accompli ; en plus de quoi tous ses camarades avaient contribué, en guise de cadeau d'adieu, à une somme qu'ils lui remirent, en grande pompe, lors d'une petite fête copieusement arrosée le vendredi soir.

Et puis sa mère l'aida, comme il avait bien pensé qu'elle le ferait, sans oser le demander. Flora puisa dans son pot à confiture pour donner à son fils plus de la moitié de ce qu'il contenait, soit cinquante dollars. Ce n'était que justice, se dit-elle, car il avait versé au moins cette somme sur ce qu'il avait gagné au cours des trois dernières années.

Le vendredi soir, son dernier soir à Stockton, il rentra chez lui très tard, mais Flora l'attendait. Elle voyait bien qu'il était légèrement ivre, mais c'était normal, parce qu'il était un homme en partance vers une grande aventure. Ce soir-là, elle lui aurait pardonné presque n'importe quoi.

Mais elle ne pouvait quand même pas le laisser s'en sortir aussi facilement.

« T'as bu, dit-elle en lui faisant du café.

— Ouais, M'man, répondit-il d'un ton belliqueux. Pourquoi pas ?

— Tu feras bien de te méfier de l'alcool, à Chicago », se contenta-t-elle de dire. Willie comprit que c'était la fin du sermon et il lui en fut reconnaissant. Il s'avachit dans son fauteuil. Il avait passé une merveilleuse soirée, à rire, à boire, et à évoquer tous les souvenirs des trois années qui venaient de s'écouler. Il avait quitté ses amis les larmes aux yeux, en promettant de leur écrire à tous pour leur narrer ses aventures, promesse qu'il ne tiendrait jamais.

À présent il était chez lui, avec sa mère, pour la dernière fois.

« J'ai la trouille, M'man », chuchota-t-il.

Le cœur de Flora faillit exploser. Il était redevenu son petit garçon, se préparant pour son premier jour d'école, et bien qu'il eût maintenant près de dix-huit ans, il n'était pas assez grand, pas assez mûr pour une aventure telle que Chicago. Il fallait être courageuse.

« Faut pas, dit-elle. Ton oncle George va s'occuper de toi. »

Elle lui apporta la tasse de café, la lui mit entre les mains et sourit.

« Touche pas aux boissons fortes, voilà tout », dit-elle. Pas entièrement tout. Elle ajouta une autre mise en garde :

« Et touche pas non plus aux femmes. On m'a dit qu'elles étaient déchaînées à Chicago. »

Il la regarda et son visage se fendit. « Voyons, M'man », protesta-t-il. Mais il ne promit pas de ne pas toucher aux femmes.

Il posa sa tasse et se leva, ouvrant tout grands les bras.

« Serre-moi bien fort », dit-il.

Elle ne se fit pas prier, et l'étreignit de tout son cœur, nichée entre ses bras, consciente de la force de son fils et de la petite brosse de barbe dure qui ornait son menton, humant son haleine chargée d'alcool, sans s'en offusquer, ne songeant qu'à sa sécurité, s'inquiétant de son avenir, remplie d'amour maternel.

Il devait attraper le train du soir et Pete Lanier vint les chercher le lendemain après-midi dans sa camionnette. Flora et Ruthana montèrent dans l'habitacle avec Pete, tandis que Willie se hissait à l'arrière avec sa petite valise. Ils devaient s'arrêter pour prendre Pearl, qui réussit à se glisser à côté de Flora, Ruthana sur ses genoux.

Quand ils arrivèrent à la gare, Willie eut l'impression que tous les gens qu'il connaissait étaient là. Certains lancèrent des acclamations quand la camionnette de Pete s'immobilisa et que Willie en descendit.

« T'en as plus pour longtemps à présent, Willie, lança Leo.

— Le convoi passe à Snake Bend en ce moment ! » hurla Clayborn qui avait une véritable passion pour les chemins de fer.

Willie était tout endimanché, avec son costume

sombre, une chemise blanche et une cravate-plastron. Sa valise en carton bon marché, pleine à craquer, était fermée par une courroie de cuir.

Il fendit la foule, serrant les mains, remerciant ceux qui lui souhaitaient bonne chance ; jamais il n'avait été aussi excité de sa vie, même le premier jour où il était allé travailler.

Il entendit siffler le train.

« Le voilà ! » brailla quelqu'un.

Ernestine était venue avec ses parents.

« Quand c'est que t'arrives à Chicago ? demanda la mère de la jeune fille.

— Demain matin, répondit Willie. Vers neuf heures trente.

— Seigneur ! s'exclama-t-elle. Tu vas voyager toute la nuit ? »

Le train fit entendre un nouveau coup de sifflet, plus proche, et ils aperçurent les nuages de fumée qui s'élevaient de la locomotive.

Flora s'était écartée, avec Ruthana, pour laisser Willie dire adieu à tous ses amis, mais les femmes de son église avaient veillé à ne pas la laisser seule. Mme Johnson et Mme Henderson ne la quittaient pas.

« Je sais bien qu'il va vous manquer, madame Palmer, dit la première.

— C'est bien vrai, reconnut Flora.

— Il a toujours travaillé dur, tout comme son papa, déclara Mme Henderson. Je suis sûre qu'il va réussir.

— Il dit qu'il va bien gagner sa vie et que je pourrai être fière de lui, dit Flora. Mais je le suis déjà. »

Leo Barnett s'approcha d'elle, en ôtant sa casquette.

« J'ai déjà dit à Willie que si vous aviez besoin d'aide, Mamzelle Palmer, vous aviez qu'à me demander, fit-il.

— T'as pas besoin de me le dire, Leo, répondit Flora de nouveau au bord des larmes. Tout le monde est si gentil. »

C'était cette gentillesse qui faisait encore une fois couler ses larmes, et Ruthana lui serra la main très fort.

Mme Sanford, habituée à ces départs puisqu'elle avait vu ses deux fils s'en aller ainsi, offrit à Willie un petit cadeau, enveloppé dans un linge.

« Tiens, Willie, voilà une de mes tourtes aux patates que t'aimes tant, dit-elle. Elle t'aidera à tenir jusqu'à Chicago. »

Mme Barnett lui donna du poulet frit, et Isaac Dixon, le roi du barbecue, des côtelettes enveloppées dans du papier sulfurisé, soigneusement rangées dans une vieille boîte à chaussures.

« J'ai fait la sauce pas trop forte, Willie, dit-il. Je sais que t'aimes pas trop épicé. »

Willie se dit qu'en tout cas il ne risquait pas de mourir de faim pendant le trajet, et il avait déjà le cœur gonflé de reconnaissance.

Ils apercevaient le train, maintenant, qui arrivait vers eux en crachant sa vapeur. Charlie White rôdait à la périphérie de la foule. Willie devina ce qu'il lui voulait et s'approcha de lui.

Après s'être bien assuré que Mama Flora ne regardait pas, Charlie remit à Willie une bouteille dissimulée dans un pochon en papier.

« C'est du meilleur, Willie, chuchota-t-il. Il a quatre mois. »

Willie sourit et lui adressa un clin d'œil de remerciement avant de cacher la bouteille d'alcool clandestin dans la boîte à chaussures d'Isaac, en voyant M. Sanford, un des Anciens de l'Église, se diriger droit vers lui.

« Oublie pas, dit-il en serrant vigoureusement la main de Willie. Quand tu gagneras bien ta vie, pense à ton Église.

— Comptez sur moi, monsieur Sanford », répondit Willie.

Le train était arrivé ; il s'arrêta dans un crissement de

freins, déversant un nuage de vapeur qui enveloppa la foule.

Willie retourna auprès de sa famille. Ernestine avait rejoint Flora.

« Va pas m'oublier une fois que tu seras là-bas, Willie, dit-elle à voix basse, les larmes aux yeux, toute chavirée par l'aventure de celui qu'elle aimait.

— Jamais je t'oublierai, Ernestine », répondit-il sur le même ton. Et il fit quelque chose que, la veille encore, il n'aurait peut-être pas osé faire en public. Il l'embrassa. La foule poussa un rugissement d'aise. Après coup, Willie jeta un bref regard à Flora, mais elle sourit, comme si elle approuvait son geste.

Willie était le seul passager à monter dans le train et le chef de gare consultait déjà sa montre.

Une profonde voix de basse lança depuis l'arrière du convoi :

« Voiture des gens de couleur ! Par ici !

— Il est temps de monter à bord, Willie ! » s'écria Clayborn. Willie se tourna vers Ruthana et la serra dans ses bras.

« Promets-moi de bien apprendre tes leçons, pour Maman et pour moi, ma poulette, dit-il, débordant d'affection.

— Je ferai de mon mieux », promit-elle.

Il y avait un dernier au revoir à dire, le plus dur de tous, mais chacun des deux s'efforça de faciliter les choses à l'autre.

« Au revoir, Maman, chuchota Willie, en étreignant Flora.

— Allez, monte vite dans le train, il va partir, murmura Flora.

— Attention au départ ! » lança le porteur, comme pour lui répondre. Leo empoigna la valise de Willie et l'emporta vers l'arrière du train.

Les passagers dans le wagon avaient saisi l'humeur du moment et se penchaient aux fenêtres pour crier à

Willie des paroles d'encouragement, tandis que de la foule massée sur le quai montait un chœur d'adieux.

Leo avait mis la valise dans le train. Il décocha une bourrade à Willie en lui disant au revoir, puis il passa le bras autour des épaules de Flora.

« Je veillerai sur ta maman », lança-t-il.

Willie hocha la tête et grimpa à bord. Son voyage venait de commencer.

Le chef de gare donna un coup de sifflet et agita son drapeau. Le train fit entendre à son tour un sifflement perçant et cracha un jet de vapeur.

La foule, au bord de l'extase, criait ses au revoir. Avec un violent soupir, le train s'ébranla pesamment.

Tout le monde sauf Flora agita la main.

Willie, penché à la portière de son wagon, leur répondit.

Le train prit de la vitesse et son rythme s'accéléra. Willie se pencha si loin qu'il faillit tomber, mais le porteur l'empoigna et le tira à l'intérieur.

On ne le voyait plus. Le train filait à grand bruit vers l'horizon.

Flora n'avait plus conscience du temps. Elle resta immobile, les yeux fixés sur l'endroit où le train venait de disparaître à sa vue.

« Maman », dit Ruthana, en lui touchant le bras.

Flora tourna la tête. La moitié de la foule était déjà repartie, les autres s'éloignaient.

« Pete Lanier dit qu'il nous raccompagnera dès que tu voudras », annonça Ruthana.

Flora inclina la tête.

« Tout le monde est si gentil », dit-elle.

Elle ne voulait pas s'en aller, mais cela ne servait plus à rien de rester là.

« Bon, vaut mieux rentrer », dit-elle.

DEUXIÈME PARTIE

Willie

19

Willie se réveilla en sentant une main lui presser légèrement le genou.

Il se frotta les yeux et regarda Taylor qui, du menton, lui indiqua la fenêtre.

« La Cité des Vents », murmura-t-il.

Willie pressa son visage contre la vitre.

Elle était là, dans le lointain, ses gratte-ciel se détachant comme des phares, appelant Willie à grands cris.

Le voyage avait été inconfortable. Le wagon des gens de couleur n'était encore qu'à moitié plein quand Willie y était monté, à Stockton, et il avait hissé sa valise dans le filet à bagages, avant de s'installer à côté d'une fenêtre, en face d'un homme plus âgé qui lui annonça qu'il s'appelait Taylor. Il avait été témoin des adieux de Willie et devinait plus au moins la situation du jeune homme.

« C'est ton premier voyage à Chicago ? » demanda-t-il, et Willie opina. Puis, parce qu'il avait un peu peur et que Taylor avait l'air brave, il lui avait avoué la vérité.

« C'est la première fois que je pars de chez moi. »

Taylor éclata de rire.

« Saperlotte, tu parles si je connais ! s'écria-t-il. Ça se voit tout de suite, d'ailleurs. T'as du coton dans les cheveux. »

Willie fut un peu vexé ; personnellement, il pensait avoir l'air plutôt affranchi et plein d'expérience, mais à mesure que le train continuait sa route, il comprit que Taylor disait vrai.

À chaque arrêt, des gens montaient à bord, et Willie vit se reproduire à de multiples reprises la scène qui avait accompagné son propre départ : des jeunes gens — car c'étaient presque toujours des jeunes gens — faisant leurs adieux à leur famille. Quand ils quittèrent enfin l'État du Tennessee, la voiture était pleine, et Willie se prenait pour un vétéran. Il avait déjà commencé à faire la différence entre ceux qui partaient pour le Nord pour la première fois — les ploucs, les campagnards, engoncés dans leurs habits du dimanche — et leurs aînés qui, à ce que croyait deviner Willie, vivaient désormais à Chicago et se pavanaient dans leurs beaux costumes. Cela l'intimidait.

Les passagers continuaient à monter, s'installant où ils pouvaient, assis sur leur valise, envahissant les couloirs du wagon précédent, le premier des wagons réservés aux Blancs, lequel n'était qu'à moitié plein. Parmi certains régnait la camaraderie du voyage. Si une femme montait dans le train, quelques hommes, ceux qui étaient habillés comme Willie, se serraient les uns contre les autres pour essayer de lui faire de la place. D'autres, plus égoïstes, défendaient le petit espace qu'ils s'étaient assuré, et quelques disputes éclatèrent.

C'était presque invariablement l'homme déjà assis qui l'emportait, à moins que la femme ne fût jolie ou particulièrement agressive dans ses vitupérations.

Willie, parce qu'il ne savait pas comment se comporter et craignait de perdre sa place, son refuge, s'avachit sur son siège et fit semblant de dormir chaque fois que de nouveaux arrivants traversaient le wagon, en recherchant un coin où s'asseoir.

Pourtant, il y avait aussi des exemples de gentillesse. Taylor et les hommes assis près de Willie partagèrent leurs provisions, et chacun avait un petit quelque chose, car il n'y avait pas de wagon-restaurant pour les Noirs. Une fois que Willie eut compris les règles, il offrit sa tourte aux pommes de terre et ses côtelettes, que la plupart des autres refusèrent, puis, ensuite, au plus noir de la nuit, sa bouteille d'alcool clandestin, qui en revanche fut bien accueillie.

« T'en trouveras pas de la gnôle comme ça à Chicago, déclara Taylor après avoir lampé une solide rasade du liquide râpeux. C'est de la bonne. »

Pendant quelque temps, un climat de fête régna dans certaines parties du wagon, et des gens qui ne s'étaient jamais vus firent connaissance, déclinant leur identité, les plus timorés exprimant leur appréhension, les vieux de la vieille clamant leur forfanterie. Ensuite, Willie entendit qu'on jouait au poker quelque part, et il aurait donné gros pour pouvoir se joindre à la partie, mais il n'osa pas quitter sa place, sauf une fois, aux petites heures du matin, une fois que tout le monde fut bien installé, pour aller aux toilettes.

Il en profita pour transférer sa petite liasse d'argent liquide de ses chaussettes à l'intérieur de son caleçon. À en juger par toutes les histoires qu'il venait d'entendre, un jeune homme arrivant à Chicago risquait de voir très vite son argent lui fausser compagnie.

Il sombra dans le sommeil, mais il ne cessait de se réveiller, la tête pleine de tout ce que Taylor et les autres lui avaient raconté sur la vie dans la grande cité, sur les chausse-trapes qui guettaient l'arrivant, et les merveilles qui l'attendaient. Il dressa mentalement la liste de tous les endroits qu'il comptait visiter, les boutiques de la 47e Rue, le Regal Theater, où l'on pouvait voir des films et de vrais spectacles, en chair et en os, et aussi la salle de bal du Savoy. Ce qui le stupéfiait, et le réconfortait le plus, c'était que tous ces endroits étaient exclusivement fréquentés par des Noirs. Il s'efforçait d'avoir l'air averti, mais le campagnard reprenait perpétuellement le dessus.

« Et les Blancs, ils viennent ? demanda-t-il.

— Dieu du ciel, mon garçon, ils osent même pas approcher ! déclara Taylor, en se remettant à rire. Ils ont leurs endroits à eux. Sauf quelques-uns, le samedi soir, ajouta-t-il, les amateurs de velours de minuit, comme on dit. »

Willie hocha la tête, en homme qui a tout vu.

« Même les flics, ils sont de couleur, poursuivit Taylor. En tout cas, certains. »

Willie en conçut un vif soulagement. Il ne voulait rien avoir à faire avec les Blancs ; il ne les aimait pas ; ne les comprenait pas ; il leur en voulait de l'espèce d'autorité obscure et agressive qu'ils exerçaient sur lui. Il ne comprenait pas en vertu de quoi il était obligé de dire « m'sieur » à tous les salopards de petits Blancs, minables et ventrus, de leur obéir au doigt et à l'œil, et de s'écarter pour les laisser passer. Il appréciait la ségrégation, malgré tout ce qu'elle avait d'injuste, en ce qu'elle avait le mérite de le tenir, dans la plupart des cas, à l'écart des Blancs. Il y avait, à Stockton, un troquet spécialisé dans les hamburgers, le Star Café, où les Noirs était obligés de passer leur commande à la porte de service ; ils n'avaient le droit ni d'y pénétrer ni de se présenter à la porte principale. Eh bien, Willie n'y voyait aucun inconvénient.

Il avait cru que Chicago serait différent, qu'il devrait se plier à l'intégration et côtoyer chaque jour des gens qui d'emblée lui déplaisaient. Il était soulagé de savoir que ce ne serait pas forcément le cas.

« Les Noirs, ils peuvent tout faire là-bas ? » demanda-t-il à Taylor, exprimant un espoir en même temps qu'il posait une question.

À sa grande surprise, Taylor se mit à rire, ce qui l'irrita. « Retire donc le coton que t'as dans la tête, mon gars, dit Taylor. Côté Sud, dans le ghetto, ouais, ils nous fichent à peu près la paix. Mais sors de là, franchis la ligne de démarcation, et t'es dans le monde des Blancs. »

Willie s'installa confortablement pour se rendormir, en se jurant bien de ne jamais quitter le côté Sud, le ghetto, et il se réveilla en sentant Taylor lui presser le genou.

« La Cité des Vents », dit Taylor.

La campagne céda la place aux maisons, à des rangées et des rangées de petites boîtes — Willie n'en avait jamais vu autant —, et les gratte-ciel disparurent à sa vue. À mesure que le train continuait d'avancer, les édifices devenaient plus hauts — des immeubles d'habitation, des entrepôts et des grands magasins. Les passagers se mirent à rassembler leurs affaires, puis, enfin, le train pénétra en ralentissant dans la gare de l'Union.

Willie espérait à moitié que Taylor resterait auprès de lui, pour le guider à travers ce bâtiment énorme et inconnu, lui en indiquer les étranges routines, mais quand le train s'immobilisa, Taylor se leva, serra la main de Willie, lui souhaita bonne chance, et disparut parmi la foule.

Willie descendit du wagon, cramponné à sa valise, et suivit le flux. La vague de passagers, déferlant avec une énergie à laquelle il n'était pas habitué, avançant tous dans la même direction, l'entraîna le long du quai jusque dans le hall, puis elle se dispersa, laissant Willie seul et bourrelé d'incertitudes, au milieu d'une foule d'inconnus.

Il resta planté à contempler tous ces gens affairés qui passaient autour de lui et paraissaient à présent blancs pour la plupart ; en dehors de lui, chacun, lui sembla-t-il, savait parfaitement où il allait. Il tira de sa poche un morceau de papier sur lequel était inscrite l'adresse de son oncle et chercha du regard quelqu'un pour l'aider.

Il aperçut une planche de salut — du moins l'espérait-il — sous la forme d'un employé en uniforme coiffé de la casquette rouge des porteurs ; il s'agissait d'un Noir grisonnant, d'un certain âge, qui poussait sans se presser un chariot chargé de bagages, derrière un couple blanc.

Willie s'approcha et se mit à marcher à ses côtés, en lui tendant son bout de papier.

« Vous pourriez me dire comment aller à cette adresse, m'sieur ? »

Au premier coup d'œil, le porteur devina l'histoire de Willie et se revit au même âge. Sans s'arrêter il prit le bout de papier.

« C'est la première fois que tu viens ici, pas vrai ? » dit-il en sachant parfaitement ce que Willie allait répondre. Le jeune homme se contenta d'incliner la tête. « Si tu prends le métro aérien, tu vas te paumer, c'est sûr, glousse le porteur. Et ce sera la même chose en bus. À mon avis, t'as intérêt à prendre un taxi. »

Willie s'affola. Il n'avait jamais pris de taxi de sa vie, mais il était sûr que ça devait coûter très cher.

« D'ici, j'imagine que t'en auras pour deux dollars environ, dit le porteur, répondant à la question que Willie n'avait pas osé poser. C'est dans tes prix ?

— Ouais, ça peut aller », dit Willie, soulagé. Deux dollars, c'étaient deux dollars bien sûr, mais c'était moins qu'il ne s'y attendait, et ça valait le coup, si ça lui permettait d'arriver sain et sauf.

« T'as qu'à me suivre jusqu'à ce que j'aie accompagné ces gens-là à leur taxi, ajouta le porteur. Et après je tâcherai de m'occuper de toi. »

Se sentant en sécurité en compagnie du porteur, Willie le suivit à travers l'énorme hall, en s'efforçant de ne pas se laisser trop impressionner par l'ampleur de l'édifice. Ils sortirent pour s'approcher d'une longue file de taxis jaunes. Le couple de Blancs monta dans le premier et le porteur y chargea leurs bagages.

Willie attendit, en regrettant amèrement d'avoir décidé de venir à Chicago. Le bruit était assourdissant, la bousculade le terrorisait. Et pourtant, il était tout excité de se trouver là. Par-dessus le vacarme de la circulation, il entendait son cœur battre à la fois d'euphorie et de peur.

« Viens donc, dit le porteur dont la voix le fit sursauter. On va te trouver un taxi qui connaît le côté Sud, où tu dois aller. »

Il héla un véhicule assez miteux, conduit par un mulâtre.

« Notre petit gars de la campagne voudrait aller au numéro 5000 Forestville, annonça le porteur. Ça fait combien d'ici ? »

Le chauffeur aussi devinait l'histoire de Willie et il s'empressa de gonfler légèrement son prix. « Trois dollars », dit-il. Le porteur regarda Willie, qui opina et fouilla dans sa poche à la recherche d'une pièce de vingt-cinq *cents*. Sa mère lui avait bien fait la leçon.

« Mais non, mon gars, t'auras besoin de chaque *cent* que tu possèdes avant d'en avoir fini, gloussa le porteur en refusant son offre. Dis voir, t'arrives d'où, tel que te voilà ?

— Moi, je viens de Stockton, dit Willie pendant que le porteur déposait sa valise dans le taxi. À quatre-vingts bornes de Memphis, dans le Tennessee. »

Le chauffeur de taxi dressa l'oreille. « J'ai un copain qui dit qu'il vient de Memphis, annonça-t-il. Comment c'est, ce bled ? »

Willie ne connaissait Memphis que par ouï-dire, mais il avait entendu parler de Beale Street, de la musique et de l'hôtel Peabody, ce qui lui fournit un sujet de conversation pendant le trajet. Le chauffeur n'avait de réel intérêt que pour Chicago et ce qui s'y passait, mais il écouta quelque temps, puis il se mit à indiquer à son passager les endroits et monuments connus quand ils passaient devant.

Les visages de la foule qui encombrait les trottoirs dénotaient leur progression. Au début, la plupart étaient blancs, à peine parsemés de quelques figures noires, mais cette proportion s'inversa à mesure qu'ils avançaient vers le sud, jusqu'au moment où toutes les physionomies qu'apercevait Willie étaient teintées d'une sympathique nuance de brun.

Le chauffeur vint enfin s'arrêter devant un immeuble de cinq étages dans une rue désordonnée, bordée d'autres édifices semblables. Willie le paya, rajouta un pourboire, le remercia, sortit du véhicule et resta planté sur le trottoir, sa valise à la main, ne sachant trop ce qu'il devait faire.

« Entre dans l'immeuble, lui conseilla le taxi en souriant dans sa barbe, sûr de lui dans cet univers familier. Tu verras un quatre sur la porte de l'appartement. T'auras qu'à frapper ou sonner. »

Willie le remercia encore une fois, pénétra dans le vestibule, trouva la porte correspondant au numéro quatre, et frappa. Pas de réponse. Il frappa une deuxième fois. Rien.

Il retourna dehors et s'assit sur le perron, sa valise à côté de lui. Il était tout prêt à observer la vie de la rue, de la cité, jusqu'au retour de son oncle. Il n'avait pas d'autre point de chute et ne voulait pas quitter le quartier. Cette adresse était sa bouée de sauvetage, c'était là qu'il dormirait cette nuit, et il avait besoin de cette sécurité.

Au début, la rue l'intrigua, avec ses hauts édifices en brique le long desquels couraient des escaliers de secours en fer, ses larges trottoirs et ses bouches d'incendie, ses automobiles de toutes les formes, toutes les tailles et toutes les couleurs, dont certaines étaient particulièrement criardes. Et les gens aussi le fascinaient. Personne ici n'avait de touffes de coton dans les cheveux, et les toilettes qu'il voyait le stupéfiaient ; de nombreuses femmes et quelques hommes portaient des couleurs très voyantes, parfois associées selon des combinaisons qu'il n'aurait jamais imaginées. Il baissa les yeux vers son costume du dimanche, tout fripé après son voyage, avec une tache de sauce sur le revers, et il se sentit bien pouilleux.

C'était un univers tout à fait différent de celui de Stockton et Willie avait l'impression que le mot « paysan » était marqué au fer rouge sur son front.

Il faisait chaud. Willie était fatigué, il n'avait guère dormi dans le train, et l'air qu'il respirait n'avait rien à voir avec celui de Stockton ; il était étouffant et malodorant, il ne sentait pas vraiment le frais. Le jeune garçon posa ses bras repliés sur ses genoux, y appuya sa tête et s'endormit.

Il se réveilla vers cinq heures. Le trottoir était bondé ; c'était l'heure où les gens revenaient du travail. De temps en temps, quelqu'un entrait dans l'immeuble ou en sortait, mais sans lui prêter la moindre attention, à l'exception d'une femme, chargée de provisions, qui le dévisagea fixement comme s'ils se connaissaient, avant de disparaître à l'intérieur.

Une heure plus tard, un grand gaillard bâti en force arriva devant le perron et s'immobilisa.

« C'est toi, Willie ? demanda-t-il.

— Oui, répondit-il.

— Alors monte donc, dit l'homme d'un ton jovial, en le précédant à l'intérieur de l'immeuble. Moi, je suis George. »

Il se retourna pour adresser à Willie un large sourire.

« Ton oncle, crut-il bon d'ajouter avec un clin d'œil. T'étais haut comme trois pommes la dernière fois que je t'ai vu. »

Willie se rappelait à peine George qu'il n'avait pas revu depuis l'enterrement de Josie, mais ses manières bon enfant le mirent à l'aise et il le suivit jusque chez lui.

« J'espère que t'as pas attendu trop longtemps, continua George en gravissant l'escalier. On travaille tous les deux, ma vieille et moi. »

Ellie, sa « vieille » comme il disait, n'était pas vieille

du tout, puisqu'elle avait l'âge de George ; c'était une femme voluptueuse et bien en chair. C'était elle qui s'était arrêtée pour dévisager Willie assis sur le perron et elle l'accueillit avec désinvolture.

« Ah, j'étais sûre que c'était toi, dit-elle, et j'avais envie de te dire de monter, mais ici on peut pas se permettre de prendre des risques.

— Non, bien sûr, je comprends », murmura Willie.

L'appartement n'était pas grand, mais malgré un certain désordre il était confortable. Il n'y avait pas de chambre pour Willie.

« On n'a pas de place pour les invités, annonça George, mais tu peux dormir sur le canapé pour deux ou trois nuits. »

Ellie leur servit un repas pantagruélique : des côtes de porc à l'étouffée, de la purée de pommes de terre et des légumes verts ; tout en mangeant, George expliqua à Willie ce qu'il avait prévu pour lui.

« J'ai déjà dit deux mots à une vieille dame qu'a une chambre à louer. Quinze dollars la semaine, ou bien vingt avec le repas du soir compris. T'as assez de sous pour te payer ça, le temps de trouver du travail ?

— J'ai de quoi régler deux semaines, en tout cas, peut-être trois », murmura Willie, en faisant de rapides calculs dans sa tête. Trois semaines, quatre au grand maximum, se dit-il, et ça c'est juste pour vivre.

« Je peux pas te trouver du boulot dans les parcs à bétail, parce qu'en ce moment ils débauchent justement, pour partir plus à l'ouest, continua George. Je sais même pas combien de temps je garderai mon propre travail. »

Il jeta un coup d'œil à Ellie, et Willie devina entre eux des soucis d'argent. Il n'en fut pas étonné. À l'évidence, la vie était chère à Chicago.

« Mais j'ai un pote qu'est contremaître adjoint dans un grand entrepôt, reprit George sur un ton plus optimiste. Il dit qu'il peut te faire débuter lundi, pour un boulot temporaire, et que si tu te démerdes bien, il verra à te garder à plein temps. »

Willie poussa un énorme soupir de soulagement et lui adressa un sourire reconnaissant.

« Mais je peux te dire tout de suite qu'il faudra boulonner dur, l'avertit George. C'est presque aussi éreintant que de bosser comme bûcheron ou de charger les balles de coton, comme on fait chez nous.

— J'suis prêt à travailler, mon oncle », répondit Willie. Ellie ramassa les trois assiettes et les emporta dans l'espèce de réduit qui servait de cuisine.

Après ces mises en garde, George se détendit et alluma une cigarette. « Bon, dit-il en souriant, et maintenant donne-moi donc les nouvelles de Stockton. Comment va ma petite fille ? »

Willie le regarda, étonné. George était le père de Ruthana, mais il n'avait pas encore mentionné son nom. Il devina que ce silence n'était pas sans rapport avec Ellie, qui n'était pas la mère de Ruthana, aussi répondit-il à mi-voix.

« Elle va bien, très bien. Elle travaille bien à l'école. »

Il se demanda ce qu'il devait confier à George et il décida d'essayer d'établir des liens entre eux.

« Elle voudrait aller à l'université », ajouta-t-il avec un grand sourire, en se disant que George comprendrait aussitôt que c'était impossible.

Mais la réaction de George fut très différente. Il regarda Willie, tout surpris, puis il sourit d'un air ravi.

« Ben, ça alors, c'est quelque chose », dit-il avec une note de fierté dans la voix. Il ne put s'empêcher de faire partager la bonne nouvelle.

« T'entends, Ellie ? lança-t-il. Y a ma petite qui veut aller à l'université. »

Ellie ne se laissa pas éblouir. Elle revint avec une tarte aux noix de pécan, un dessert acheté tout spécialement pour fêter l'arrivée de Willie.

« Pourquoi une petite Noire voudrait aller à l'université ? demanda-t-elle. À quoi ça pourrait bien lui servir ?

— Elle en est pas encore là, tu sais, elle est encore toute jeunette ! » s'écria aussitôt George, toujours prêt à aplanir les difficultés. Il se tourna vers Willie. « Ça lui fait quel âge ?

— Je crois que c'est huit ans, dit Willie en réfléchissant. Non, neuf. »

George émit un sifflement. « Neuf ans ? Ma petite fille ? Comme le temps passe. »

Il resta assis, à réfléchir, comme s'il se demandait où s'étaient enfuies toutes ces années, puis il sortit de sa rêverie.

« Et ta maman ? demanda-t-il. Comment elle va, cette excellente femme ?

— Elle va bien, très bien », dit Willie. Il répondit à toutes les questions que lui posa George sur les gens qu'il se rappelait, mais il était fasciné par Ellie, qui ne manifestait aucune espèce d'intérêt pour leur conversation. Elle ne mangea pas de tarte, car elle « faisait gaffe à sa ligne ».

« Et c'est qu'elle en a de la ligne à surveiller », plaisanta George, avec un grand sourire qui s'accentua quand elle lui envoya une tape ; il lui saisit la main au vol et l'embrassa.

Elle reporta son attention sur une pile de magazines, où il était surtout question de mode et de beauté, jusqu'au moment où Willie et George se furent dit tout ce qu'ils avait à se dire. Aussitôt, elle se mit à raconter sa journée à George et il lui raconta le sienne ; Willie ne demandait pas mieux que de les écouter, comme s'il apprenait une nouvelle langue, un idiome parlé par deux personnes qui vivaient en couple depuis longtemps, phénomène qu'il ne connaissait pas.

Ils écoutèrent quelque temps la radio, puis Ellie dit bonsoir à Willie et passa dans la pièce voisine, la seule autre pièce de l'appartement.

« Déplie donc ce canapé, tu vas voir, ça devient un lit, dit George à Willie en lui montrant ce qu'il fallait faire. Tu sais où sont les cabinets. On se lève à six heures. Ça te va ?

— Ouais, mon oncle, merci », dit Willie. George passa dans la chambre à coucher et Willie fut content de rester enfin seul, et tout à fait en sécurité.

Malgré sa fatigue, il ne trouvait pas le sommeil. À Stockton, les nuits étaient silencieuses, mais à Chicago elles étaient pleines de bruits : le grondement ininterrompu de la circulation, des voitures qui passaient dans la rue, des conversations lointaines, des cris et des rires au-dehors, des aboiements de chien, et Willie crut même entendre, à un moment donné, un hurlement de femme.

Il entendit d'autres bruits aussi, en provenance de la chambre à coucher, des bruits qu'il aurait préféré ne pas entendre, qui constituaient une espèce d'atteinte à la vie privée. Il essaya d'enfoncer sa tête sous le coussin, mais George et Ellie n'étaient pas des amoureux discrets.

Il leur enviait leurs rapports, pas ceux qu'ils avaient à cet instant précis, mais tout ce qu'il avait pu voir de leur liaison ; ils paraissaient tellement à l'aise ensemble. On avait l'impression qu'ils formaient une paire unie contre le monde extérieur, partageant tout ce qu'ils avaient, se défendant mutuellement contre le mal. Cela le fit penser à Ernestine ; comme il aurait aimé l'avoir avec lui en ce moment, afin de partager avec elle les triomphes et les angoisses de la journée. Il restait encore un peu d'alcool dans sa bouteille et il en prit deux petites rasades, dans l'espoir qu'elles l'aideraient à s'endormir.

Puis une sorte de silence se fit, un silence inaccoutumé qui était ce qui se rapprochait le plus, dans une grande cité, de la véritable tranquillité.

Mais Willie ne dormait toujours pas. Il était content de lui-même. Il venait de vivre une journée cruciale, pleine d'enseignements, et, malgré ses appréhensions, lesquelles avaient une ou deux fois frôlé la peur panique, il était arrivé à bon port et se trouvait désormais à Chicago, bien au chaud dans un lit, prêt à affronter le lendemain. Il fit une petite prière pour remercier Dieu et cela lui rappela sa mère. Il se jura de lui écrire dès le lendemain pour lui dire que tout allait bien.

En deux occasions, au moins, une première fois alors qu'il se tenait dans l'énorme caverne de la gare de l'Union, au milieu de la foule déferlante, et ensuite pendant l'après-midi qu'il avait passé assis sur le perron de l'immeuble, il s'était dit qu'il avait commis une bourde monumentale. Il avait eu envie d'attraper le premier train qui le ramènerait à Stockton et de ne plus jamais reparaître à Chicago.

Il était content d'avoir résisté à cette brusque envie. Il avait survécu et il était sur place ; demain, il ferait ses premiers pas sur la route menant à la fortune.

20

Une semaine plus tard, Willie voulait rentrer chez lui. Un an plus tard, il n'avait pas changé d'avis, ni l'année suivante. Quatre ans plus tard, il regagna effectivement Stockton, mais brièvement. Ce ne fut qu'une fois qu'il eut quitté la grande ville qu'elle lui manqua, et qu'il comprit qu'il y était désormais chez lui.

Il obtint le boulot que George avait prévu pour lui à l'entrepôt, et il dut travailler dur, mais ce n'était pas pire que de charger les balles de coton. Ce qui le déconcertait, plus que tout peut-être, c'était le vacarme, cette espèce de cacophonie sans fin qui faisait naître en lui un puissant besoin de silence et de chants d'oiseaux, qui lui donnait la nostalgie de l'odeur douce et propre des champs.

L'entrepôt, tout proche de la gare de marchandises, était gigantesque. Les dizaines de manutentionnaires, principalement noirs, y entretenaient un tintamarre fait de bavardages, de hurlements ou d'insultes, tandis qu'ils poussaient leurs diables chargés de paquets et de caisses, dont la taille, la forme et le volume variaient du tout au tout ; tantôt ils déchargeaient les camions qui apportaient les marchandises de la gare à l'entrepôt, tantôt ils en chargeaient d'autres qui devaient partir livrer les marchandises en question. Une douzaine de contremaîtres hurlaient des ordres ou des injures. Toute la journée, une file ininterrompue de camions, d'énormes Mack, ou White, ou Peterbilt, ou bien des véhicules pour les livraisons locales, arrivaient et repartaient, dans des rugissements de moteurs et des émanations de gaz nauséabonds qui empuantissaient l'air.

Willie, qui était fort, mais savait doser sa puissance, était bien décidé à ne pas faire honte à George, et en se contentant d'obéir aux ordres et de travailler avec soin, il fit excellente impression. Pendant les deux ou trois premiers jours, il garda ce sentiment que le mot « paysan » était inscrit au fer rouge sur son front ; il fut la cible de nombreuses plaisanteries, et il resta sur son quant-à-soi, tout en acceptant les taquineries avec bonne humeur. Dès la fin de la semaine, il lui sembla que cette étiquette s'estompait, ses camarades ne se moquaient plus du plouc qu'il était, mais il ne se sentait quand même pas à l'aise parmi eux. Ils étaient plus m'as-tu-vu et plus agressifs que ses amis de Stockton, ils avaient tous l'air d'en savoir beaucoup plus long sur le monde que Willie lui-même, leur langage était plus ordurier que tout ce qu'il avait pu entendre jusque-là, surtout en ce qui concernait les femmes, et certains parlaient même une espèce d'argot dont il ne comprenait pas un traître mot.

Il prit la chambre que George lui avait trouvée, pour vingt dollars la semaine, repas du soir compris, et sa propriétaire, Lula, s'étant prise de sympathie à son égard, lui préparait aussi tous les matins un paquet de minces sandwiches à emporter au travail.

L'appartement de Lula était au quatrième étage d'un immeuble de cinq étages sans ascenseur. Willie, débordant de jeunesse et de santé, n'avait aucune peine à les grimper tous les jours, mais il se demandait comment Lula, frêle et âgée, y parvenait. En règle générale, elle ne sortait que quand elle y était obligée, mais un jour, en rentrant du travail, Willie la trouva sur le palier du troisième, à bout de souffle. Il lui proposa de l'aider, mais elle se dégagea fermement.

« Monte donc, lui dit-elle d'une voix asthmatique, j'arrive tout de suite. » Il lui fallut dix bonnes minutes pour gravir la dernière volée de marches.

Lula avait dans les soixante-cinq ans et elle était minuscule ; jamais Willie n'avait vu une femme aussi maigre et aussi petite ; une forte rafale de vent l'aurait renversée. Elle était querelleuse, comme le sont parfois les petites femmes ; désormais veuve, elle avait eu un mariage heureux qui, à l'encontre de celui de Flora, avait duré de longues années, puisque son mari, un ouvrier, comme Willie, était mort deux ans auparavant seulement d'une crise cardiaque ; il lui manquait cruellement.

Willie ne parvenait pas à imaginer comment elle arrivait à joindre les deux bouts ; ce n'était pas les vingt dollars qu'il lui versait qui pouvaient la mener bien loin, mais il croyait deviner qu'elle recevait une aide pécuniaire de ses deux enfants, qui venaient rarement la voir. Elle faisait un peu de raccommodage pour divers voisins, mais sa vue commençait à baisser sérieusement et ses travaux d'aiguille s'en ressentaient. Assis tout seul dans sa chambre, le soir, Willie entendait souvent un petit cri et un gros mot, chaque fois que Lula se piquait le doigt ; ou bien elle venait frapper à sa porte pour lui demander d'enfiler son aiguille.

L'appartement était petit, rarement bien propre, et il y flottait toujours des relents de tambouille trop cuite. Il y avait une espèce de séjour exigu, où s'entassaient un canapé défoncé, une table et deux chaises bancales, avec un fourneau et un évier dans un coin. Lula avait sa propre petite chambre à coucher ; quant à la chambre de Willie, elle n'était guère plus grande qu'une boîte, avec un lavabo et un lit. Les toilettes étaient sur le palier ; elles étaient communes aux quatre logements de l'étage et bien souvent répugnantes.

L'été, l'appartement était étouffant et affreusement chaud, et s'il y régnait une température acceptable en hiver — il y avait un radiateur qui fonctionnait dans chaque pièce —, les fenêtres étaient toujours fermées pour empêcher le froid glacial d'entrer, si bien que l'atmosphère était viciée.

En dépit des malheurs qu'elle avait eus, ou peut-être à cause d'eux, Lula croyait dévotement en Dieu. Elle allait à l'église tous les dimanches, sans en manquer un, quel que fût le temps, descendant et montant les quatre étages dans un sifflement asthmatique, et elle passait ses soirées à chanter des cantiques, dans son petit séjour, et à rappeler à Willie qu'il devait faire régulièrement ses prières. Et en dire surtout pour le bon président du pays.

La foi de Lula en Roosevelt était inébranlable ; c'était un saint homme, envoyé sur la terre pour délivrer les pauvres de l'oppression. Elle avait échafaudé une hypothèse selon laquelle Franklin Roosevelt était en réalité un homme de couleur, doté, par la grâce de Dieu, d'un teint très clair, afin de pouvoir passer pour un Blanc et accéder à son actuelle position. Il ne pouvait pas être blanc, n'est-ce pas, car comment un Blanc aurait-il pu si parfaitement comprendre la terrible situation des Noirs, et combattre si assidûment en leur faveur ? De même, elle subodorait que le président Abraham Lincoln avait eu quelque part dans son arbre généalogique un ancêtre de couleur.

C'était Roosevelt qui avait introduit, deux ans auparavant, un système de retraites payées, et maintenant il s'efforçait d'étendre ce système aux dépendants du retraité, surtout les épouses et les veuves. Willie devina, et il ne se trompait pas, que les prières de Lula en faveur de Roosevelt portaient autant sur l'adoption de la nouvelle législation que sur la santé du président.

Elle n'encourageait pas Willie à lui tenir compagnie le soir, et lui d'ailleurs n'appréciait guère ses perpétuels cantiques, mais elle ne s'offusquait pas de le voir sortir, même si elle lui avait interdit d'introduire des femmes ou de l'alcool dans l'appartement. Il se plia au premier de ces deux décrets, mais pas au second.

Au cours de sa première semaine, Willie passa ses soirées dans sa chambre, y mangeant même son dîner, tant il était fatigué par son travail. Mais il était jeune et plein d'énergie, et il se sentait déçu de ne pas avoir fait plus ample connaissance avec Chicago, avec les lumières de la ville.

Le samedi matin, il fit la grasse matinée, et quand il se réveilla, Lula lui exprima son mécontentement à haute et intelligible voix.

« C'est les vieux bonshommes qui traînent au lit, lança-t-elle avec un reniflement de mépris. J'espère que t'es pas un de ces nègres cossards. Y en a déjà trop par ici. »

Willie trouva ce reproche injuste, car il avait travaillé dur toute la semaine, mais il tint sa langue, et bientôt George arriva, comme promis, pour lui faire visiter la ville.

Ellie les attendait en bas, ses hanches et sa poitrine rebondies menaçant de faire craquer les coutures d'une mince robe d'été, mais elle avait l'air fraîche et ravissante, et elle fut gentille avec Willie, même si elle ne se montrait jamais très amicale.

Ils longèrent à pied les quelques pâtés de maisons qui les séparaient de la 47e Rue, laquelle était bien à tous points de vue telle que Willie l'avait espéré, bien qu'elle n'eût rien à voir avec ce qu'il avait imaginé.

Comme tous les samedis matin, les rues étaient bondées et tout le monde était de joyeuse humeur. Il faisait si chaud que des enfants presque nus dansaient dans les jets d'eau qui jaillissaient des bouches d'incendie jusque sur les trottoirs, et les marchands de glace faisaient fortune. Les femmes arboraient leurs plus belles toilettes d'été — de jolies cotonnades, des capelines à large bord et à froufrous, des gants blancs —, tandis que la plupart des hommes tenaient leur veston sur le bras et portaient des bretelles de couleurs vives.

Willie, qui avait revêtu son terne costume du dimanche, se sentait déplacé.

« Attends un peu ce soir, dit Ellie en riant, ils vont sortir leurs costumes de zazous. »

Willie lui demanda de quoi il s'agissait, mais elle se contenta de répondre qu'il verrait bien.

Ils suivirent la 47e Rue sur une assez longue distance, puis ils rebroussèrent chemin pour revenir sur leurs pas en prenant l'autre trottoir, passant devant des boutiques dont les vitrines étaient bourrées de toutes sortes de marchandises et d'articles — et de vêtements —, des vêtements comme Willie n'en avait encore jamais vu. Il y avait une banque, réservée aux gens de couleur, lui dit George, et un splendide hôtel qui avait tout du palace. Il y avait aussi des hôtels moins luxueux, des cafés et des restaurants, des salles de bal et des cinémas, dont l'un, le Regal, était décoré de rangées de lumières aveuglantes, qui clignotaient comme un invraisemblable lever de soleil, ainsi que d'affiches aux couleurs criardes.

En dépit de l'aspect décrépit de certaines des rues qu'ils avaient suivies, Willie commençait à croire qu'à Chicago tout le monde devait rouler sur l'or, mais en apercevant quelques mendiants, il revint quelque peu au sens des réalités. Un jeune garçon faisait la manche avec un numéro de claquettes, éblouissant. Un autre jonglait, comme un pied. Un aveugle restait patiemment assis avec son chien, murmurant des paroles de remerciements les rares fois où une pièce tintait dans sa sébile. Willie se mit à porter sur la rue un autre regard ; il vit que de nombreux passants étaient pauvrement vêtus et que les magasins étaient loin d'être tous un pays de cocagne. Le vernis de prospérité disparut ; c'était Stockton le samedi matin, mais un million de fois plus vaste.

Puis ils passèrent devant une boutique de mode masculine. Willie s'arrêta, frappé de stupeur, incapable de détacher son regard de la vitrine.

Elle était remplie de costumes comme il n'en avait jamais vu auparavant, drapés sur des mannequins au visage noir, ce qui était déjà une nouveauté en soi. Des vestons longs et amples, portés sur des pantalons bouffants, de toutes les couleurs de l'arc-en-ciel, le tout couronné de chapeaux au bord gigantesque, dont certains étaient ornés de plumes chatoyantes.

Willie se tourna vers Ellie : « C'est ça, les costumes de zazous ? »

Elle rit en faisant signe que oui. « Saperlipopette, je lis dans tes yeux que tu vas t'en offrir un avant la fin du mois. »

Mais Willie était incapable de s'imaginer tiré à quatre épingles ; d'ailleurs il n'aurait jamais de quoi se payer un tel costume, car le prix qu'il avait lu sur l'étiquette l'avait épouvanté. George lui confirma la chose.

« Garde donc ton argent pour des choses qui en valent la peine », dit-il.

Pourtant, quand un homme sortit du magasin, fier comme Artaban, vêtu d'un costume jaune vif qui semblait flotter tout autour de lui, montrant ses dents en or dans un sourire étincelant, Willie le regarda passer d'un air envieux.

Ils déjeunèrent dans une cafétéria ; jamais Willie n'avait vu autant de nourriture étalée : de longs comptoirs chargés de soupes, de salades, de sandwiches, de viandes cuites au barbecue et de viandes froides, de steaks, de côtelettes et de viandes en sauce, de pommes de terre accommodées d'une demi-douzaine de façons différentes, de légumes verts, de haricots, de toutes sortes d'autres légumes, de fruits, d'entremets et de glaces. Willie parcourut le comptoir avec son plateau, hésitant à commander, car il se demandait toujours ce qu'il y avait un peu plus loin ; quand il arriva au bout, son plateau était vide et il dut retourner à l'autre extrémité puis recommencer.

Il offrit de payer sa part, mais George secoua la tête.

« C'est la moindre des choses, dit-il. T'es mon parent, en quelque sorte, et ta maman a été bonne pour ma petite fille. »

Quand il parlait de Ruthana, c'était toujours « ma petite fille ». Willie commença à se demander si George n'avait pas oublié le nom de sa fille.

Quand ils eurent fini de déjeuner, ils ressortirent et Ellie prit congé d'eux, car elle avait des courses à faire.

George emmena Willie se promener, lui montrant cette fois tout ce qu'un homme pouvait avoir besoin de savoir. Il partit du principe que Willie, le samedi soir, aurait envie de sortir, et lui indiqua plusieurs petits clubs où l'on dansait, ainsi qu'un ou deux bars où il pourrait se risquer en toute confiance pour commencer, car il n'y serait ni arnaqué ni dévalisé. Ils quittèrent la 47e Rue et se dirigèrent vers le sud ; George lui conseilla de ne jamais sortir avec beaucoup d'argent dans ses poches, et de toujours en cacher une partie dans ses chaussettes ou son caleçon.

À présent, ils passaient devant des immeubles dont certains étaient presque à l'abandon, les fenêtres obstruées par des planches, le trottoir devant eux parsemé d'immondices. Ils tournèrent à un coin pour prendre une rue bordée de nombreux bars d'où sortait une musique tonitruante ; les hommes étaient pauvrement vêtus et les femmes avaient l'air vulgaire, en comparaison de ce qu'ils avaient vu dans la 47e Rue.

« Quoi qu'il arrive, viens surtout pas traîner ici, Willie », dit George, et il était évident qu'il s'agissait d'une mise en garde importante et grave. « Sauf si t'as envie de te faire dévaliser, suriner ou buter. Ici, c'est vraiment les mauvais quartiers. »

Willie aurait bien aimé savoir ce qu'ils avaient de si mauvais, mais il avait peur que George ne trouvât sa question idiote. Il regarda autour de lui, prit mentalement note de la situation de la rue, et promit à George de ne plus jamais s'y aventurer.

George le regarda avec insistance, comme s'il ne croyait pas trop à cette promesse.

« Et puis aussi, fraye pas avec les putes », ajouta-t-il.

Willie garda les yeux baissés. Il lui paraissait impensable de coucher avec une prostituée, et il était tout gêné que George, qui avait pris un ton paternel, eût mentionné la chose.

Une fois terminés le sermon et les leçons qu'il comportait, ils repartirent en direction de chez Willie. Ils se dirent au revoir et George promit de lui faire signe, mais ils ne se revirent que très rarement. Quelques mois plus tard, quand Willie voulut aller leur rendre visite, George et Ellie avaient déménagé à la cloche de bois, laissant des dettes dans tout le quartier, et personne ne savait où ils étaient partis. Cela n'étonna guère Willie ; il avait eu le sentiment qu'ils étaient deux nomades, deux de ces voyageurs de la nuit qui ne tenaient pas en place et cherchaient perpétuellement quelque chose qui leur échappait sans cesse.

Mais en ce premier samedi matin ensoleillé, Willie remonta jusqu'à l'appartement de Lula, convaincu qu'il venait de découvrir le paradis dans la 47e Rue, et il ne parvenait pas à comprendre comment on pouvait avoir envie de vivre ailleurs qu'à Chicago.

Ce soir-là, puisque c'était samedi, il sortit faire la tournée des grands-ducs. Il se rendit dans les bars que George lui avait indiqués et but plus que de raison. Il passa ensuite dans un dancing, mais il ne s'y sentait pas à sa place, avec son costume du dimanche, au milieu des luxueuses tenues des noctambules de Chicago, si bien qu'il finit par prendre le chemin des bas quartiers déconseillés par George.

Il but encore quelques verres dans un bar louche, rempli de gens aussi pauvrement vêtus que lui. Une grosse putain entre deux âges essaya de l'aguicher, mais personne d'autre ne lui prêta la moindre attention. La putain essuya son refus de bonne grâce, mais elle tint absolument à ce qu'il lui payât un verre, et Willie ne sut pas comment lui dire non. Elle but à sa santé, avant de s'éloigner, et d'autres personnes se pressèrent autour de lui, réclamant les services du barman.

Presque aussitôt, Willie s'aperçut que son portefeuille avait disparu. Il chercha la putain du regard, mais elle aussi avait disparu. Prêt à pleurer de colère et de frustration à l'idée de s'être conduit aussi sottement, il quitta l'établissement.

D'autres prostituées l'accostèrent sur le trottoir, et un homme lui proposa un peu de cette poudre qui rend si heureux, mais Willie ne savait pas de quoi il s'agissait, et de toute façon il n'avait pas d'argent. Il croyait pouvoir retrouver le chemin de chez Lula, mais il était ivre et désorienté.

Dans une rue sombre, il se heurta à deux jeunes gens, dont l'un brandissait un couteau et qui lui réclamèrent de l'argent. Quand il leur dit qu'on lui avait déjà fait les poches, ils refusèrent de le croire ; tout à coup l'un des deux passa derrière lui et l'immobilisa, pendant que l'autre tailladait les poches de son veston pour découvrir son portefeuille. Ne trouvant rien, ils se mirent en rogne et lui envoyèrent deux ou trois coups de poing dans l'estomac avant de se fondre dans la nuit.

Il poursuivit son chemin en titubant ; il était perdu et il avait mal. Deux policiers, un Blanc et un Noir, l'arrêtèrent pour savoir ce qu'il fabriquait. Willie avait peur d'eux, de leur autorité ; mais sa colère et sa douleur remontèrent à la surface. Il leur expliqua ce qui lui était arrivé, avec des sanglots étranglés d'ivrogne ; les policiers se mirent à rire, lui firent un petit sermon et lui indiquèrent son chemin.

Il n'était qu'à un pâté de maisons de chez lui.

Les policiers le suivirent des yeux un instant, pour être sûrs qu'il ne lui arriverait pas d'autres ennuis, puis ils retournèrent arpenter les rues pendant le reste de la nuit.

Willie gravit l'escalier sans faire de bruit, en priant le ciel pour que Lula fût déjà couchée. Ses prières furent exaucées. Il se faufila dans sa chambre et vérifia que l'argent qu'il avait caché dans sa chaussette s'y trouvait toujours. Fort heureusement, c'était bien le cas et il en remercia le Seigneur et se félicita d'avoir payé Lula le matin même.

Il s'allongea sur son lit ; il avait mal partout, mais chaque fois qu'il laissait retomber sa tête, le lit se mettait à tournoyer. Soudain, il se pencha et vomit par terre.

Quand il eut fini, il voulut nettoyer, mais il n'en eut pas la force. Il s'allongea sur son lit, maudissant tout bas Chicago. Ce qui lui restait vraiment en travers de la gorge, c'était d'avoir été malmené par d'autres Noirs, des frères et sœurs de race. Seuls les policiers s'étaient montrés gentils, et Willie avait toujours appris à croire que ses ennemis étaient blancs.

Ce fut cela, plus que toute autre chose, qui lui fit verser des larmes, et dans sa détresse, il regretta d'avoir jamais mis les pieds à Chicago, puis se jura de quitter cette saleté de ville et de rentrer chez lui.

21

Si Willie ne partit pas, c'était parce qu'il ne supportait pas l'idée de s'avouer vaincu ; en plus de quoi sa situation s'améliora après ces premiers déboires, même si cela ne se fit que petit à petit.

Le lundi matin, le contremaître adjoint lui dit qu'on était satisfait de son travail et qu'il était embauché à titre permanent. Pour Willie, c'était à la fois un bien et un mal, parce qu'il n'était pas encore sûr de vouloir rester.

Son statut ayant changé, ou bien peut-être parce qu'ils commençaient à s'habituer à lui, ses camarades de travail se mircnt à le traiter différemment. Ses façons de campagnard les faisaient encore rire, et ils continuaient à lui parler comme s'ils étaient prêts à prendre en mauvaise part tout ce qu'il pourrait leur dire, mais de temps à autre ils lui faisaient partager leurs plaisanteries et leurs ragots. Une semaine plus tard, un autre jeune garçon, arrivant tout droit de sa cambrousse, les cheveux pleins de touffes de coton, vint travailler à l'entrepôt. On le surnomma « le Touffu », on lui décocha les mêmes moqueries qui avaient salué l'arrivée de Willie, on le traita avec autant de rudesse, et Willie comprit soudain que c'était un comportement général et coutumier, et qu'il n'était pas question de brimer un individu en particulier.

Le Touffu se montra incapable de supporter le travail éreintant et les insultes. Il chercha noise au plus féroce de ses bourreaux, se fit casser la figure et claqua la porte. Il fut remplacé la semaine suivante par un autre petit provincial plein d'espoir, et la comédie se répéta, mais cette fois, Willie faisait partie des rieurs.

Un vendredi soir après le travail, deux des camarades de Willie l'invitèrent à les accompagner au bar qu'ils fréquentaient. Willie accepta et il s'amusa bien ; dès le lundi suivant, sa situation changea encore une fois. Ses compagnons de beuverie le saluèrent amicalement, comme quelqu'un qui fait partie de la bande, et son sentiment de sécurité s'intensifia.

Il sortit victorieux d'une série d'épreuves dont il ne soupçonnait même pas l'existence. Il sut tenir sa langue au sujet d'une combine dont il avait eu vent. Un des manutentionnaires faisait son beurre en « perdant » de temps à autre un colis, dont il vendait le contenu sur le trottoir. Willie savait de qui il s'agissait, mais quand le pot aux roses fut découvert et qu'on le questionna, il haussa les épaules et garda le silence. Il fut surpris de voir que cette attitude lui valait le respect de ses camarades.

Lorsqu'un autre type, un Blanc, chercha à lui dérober sa montre neuve, Willie l'affronta bille en tête et ils en vinrent aux mains. Ce fut Willie qui l'emporta. Il fut surpris, cette fois-là encore, de s'apercevoir que pendant la bagarre les autres ouvriers, noirs et blancs, l'encourageaient, lui, et qu'ils se réjouissaient de sa victoire.

Il adhéra au syndicat, après avoir subi diverses pressions, et il assista à une ou deux réunions. Il n'avait guère de conscience sociale, et il ne comprenait pas vraiment les discours, ni la cause, mais un des syndicalistes, Ab, l'impressionnait. Ab était grand et bâti en force, noir comme l'ébène, doué d'une puissante personnalité, d'une profonde voix de basse et d'un vrai talent d'orateur, et il soutenait avec passion la cause de l'homme ordinaire. Willie adorait écouter ses discours. Même s'il ne les comprenait pas toujours, il y avait des phrases qui lui restaient dans la tête longtemps après les avoir entendues.

« Que chacun donne selon ses moyens », déclara Ab à la fin d'une des homélies en question, et sa voix sonore résonna parmi les poutres de la toiture. « Et que chacun reçoive selon ses besoins. »

À l'occasion d'un autre discours, Ab parla de la guerre qui s'annonçait en Europe, car à coup sûr la guerre était proche. Il parla du terrible fléau qui avait pris le pouvoir en Allemagne, les nazis, les ennemis du travailleur, et il parla de leur chef, Adolf Hitler. Il soutenait que les Américains, quelles que fussent la couleur de leur peau ou leurs convictions, devaient appuyer Joseph Staline, qui détenait le pouvoir en Russie, car c'était un homme qui pouvait tenir la dragée haute à Hitler, et qui n'hésiterait pas à le faire.

Willie ne comprenait rien à ce qui se passait en Europe, et d'ailleurs il s'en fichait. Tout cela était si loin. Il ne lisait guère les journaux ; il jetait un coup d'œil aux gros titres et scrutait les pages sportives, et quand il entendait les bulletins d'actualités à la radio, il ne dressait l'oreille que lorsqu'il était question d'événements locaux. Mais Ab donnait l'impression que toutes ces choses avaient de l'importance. Pendant quelques jours, Willie lut les pages politiques avec un certain intérêt, mais l'actualité européenne lui embrouillait l'esprit, et même si la guerre devait éclater, sujet sur lequel personne ne semblait d'accord, Willie ne parvenait pas à croire que les Américains y seraient mêlés. Sans la passion qu'y mettait Ab, tout cela n'avait aucun sens.

Willie trouvait qu'Ab aurait été un merveilleux prédicateur, mais certains camarades lui conseillèrent de ne rien avoir à faire avec le délégué syndical. Il était communiste. Willie n'était pas très sûr de ce qu'était un communiste, sinon qu'il y avait un lien avec la Russie, dont Ab parlait énormément, mais on disait que ces gens-là étaient, Dieu sait comment, des ennemis de l'Amérique. Willie s'y perdait. Ab, en effet, militait en faveur du travailleur américain, noir ou blanc, alors comment pouvait-il être l'ennemi de l'Amérique ?

Après l'avoir désorienté, la politique en vint à l'ennuyer, et Willie cessa d'assister aux réunions syndicales, sauf quand on venait le relancer, ou quelquefois pour écouter Ab.

Des possibilités d'amitié allaient et venaient autour de lui. Willie se sentait seul, parfois de façon presque insupportable, mais il se montrait extrêmement circonspect dans le choix de ses compagnons. Bien qu'il eût été embauché de façon permanente, il ne prit que très lentement conscience de cette réalité. Il fréquentait des tas de gars, mais il n'avait pas un seul véritable ami ; un peu plus tard, cependant, un jeune homme du nom de Josh vint momentanément combler ce vide.

C'était le soir que Willie ressentait sa solitude avec la plus vive acuité. À cause de la mésaventure survenue le premier samedi, il ne sortait guère. Pendant la semaine, il restait dans sa chambre, mais il lui arrivait parfois de dîner avec Lula et de lui parler un peu de ses journées, jusqu'au moment où elle tournait ses pensées vers Dieu et entonnait ses cantiques. Il passait le plus clair de son temps libre à gratter une guitare qu'il s'était achetée, se contentant d'improviser, ou bien s'efforçant de composer des chansons.

Ou alors il écrivait à Ernestine. Ces lettres ne furent au début qu'une simple correspondance, pour tenir la jeune fille au courant de sa santé et de son bien-être, et s'enquérir des siens, mais comme il n'avait rien d'autre à faire, elles devinrent une espèce de journal intime qu'il lui envoyait une fois par semaine. Chaque soir, il peinait sur son bloc de papier, armé d'un bout de crayon, afin de coucher sur la feuille tout ce qui s'était passé à l'entrepôt ce jour-là, ou bien d'exprimer ses pensées, et parce qu'il ne voulait pas qu'elle crût que la vie qu'il menait était morne, il se mit à s'inventer des faits et gestes. L'écriture ne lui venait pas facilement, il devait réfléchir à chacun de ses mots et se concentrer pour le tracer noir sur blanc ; au bout d'une heure à peine, il avait mal à la main, mais cela meublait son temps libre.

Il était toujours tout émoustillé de recevoir les réponses d'Ernestine, plus longues et mieux rédigées, et, du fait qu'il était très seul, ses sentiments à l'égard de la jeune fille devinrent plus profonds et s'épanouirent, au point de ressembler à quelque chose qu'il prit lui-même pour de l'amour.

Et puis une fois par semaine, en bon fils qu'il était, il écrivait une lettre, souvent très brève, à sa maman, qui, une fois par semaine aussi, lui répondait en termes très simples. Willie devinait que c'était en fait Ruthana qui devait écrire, sous la dictée de Flora, parce que sa mère n'avait jamais appris à le faire convenablement.

Cela faisait environ six mois qu'il était à Chicago, lorsqu'une lettre arriva de Stockton, portant une écriture en pattes de mouche. Elle était rédigée de la propre main de Flora et contenait un billet de vingt dollars. La présence de cet argent laissa Willie perplexe, jusqu'à ce qu'il eût pris connaissance du texte.

De son écriture désordonnée, Flora lui expliquait qu'il devait renvoyer les vingt dollars à Hank, le bookmaker de Stockton, afin de régler la dette qu'il avait encore envers lui, « parce que tu dois protéger ta bonne réputation », déclarait Flora.

Willie se sentit submergé par la honte. Il avait complètement oublié qu'il devait cet argent, ou en tout cas il avait chassé ce souvenir de son esprit, et il se rendait compte que Hank avait dû aller trouver sa mère. Il se demanda ce qui s'était dit, et il crut voir Flora creuser dans le jardin, pour récupérer son pot à confiture, compter les pièces qu'il contenait, et les changer contre un billet de vingt dollars. Il prit la ferme résolution de s'amender, d'envoyer régulièrement de l'argent à sa mère, de lui rembourser les vingt dollars, et de ne plus jamais se laisser aller à parier.

Il était déconcerté d'avoir aussi peu d'argent. Son loyer lui avalait la moitié de sa paye, mais il sortait très rarement en semaine. Le vendredi soir, il fréquentait les bars du quartier avec ses camarades de travail, dînait en leur compagnie dans des troquets bon marché, ne dépensant que quelques dollars, tout au plus, et il avait du mal à croire qu'il claquait le reste le samedi soir. Les paris sur les courses lui en avalaient une bonne partie, il le savait, mais il continuait à ne jouer que les favoris, et donc à gagner dans l'ensemble un peu plus qu'il ne perdait.

Il sortait tous les samedis soir, pour chercher quelque chose, sans bien savoir quoi. Un ami, peut-être.

Il acheta un costume neuf pour remplacer celui que les deux voyous avaient tailladé, un costume très simple, rien de coûteux, même s'il dut débourser trois fois le prix qu'il aurait payé à Stockton. Se méfiant des bars louches et des ruelles sombres des mauvais quartiers de George, il se cantonnait, lors de ses excursions, à la 47e Rue. Il adorait le cinéma et fréquentait systématiquement le Regal Theater, quel que fût le programme. À la fin du film, l'orchestre jouait, l'écran disparaissait dans les cintres, et un spectacle commençait, avec de longues rangées de danseuses de claquettes, coquettement habillées, qui levaient la jambe très haut, suivies par des comiques et des chanteurs.

Une fois le spectacle terminé, Willie se rendait à la cafétéria pour dîner, puis dans un des dancings. Il ne trouvait jamais le courage d'inviter à danser une de ces jeunes filles de Chicago, vêtues de robes bariolées, alors il s'asseyait au bar, pour boire, en regrettant qu'Ernestine ne fût pas avec lui.

Il s'ennuyait. Il se sentait seul. Et il ne savait pas du tout comment faire pour y remédier.

Un samedi soir, comme tant d'autres, il était assis au bar, occupé à penser à Ernestine, quand il entendit une voix qu'il connaissait.

« Hé ! salut, mon pote, comment ça va ? »

Willie se retourna, c'était Josh, un de ses camarades de travail, mais ce n'était pas du tout le même Josh que d'habitude.

À l'entrepôt, Josh portait un bleu de travail et il était perpétuellement de mauvais poil, jurant contre les caisses et les paquets qu'il devait charger.

Le Josh qu'il avait sous les yeux, dans la pénombre du dancing, était impeccable, un vrai dandy, haut en couleur. Il portait un costume de zazou d'un bleu électrique, un chapeau assorti, ceint d'un ruban translucide, plusieurs gourmettes en or à chaque poignet, et une infinité de bagues étincelantes à chaque doigt. Sa mauvaise humeur s'était évanouie, mise au vestiaire avec le bleu de travail, et Josh n'était que jovialité, multipliant les traits d'esprit.

Willie lui offrit un verre, qu'il accepta — Josh ne refusait jamais un coup à boire —, et ils devisèrent quelque temps, d'abord à propos de leur travail, puis ils se mirent à sonder mutuellement leurs opinions.

Soulagé d'avoir quelqu'un à qui parler, Willie fut incapable de contrôler sa langue ; il parla de sa solitude, de son sentiment de ne pas être à sa place dans la grande ville, et avoua que sa famille et ses amis lui manquaient.

Josh était assis, tournant le dos au bar, pour contempler la piste de danse. Il regardait rarement Willie qui commença à se demander si l'autre l'écoutait seulement. Sa confession sombra dans le silence.

Alors, Josh le regarda enfin, comme pour le jauger.

« Ton problème, dit-il comme un maître d'école s'adressant à un petit garçon, c'est que t'as besoin de fringues. T'es nippé comme l'as de pique, mon pote. Tu penses bien que pas une gonzesse s'approchera de toi, tel que te voilà. »

La moutarde monta au nez de Willie. Il portait son costume neuf, et il avait acheté d'autres vêtements, des chandails et un pardessus, parce qu'il faisait froid, ainsi que de solides bottillons pour le travail, des souliers d'hiver. Tous ces articles avaient englouti la majeure partie de son argent. Mais il savait bien qu'il avait quand même l'air miteux à côté de Josh.

« J'ai pas les moyens, avoua-t-il.

— Mais bien sûr que si, mon pote, dit Josh en riant. Et les achats à crédit, t'en as jamais entendu parler ? »

Willie en avait certes entendu parler, mais il n'était pas très sûr de ce que c'était.

« Cinq dollars comptant et puis cinquante *cents* par semaine, expliqua Josh. Tu peux t'acheter ce que tu veux. »

Willie ne parvenait pas à croire que c'était aussi facile, mais Josh était maître de son destin.

« Fichu comme t'es là, t'arriveras jamais à rien », dit-il.

Willie contempla son verre d'un air maussade. Josh se tut pendant quelques instants, puis il sembla prendre son camarade en pitié.

« Viens avec moi. »

Willie le suivit jusqu'à la piste de danse. La musique était lente et mélancolique. Les lumières étaient tamisées, et des spots braqués sur une boule de verre qui tournoyait projetaient sur les danseurs de jolis motifs. Une cinquantaine de couples étaient en train de danser, et le même nombre de jeunes femmes, à peu près, étaient assises sur des chaises le long du mur, occupées à pouffer, ou à bavarder, ou à se balancer en mesure, en attendant un cavalier.

Josh parcourut toute la rangée, avec Willie dans son sillage, puis il finit par faire son choix.

Deux jeunes personnes, deux amies à l'évidence, étaient assises légèrement à l'écart des autres, et chuchotaient entre elles. Elles avaient remarqué Josh à son premier passage, mais elles firent semblant de ne pas s'apercevoir qu'il revenait vers elles.

« Excusez-moi, les filles, dit poliment Josh, mais je me demandais si vous pourriez pas m'aider. »

Elles daignèrent le regarder.

« Le garçon que voici est mon cousin Willie, continua Josh. C'est un provincial qu'arrive tout juste en ville de sa petite campagne, c'est pour ça qu'il est si mal fringué. Il connaît pas encore les usages et j'aimerais beaucoup qu'il s'amuse bien à Chicago, seulement il est mort de peur à l'idée d'inviter une jolie femme à danser. »

Willie eut beaucoup de mal à garder son sérieux. Enfin, quand même, elles n'allaient pas gober un bobard pareil ?

« D'où qu'il vient ? » demanda la plus jolie des deux. Josh regarda Willie.

« D'une petite ville qui s'appelle Stockton, mâme, répondit celui-ci. À quatre-vingts bornes de Memphis, dans le Tennessee. »

Il entendit sa voix reprendre l'accent traînant du Sud. Il savait qu'il leur présentait son visage le plus simple, son visage de plouc. Il faillit porter la main à ses cheveux pour en retirer les touffes de coton qui ne s'y trouvaient plus.

« Zêtes tellement jolie », ajouta-t-il.

Elle hocha la tête, comme une femme imperméable à de tels compliments, quoique habituée à les entendre, mais elle tourna les yeux vers lui.

« Je veux bien faire quelques tours de piste avec vous, dit-elle. Pour vous tenir compagnie. Mais allez pas vous faire des idées !

— Non, mâme, dit Willie qui dut presque se retenir pour ne pas se dandiner gauchement. Je me fais aucune idée, surtout pas avec une dame comme vous. J'ai juste envie de danser un peu. »

L'affaire conclue, son honneur étant satisfait, la jeune femme renonça à ses prétentions. Elle se leva. Elle était attirante, dans le genre voyant et bien en chair. Sa poitrine débordait de son décolleté en satin brillant.

« J'm'appelle Mentholée », dit-elle, baissant la voix pour adopter un chuchotis rauque et séducteur. Elle s'approcha tout contre Willie et passa sa langue sur ses lèvres luisantes. « Au-dehors, c'est chocolat, mais au-dessous on trouve une fraîcheur émoustillante. »

Brusquement, comme incapable de se soustraire à la musique et de réprimer l'énergie qui l'habitait, elle poussa un cri de Sioux et son corps se mit à osciller contre celui de Willie.

« Be bop da re bop ! » hurla-t-elle, en empoignant la main du jeune homme et en l'entraînant sur la piste. Elle se lança dans une danse endiablée et explosive, un véritable solo pour lequel elle n'avait pas vraiment besoin de Willie.

Celui-ci n'en croyait pas sa chance. Il regarda Josh qui haussa les épaules en contemplant l'amie de Mentholée et lui offrit son bras. Se retrouvant désormais seule et voyant que Josh était mis à la dernière mode, elle accepta son invitation et se dirigea avec lui vers la piste de danse. Willie reporta son attention sur Mentholée et, pendant le restant de la soirée, il ne vit plus qu'elle.

Six mois d'énergie réprimée firent soudain éruption au-dedans de lui. Il saisit la main de sa cavalière et se laissa entraîner avec elle par la frénésie de la musique.

Ils dansèrent jusqu'à la fermeture du dancing ; entre les danses, ils buvaient des cocktails, aux frais de Willie. Mentholée et sa copine avaient peut-être voulu singer les grandes dames, mais tous ces faux-semblants se diluèrent dans l'alcool ; elles se mirent à rire, à plaisanter et à jurer comme les ouvriers de l'entrepôt. Willie s'en moquait bien, d'ailleurs. Il oubliait quant à lui de faire semblant d'être un simplet arrivant de sa campagne, mais Mentholée ne paraissait pas s'en offusquer ; elle ne songeait qu'à prendre du bon temps, comme Willie, et c'était réussi.

Plus tard, Josh les emmena dans un club de jazz, au fond d'un sous-sol enfumé et plein de monde, qui sentait la transpiration. Ils continuèrent à boire, en écoutant de la musique de qualité, et comme il n'y avait pas beaucoup de place, Mentholée s'assit sur les genoux de Willie. Il flottait dans l'air une odeur inconnue de Willie ; puis Josh offrit aux deux femmes de tirer sur une cigarette démesurée, et Willie s'aperçut que c'était elle qui dégageait ce parfum. Quand Josh lui passa le joint, il accepta. D'habitude il ne fumait pas, mais ce soir, il s'amusait bien et tout était possible. À la première bouffée, il s'étrangla en toussant, mais la sensation passa, et bientôt Willie se sentit suprêmement, paresseusement heureux. Il se mit à onduler des hanches contre Mentholée, doucement mais en mesure, et elle se lova contre lui et se pressa contre ses cuisses ; le temps ne comptait plus, tout ce qui importait c'était la pulsion de la musique.

Encore plus tard, une fois qu'ils eurent quitté le club de jazz, ils traînèrent quelque temps dans les rues, chacun des deux couples marchant enlacé. Josh les amena dans une petite allée sombre et déserte où Mentholée entraîna Willie dans le coin le plus noir et l'embrassa, enfonçant profondément sa langue dans sa bouche. Elle lui ouvrit tout son corps et lui donna quelque chose qu'il n'avait encore jamais eu, le guidant jusqu'à l'extase.

Ce ne fut que lorsque Willie se retrouva seul dans son lit, prêt à s'engloutir dans un sommeil sublime, tandis qu'il s'efforçait de se remémorer chaque instant des plaisirs de la soirée, qu'il se rendit compte que depuis l'instant où Josh lui avait adressé la parole il n'avait pas pensé une seule fois à Ernestine.

Ernestine

22

Ernestine rangea la lettre de Willie, et chercha à démêler ses sentiments. Elle lui avait écrit deux semaines auparavant, pour lui parler de la future cérémonie et lui laisser entendre que Flora serait enchantée si son fils y assistait. Elle ne pensait pas qu'il accepterait de venir.

Elle se trompait. Willie annonçait son retour au pays.

Cela faisait quatre ans qu'il était à Chicago. Pendant chacune de ces quatre années, Ernestine avait pensé, avait espéré qu'il reviendrait, ne fût-ce que pour ses vacances, que pour voir sa maman, mais les deux premières années, il écrivit qu'il avait espéré, qu'il avait projeté de revenir mais qu'il avait eu « un empêchement ». Dans ses lettres des deux dernières années, il n'avait même plus été question d'un retour. D'ailleurs, au cours de l'année écoulée, il n'avait pratiquement pas écrit à Ernestine.

Elle en était peinée, mais pas surprise. Quand il était parti, elle était encore trop jeune pour s'inquiéter de cette séparation. Ils avaient grandi ensemble pour ainsi dire, ils se connaissaient depuis la maternelle. Les autres garçons avaient quitté l'école assez vite pour travailler, mais Willie était resté et ils s'étaient liés d'amitié. Lentement, presque par hasard, cette amitié était devenue autre chose, et la première fois où Willie l'avait invitée à sortir avec lui, Ernestine avait trouvé la chose toute naturelle. Ils s'entendaient bien, ils s'amusaient beaucoup ensemble, ils étaient à l'aise l'un avec l'autre. Elle pouvait l'enguirlander, trépigner, ou même lui taper dessus, cela n'affectait en rien les liens qui les unissaient, parce qu'ils avaient l'habitude de se voir tous les jours, quelle que fût leur humeur.

La première fois que Willie l'avait embrassée, Ernestine n'avait pas eu l'impression de franchir un pas énorme ; c'était en quelque sorte le prolongement normal de ce qui existait déjà entre eux, l'expression d'un sentiment nouveau quoique peu familier. Jamais il n'y eut de moment précis au cours duquel ils décidèrent qu'ils étaient ensemble, ils avaient toujours été ensemble ; simplement les sauteries, le cinéma et les boissons gazeuses Chez Pop vinrent remplacer leurs amusements d'enfants.

Elle n'était pas tombée amoureuse de Willie. Elle avait dérivé vers l'amour, sans même avoir conscience de sa destination ; ce ne fut que quand Willie partit qu'elle comprit qu'elle était arrivée.

Elle était la première personne à qui Willie avait confié son désir de partir pour Chicago, et cette ambition lui paraissait naturelle, à elle aussi. Elle ne croyait pas que son départ modifierait leurs rapports, parce que rien d'autre, jamais, ne les avait modifiés, et parce qu'elle n'avait jamais été séparée de lui.

En y repensant, Ernestine se rendait compte qu'elle avait été d'une grande naïveté. À la base même de leurs rapports se trouvait le fait qu'ils avaient toujours été ensemble ; alors, forcément, la séparation devait faire une différence.

Elle fut longue à le comprendre. Au début, Willie écrivait régulièrement. Ses premières lettres étaient courtes, certes, mais bourrées de mots doux et de tendresse, elles lui sortaient du cœur. À mesure que les mois s'écoulaient, ses lettres devinrent plus longues, lui faisant le récit des événements de sa vie, et elles reflétaient un sentiment de solitude et de nostalgie. Dans son idée, Ernestine le voyait très clairement, assis dans sa chambre tous les soirs, tout seul, en train de lui écrire, sans amis, sans rien à faire, sans point de chute, et elle souffrait pour lui. Elle aurait donné beaucoup pour être avec Willie, et l'idée d'aller passer des vacances à Chicago s'infiltra dans son esprit. Mais cette idée n'était pas réaliste ; elle n'en avait pas les moyens, et de toute façon ses parents ne la laisseraient sûrement pas partir, mais le rêve d'un tel voyage, et de leurs retrouvailles, était bien doux. Elle ne parla pas à Willie de ses projets.

Ernestine quitta l'école et trouva du travail au magasin de mode Lanier ; sa vie professionnelle et les fonctions qu'elle occupait à l'église la mettaient en contact avec d'autres jeunes gens. Plusieurs d'entre eux cherchèrent à l'inviter, mais Ernestine refusa toutes leurs propositions et resta fidèle à celui qu'elle aimait.

L'église avait été reconstruite depuis l'incendie ; Ernestine y voyait Flora tous les dimanches et passait toujours quelques instants à bavarder avec elle et Ruthana. La conversation de Flora se bornait presque entièrement à décrire la belle vie que menait Willie à Chicago, et en l'écoutant, Ernestine se rendait compte que Willie mentait à sa mère. Les lettres qu'il lui adressait étaient courtes et toujours joyeuses, la tenant au courant de ses activités.

Ernestine allait en outre voir Flora au moins une fois par semaine, en veillant toujours à lui apporter un petit cadeau — un gâteau, un savon délicatement parfumé, un petit sachet de lavande qu'elle avait confectionné. Flora était toujours contente de la voir, ne fût-ce que pour parler de Willie. Son fils lui manquait affreusement, mais elle cachait avec courage le chagrin que lui causait son absence.

Un jour, cependant — il y avait environ six mois que Willie était parti —, Ernestine trouva Flora en larmes. Elle la serra dans ses bras, en lui demandant ce qui n'allait pas, mais au début Flora refusa de répondre. Ernestine s'efforça de la consoler, en lui racontant un incident comique à l'entrepôt dont Willie avait parlé dans sa dernière lettre.

« Il travaille, il a pas besoin d'argent », dit brusquement Flora. Ernestine ne savait pas trop si c'était une question.

« Oui, il travaille à l'entrepôt, répondit-elle, perplexe. Il gagne bien. »

Flora fit entendre un petit reniflement, comme si elle n'en croyait pas un mot. « Alors, pourquoi il paie pas ce qu'il doit ? »

Et tout à coup, elle laissa échapper la vérité. Hank, le bookmaker, était venu la voir pour lui dire que Willie lui devait vingt dollars : une dette de jeu qui n'était pas encore acquittée quand il était parti.

« Des paris ! jeta Flora en crachant presque le mot. Mon garçon pariait ! »

Elle foudroya Ernestine du regard.

« Tu le savais, toi ? Tu le savais qu'il pariait ? »

Ernestine rougit. Elle savait, en effet, que Willie était joueur, et elle comprenait pourquoi il n'en avait rien dit à sa mère.

« Ben, il jouait un peu, dit la jeune fille. Je suis sûre que c'était pas grand-chose.

— Vingt dollars c'est plus que pas grand-chose, aboya Flora. Vingt dollars c'est beaucoup d'argent. »

Elle se tamponna les yeux.

« Il va laisser son âme au diable, mon garçon, s'il fait pas attention », dit-elle.

Cette prophétie parut se réaliser. Willie commença à parler dans ses lettres d'un nouvel ami, un certain Josh qui, à l'en croire, était « un mec à la coule ». Il décrivit ses amusements du samedi soir, les séances de cinéma, les dancings où il allait en compagnie de Josh. Il précisait qu'il avait parfois dansé avec des filles, mais simplement pour le plaisir de danser, car aucune n'avait d'intérêt pour lui, c'était toujours Ernestine qu'il aimait.

Les premiers petits pincements de jalousie commencèrent à couver dans le cœur d'Ernestine.

Les lettres de Willie devinrent moins fréquentes et moins régulières. Au début, elles étaient arrivées une fois par semaine, avec une parfaite ponctualité ; elles formaient une des constantes de l'existence d'Ernestine. La première fois qu'une lettre n'apparut pas au jour dit, Ernestine se désola et se fit un mauvais sang d'encre à l'idée que Willie était peut-être malade. Elle ne dit rien à Flora.

La semaine suivante, une lettre arriva, contenant une petite phrase d'excuse. Il disait qu'il avait été très pris par son travail, avec beaucoup d'heures supplémentaires. Il avait besoin de cet argent pour payer le nouveau costume qu'il avait acheté. Il appelait ça un costume de zazou, et il essayait de le décrire à Ernestine, mais elle ne parvenait pas à se l'imaginer.

Le lendemain, au magasin, en papotant avec son amie Clara, qui avait deux ans de plus qu'elle, elle mentionna ce costume. Clara écarquilla les yeux et se mit à pouffer. Elle dégotta une revue où figurait une photographie d'un jeune zazou, et la montra à Ernestine.

Celle-ci contempla le cliché, ébahie. Elle ne parvenait pas à se représenter Willie vêtu avec autant d'élégance.

Clara lui assura qu'elle n'était pas du tout à la page. Tous les garçons affranchis, tous les Noirs des grandes villes portaient des costumes de zazous, fréquentaient les dancings et dansaient le boogie-woogie.

« Faut te mettre au parfum, ma petite, dit Clara. Si tu veux garder ton Willie, faut te mettre au parfum. »

Ernestine emporta la revue chez elle, afin d'étudier la photographie bien en sécurité dans sa chambre. Elle avait été prise dans un dancing, et à l'arrière-plan on apercevait plusieurs jeunes femmes qui dévoraient le zazou des yeux. C'étaient ces femmes, bien plus que le costume, qui inquiétaient Ernestine. Elles portaient des robes qu'elle trouvait quelque peu choquantes — très modernes —, la jupe remontant presque au-dessus du genou et le haut révélant davantage de choses qu'il n'en cachait. On aurait dit des grues.

Ernestine reposa la revue et réfléchit, les yeux dans le vide. Si Willie fréquentait les dancings avec des filles de cet acabit, il était peu probable qu'il se contentât simplement de danser avec elles.

Willie resta ensuite un mois entier sans écrire, après quoi elle vit arriver un pli qui était davantage un billet qu'une lettre, pour lui dire que tout allait très bien et qu'il écrirait plus longuement dès qu'il le pourrait. Il était très occupé, disait-il. Il écrivit en effet, comme promis, mais il n'y avait qu'une page, et même s'il lui assurait qu'elle lui manquait beaucoup, il n'y était pas question d'amour.

À l'automne, cette année-là, le costume de zazou fit son entrée à Stockton. Dave Lanier, le fils de Tom et le frère de Pete, s'en fut passer deux semaines de vacances à Chicago, avec sa femme, Bess. Il partit vêtu de son complet du dimanche en serge grise et revint métamorphosé, se pavanant dans un costume rouge vif.

Il inaugura sa tenue lors d'une sauterie du samedi soir. Ernestine y assistait avec Clara et le petit ami de Clara, Andy.

Quand Dave arriva en compagnie de Bess, l'assistance se tut, médusée, avant de commencer à jacasser à qui mieux mieux au sujet de la seule chose au monde qui comptait en ce moment précis : les toilettes de Dave et Bess.

Celle de Dave était écarlate. Le veston était long et ample. Le pantalon bouffait aux genoux, avant de se resserrer brusquement pour encercler la cheville. Dave portait un gigantesque chapeau écarlate, d'où pendait un long morceau de mousseline, et il avait des chaînes en or autour du cou et des poignets.

Bess avait revêtu une robe courte en taffetas chatoyant d'un bleu-vert électrique, et les talons de ses chaussures étaient d'une hauteur vertigineuse.

Le pianiste se mit à marteler un air très enlevé, un swing. Dave entraîna Bess jusqu'au milieu de la piste et commença à la faire tourner, exécutant une danse qu'ils venaient d'apprendre à Chicago.

Le boogie-woogie.

La foule de spectateurs était dans tous ses états, multipliant les bravos et les applaudissements, et on ne parla que de ça pendant une bonne semaine. Stockton avait l'habitude des danses énergiques, le *lindy hop*, le *shag* et même certaines variantes du bon vieux *black bottom*, mais le boogie-woogie était très différent. Il était moderne. Il était fou. Il était tout bête.

Les habitants de la ville en avaient vu de courts extraits dans les bandes d'actualités au cinéma, mais toujours avec des danseurs blancs. Jamais ils n'avaient vu de boogie-woogie exécuté par leurs frères de race. Ils ne mirent pas longtemps à l'apprendre. Après quelques instants de silence ébloui, deux ou trois jeunes gens entraînèrent leurs cavalières sur la piste et se déchaînèrent. Dave et Bess, toutefois, restèrent les vedettes du spectacle.

Bien qu'elle eût acclamé la danse, bien qu'elle eût même admiré les toilettes, Ernestine sentait une inquiétude la tarauder. Dave, dont la famille était riche, n'avait pas fait mystère de ce qu'avait coûté son costume, et chacun se murmurait la somme tout en contemplant la démonstration de boogie-woogie. Ernestine éprouva un choc désagréable. Si c'était vrai, et si Willie avait bel et bien acheté un costume du même genre, il devait gagner beaucoup d'argent à Chicago.

Mais il lui disait dans ses lettres que le coût de la vie était très élevé en ville et qu'il était toujours fauché.

Et jamais il n'envoyait dix *cents* à Flora.

Ernestine lui écrivit, en lui décrivant le costume de Dave et en mentionnant le prix qu'il avait coûté. « On dirait que tu gagnes gros », ajoutait-elle.

Willie resta trois mois sans répondre. Quand il écrivit enfin, il n'était question ni de costumes, ni de dancings, ni même de Josh. Sa missive était une confession et il implorait le pardon d'Ernestine.

Il avait couché avec une Blanche, annonçait-il. Il n'en avait pas eu l'intention, il était ivre, au cours d'une soirée dansante, et la diablesse l'avait séduit. C'était la seule et unique fois où il avait trompé Ernestine, précisait-il, et cela ne se reproduirait plus. S'il le lui disait, c'était parce qu'il tenait à être tout à fait franc envers elle.

Il ajoutait qu'il comprendrait très bien si Ernestine rompait avec lui après une telle faute, mais il priait Dieu pour qu'elle n'en fît rien. Elle était la seule femme qu'il aimait, et il mourait d'envie de se retrouver auprès d'elle.

Une douzaine d'émotions différentes ravageaient le cœur d'Ernestine. La première à s'emparer d'elle fut la colère. Elle eut envie de déchirer la lettre, de la brûler et d'écrire à Willie pour lui dire d'aller se faire voir, mais elle se retint. Elle roula quand même la feuille en boule et l'expédia de l'autre côté de la pièce, avant de cracher quelques mots qu'elle avait entendu d'autres personnes utiliser, mais n'avait jamais dits elle-même. Elle lança aussi un ou deux coussins à travers sa chambre, mais déjà elle faisait attention à ne rien casser.

La déception est l'ombre inséparable de la colère, et celle que lui causait Willie était si forte qu'elle pleura. Elle n'était pas assez sotte pour s'imaginer que Willie était encore puceau, même si elle veillait jalousement sur sa virginité pour lui en réserver la primeur, mais elle ne voulait pas entendre parler de ses frasques amoureuses.

Elle se sentit outragée, mais cela ne dura pas. Elle était étonnée de ne pas avoir davantage de chagrin. Elle aimait Willie, et le fait qu'il n'avait pas tenu ses engagements envers elle aurait dû lui faire de la peine ;

pourtant c'était à la colère qu'elle en revenait invariablement. Et puis à autre chose. Elle se demandait pourquoi Willie l'avait mise au courant.

Car enfin il aurait pu lui cacher la chose, et jamais elle n'en aurait rien su, alors pourquoi cet aveu ? Il lui semblait difficile de croire que cette expérience avait traumatisé Willie au point de le faire renoncer définitivement à toutes les autres femmes. Elle ne croyait pas non plus qu'il avait été séduit, comme il le prétendait. Ernestine n'en savait pas très long sur les hommes, mais elle n'était pas totalement ignorante. Elle savait que le mot « non » ne venait pas facilement à ces messieurs, dès qu'il était question de femmes, et l'idée du pauvre Willie, tout innocent dans son costume neuf, agressé par une prédatrice blanche ne collait pas, même s'il était ivre mort. Ou s'il prétendait l'être.

Par-dessus tout, une phrase l'intriguait : « Je comprendrai très bien si tu me laisses tomber. »

Ça voulait dire quoi, ça ? Ernestine était-elle devenue une gêne pour Willie, une partie de son passé dont il voulait se débarrasser ? La confession avait-elle pour but de l'inciter, elle, à prendre la décision de rompre ?

Était-il en train d'exclure définitivement de son existence Stockton et tout son passé ? Ne reviendrait-il jamais chez lui ? Mais alors, dans ce cas, pourquoi continuait-il à écrire ? Il aurait été beaucoup plus simple de cesser de correspondre.

Avant de partir pour Chicago, Willie s'était aventuré dans le quartier blanc de Stockton pour se faire tirer le portrait au Studio photographique Dunbar. Il en avait offert un exemplaire à sa mère et un à Ernestine, chacun dans un cadre bon marché.

Elle prit la photographie pour la regarder. Si Willie cherchait à faire sortir Ernestine de ses gonds afin de la pousser à l'envoyer balader, il allait être déçu.

« Non, non, mon joli, dit-elle à la photographie. Ça ne marchera pas. Pas avec moi. »

Elle réfléchit un certain temps à la réponse qu'elle allait lui envoyer, si toutefois elle lui répondait. Elle commença plusieurs lettres, mais sans jamais parvenir à exprimer ce qu'elle avait envie de dire, si bien qu'elle les déchira toutes.

Un mois plus tard, à peu près, un soir de chorale, Pearl présenta un nouveau membre des chœurs — et de la congrégation. Il s'appelait Jack Frawley.

Jack avait à peu près le même âge que Willie, il n'était pas aussi beau, pas aussi grand, ni aussi fort, mais il était aimable et joli garçon, et il avait un sourire timide qui faisait fondre Ernestine. Après la séance, elle alla se présenter à Jack. Ses parents et lui venaient tout juste de s'installer à Stockton ; ils arrivaient de Muscle Shoals, une petite ville de l'Alabama. Le père de Jack avait déplu à son patron blanc qui l'avait mis à la porte, et c'était un coin où l'on trouvait difficilement du travail. Ils avaient donc franchi le fleuve, en quête d'un emploi et d'un endroit agréable où se fixer, et ils avaient trouvé les deux à Stockton.

Ils bavardèrent de nouveau ensemble le dimanche, après le service, et Jack présenta Ernestine à ses parents. Le mercredi suivant, après la chorale, Jack invita Ernestine à venir boire un verre avec lui Chez Pop, et elle accepta. Elle s'aperçut que la compagnie de Jack lui plaisait, et que le garçon la trouvait sans aucun doute à son goût. Une amitié, marquée par l'aisance et la désinvolture, s'établit ; ils allaient de temps en temps au cinéma ensemble, ou bien danser, mais Jack avait beau l'embrasser chaque fois qu'il la raccompagnait chez elle, il n'y eut jamais rien de sérieux entre eux.

Cela, cependant, Ernestine se garda bien de le dire à Willie. Elle avait enfin quelque chose à lui écrire. Elle ne fit aucune allusion à ses aveux, ni aux femmes blanches, ni à la fidélité dans leurs rapports. Elle préféra lui parler, sur un ton enjoué, de sa propre vie, du bon temps qu'elle prenait, et de tous les jeunes gens, notamment Jack, avec qui elle allait danser.

Pendant trois mois, elle resta sans nouvelles de Willie, et elle commença à se demander si elle n'avait pas commis une erreur. Peut-être aurait-elle dû prendre sa confession pour argent comptant, et lui répondre en protestant de son amour et en lui pardonnant ses torts, en lui assurant qu'elle comprenait quelles étaient les tentations qui guettaient un jeune homme dans une grande ville, surtout de la part des Blanches.

Ou bien peut-être aurait-elle dû saisir au vol l'allusion de Willie et rompre avec lui, mettre fin à leurs rapports. L'ennui, c'était qu'elle n'était pas très sûre de la nature même desdits rapports.

La lettre de Willie, quand elle arriva enfin, exprimait exactement tout ce qu'elle avait espéré lire dans le fond de son cœur. Il menait une vie très bien remplie, son travail marchait bien, Josh était un excellent ami, et ils se rendaient dans les dancings tous les samedis. Mais uniquement pour danser, précisait-il avec insistance. Il lui jurait qu'il n'y avait aucune femme dans sa vie. Bon, certes, quelques copines dans les dancings, mais rien de sérieux.

Il était ravi d'apprendre qu'Ernestine s'amusait autant, écrivait-il, heureux de savoir qu'elle sortait et prenait du bon temps. Et il espérait bien que le dénommé Jack ne lui plaisait pas trop. Ernestine était bien jeune, ajoutait-il, elle n'avait aucune expérience des hommes et elle avait intérêt à se méfier.

Il lui disait, pour terminer, à quel point il l'aimait.

Ernestine était comblée, parce qu'elle était toujours amoureuse de Willie. Ou bien du souvenir de Willie, de l'idée qu'elle se faisait de lui. Elle ne savait pas trop combien de temps elle continuerait à éprouver de tels sentiments, parce que s'ils devaient mener à quelque chose il faudrait quand même que Willie et elle fussent ensemble, et la seule chose qu'il ne lui disait pas, dans sa lettre, c'était qu'il allait rentrer.

Elle avait par ailleurs assez de jugeote pour comprendre que Willie lui avouait, de manière implicite, qu'il n'était plus vierge, qu'il avait probablement des petites amies avec qui il ne se contentait pas de danser, loin de là, mais elle n'éprouvait plus la moindre jalousie.

Ils s'étaient donné toute liberté de vivre leur vie à leur guise, sachant pertinemment que leurs rapports, quels qu'ils fussent, ne pouvaient pas progresser autrement qu'ils ne le faisaient. Ce qui était crucial, c'était d'avoir justement des rapports spéciaux.

Peu après, la guerre éclata en Europe. L'Allemagne attaqua divers autres pays. La chose fit vaguement sensation à Stockton et quelques jeunes gens parlèrent de s'engager dans l'armée et de partir se battre, mais ce n'était guère que le sang chaud d'une jeunesse plongée dans l'ennui qui s'exprimait par leur bouche. Rien ne laissait supposer que l'Amérique allait se trouver mêlée à cette guerre, et il n'y avait d'ailleurs aucune raison pour qu'elle le fût.

Et puis d'étranges phénomènes commencèrent à se manifester à Stockton. On vit arriver des voitures pleines d'hommes en costume gris, venus inspecter les terres en friche et faire des relevés, avant de remonter dans leurs véhicules et de repartir. Une semaine plus tard, une autre voiture débarquait, remplie d'une nouvelle équipe de géomètres.

La rumeur se répandit comme un feu de broussaille. Ce fut Clara qui la première annonça la nouvelle à Ernestine, au magasin.

« Le gouvernement cherche un terrain pour y construire une usine. Une fabrique d'armes. »

Andy, le petit ami de Clara, confirma une variante de cette rumeur, lorsqu'ils se retrouvèrent Chez Pop. Le gouvernement devait bâtir une usine à Millington, tout près de Stockton, afin d'y fabriquer non pas des armes, mais des explosifs. Pour faire des bombes.

On ne parlait que de cela en ville.

« Mais voyons, t'es devenu dingue ou quoi ? demanda Albie, le père d'Ernestine, à son ami Henderson. Tu sais aussi bien que moi qu'y a rien du tout à Millington, en dehors d'un poste à essence, deux magasins et quelques bicoques.

— Je sais bien, répondit Henderson, mais je te répète ce qu'on m'a dit, voilà tout. »

M. Sanford avait eu vent d'une autre rumeur.

« Moi, j'ai entendu dire quelque chose d'encore plus maboul, annonça-t-il. Paraît qu'on va construire un endroit pour faire décoller et atterrir les avions, juste à la sortie de Halls. Et Dieu sait que c'est pas le genre de bled où on songerait à aller se mettre à construire. »

Un silence abasourdi s'établit.

Puis le père de Jack déplut à son patron blanc qui le mit à la porte. Ernestine se dit que c'était vraiment une manie chez lui. Jack et elle se firent des adieux larmoyants et tendres, mais loin d'être passionnés, et Jack partit s'installer ailleurs avec sa famille.

La vie d'Ernestine prit un tour très agréable. Le vieux Tom Lanier mourut et aucun de ses deux fils, Pete et Dave, n'avait envie de reprendre le magasin. Il fut donc vendu à un type de Memphis qui le ferma pendant quelques semaines, le fit repeindre et moderniser, avant de le rouvrir sous le nom de Lady Blue. C'était désormais une boutique destinée aux femmes modernes, déclara-t-il, aux femmes noires bien entendu. Ernestine et Clara gardèrent leur emploi, savourant le défi que représentaient ces idées neuves, tout heureuses d'être en mesure de se considérer comme des femmes « modernes ».

« Stockton se met au parfum », dit Clara d'un ton satisfait.

Une semaine plus tard, le train de marchandises le plus long qu'on ait jamais vu traversa la ville. Les vieillards qui restaient assis sur le quai de la gare, à regarder passer le monde, le contemplèrent avec des yeux ronds. La locomotive était à leur hauteur et pourtant ils n'apercevaient pas encore le wagon de queue.

Ils dirent à quelques gamins d'aller annoncer la nouvelle, et aussitôt ceux-ci filèrent mettre la ville entière au courant.

Tout le monde interrompit ses activités pour foncer à la gare regarder passer le train. Il paraissait interminable et il y avait quatre locomotives, réparties à intervalles réguliers, entre les wagons de marchandises. Chacun des wagons était chargé de formes biscornues, recouvertes de bâches en toile vert olive.

Ernestine était accourue, avec Clara, car c'était justement leur heure de déjeuner. Andy, qui travaillait du côté de l'égreneuse à coton, vint les rejoindre.

« C'est des canons, déclara Andy en indiquant les formes biscornues. C'est Bully White qui me l'a dit, et il a été dans l'armée, alors il sait de quoi il parle. »

Albie était venu de la station-service pour contempler le convoi.

« Et quand c'est pas des canons, c'est des camionnettes, ajouta-t-il.

— Mais c'est pour quoi faire, tout ça ? » s'étonna Ernestine. M. Sanford l'entendit.

« Je viens de demander au chef de gare, leur confia-t-il, comme s'il s'agissait de secrets d'État. Il dit qu'il voudrait pas être trop bavard, mais que c'est un train militaire du gouvernement en route pour la Louisiane. Il veut pas en dire plus long. »

Tout cela ne répondait pas à la question d'Ernestine et la chose l'inquiétait. Pourquoi l'armée se livrait-elle à tous ces préparatifs ? L'Amérique n'était pas en guerre.

Elle mentionna l'événement dans la lettre qu'elle écrivit peu après à Willie, mais lui n'en parla pas dans sa réponse.

Ernestine écrivait régulièrement, sinon fréquemment, à Willie, lequel lui répondait de temps à autre. Elle sortait, parfois, avec des jeunes gens, pour aller danser surtout, mais elle n'en trouva pas un pour remplir son cœur, parce que son cœur était déjà occupé par quelqu'un d'autre qui en barrait l'accès.

Elle continuait à aller voir Flora une fois par semaine, et elle aidait Ruthana à faire ses devoirs, dans la mesure de ses moyens. Elle chantait dans les chœurs de l'église, elle aimait Jésus, et elle donnait un coup de main à toutes les fêtes organisées par le pasteur, souvent pour réunir des fonds. Sa sœur aînée se maria ; Ernestine fut demoiselle d'honneur et ce fut elle qui rattrapa au vol le bouquet lancé par la mariée, mais personne ne se présenta sous les traits d'un prétendant sérieux pour demander sa main.

Un dimanche matin, vers la fin de septembre, le révérend Jackson annonça une nouvelle qui lui fit plaisir. Flora devait être honorée du titre d'« Ancienne ».

Après le service, Ernestine serra Flora dans ses bras et vit la lueur de plaisir dans ses yeux. Ainsi qu'une étrange tristesse.

Ce fut Ruthana qui lui en révéla la raison.

« Elle voudrait que Willie vienne, dit-elle. Elle aimerait qu'il soit là pour la voir devenir une des Anciennes de notre Église. Mais elle est trop fière pour le lui demander. »

Cela faisait quelque temps qu'Ernestine n'avait pas eu de nouvelles de Willie, mais ce soir-là, elle lui écrivit pour lui révéler l'honneur qui allait être fait à sa mère et lui dire que Flora serait très heureuse de sa présence.

Elle fut étonnée et ravie de recevoir par retour du courrier une lettre annonçant qu'il allait revenir à Stockton.

23

Albie, le père d'Ernestine, était mécanicien. Il avait travaillé toute sa vie pour Caleb Brandon, et au fil des ans, il s'était forgé une réputation de véritable magicien pour tout ce qui concernait les automobiles, depuis les premières Ford modèle T brinquebalantes jusqu'aux énormes et élégantes berlines modernes. Ce savoir-faire, Albie l'avait acquis en travaillant sur les camionnettes et les véhicules agricoles que possédaient les quelques Noirs qui en avaient les moyens ; il avait d'ailleurs réussi à prolonger leur existence bien au-delà des limites naturelles.

À mesure que la nouvelle de son remarquable talent pour la mécanique se répandait dans tout Stockton et ses environs, un nombre croissant de Blancs avaient conduit leurs précieuses voitures à la station-service de Brandon, afin de les confier aux bons soins d'Albie. Jusqu'à une période récente, les Blancs avaient composé la majeure partie de la clientèle d'Albie, parce qu'ils étaient les seuls à pouvoir s'offrir des véhicules de qualité, ce qui ne l'empêchait pas de trouver toujours le temps de s'occuper d'une camionnette appartenant à un frère de race. Et puis, lorsque Pete Lanier acheta une superbe Chrysler neuve, ce fut Albie qui devint le gardien de son moteur ; désormais un certain nombre de Noirs de Stockton possédaient des automobiles ; il y en avait même trop pour le seul Albie. Il persuada donc Caleb Brandon d'embaucher comme apprenti Andy, le petit ami de Clara, qui étudiait pour devenir ingénieur.

Albie avait attendu qu'Ernestine eût quinze ans pour devenir propriétaire d'une voiture, déclarant qu'il n'avait pas les moyens de s'en offrir une. Il eut alors l'occasion d'acheter une Oldsmobile, esquintée dans un accident. L'ayant installée dans un coin du garage de Caleb, il passa plusieurs années à remettre le moteur en parfait état de marche, sous sa carrosserie redevenue rutilante.

Cette voiture faisait sa joie, mais il s'en servait rarement. Elle était beaucoup trop précieuse et, comme il le disait, il n'avait jamais tout à fait fini de la retaper, il y avait toujours un petit détail à régler. En revanche, il faisait souvent semblant de la conduire. Tout seul le soir dans le garage, les jours où il travaillait tard, Albie s'asseyait dans sa voiture chérie et partait pour des destinations imaginaires. Il mettait rarement le moteur en route ; il lui suffisait de faire lui-même vroum, vroum, vroum, et il était content.

Il avait sorti sa voiture le jour du mariage de sa fille aînée, Henrietta, et son apparition au grand jour avait fait sensation, car c'était une superbe automobile, luisante, lustrée, ronronnant ses discrets vroum-vroum. Après la cérémonie, elle avait regagné le garage, d'où elle ne sortait que pour les grandes occasions.

Ce soir, c'était une de ces grandes occasions. Willie revenait à Stockton, mais ce n'était pas pour lui qu'Albie avait pris sa voiture. C'était pour faire plaisir à Flora, pour fêter dignement le grand honneur qui lui était accordé.

Et c'était aussi pour Ernestine.

Albie ne comprenait pas la complexité des sentiments de sa fille envers Willie ; il reprochait à ce dernier son absence prolongée, mais il savait qu'Ernestine l'aimait profondément. Si Willie faisait un retour triomphal de Chicago, Ernestine irait à sa rencontre avec toute la pompe qu'Albie serait en mesure de mettre à sa disposition.

Willie devait arriver par le train de nuit qui s'arrêtait à Stockton vers une heure du matin. Albie et Ernestine allèrent chercher Flora ; ils ne passèrent pas inaperçus dans sa petite rue où l'on voyait rarement s'aventurer des voitures, et jamais d'aussi belles que l'Oldsmobile.

Flora avait revêtu ses habits du dimanche, de même que Ruthana qui, bien qu'elle n'eût que treize ans, avait été autorisée à veiller jusque-là. Flora prit place à l'arrière du véhicule avec Ruthana et ils se dirigèrent vers la gare, en adressant des signes de tête impérieux aux rares passants qui s'arrêtaient pour admirer l'automobile.

À la gare, les femmes attendirent dans la voiture, pendant qu'Albie ouvrait le capot et vérifiait le moteur, jusqu'au moment où l'on entendit le train qui arrivait.

Alors, Flora fut incapable de se contenir davantage. Depuis qu'Ernestine lui avait annoncé le retour imminent de son fils, elle vivait sur les nerfs, frémissant de plaisir anticipé, et elle était désormais dans un état d'agitation presque palpable.

« Le voilà ! s'écria-t-elle en se dépêchant de sortir de la voiture, voilà mon garçon qui revient ! »

Ernestine était étrangement émue et fascinée. Elle était contente de revoir Willie, à la fois excitée et vaguement inquiète, mais l'émotion de Flora était tellement plus forte, plus noble, c'était l'amour d'une mère pour son fils absent. Ernestine se demanda s'il en était toujours ainsi, si elle éprouverait la même chose quand elle serait mariée et qu'elle aurait des fils, et un instinct tout au fond d'elle-même lui disait que oui.

Mais les filles alors ? Qu'en était-il des filles ? De Ruthana ?

Ernestine réfléchit aux liens qui les unissaient, sa sœur et elle, à leurs parents. Elle savait que ceux-ci les aimaient toutes les deux, qu'ils étaient incontestablement fiers d'elles, qu'ils ne songeaient qu'à les gâter, qu'ils étaient obsédés par leur sécurité et leur bien-être, mais s'il y avait eu un frère, auraient-elles dû, Henrietta et elle, lui céder la première place ?

Alors, que pouvait ressentir Ruthana ? Ernestine connaissait la véritable histoire de la petite, elle savait qu'elle était non pas la fille, mais la nièce de Flora, non pas la sœur, mais la cousine de Willie, et même si Ruthana appelait toujours Flora « Maman », et ne se connaissait pas d'autre famille, et même si Flora tournait autour de Ruthana comme une mère poule, n'y avait-il pas une composante d'amour qui manquait à la vie de Ruthana ?

Une grande affection pour la fillette envahit Ernestine, une affection de sœur pour quelqu'un qui avait besoin d'être guidée et chérie, comme Henrietta avait chéri sa sœur cadette. Pendant qu'elles attendaient le train, elle passa son bras autour des épaules de Ruthana et elle sentit sa gratitude.

Le train s'arrêta dans un chuintement, éructant sa fumée, puis la vapeur se dissipa : Willie était sous leurs yeux.

« Oh, nom d'un chien », murmura Albie, et il regarda sa fille en se demandant quelle allait être sa réaction. Ernestine ne dit rien, et son expression ne trahissait aucune des émotions qui l'habitaient, mais Ruthana fit entendre un petit rire.

Le Willie qui se tenait devant eux n'était pas celui qu'ils avaient vu partir.

Le Willie d'avant était un jeune campagnard, simple et bon enfant, qui se fondait dans la foule. Celui qui venait d'arriver était un citadin pimpant et policé, qui tranchait nettement sur la masse de ses semblables, et qui, de l'avis d'Albie, était légèrement ridicule.

Il portait un costume de zazou, couleur de mandarine, dont le veston, cintré à la taille, s'évasait largement jusqu'aux genoux. Sa chemise était d'un jaune canari éclatant, avec un long col mou. Il portait une cravate en plumetis orange vif. Son pantalon devait bien mesurer dans les soixante-quinze centimètres de large aux genoux, se resserrant radicalement jusqu'aux revers qui encerclaient la cheville. Une longue chaîne en imitation or faisait une boucle sous le veston. Les souliers étaient d'un orange jaunâtre, avec des semelles aussi minces que des feuilles de papier et des extrémités recourbées en pointe comme des bananes.

Il était coiffé d'un énorme feutre orange foncé, dont le bord lui retombait sur les yeux, avec une plume fichée dans le ruban. Les bagues qu'il avait aux doigts, et ses boutons de manchettes démesurés, ornés de fausses pierres précieuses, étincelaient, faisant concurrence aux étoiles.

Mais quelle que fût son opinion sur sa tenue, Flora ne vit qu'une chose, son Willie.

Elle avança lentement vers lui, tandis qu'il s'approchait d'elle d'une démarche chaloupée, puis il la prit dans ses bras, la soulevant du sol, la serrant fort, l'étreignant, et la faisant tournoyer dans les airs.

En observant leur réunion, Ernestine eut une petite révélation. À l'extérieur, Willie était pur citadin, mais lorsqu'il serra sa maman dans ses bras, on vit percer en dessous l'ancien Willie tout simple, et Ernestine comprit qu'il était soulagé d'être de retour chez lui.

Flora pleurait et Willie riait, les larmes aux yeux ; il la reposa et lui dit de ne pas faire la bête, de ne pas pleurer, puisqu'il était enfin de retour. Il se tourna ensuite vers Ernestine, en ôtant son chapeau.

« Oh, nom d'un chien, répéta Albie à la cantonade. Mais qu'est-ce qu'il a été nous chercher là, ce garnement ? »

Les cheveux de Willie, naguère crépus et coupés ras, formaient à présent une crinière luisante et raide, d'un noir de jais, rejetée en arrière pour former sur la nuque une espèce de queue de canard.

Ernestine ne put s'empêcher de rire en se précipitant dans ses bras pour l'embrasser.

« Qu'est-ce que t'as fait à tes cheveux ? dit-elle en pouffant.

— Je les ai fait défriser, répondit Willie en souriant. C'est chouette, hein ? »

Ernestine ne discerna pas dans sa voix d'orgueil, ni de bonheur. Elle y entendit le besoin d'approbation.

« C'est différent », dit-elle en riant. Elle ne trouva rien de plus élogieux à dire, mais elle lut dans les yeux de Willie que ça ne suffisait pas.

L'arrivant se tourna vers Ruthana, qui attendait patiemment à la périphérie du petit groupe. Ruthana était toujours à la périphérie des choses.

« Dis donc, Ruthana, s'écria Willie d'un ton chaleureux, qu'est-ce que t'as grandi ! »

Il la serra dans ses bras. Puis il lui chuchota quelque chose, quelques mots rien que pour elle, qui lui firent un plaisir tout à fait démesuré.

« J'ai vu ton papa à Chicago, dit Willie doucement. Ils t'embrasse très fort. »

Ce n'était pas vrai. George avait à peine mentionné Ruthana quand ils s'étaient retrouvés à Chicago, et de toute façon cela faisait plus de trois ans qu'il ne l'avait pas vu, mais il dit cela pour être gentil, poussé par son affection, et Ruthana se sentit comblée.

« Comment il est, mon papa ? » chuchota-t-elle.

Ernestine en resta ébahie. Jamais l'idée ne lui était venue que ce père absent pût compter autant pour Ruthana. Elle espérait que Willie allait lui répondre ce qu'elle avait besoin d'entendre, et elle fut ravie de voir que c'était le cas.

« Ton papa ? dit Willie. C'est un brave homme, qui travaille dur. »

Il se tut un instant, comme s'il n'était pas très sûr de ce qu'il devait dire, puis il trouva les mots qu'il fallait.

« C'est un homme en or, ajouta-t-il. Exactement comme le soleil. »

Les lèvres de Ruthana tremblèrent et elle ne put retenir une larme qui vint mouiller le coin de son œil. Elle détourna le regard.

Willie échangea une poignée de main avec Albie, en lui donnant du « m'sieur », et Albie raccompagna tout le monde chez Flora. Ils entrèrent tous pour assister au retour au bercail de Willie.

« T'es dans ton ancienne chambre, lui dit Flora. Ruthana dormira avec moi. » Elle se tourna vers la fillette. « Il est temps d'aller au lit, ma poulette. »

Ruthana mourait d'envie de rester, pour parler à Willie, pour savoir comment était la vie à Chicago, pour l'entendre raconter tout ce qu'avait fait l'être éblouissant qu'il était devenu, et surtout pour avoir des nouvelles de son père, mais elle ne discuta pas. Elle ne discutait jamais. En fillette obéissante, elle dit bonne nuit à tout le monde et disparut dans la chambre de Flora.

Willie emporta sa valise sur la terrasse fermée qui était devenue la chambre de Ruthana, et Ernestine l'accompagna. La structure de la pièce n'avait pas changé, mais certains détails laissaient désormais deviner qu'elle était occupée par une fille : des photographies découpées dans les magazines, et un oreiller à froufrous sur le lit étroit et inconfortable.

« C'est bon d'être à la maison, dit Willie.

— T'es resté parti drôlement longtemps, Willie, répondit Ernestine.

— Ouais, dit-il en regardant autour de lui. Trop longtemps, peut-être bien. »

Il s'approcha d'Ernestine et lui passa les bras autour de la taille. Il l'embrassa et même sa façon d'embrasser était différente, plus agressive, plus expérimentée. Ernestine se laissa faire, bien qu'elle ne fût pas du tout sûre d'avoir envie d'être embrassée par cet homme qu'elle ne connaissait pas.

Willie mit fin à ce premier baiser et plongea son regard dans celui de la jeune fille ; elle eut alors une autre petite révélation, sans trop savoir à quoi elle la devait.

« Beaucoup trop longtemps », chuchota Willie.

Elle eut la nette impression que Willie n'aimait guère l'homme qu'il était devenu.

24

Quand Ernestine et Willie regagnèrent le salon où Albie bavardait avec Flora, celui-ci dit à sa fille qu'il était tard et temps de rentrer chez eux.

Willie avait enlevé son veston et sa cravate, et il s'installa dans son vieux fauteuil. Si Flora nourrissait certaines réserves concernant son apparence, elle les garda pour elle.

« Ah, ça me réjouit le cœur de te voir assis là », murmura-t-elle.

Ernestine aurait bien aimé savoir ce qui se disait entre la mère et le fils quand ils étaient seuls, mais au cours des jours suivants, chaque fois qu'elle voyait Willie et lui demandait s'il était content d'être revenu, il se contentait de hausser les épaules.

« C'est pas facile, disait-il de façon laconique. Avec M'man, c'est pas facile. »

Albie les emmena à l'église dans sa voiture, pour l'office ordinaire du dimanche matin, et le retour de Willie parmi les siens fut triomphal.

L'église avait été reconstruite après l'incendie ; toute la congrégation y avait travaillé avec amour et il y avait eu des dons en espèces et sous forme de bois de construction, dont certains émanaient de membres de la communauté blanche horrifiés par le sinistre et même un peu honteux à l'idée que la destruction de l'église avait peut-être été causée par d'autres Blancs. Les églises étaient sacrées. Elles ne devaient pas être mêlées aux tensions raciales.

Si parmi les membres les plus âgés de la congrégation il y en avait que l'aspect de Willie indisposait, aucun n'exprima son mécontentement ; chacun ne laissa transparaître que son orgueil de voir qu'il avait si bien réussi ; et pour les jeunes, il devint un véritable héros.

Ce matin-là, Willie portait un autre costume, bleu pastel, qui faisait moins d'effet. Il gardait le plus beau, le costume mandarine, pour la soirée. Malgré cela, lorsqu'il remonta l'allée centrale en compagnie de Flora, de Ruthana et d'Ernestine, il fut salué par un concert d'exclamations admiratives.

« Mon garçon, t'es beau comme des billets neufs !

— Willie, on voit bien que tu reviens du Nord !

— T'es rudement beau à voir, fiston. Faudra venir nous faire une petite visite. »

Le vague malaise qu'Ernestine avait senti chez Willie disparut. Il avançait d'un pas conquérant, et lorsqu'ils prirent place dans leur rangée, il passa son bras autour des épaules de Flora ; le fils dévoué était revenu, auréolé de succès.

Le révérend Jackson lui-même fit allusion au retour de Willie et choisit de faire porter son sermon sur la parabole de l'Enfant prodigue.

Ernestine trouva que cette idée manquait un peu de tact. Au catéchisme du dimanche, on lui avait appris que l'Enfant prodigue n'avait pas prospéré pendant son absence et qu'il avait même fait les quatre cents coups avant de revenir dans le giron de sa famille. Mais aussitôt, elle se demanda si le pasteur n'avait pas, sans le savoir, mis le doigt sur une vérité qu'elle-même commençait à subodorer.

S'il y avait dans le sermon la moindre espèce d'ironie, le reste de la congrégation n'y vit que du feu, et le service fut plein de joie, même s'il resta un peu en demiteinte. Tout le monde se réservait pour la soirée à venir.

Après l'office, Pete Lanier tua le veau gras, en l'occurrence la moitié d'un bœuf, et offrit un pique-nique dans la cour de l'église pour fêter le retour de Willie. La majeure partie des Noirs de Stockton, pratiquants ou non, y assistèrent, notamment tous les anciens camarades de travail et d'école de Willie ; Isaac Dixon et Isaac junior se chargèrent gratuitement du barbecue.

Dave Lanier, qui n'était pas venu à l'église, avait entendu parler du costume de zazou de Willie et avait endossé le sien. Les deux jeunes gens se saluèrent comme deux âmes sœurs, esclaves des caprices de la mode, mais Ernestine se dit que le costume de Willie, quoique plus clinquant, faisait piètre figure à côté de celui de Dave et avait manifestement coûté beaucoup moins cher.

Elle accepta volontiers de rester assise en compagnie de ses parents, de Flora et de Ruthana, laissant Willie reprendre le fil de ses amitiés d'antan.

Les yeux de Flora ne quittèrent pas son fils un seul instant. Tout le monde passait près d'elle, pour échanger quelques mots et y aller de son commentaire sur l'aspect florissant de Willie, et Flora leur répondit à tous la même chose.

« Il fait plaisir à voir, pas vrai ? »

Ou bien :

« Mon fils a bien réussi dans le Nord. J'ai toujours su qu'il en était capable. »

C'était l'automne, et la chaude matinée fut prolongée par un agréable après-midi. Willie vint s'asseoir quelque temps auprès de Flora. Elle lui prit la main et la tint dans la sienne ; une fois elle l'embrassa. Elle ne paraissait pas avoir besoin de parler.

Le révérend Jackson s'approcha d'eux, avec M. Sanford, pour serrer la main de Willie.

« C'est merveilleux que tu aies pu venir pour cette journée si importante dans la vie de ta mère, Willie. »

Willie parut gêné.

« Je pouvais pas manquer ça, mon révérend », dit-il.

Le pasteur contempla la foule.

« C'est la bonté que les gens ont dans le cœur qui vous émeut, un jour comme aujourd'hui, déclara-t-il.

— Alléluia ! lança quelqu'un.

— Notre Église vous sera éternellement redevable, mon révérend, lui assura Sanford. C'est vous qui avez eu l'idée de fêter ainsi nos Anciennes. »

Le cœur tout plein de Jésus, il baisa la main de Flora.

Albie offrit de les raccompagner chez eux, afin qu'ils puissent se préparer pour le service de la soirée, mais Willie proposa à Ernestine de rentrer à pied avec lui, et tout le monde manifesta son assentiment et son approbation.

Au début, ils eurent le plus grand mal à converser.

« Ta maman est drôlement contente de te revoir, hasarda Ernestine.

— Ouais.

— Moi aussi », ajouta Ernestine pour faire bonne mesure.

Willie la regarda comme s'il avait besoin d'être rassuré.

« C'est vrai ? »

Ernestine inclina la tête, et ils marchèrent quelque temps sans rien dire.

« T'es bien à Chicago, Willie ?

— On a pas envie d'être ailleurs », répondit-il, mais sa voix n'était guère joyeuse.

Ernestine aurait bien voulu le questionner davantage, elle aurait voulu découvrir la vérité sur la vie qu'il menait là-bas, car elle était sûre qu'il ne disait pas tout. Mais il ne se laissa pas aller à la moindre confidence intéressante. Ils s'arrêtèrent Chez Pop, pour prendre une boisson gazeuse et un *banana split*. Tous les clients adressèrent à Willie des regards admiratifs en le voyant si élégant.

« T'es content pour ce soir, Willie ? demanda Ernestine, après un autre silence prolongé.

— Maman sera très fière », dit Willie en haussant les épaules ; il pensait manifestement à tout autre chose. Il avait une confidence à lui faire, mais il n'ouvrit pour ainsi dire pas la bouche. Décidant que c'était le moment ou jamais de le cuisiner, Ernestine risqua une question à l'aveuglette.

« Comment il va, ton copain Josh ? »

C'était en effet la question à poser, mais la réponse consterna Ernestine.

« Il est au trou, répondit Willie. Pour dix ans. »

Ernestine ne comprit pas bien, tout d'abord.

« En tôle, en prison, derrière les barreaux, expliqua Willie.

— Pourquoi ?

— Des histoires de drogues. Il vendait de la came. »

Ernestine ne savait à peu près rien de la drogue. Elle avait entendu dire que certains chanteurs de jazz étaient esclaves de l'héroïne, et une ou deux fois, dans des soirées dansantes, elle avait senti une odeur douceâtre qui, à en croire Clara, était celle de l'herbe, de la marijuana, du « drôle de tabac », mais tout son savoir se bornait à cela. Elle aurait aimé en savoir plus, mais elle avait peur de demander.

« Moi, j'ai jamais rien eu à faire avec la drogue, déclara Willie à mi-voix. Un chouia de marijuana, mais pas de drogues dures. Josh, lui, il les a toutes essayées. »

L'histoire entière fut révélée, par petits bouts. Josh et Willie s'étaient liés d'amitié, comme peuvent le faire deux jeunes gens qui vivent seuls en ville. Willie s'était efforcé de singer Josh, son idole, en toutes choses.

« J'me suis fait raidir les tifs, dit-il avec un grand sourire. Elle a bien failli me cuire la cervelle, leur soude caustique. Mais maintenant, ils luisent comme du verre ! »

Pendant deux ans, il avait mené la grande vie. Il s'était mis à jouer gros pour payer ses dettes, et il avait eu une très mauvaise passe, pendant laquelle il n'arrêtait pas de perdre. Sa propriétaire, Lula, l'avait mis dehors et il avait pris un appartement avec Josh, dans un sous-sol sordide. Il savait que Josh trempait dans la drogue, et il avait lui aussi fait quelques expériences, mais il n'aimait pas perdre à ce point le contrôle de lui-même.

Il n'avait pas encore touché à son banana split. La glace était en train de fondre. Il paraissait attendre une autre question, si bien qu'Ernestine se décida à poser la plus évidente.

« Et la Blanche ? »

Willie lui décocha un sourire penaud. « C'est pas sa faute à elle. C'est moi, moi qui lui ai couru derrière. Je lui en ai fait voir de toutes les couleurs. »

Ernestine détourna les yeux, et Willie fut très embarrassé d'avoir parlé sans réfléchir.

« J'voudrais pas te faire de peine, Ernestine, continua-t-il. Mais j'ai menti. À toi. À M'man. À moi-même. À tout le monde. Et je veux plus raconter de bobards. »

Il repoussa son banana split.

« Les flics ont ramassé Josh, il faisait du trafic de drogues dures. Moi, j'en savais rien. Il en a récolté pour dix ans. »

Il regarda par la fenêtre, puis reporta les yeux sur Ernestine.

« J'ai pas un radis, au bout de quatre ans j'ai rien du tout. Tout ce que j'ai est même pas payé. C'est tout à crédit. C'est pour ça que je pouvais rien envoyer à ma mère. Une fois que j'ai payé mon loyer, mon crédit et tout ce que je dois..., il me reste rien.

— Alors pourquoi tu repars là-bas ? demanda Ernestine. Y a du boulot ici. Le gouvernement est en train de construire une usine gigantesque à Millington. »

Les rumeurs s'étaient confirmées. Le gouvernement bâtissait en effet une énorme fabrique d'explosifs à Millington, et un aérodrome à Halls.

Willie, cependant, n'était pas convaincu. « Et tu crois vraiment qu'ils vont donner du boulot aux gens de couleur ? »

Ernestine ne partageait pas son pessimisme. En juillet, le président Roosevelt, cédant en partie aux pressions exercées par les militants noirs favorables à l'intégration, avait signé un décret interdisant la discrimination raciale dans les usines qui dépendaient de la Défense nationale. Ce décret n'avait pas encore été mis à l'épreuve, parce que l'usine de Millington n'était pas terminée et n'avait pas commencé à embaucher, mais, comme tant d'autres, Ernestine avait foi en son président.

« À partir du moment où c'est pour le gouvernement, ils doivent faire aucune différence, protesta-t-elle.

— T'y crois vraiment à toutes ces conneries, dit Willie. Y a rien pour moi, par ici. »

Il prit la main d'Ernestine.

« Sauf toi. Je t'aime, Ernestine. Je peux pas te demander de m'épouser, pasque j'ai rien à t'offrir, mais je t'aime. »

Elle savait ce qu'elle était censée répondre, mais elle n'arriva pas à articuler ces quelques mots.

« Et toi, tu m'aimes ? souffla-t-il.

— Il me semble que oui, Willie, dit-elle. Mais à quoi bon ? Moi ici et toi là-bas. Et je veux pas aller à Chicago. Pas tant que t'auras rien. »

Elle vit dans ses yeux qu'il était blessé, mais elle y lut aussi de la résolution.

« Ça va changer, dit-il. Je te le jure. En tout cas, j'ai toujours mon boulot.

— Y a personne là-bas qui peut t'aider ? Un ami... ?

— J'ai pas d'amis, jeta-t-il d'un ton amer. Par ici, on connaît tout le monde et son chien. Si y a une vache qui se débine, on sait à qui elle est. Là-bas, tout se fait sur rendez-vous. Tu peux pas dire aux gens : Bon, ben, je passerai te voir un de ces jours. Faut toujours faire les choses à l'heure dite. »

Il avait l'air si malheureux, si vulnérable que le cœur d'Ernestine frémit d'amour. Elle prit ses deux mains dans les siennes et les serra très fort. Elle avait un an de moins que Willie, mais elle avait l'impression d'être beaucoup plus vieille que lui.

« Mais j'y arriverai quand même, je te le jure. Ce sera plus facile, maintenant que Josh est plus là. »

Willie plongea son regard dans le sien et Ernestine y décela une lueur d'espoir.

« Y a un gars là où je bosse. Ab. Il est délégué syndical. Il sait exactement où on en est. Peut-être que je peux lui en parler. »

Il était temps de se préparer pour le service du soir. Willie raccompagna Ernestine chez elle, et maintenant qu'il avait enfin avoué la vérité concernant la vie qu'il menait à Chicago, il se sentait plus à l'aise, soulagé d'un grand poids, même s'il n'était toujours pas heureux.

Ils s'arrêtèrent devant la porte d'Ernestine ; ils n'avaient pas envie de se quitter.

« Tu racontes rien à ma mère, au sujet de Chicago, dit-il. Elle me tuerait. »

Ernestine sourit et promit de ne rien dire à Flora, ni à quiconque.

« Je t'écrirai, assura-t-il. Comme je faisais au début. »

Elle opina encore une fois.

« Je t'aime, Ernestine », dit-il avec un brusque emportement. Il la serra contre lui et l'embrassa plus profondément, plus passionnément qu'il ne l'avait jamais fait, et elle réagit en femme amoureuse.

Albie les emmena à l'église dans son automobile. Willie, en proie à une curieuse appréhension, avait enfilé son costume mandarine que sa mère avait repassé pour lui. À l'église, Flora les quitta pour aller se présenter à la porte de derrière, et les autres entrèrent par la grande porte.

L'édifice était bondé, mais on avait gardé de la place au premier rang pour la famille et les amis de Flora. Cette fois encore, les gens interpellèrent Willie, admirant son costume éclatant, et Willie, bien qu'il se fût rengorgé en remontant l'allée, murmura à Ernestine pendant qu'ils s'asseyaient : « J'espère qu'on va pas me demander de parler. »

L'estrade située dans le fond de l'église était cachée derrière deux grands draps blancs qui faisaient office de rideaux. Pearl alla s'asseoir à l'orgue et se mit à pédaler vigoureusement, tout en martelant un cantique. Les chœurs, installés sur le côté de l'estrade, bien en vue, entonnèrent à pleine voix les louanges du Seigneur, puis le révérend Jackson monta en chaire.

« Prions », tonna-t-il. Les fidèles se turent et baissèrent la tête.

« Père céleste, nous voici réunis ici en ce jour pour honorer tout spécialement une de Tes servantes parmi nous. Elle a servi son Dieu fidèlement...

— Amen, renchérit une voix.

— Elle a servi son Église fidèlement...

— Alléluia ! C'est la pure vérité.

— Elle a servi sa communauté fidèlement...

— Loué soit le Seigneur !

— Et elle a servi sa famille fidèlement...

— Ô que oui !

— Au nom de Ton fils, Jésus, nous te supplions de bénir l'assemblée réunie en son honneur ce soir...

— Bénis-nous, Jésus, bénis-nous, Seigneur !

— Et nous Te prions de continuer à répandre Tes bienfaits sur notre bien-aimée sœur, Flora Palmer !

— Amen ! Amen ! Amen ! »

Deux fillettes en blanc, les petites filles de la quête, portant chacune un bouquet de lys à longues tiges, remontèrent l'allée centrale. Elles gravirent les marches de l'estrade et déposèrent les lys dans deux vases disposés de part et d'autre des draps blancs.

Souffrant d'un trac évident et désireuses d'exécuter correctement une manœuvre soigneusement répétée, elles s'approchèrent de l'endroit où les rideaux se rejoignaient et tirèrent sur des cordons, afin de permettre aux deux draps accrochés à un fil par des anneaux de s'ouvrir.

Mama Flora se tenait derrière, toute de blanc vêtue, robe, bas et chaussures. Un petit bouquet de minuscules roses blanches était épinglé à son corsage. Pearl l'avait soigneusement coiffée, enserrant ses cheveux dans un bandeau blanc.

Elle était assise dans le grand fauteuil en bois sculpté du pasteur, avec son haut dossier, et regardait droit devant elle, avec beaucoup de gravité.

Les deux fillettes s'assirent sur des petites chaises en osier, de part et d'autre.

« Notre sœur Flora Palmer n'est pas née à Stockton, commença le révérend Jackson, mais depuis qu'elle est arrivée parmi nous, toute jeune femme, elle s'est toujours dévouée à son prochain. »

Il raconta très simplement l'histoire de la vie qu'avait menée Flora à Stockton, en mentionnant tout spécialement Booker, puis Willie. Ce dernier était peut-être fier de ce qu'il entendait, mais il ne le montrait pas ; en le voyant les yeux obstinément baissés, Ernestine crut deviner qu'il suppliait Dieu de le dispenser d'avoir à prononcer le moindre mot.

« Et quand sa sœur chérie est morte, laissant derrière elle une toute petite fille, notre sœur Flora Palmer a serré cette enfant sur son cœur et l'a élevée comme sa propre fille, poursuivit le pasteur. Et je suis heureux de pouvoir dire que cette fillette, Ruthana, est avec nous aujourd'hui et qu'elle est un des piliers de notre nouvelle église. »

Il y eut des cris d'approbation. Ruthana regarda autour d'elle, l'air grave mais intéressé. Il était impossible de savoir ce qu'elle pensait. Ernestine ne savait jamais ce que pensait Ruthana.

« Toute sa vie, Flora Palmer a servi ici parmi nous, connue dans toute la ville, et respectée de tous pour ses vertus de bonne chrétienne, reprit le révérend Jackson en nage.

— Loué soit le Seigneur ! »

Le pasteur adressa à ses ouailles un sourire ravi.

« Et nous avons ce soir le privilège d'accorder à notre sœur Flora Palmer le plus grand honneur que peut décerner notre église, le titre d'Ancienne !

— Alléluia ! »

Le révérend Jackson avait rempli sa mission. C'était maintenant le tour de la congrégation. Willie se tassa sur son siège, cherchant à se faire encore plus petit.

« Pouvons-nous à présent entendre les témoignages ? »

Aussitôt, M. Sanford bondit sur ses pieds.

« Les frères de notre église sont témoins que depuis des années, chaque fois que l'on a eu besoin de l'aide de nos sœurs, une des premières à se proposer pour mettre la main à la pâte a toujours été celle que voici... »

Du doigt, il indiqua théâtralement Flora qui se tenait impassible, comme une statue, aussi bienveillante qu'une souveraine acceptant l'allégeance de ses sujets.

« ... notre sœur Flora Palmer ! Que vous voyez assise là-haut ! »

Il y eut des cris d'assentiment et d'approbation, puis Pearl qui était toujours assise à l'orgue se leva. Un véritable chœur de paroissiens la somma de témoigner.

« Notre sœur Pearl ! Oui ! Elle connaît la vérité !

— Flora Palmer, commença Pearl, au fond de son cœur, chacune des femmes qui se trouve ici dans cette église salue en toi un membre de sa propre famille ! »

Pour la première fois, Flora perdit son calme. Elle se tamponna les yeux avec un petit mouchoir blanc. Pearl fut profondément touchée par cette marque d'émotion et par ses propres mots.

« Tu visites tous nos concitoyens malades, la nuit comme le jour, pour leur venir en aide... »

Pearl fondit en larmes.

« J'ai pas besoin d'en dire plus long, tout le monde sait à quoi s'en tenir », balbutia-t-elle d'une voix étranglée, avant de tomber dans les bras consolateurs de son amie Jessie.

« Il est bien difficile de dire tout ce qu'on a dans le cœur ! » s'écria Jessie, fondant en larmes elle aussi.

Toutes les sœurs pleuraient de joie, à gros sanglots. Les frères, en contrepoint, multipliaient les « Pour ça oui ! » et les « Alléluia ! ».

Tout le monde passait un excellent moment. Sauf Willie.

Le révérend Jackson reprit les choses en main, la voix enrouée d'amour.

« Nous avons parmi nous ce soir un jeune frère de notre église...

— Ah ! merde ! » marmonna Willie. Seules Ernestine et Ruthana l'entendirent, et elles sourirent toutes les deux jusqu'aux oreilles.

« ... notre jeune frère Willie Palmer, qui est avec nous, revenu tout exprès de Chicago, pour nous aider à honorer sa maman. »

La congrégation était au bord de l'extase, mais Willie, quant à lui, frôlait le désespoir.

« Nous lui demandons son témoignage ! » lança le révérend Jackson d'une voix sonore, et il n'y avait pas moyen de refuser.

À contrecœur, il se leva, les yeux toujours obstinément baissés. Ruthana se pencha tout contre Ernestine pour lui parler à l'oreille.

« Je parie qu'il regrette bien d'avoir mis un costume aussi voyant », dit-elle en riant. Ernestine lui envoya une petite tape affectueuse et la fit taire, mais au fond d'elle-même, elle était de l'avis de Ruthana. Dans son costume de zazou mandarine, Willie était la cible de tous les regards.

« J'ai jamais connu mon papa », commença Willie, puis il s'arrêta net. Pour reprendre presque aussitôt. « Mais ma maman m'a toujours montré le droit chemin. »

Il fit une nouvelle pause. Il avait toujours eu du mal à s'exprimer.

« Même si je m'en suis parfois écarté ! » reprit Willie.

La foule manifesta bruyamment son assentiment. Pour le bien de l'âme, il n'y avait rien de tel que de confesser ses péchés, surtout en public.

« Aussi loin que je me rappelle, Maman m'a toujours amené ici, dans notre église.

— Loué soit le Seigneur !

— Elle s'est donné beaucoup de mal pour me payer l'école. Elle voulait pas que j'arrête !

— C'est la pure vérité ! »

À présent, Willie avait pris un peu d'assurance. Ernestine l'observa attentivement, car elle devinait qu'il allait sans doute se justifier.

« Mais moi, je voulais l'aider ! Maman avait besoin d'aide !

— Il a entendu le Seigneur !

— Alors, je suis parti de chez nous, j'ai laissé Maman toute seule ! Mais elle était avec moi, dans tout ce que j'ai fait !

— Alléluia ! »

Brusquement, Willie perdit le fil de son discours. Il ne trouvait plus rien à dire. Il regarda les visages qui l'entouraient, ces visages qu'il avait connus toute sa vie, et il y trouva une nouvelle inspiration.

« J'ai une maman en or ! Je le sais bien ! Et vous le savez tous ! »

Ils le savaient, en effet, mais ils étaient enchantés d'entendre un fils le proclamer, et leur enthousiasme fournit à Willie le petit coup de pouce dont il avait besoin. Il regarda sa mère, qui continuait à se tamponner les yeux.

« Dieu sait que je t'aime, Maman ! » lui cria-t-il, et il se rassit aussitôt.

Ernestine fut étonnée de voir des larmes dans les yeux de Willie, et elle lui tendit la main. Il la serra avec gratitude, mais sans lever les yeux.

Il avait fait de son mieux, mais ce n'était pas tout à fait suffisant. Heureusement, le révérend Jackson veillait. Sentant l'euphorie retomber, il bondit sur ses pieds.

« L'amour ! cria-t-il. N'est-ce pas le mot qui s'impose ? L'amour d'un fils pour sa mère. N'est-ce pas ce qu'il y a de plus beau au monde ? Regardez-le, mes frères et mes sœurs, il a le cœur si plein qu'il ne trouve qu'un seul mot pour exprimer tout ce qu'il ressent. Et ce mot, c'est le mot amour. »

Il saisit sa Bible et la brandit au-dessus de sa tête.

« "Maintenant donc demeurent la foi, l'espérance, l'amour, ces trois-là ; mais le plus grand de ces trois, c'est l'amour !" »

La congrégation avait désormais ce qu'elle voulait. Mama Flora sanglotait. Pearl sanglotait. Toutes les sœurs sanglotait. Les chœurs sanglotaient. Certains frères avaient la gorge affreusement serrée.

Le révérend Jackson lui-même était ému.

« Levons-nous tous et entonnons en chœur ! »

C'était un ordre, et non une requête, et tout le monde, à l'exception de Willie et, bien entendu, de Mama Flora, se leva et se mit à chanter, entraîné par la voix de baryton retentissante du pasteur.

C'était le cantique « Grâce miraculeuse ». Dans les moments critiques, les moments de grande émotion comme celui que l'on venait de vivre, c'était toujours « Grâce miraculeuse ».

Ernestine chantait avec les autres, mais son esprit était ailleurs. « La foi, l'espérance et l'amour », disait la Bible, mais ce n'était pas la traduction originale.

Ernestine avait étudié la version ancienne, la version du roi Jacques, parce qu'elle aimait beaucoup cette langue surannée, et dans ce texte-là les trois vertus qui demeurent étaient la foi, l'espérance et la charité.

C'était la charité qui l'intéressait, parce que pour elle charité signifiait bonté. Ernestine se rendit soudain compte qu'aucune des Blanches pour qui Mama Flora travaillait n'avait pris la peine de venir lui rendre hommage, ou même d'assister à la cérémonie, tout simplement, en ce jour suprême. Elle ne s'était pas attendue à les voir, mais c'était une chose qui arrivait parfois lorsqu'on honorait une Ancienne. Et ç'aurait été une marque de bonté.

Le lendemain, Albie les emmena tous à la gare ; Willie était de bonne humeur. Cela fit plaisir à Flora, même si elle pleura en lui disant au revoir, et se cramponna à lui, comme si elle ne voulait plus le laisser repartir.

Il embrassa Ernestine et Ruthana, serra la main d'Albie, puis il monta dans le train.

« Je crois qu'il a passé un bon moment, dit Flora, après avoir agité frénétiquement la main tandis que le convoi s'éloignait. Il me semble que ça lui a fait du bien de revenir à la maison.

— Oui, dit Ernestine, en lui prenant le bras pour la raccompagner jusqu'à la voiture. Ça lui a fait beaucoup de bien. »

C'était vrai. D'une certaine façon, en parlant de ses problèmes avec Ernestine, Willie avait réussi à les résoudre en partie, et elle croyait sincèrement qu'il allait changer de vie quand il serait de retour à Chicago.

Elle se promit de lui écrire régulièrement, pour le soutenir ; elle serait honnête avec lui et le pousserait à bien faire. Mais elle saurait être bonne aussi, elle serait l'amoureuse dont il avait envie, besoin, même s'ils étaient loin l'un de l'autre. Elle lui achèterait un beau cadeau de Noël, et elle passa des heures délicieuses à choisir ce qu'elle voulait lui offrir.

Trois mois plus tard, Clara et elle décidèrent d'aller passer une journée à Memphis pour y faire leurs emplettes de Noël. Cela les changerait un peu, c'était une excursion, et elles pourraient trouver des cadeaux plus originaux que ceux qu'on leur proposait à Stockton. C'était en outre une aventure pour Ernestine. Jamais encore elle n'était allée à Memphis, mais Clara connaissait bien la ville.

Finalement, elles n'y allèrent pas, parce qu'il se passa quelque chose qui transforma leurs projets immédiats, à l'une comme à l'autre, et qui modifia la direction future de leurs vies à tous.

Flora

25

Flora était au désespoir. Le train par lequel venait de partir Willie le remportait tout droit en enfer.

Elle pleura en le serrant dans ses bras et elle se cramponna à son cou, parce qu'elle était sûre qu'elle ne le reverrait pas avant plusieurs années, et qu'elle ne le reverrait jamais plus tel qu'elle le connaissait. Elle essaya de mentir, de se raconter à elle-même et de raconter aux autres que les petites vacances de Willie lui avaient fait du bien, mais cela ne servait à rien. Willie avait été heureux le dernier jour de sa visite, tout particulièrement quand il était monté dans le train et avait agité la main pour leur dire adieu. Il retournait dans la Cité des Plaines, la ville damnée, et il en était enchanté.

Pendant le bref trajet de retour jusque chez elle, Flora resta silencieuse, hébétée par le chagrin, tout juste capable de remercier Albie et Ernestine de leur gentillesse. Une fois à la maison, elle entendit à peine les petites phrases consolatrices de Ruthana ; elle lui déclara qu'elle était fatiguée et qu'elle allait se coucher.

Elle s'enferma dans sa chambre, mais ce ne fut pas pour se mettre au lit. Une fois seule, elle sortit du tiroir du bas de sa commode une vieille boîte à chaussures dont elle se mit à étudier le contenu : toutes les lettres que Willie lui avait écrites de Chicago. La chronique de son voyage vers la damnation éternelle.

Mensonges, c'était un tissu de mensonges.

La première fois qu'il était parti. Flora avait été malheureuse comme les pierres, elle s'était sentie très seule sans lui, mais elle avait souhaité son absence, pour son bien à lui. C'était un brave garçon, il travaillait dur, et en dépit de toutes les tentations qui l'attendaient dans une grande ville, elle croyait lui avoir donné, par l'entremise de sa foi en Dieu, la force de survivre.

Ses premières lettres avaient été courtes et simples, mais remplies de nouvelles positives. George avait été très gentil et il avait déjà un travail, il logeait chez Lula, une excellente chrétienne. Le premier signe des malheurs à venir lui était venu non pas de Chicago, mais d'ici même, de Stockton, lorsqu'un des messagers de Lucifer était venu frapper à sa porte sous les traits de Hank, le bookmaker.

Il réclamait l'argent que Willie avait joué et perdu.

Ce fut un choc affreux pour Flora. Elle savait que Willie buvait des alcools forts avec ses camarades de travail, et que la boisson était le premier pas sur la route qui menait à la perdition, mais tous les hommes buvaient, même de bons chrétiens. Willie, toutefois, s'était engagé encore plus loin sur la mauvaise voie. S'il avait joué de l'argent à Stockton, il en faisait sûrement autant à Chicago, donc toutes ses propres tentatives pour écarter son fils du péché avaient échoué.

Elle dévoila ses craintes à Ernestine. Elle savait que les deux jeunes gens correspondaient régulièrement, et peut-être la voix d'Ernestine, s'ajoutant à la sienne, saurait-elle ramener Willie à la raison.

« Il va laisser son âme au diable, mon garçon, s'il fait pas attention », dit-elle.

Elle lui envoya les vingt dollars nécessaires pour payer Hank, afin de bien lui faire savoir qu'elle était au courant, en espérant que le choc le ramènerait vers la grâce de Dieu, mais dans sa lettre suivante il ne fit aucune allusion à cet argent, ni à ses dettes de jeu.

Elle eut envie de se rendre personnellement à Chicago, et de mettre un peu de plomb dans la tête de son fils à coups de taloches, mais elle ne pensait pas que ce serait la bonne méthode ; elle n'avait pas assez de force pour venir seule à bout de Satan et elle n'avait pas envie de confier à d'autres la honte de son fils, parce que c'était aussi sa propre honte.

Elle avait failli à son devoir de mère.

Le sentiment de son échec la taraudait ; la plaie s'infecta et prit de l'ampleur dans son esprit, parce que ce n'était pas seulement dans le cas de Willie qu'elle avait manqué à tous ses devoirs. Il y avait aussi son premier-né, ce fils qu'elle s'était laissé voler, qu'elle avait abandonné à une existence sans amour. Plus elle se tracassait sur le sort de Willie, plus elle songeait à cet autre fils, et un germe endormi, enfoui au fond d'elle depuis des années, commença à croître et à prendre vie, arrosé par ses larmes.

Elle voulait voir son autre fils, ou tout au moins savoir ce qu'il était devenu.

La première preuve tangible de la damnation de Willie lui arriva un an plus tard. Hank n'était peut-être qu'un maître de l'esbroufe, la fameuse dette de jeu n'était peut-être qu'un mensonge, mais la photographie que lui envoya Willie de lui-même, vêtu de son premier costume de zazou, fut la preuve qui vint détruire le minuscule espoir qu'elle nourrissait encore pour son salut.

Jamais un bon chrétien n'aurait porté un costume pareil ; c'était l'armure du diable, l'uniforme de l'ivrogne, du joueur et — elle osait à peine se l'avouer à elle-même — du fornicateur. Willie lui avait demandé de montrer le cliché à Ernestine, mais elle s'en garda bien ; elle ne se sentait pas capable de le montrer à quiconque. Elle avait envie de brûler cette photographie, de la déchirer, de s'en débarrasser, mais elle ne le fit pas. Elle la cacha dans un tiroir, et tous les soirs, quand elle s'agenouillait pour prier, elle l'en sortait pour la montrer à Dieu, afin de L'alerter, de Lui faire savoir qu'une âme était perdue, et elle Le suppliait de remettre son fils dans le droit chemin.

Dans ses lettres à Willie, elle faisait allusion à tout ce qu'elle savait. Elle laissait entendre qu'elle comprenait parfaitement les tentations de la grande ville, et espérait qu'il les évitait. Peut-être ces mots pourraient-ils le ramener à la raison, le persuader d'avouer ses fautes, de promettre, ne serait-ce que pour l'amour de sa mère, de renoncer à toutes ses pernicieuses habitudes. Mais dans les réponses qu'il lui envoyait, il ne parlait que de son travail acharné et de son manque d'argent, il n'était pas question de péché ni de rédemption. Elle voyait clairement qu'il mentait. S'il travaillait si dur et menait une vie irréprochable, pourquoi n'avait-il pas d'argent ?

Mensonges, c'était un tissu de mensonges.

Les pires moments de la crise étaient désormais derrière eux, mais les temps étaient encore bien durs pour Flora, parce qu'elle vieillissait. Elle avait de l'arthrose dans la main gauche, et l'hiver un lumbago la faisait souffrir du dos. Son ulcère de l'estomac, qui était resté en veilleuse jusqu'au départ de Willie, avait retrouvé toute sa virulence. Elle était en plein retour d'âge, et la ménopause lui apportait ses propres complications, des moments de dépression et d'angoisse dont elle n'avait pourtant aucun besoin. Sa vie de procréatrice était terminée, et elle n'avait réussi à produire que deux fils perdus et une fille qui n'était pas à elle.

Et pourtant cette fille, Ruthana, était sa seule raison de tenir bon. Elle était dure envers elle, plus dure qu'elle ne l'avait jamais été pour Willie, mais elle se persuada que c'était pour le bien de Ruthana. Si la vie de Flora devait avoir le moindre sens, elle le trouverait en la personne de Ruthana. Fort heureusement, il n'y avait aucun besoin d'obliger la fillette à faire ses devoirs ; elle était naturellement studieuse et elle adorait apprendre, le nez perpétuellement fourré dans un livre. L'idée de voir Ruthana fréquenter l'université, qui n'avait été au départ qu'un rêve idiot et impossible, s'empara de Flora pour de bon, et elle en parlait au moins une fois par semaine, et par moments tous les jours.

Cela dit, un diplôme universitaire ne suffisait pas en soi. Dans la vie d'une femme, le problème ce n'était pas son esprit, c'était son corps. Flora ne passait pas à Ruthana la moindre petite vanité. Elle n'avait pas une seule jolie robe, pas même pour le dimanche ; toutes ses robes étaient tristounettes et elle n'avait jamais de rubans dans les cheveux. Quand Ruthana se transforma elle aussi physiquement et atteignit la puberté, Flora, prenant exemple sur sa propre mère, lui expliqua sans fioritures ce qui allait se passer et où cela pouvait la mener. C'était la malédiction des femmes, car avec la puberté venait la luxure, et la luxure était l'affaire du diable.

Elle ne permettait pas à Ruthana de sortir, sauf pour faire la tournée de blanchisserie ou en sa compagnie, ou sous la conduite d'une autre femme en qui elle avait toute confiance, comme Pearl. Elle tint absolument à ce que Ruthana, qui ne chantait pas très bien, fasse partie des chœurs de l'église, mais le soir de chorale, le mercredi soir, elle l'escortait elle-même jusqu'à l'église, ou la confiait à Pearl qui la ramenait à la maison. Elle n'autorisait pas Ruthana à parler aux garçons, et ses amies étaient triées sur le volet, avec le plus grand soin. Ruthana était bien nourrie, peut-être afin d'encourager chez elle une tendance à l'embonpoint qui la défavoriserait physiquement, mais Flora ne lui laissait jamais finir un seul repas. Il fallait toujours laisser un petit quelque chose dans son assiette, même si Ruthana avait une faim de loup, afin d'apprendre à se contrôler.

Et toutes les occasions étaient bonnes à Flora pour dénigrer, d'une façon ou d'une autre, la beauté naturelle de la fillette.

« T'es si vilaine, ma petite, murmurait-elle. Dieu soit loué. »

Et pourtant Flora aimait Ruthana, et pendant toutes les difficiles années où Willie resta absent, ce fut elle qui lui donna de la force et un but dans la vie.

Elle aimait aussi Ernestine, qui était toujours si gentille. Ernestine venait la voir au moins une fois par semaine, et elle apportait toujours un petit cadeau, afin de rendre la vie de Flora plus facile. Celle-ci avait confiance en Ernestine, et nourrissait l'espoir de voir Willie, contre toute attente, reprendre le sens commun, revenir à Stockton et épouser son amie d'enfance. Comme elle avait confiance en Ernestine, elle l'autorisa à se lier d'amitié avec Ruthana et même parfois à l'emmener avec elle, mais uniquement dans des lieux où Flora savait qu'elles seraient en sécurité, les fêtes paroissiales par exemple.

Les temps avaient beau changer, la prospérité revenir peu à peu avec une lenteur d'escargot, la situation financière de Flora ne s'en ressentait pour ainsi dire pas. À cause de son arthrose, son travail de blanchisseuse lui prenait désormais plus longtemps. Ruthana l'aidait à repasser et à plier, mais jamais Flora ne la laissait laver le linge. Un autre avenir attendait Ruthana.

Elle dut renoncer à une partie de sa clientèle. Les heures de ménage étaient plus faciles, parce qu'elle pouvait travailler à son rythme et faire des pauses, de temps en temps. Mme Hopkins, dont le mari avait retrouvé une certaine aisance financière, après la crise, voulut la reprendre à son service, et Flora, bien qu'elle sût à quoi s'en tenir sur la famille, accepta, parce qu'elle n'avait pas vraiment le choix. Cela la remit en contact avec Kevin Hopkins, qui était à présent un jeune homme de l'âge de Willie. Les années écoulées ne l'avaient pas rendu plus aimable. Alors qu'il était charmant avec ses semblables, les Blancs, il était d'une cruauté désinvolte avec tous les Noirs qu'il côtoyait, et Flora ne faisait pas exception à la règle. Il s'attendait à la voir obéir au doigt et à l'œil, comme une esclave, et jamais elle n'avait droit à un mot de remerciements, rien d'autre que des petites insultes cuisantes et racistes. Il la qualifiait de guenon de service.

D'ailleurs, dans leur façon de traiter les Noirs, les trois Hopkins étaient plus désagréables les uns que les autres, et Mme Hopkins était d'une pingrerie notoire. Flora avait beau se donner un mal de chien, sa patronne s'arrangeait toujours pour dénicher un petit coin mal dépoussiéré. Si Flora, handicapée par son arthrose, laissait tomber et cassait une tasse ou un verre, ils lui étaient retenus sur ses gages de misère. Et si par hasard Kevin était là, il l'abreuvait d'injures et de moqueries, se gaussant de cette « négresse imbécile ».

Flora portait tout cela comme une croix, une pénitence qu'elle était obligée de supporter, pour racheter son sentiment croissant d'avoir failli à ses devoirs de mère. Puisque la main de Dieu était partout, il devait y avoir une explication à la cruauté de Kevin, et Flora pensait qu'elle devait servir à illustrer le contraste existant entre Willie et lui, parce que pour ses parents et selon toute apparence Kevin était la perle des fils. Il était beau garçon, travaillait dur et réussissait bien, et il était de surcroît fiancé à une des beautés de la ville.

Comme toujours, Flora se tourna vers Dieu, et un jour Il se montra bienveillant envers elle. Elle était assise à l'église, un dimanche matin, vers la fin de l'été, mais elle ne faisait guère attention à ce qui se passait ; elle avait la tête ailleurs. Son esprit était bourrelé d'inquiétudes, pour elle-même et Willie, et même pour Ruthana. Elle chantait les cantiques sans aucune ferveur. Quand les autres femmes s'abandonnèrent à leurs habituelles transes extatiques, Flora garda son calme ; elle était trop fatiguée. Seule sa foi en Dieu n'avait rien perdu de sa force, et elle pria de tout son cœur pour qu'Il veuille bien lui accorder un peu de soulagement, lui indiquer vaguement quel était Son but, et une fois encore, Il répondit à sa prière.

Le révérend Jackson annonça qu'elle allait être honorée du titre d'« Ancienne ».

Ce n'était pas l'honneur en soi qui gonflait le cœur de Flora. Elle en était fière, mais elle estimait qu'on le lui devait bien et depuis très longtemps. Elle était contente de se dire que ses années de bons et loyaux services allaient être reconnues, mais elle y voyait surtout une occasion à ne pas laisser passer. Ce serait un excellent moyen de faire revenir Willie, et de l'aiguiller vers le salut.

Elle ne savait pas comment s'y prendre. Les lettres de Willie étaient devenues de plus en plus rares, et elles ne contenaient le plus souvent qu'une description morose de la vie de chien qui était la sienne. Dans les lettres qu'elle lui écrivait, en revanche, elle priait pour son bien-être et lui rappelait constamment l'amour de son Sauveur. Il n'y avait désormais plus aucune intimité entre eux, et elle avait l'impression que si elle lui demandait de revenir la voir, fût-ce pour une pareille cérémonie, il refuserait. Alors, elle en parla à Ruthana, qui mentionna la chose à Ernestine, laquelle écrivit à Willie pour lui dire qu'il devrait bien revenir à Stockton, ce qu'il fit.

La nouvelle du retour imminent de son fils vint se poser sur Flora comme une bénédiction. Elle tenait enfin sa chance de les faire rentrer tous les deux en faveur auprès de Dieu ; Willie serait sauvé de sa vie d'iniquité et elle pourrait ainsi prouver à Dieu, à elle-même et au monde entier qu'elle était une bonne mère.

Mais dès l'instant où elle posa les yeux sur lui, à la gare, vêtu de son costume mandarine, elle fut tenaillée par le doute, parce qu'elle avait devant elle un pécheur voué à l'enfer. Elle le prit dans ses bras et pleura pour lui.

Ce soir-là, elle pria Dieu de lui envoyer de la force, mais Satan était trop puissant pour elle. Flora dit à Willie, à d'innombrables reprises, que cela lui réchauffait le cœur de le voir enfin de retour, assis dans son vieux fauteuil, avec l'espoir qu'il saisirait l'allusion à demi-mot, mais cela ne servit qu'à le rendre irritable.

Elle trouva que le révérend Jackson avait eu une idée de génie en choisissant la parabole de l'Enfant prodigue comme point de départ de son sermon du dimanche matin. Willie était perdu, mais peut-être serait-il encore possible de le retrouver s'il ouvrait son cœur au Seigneur et à Flora. Hélas ! Déjà le diable avait révélé à celle-ci à quel point la dépravation de son fils était profonde. Elle avait repassé ce matin-là le costume de son fils, ce costume voyant qu'elle haïssait au même titre que le mal qu'il représentait. Elle détestait sa chevelure défrisée, regrettant ses boucles crépues ; elle avait l'impression que ces cheveux raides étaient une façon de nier son sang noir, de faire semblant d'être un Blanc, même si c'était un Blanc sacrément foncé. Et puis elle trouva dans la poche du veston un petit mégot qui paraissait provenir d'une cigarette à demi fumée avant d'être volontairement éteinte. Flora, qui n'avait aucune expérience dans ce domaine, devina quand même que ce n'était pas du tabac.

Plutôt que d'affronter Willie bille en tête, elle alla trouver Pearl, afin d'avoir confirmation de ses craintes. Pearl renifla le mégot et l'ouvrit du bout de l'ongle pour révéler une substance verdâtre.

« C'est un joint, dit-elle tristement. L'enfer de la drogue. »

Flora, qui était déjà furieuse contre Willie, commença à se dire que Pearl l'agaçait. Elle avait beau lire des dizaines de journaux par semaine, comment savait-elle ces choses ?

« J'ai vu un film », déclara Pearl d'un air satisfait. Quelques années plus tôt, un film avait été réalisé, *L'Enfer de la drogue*, un récit visant à mettre les gens en garde contre la marijuana et la folie qu'elle pouvait engendrer. Pearl ne l'avait pas vu, mais elle avait lu des articles à ce sujet dans ses journaux, et suivi le débat qu'avait soulevé la sortie de l'œuvre, si bien qu'elle se considérait depuis comme experte en la matière.

« Tu peux plus rien faire pour lui, maintenant, déclara Pearl. Sinon prier. »

Flora pria, en effet, mais sans résultat. Pendant la cérémonie qui fit d'elle une Ancienne, elle pria même si fort qu'elle faillit se mettre en transe, mais quand Willie livra son lamentable témoignage, elle pleura, non pas de joie, mais de chagrin.

Le diable avait fourni à Willie une armure inattaquable contre sa mère. Il résista à toutes ses tentatives, à tous ses efforts pour lui indiquer le droit chemin, mais ce qui la déroutait, c'était qu'elle savait, comme le savent souvent les mères, qu'il était malheureux comme les pierres à Chicago.

Finalement, elle jugea l'affrontement obligatoire. Le dimanche soir, le dernier soir de Willie à Stockton, elle attendit son retour. Il rentra tard ; il était sorti avec Ernestine. Son haleine n'empestait pas l'alcool, mais elle distingua le parfum bon marché que portait toujours la jeune fille. Pendant un court instant, elle sentit monter une bouffée de haine envers cette dernière et se demanda si elle avait séduit son Willie, mais soudain elle crut voir une faible lueur au bout d'un tunnel interminable et noir, et cette lueur, c'était Ernestine.

« Tu vas l'épouser, cette petite ? demanda-t-elle. Parce qu'on peut dire qu'elle t'aime. »

Willie haussa les épaules. Il venait justement de demander à la jeune fille de l'épouser, et elle avait refusé.

« Vous auriez une bonne vie », ajouta Flora, en s'efforçant d'évoquer dans son esprit l'image d'un couple heureux, installé à Stockton. « On trouve de bons boulots par ici, à présent. »

Willie ne répondit pas. Il sortit sa guitare de son étui et se mit à gratter les cordes.

« Y a les produits chimiques Du Pont qui construisent une grande usine à Millington, insista Flora. Ils ont du travail pour tous les hommes qui en veulent.

— Je voudrais quand même pas être le premier nègre à demander du travail là-bas et à me faire vider à coups de pied dans le derrière », dit Willie.

Flora garda un silence courroucé, pendant que Willie égrenait un air triste sur sa guitare.

« Alors qu'est-ce que tu vas faire ? explosa-t-elle, incapable de se contenir. Retourner à Chicago, et te livrer au diable en buvant et en jouant, en compagnie de catins ? »

Willie cessa de gratter sa guitare, mais il refusait de regarder sa mère.

« Sans parler de la drogue », ajouta Flora, enfonçant, elle l'espérait, le dernier clou dans le cercueil de Chicago.

Mais elle n'avait réussi qu'à mettre son fils en colère.

« Je fais ce que je veux, ça regarde personne, grommela-t-il.

— Si, ça me regarde ! cria Flora. C'est mes affaires, t'es mon garçon, mon bébé...

— J'suis plus ton bébé ! hurla-t-il. J'suis un homme, et je mène ma vie du mieux que je peux !

— C'est ta vie qui te mène, et droit en enfer, riposta Flora sur le même ton. Par train express, terminus le diable !

— Tu comprends pas, M'man, dit Willie en baissant la voix, j'ai pas toujours bien agi, comme je l'ai avoué à l'église, mais maintenant, c'est fini tout ça.

— Je voudrais bien le croire ! lança Flora toujours en colère.

— Qu'est-ce que tu veux de moi, M'man ? Tu veux que je revienne ici et que je travaille près de l'égreneuse à coton toute ma vie, pour finir avec le dos en compote et le cœur crevé ? Ça se passe plus comme ça, à présent. C'est pas ça que je veux faire de ma vie.

— Vaut mieux gâcher sa vie que de vivre dans le péché, aboya sa mère.

— Je peux pas revenir, M'man, dit-il. Peut-être que j'ai rien fait de bon à Chicago, mais je veux quand même essayer. J'vais pas rentrer à la maison, l'oreille basse, pour aller trouver Pete Lanier et lui dire : Bon, écoute, j'suis arrivé à rien dans la grande ville, alors est-ce que tu peux me redonner du travail ? C'est ça que tu veux ?

— Je veux que t'ailles au ciel quand tu mourras ! » glapit-elle.

Il la contempla un instant, stupéfait, puis il fit quelque chose qui faillit bien anéantir Flora. Sous ses yeux, il devint son père. Elle vit la lueur rieuse qu'elle connaissait si bien briller au fond de ses yeux.

« Si c'est le Seigneur qui m'a créé, Il sait bien que je suis pas un mauvais bougre », déclara Willie.

Flora avait beau croire à l'infinie clémence de Dieu, elle n'était pas convaincue, mais la discussion s'effilocha et sombra dans les banalités. Elle s'était ouverte à son fils, lui avait dit qu'elle savait ce qu'il y avait de pire sur son compte et lui avait indiqué le chemin du bercail, sans parvenir à rien. Pearl avait raison. Il ne restait plus qu'à prier pour lui.

Il n'en restait pas moins son fils. Quoique perdu, il serait peut-être possible de le retrouver, mais il faudrait pour ce faire une force beaucoup plus grande que celle qu'elle possédait.

Son ulcère se réveilla, elle perdit toute son énergie. Elle ne pensait plus qu'à sa douleur à l'estomac et à son fils dévoyé. Elle l'embrassa, lui dit qu'elle l'aimait et ajouta que même s'il s'éloignait très loin du Seigneur le chemin du retour était très court, il suffisait de faire un pas minuscule en direction du Calvaire.

Il répondit qu'il l'aimait, lui aussi, et qu'elle ne devait pas s'inquiéter à son sujet.

Mais comment ne pas s'inquiéter ? Quand elle passa dans sa chambre, Ruthana dormait sur son mince matelas à même le sol, mais Flora ne parvint pas à trouver le sommeil. Elle entendait Willie dans la pièce à côté qui grattait sa guitare, puis il se mit à chanter une complainte douce et triste.

« *Né dans un champ de coton,*
Nourri de maïs et de choux.
Ma maman travaillait aux champs,
Mon papa, je l'ai jamais connu.
Dieu sait que c'est pas de ma faute. »

Le plus douloureux, pour Flora, c'était de se dire que Willie avait raison. Sa situation dans la vie n'était pas de sa faute à lui, mais de sa faute à elle.

Elle avait été une mauvaise mère, incapable de sauver ses fils. Elle avait péché aux yeux du Seigneur, et elle devait racheter son péché. Ce ne serait qu'à ce prix que Willie aurait une chance de salut.

26

Elle ne pouvait pas se permettre de prendre quelques jours de congé, si bien qu'elle dut se résoudre à partir le vendredi soir pour revenir, au plus tard, le dimanche soir. Elle n'emmena pas Ruthana avec elle ; Flora demanda à Pearl de la garder. Elle dit à la fillette qu'elle partait rendre visite à une parente éloignée qui était malade, une parente qui avait été bonne pour Josie, la mère de Ruthana.

Elle raconta la même histoire à Ernestine. Cette dernière proposa de l'accompagner, mais Flora refusa. Ernestine voulut demander à son père de conduire Flora à la gare, mais elle refusa aussi. Elle ne voulait pas faire de chichis, ni déranger les gens, si bien qu'elle mentit à Ernestine en lui disant qu'elle partait le samedi matin, et non le vendredi soir.

Elle avait acheté son billet de train, mais autrement elle n'avait pris aucune disposition. Peut-être espérait-elle être accueillie de façon hospitalière, sinon chaleureuse, et logée pour la nuit du samedi au dimanche, ou bien peut-être n'osa-t-elle même pas envisager l'autre possibilité.

Le vendredi soir, elle déposa Ruthana chez Pearl, puis elle rentra chez elle, fourra quelques affaires dans un petit sac. Elle fit de minces sandwiches, qu'elle plaça dans un pochon en papier. Elle enfila son manteau, car le temps virait au froid. Puis elle parcourut le kilomètre et demi qui la séparait de la gare où elle arriva beaucoup trop tôt. Elle s'assit sur le banc où l'on pouvait lire « Réservé aux gens de couleur », et resta pelotonnée, tête basse, en espérant que personne de sa connaissance ne l'apercevrait.

Le train finit par arriver. Elle grimpa dans ce qui resterait toujours pour elle « le wagon des nègres ». Il n'y avait pas beaucoup de monde et elle trouva une place près de la fenêtre, bien qu'il fît nuit et qu'on n'y vît rien.

Son esprit était vide. Elle n'avait pas la moindre idée de ce qu'elle trouverait quand elle arriverait à destination, et le souvenir du passé était trop douloureux. Elle était fatiguée, car la journée avait été dure, et Kevin Hopkins s'était montré encore plus déplaisant que d'habitude. Bercée par le martèlement régulier des roues et le léger mouvement de roulis, elle demanda au chef de train de bien vouloir la réveiller quand le train arriverait là où elle devait descendre, et elle s'endormit. Dieu merci, elle ne rêva pas.

Elle s'éveilla avant l'aube. Elle garda les yeux fixés sur la fenêtre, et vit le noir de la nuit virer à l'indigo, puis au bleu sombre, jusqu'à ce qu'enfin une bande grise apparaisse à l'horizon très loin, devant laquelle il n'y avait rien d'autre qu'un pays plat, un pays de coton, le paysage du Delta.

Avec la lumière arrivèrent les souvenirs. Les champs étaient vides, la récolte était faite, et l'on voyait s'y attarder la brume du petit matin, qui lui était familière. Près des rares masures, elle apercevait des ouvriers agricoles qui se préparaient pour la journée. Un homme coupait du bois, comme elle l'avait fait dans sa jeunesse, quand son Gran'pa était trop malade. Une fillette fit sortit la volaille d'un poulailler et lui jeta des grains de maïs, comme elle l'avait fait aussi dans sa jeunesse. Elle vit une jeune fille, pauvrement vêtue, qui avait peut-être quinze ans, debout près des rails, regardant passer le train. Elle se revit dans sa jeunesse.

Elle était prête bien avant l'arrêt du train, cramponnée à son sac, remplie d'appréhension, regrettant de ne pas avoir prévu quelque chose, mais sans savoir quoi.

Le chef de train l'aida à descendre, et elle resta plantée sur le quai, stupéfaite et troublée, contemplant l'endroit qu'elle avait quitté tant d'années auparavant et qu'elle pensait ne plus jamais revoir.

La gare en bois branlante était patinée par le temps, mais sinon elle n'avait pas changé, et de toute façon elle ne se rappelait pas l'avoir jamais vue repeinte de frais. Elle entendit le train repartir, mais elle était incapable de bouger. Elle était coincée dans une autre époque et ne savait pas où aller ni quoi faire, de peur de ce qu'elle risquait de trouver.

Elle se rendit soudain compte que le chef de gare, un Blanc, la dévisageait.

« Qu'est-ce que tu fais, ma fille ? demanda-t-il avec rudesse.

— Rien, répondit-elle.

— Ben, va le faire plus loin. » Il haussa les épaules et s'éloigna, afin d'aller fermer la gare. Il n'y aurait pas d'autre train avant plusieurs heures. Il allait rentrer chez lui prendre son petit déjeuner, mais il ne proposa pas à Flora de la déposer quelque part.

Elle se mit à marcher sur la route qui autrefois lui avait été si familière, et qui la mènerait vers un endroit qui avait jadis été chez elle.

Le chef de gare la dépassa dans sa voiture, sans s'arrêter. Autrement, il n'y avait aucun signe de vie, à part quelques corneilles dans un champ.

Au bout de cinq kilomètres environ, elle commença à voir des choses dont elle se souvenait. Une cahute en bois, avec un filet de fumée s'élevant de sa cheminée de pierre, se dressait encore là où elle l'avait toujours connue. En réfléchissant très fort, Flora parviendrait peut-être à se rappeler le nom de la famille qui vivait là, mais ce détail paraissait sans importance. Elle arriva à un croisement et sut aussitôt quelle route prendre. Elle vit d'autres cahutes et quelques personnes, mais elle n'eut pas l'impression d'en reconnaître une seule. Elle hâta légèrement le pas. Elle était presque arrivée.

La masure était déserte, elle s'écroulait ; personne ne vivait là. Elle vit la vieille basse-cour, mais le fil de fer avait disparu et le poulailler avait été démantibulé pour fournir du bois de chauffage. Le plancher de la terrasse couverte était pourri et un fauteuil à bascule cassé gisait dans la cour. Un bref instant, elle crut voir son grand-père s'y balancer et les larmes lui montèrent aux yeux, mais elle les sécha d'un revers de main. C'était le passé, un passé révolu, et elle n'allait pas gaspiller ses larmes là-dessus, parce qu'elle aurait pu en verser un fleuve et qu'elle avait encore trop à faire.

Elle se détourna de la vieille bicoque et vit, dans une carriole, un homme d'une cinquantaine d'années, qui l'observait. Son cheval mâchonnait d'un air satisfait l'herbe qui poussait sur le bas-côté du sentier en terre. Flora éprouva l'étonnante sensation d'être ramenée, contre sa volonté, dans un lieu où elle ne voulait pas aller. Il n'y avait pas d'automobiles, pas de lignes téléphoniques, pas de réverbères, rien pour laisser voir que l'endroit faisait partie du monde actuel. Il n'y avait qu'un homme dans une carriole, et c'était une image intemporelle.

« Vous êtes pas d'ici », dit l'homme. Cela ne paraissait guère l'intéresser, mais au milieu de l'ennui sans trêve de son existence, Flora faisait figure de nouveauté.

« Je vivais ici dans le temps, répondit-elle.

— Dieu du ciel, dit le vieil homme. Y a plus personne dans cette maison depuis... »

Il se gratta la tête en s'efforçant de rassembler ses souvenirs.

« Le vieux M'sieur Yarborough voulait me la donner, continua-t-il, mais elle est trop grande pour moi. Je suis tout seul. Je vis dans la cabane là-bas. »

Le connaissait-elle ? Il lui semblait que oui.

« Vous travaillez pour M'sieur Yarborough ?

— Oh mon Dieu, il est mort à présent, ça fait cinq ans. »

Il contempla le ciel, tout prêt à passer le temps ainsi. Il n'avait rien d'autre à faire.

« J'ai travaillé pour lui pendant vingt ans, à me démolir le dos en chargeant les balles de coton. Il était brave, le vieux maître, il m'a donné cette cabane, là-bas. Et je fais toujours des courses pour sa famille.

— Elle est à qui, à présent, la maison des maîtres ?

— Au mari de Mamzelle Ellen. Elle a fait un beau mariage. »

Ellen était une des deux filles Yarborough, Flora ne savait plus laquelle, à supposer qu'elle l'eût jamais su.

« Il a fait venir des machines pour cueillir le coton, alors il a plus vraiment besoin des nègres », expliqua l'homme.

Elle savait qui il était, elle en était sûre à présent. Elle n'était pas sûre, en revanche, de vouloir que ce fût lui.

« Vous vous appelez Charlie ? »

Il émit un petit rire, doublé d'un sifflement asthmatique.

« Ouais, c'est ça. Et vous, zêtes qui ? »

Elle le dévisagea fixement, si vieux, si pauvre, si décati. Avait-elle donc l'air si vieille, elle aussi ?

« Je m'appelle Flora. »

Il la regarda pendant un long moment, mais sans parvenir à se rappeler. Il indiqua la masure de la tête.

« Vous viviez là ?

— Avec ma grand-mère, mon grand-père et ma maman.

— Je me souviens d'eux, dit-il non sans un certain soulagement. Votre maman, elle s'y entendait drôlement pour cueillir le coton. »

Il se rappelait quelqu'un d'autre, mais pas Flora.

« Y avait aussi une gamine, mais elle s'appelait pas Flora.

— Josie ? »

Un large sourire fendit le visage de l'homme d'une oreille à l'autre.

« Ouais, c'est ça, Josie, dit-il en gloussant de rire. On a eu une vraie amourette, tous les deux.

— C'est ma sœur, dit Flora. Elle est morte. »

Le sourire s'éteignit.

« Ça me fait de la peine de l'apprendre. » Il la regarda, en plissant les yeux. « Je me rappelle pas de vous. »

Pourquoi aurait-il gardé le souvenir d'elle ? Pourquoi se serait-il rappelé qu'elle lui avait jadis apporté de l'eau dans les champs ? Pourquoi se serait-il rappelé qu'un soir, quand il était jeune et fort, il avait dansé avec une jeune fille du nom de Flora ?

« Ça fait rien, dit-elle.

— Pourquoi vous êtes revenue ? » demanda-t-il. Il paraissait soulagé de se voir ainsi retirer le fardeau de la mémoire.

« Je dois aller chez les Fleming, dit Flora. J'ai une affaire à régler.

— Les Fleming ? gloussa Charlie. C'est pas souvent que quelqu'un a des affaires chez eux, au jour d'aujourd'hui. Y a plus rien là-bas. »

Le cœur de Flora se serra.

« Plus rien ? Plus personne ?

— La grande maison est toujours là, dit Charlie avec un autre petit rire. Elle s'écroule, comme votre bicoque que voilà. Et la vieille Mamzelle Fleming y vit toujours, toute seule depuis que son mari l'a quittée. Elle voit guère de monde. »

Il doit parler de la mère de Lincoln, pas de sa vieille Nana, se dit Flora. Mais où était Lincoln, alors ?

« Vous voulez que je vous emmène ? Ça fait un grand bout de chemin. »

C'était gentil de le proposer et Flora le remercia, mais ajouta qu'elle ne voulait pas l'obliger à faire un détour.

« Dieu du ciel, dit Charlie avec un grand sourire, j'ai rien d'autre à faire. »

Il l'aida à grimper dans la carriole et fit claquer les rênes. Le cheval partit au pas.

« Le jeune M'sieur Lincoln, il vit avec sa maman ? » demanda Flora, de son ton le plus dégagé.

Charlie la regarda, comme s'il n'était pas sûr de l'effet qu'aurait sa réponse.

« M'sieur Lincoln, il est mort, dit-il, en se grattant la tête. À La Nouvelle-Orléans, si je me rappelle bien. Y a eu des histoires avec la femme d'un autre. J'ai jamais bien su de quoi il retournait exactement, mais M'sieur Lincoln, il y a laissé sa vie. »

Un petit chant s'éleva dans le cœur de Flora. Il y avait un Dieu et ce Dieu était juste. Mais le fils de Lincoln, qu'était-il devenu ?

« J'avais entendu dire qu'y avait un petit garçon », commença-t-elle, mais Charlie n'écoutait pas.

« Sa maman, elle en est devenue raide dingue, c'est moi qui vous le dis, se remémora-t-il. Le jour de l'enterrement, elle criait et elle hurlait à réveiller les morts. »

Nouveau petit rire.

« Mais les morts, ils sont morts ; Lincoln, ça l'a pas réveillé. »

Flora le laissa radoter. Toute l'histoire se mettait en place, petit bout par petit bout.

« Elle s'est enfermée dans sa chambre, elle veut plus voir personne, plus parler à personne, sauf au petit M'sieur Luke. »

Alors, il s'appelait Luke ?

« Le vieux M'sieur Fleming, il en a eu assez d'elle. Il a vendu toutes les terres à M'sieur Yarborough et il est parti mener la grande vie. À New York, qu'on m'a dit. »

Il garda le silence, comme si c'était la fin de l'histoire. Flora saisit l'occasion.

« Et le petit M'sieur Luke ?

— Il est resté avec sa grand-mère. Le vieux M'sieur Fleming en voulait pas. »

Le cœur de Flora faillit s'arrêter de battre.

« Alors il est là en ce moment ? »

Charlie secoua la tête.

« Non, y a rien pour lui par ici. Il est à l'université à Atlanta. Il revient chez lui, quelquefois, pour voir sa grand-mère. »

Ils passaient devant les champs qui avaient naguère appartenu aux Fleming. Elle apercevait la grande maison, au sommet de la colline. Enfin, elle allait connaître la vérité. Maintenant, elle allait vraiment savoir.

« Et sa maman, où elle est ? »

Charlie arrêta sa carriole devant la grille. Il regarda Flora et lui adressa un sourire et un clin d'œil.

« Il en a pas de maman, le petit M'sieur Luke. » Il gloussa de rire en descendant du buggy pour ouvrir la grille. « On l'a trouvé dans un chou. »

Si, il en avait une de maman, aurait voulu hurler Flora, et sa maman, c'est moi ! Mais elle se contint. Elle resta assise dans la carriole, les yeux fixés sur la maison où Luke, son bébé, avait grandi dans une atmosphère si lugubre. Pourtant elle n'éprouvait aucun chagrin, elle n'éprouvait que la joie de l'avoir retrouvé. Ou de pouvoir, du moins, l'appeler par son nom.

« Il est arrivé un jour, personne a jamais su d'où, continua Charlie. Et du jour où il a été là, sa grand-mère l'a aimé comme s'il était son propre fils. Elle l'a aimé plus qu'elle a jamais aimé M'sieur Lincoln. Celui-là, y avait pas beaucoup de gens qui l'aimaient. »

Il fit claquer les rênes. Le buggy s'ébranla et commença à gravir lentement la longue allée menant à cette maison que Flora haïssait.

« C'est elle qui l'a appelé Luke, comme dans la Bible. »

C'était un beau nom. Ce n'était pas un nom que Flora aurait choisi, si elle en avait eu l'occasion, mais c'était un beau nom. Restait à savoir si Luke était vraiment son fils.

« Il devait bien avoir une maman quelque part, insista-t-elle.

— Ouais, bien sûr, tous les gars ont une maman quelque part », renchérit Charlie, mais il ne paraissait pas en savoir plus long.

Ils s'immobilisèrent devant la grande maison. Elle était dans un état déplorable, la peinture s'écaillait, les planches étaient disjointes, les fenêtres condamnées.

« Je vous attends ici », dit Charlie. Il fit entendre son petit rire, pendant que Flora descendait de la carriole. « Vous serez pas longue, allez. »

On ne se refait pas. Cédant à l'ancienne habitude, Flora, au lieu de se présenter à l'entrée principale, contourna l'édifice jusqu'à la porte de service. Elle entendait battre son cœur. Elle frappa à la porte de la cuisine, attendit, puis frappa une deuxième fois, n'ayant pas obtenu de réponse.

Elle entendit bouger à l'intérieur, puis un bruit de clef tournant dans la serrure. La porte s'ouvrit, mais à peine, laissant entrevoir une femme à cheveux blancs. Elle foudroya Flora du regard.

« Je voudrais voir Mamzelle Fleming, dit Flora.

— Elle est malade », dit la femme. Soudain, Flora la reconnut.

« Bessie ? » s'écria-t-elle. C'était Bessie, la servante qui n'avait pas été gentille avec elle.

Bessie la dévisagea fixement.

« Je suis Flora », précisa-t-elle, ajoutant en guise d'explication : « La maman de M'sieur Luke. »

Là, elle avait mis dans le mille. Bessie la regardait, les yeux écarquillés ; elle ne la reconnaissait pas, mais elle savait qu'elle disait la vérité.

« Vaut mieux attendre, dit-elle. Ici. » Elle indiqua de la tête un banc, sur la terrasse de derrière, et attendit que Flora fût assise. Puis elle referma la porte.

Flora attendit patiemment, sans trop savoir ce qu'elle ressentait. Peut-être Luke était-il son fils, mais pour la première fois de sa vie, l'idée lui vint qu'elle n'avait aucun moyen de savoir si Lincoln n'avait pas séduit d'autres filles, s'il n'y avait pas eu d'autres bébés.

Elle entendit la porte se rouvrir, et Bessie vint la retrouver.

« Elle veut pas te voir », dit Bessie.

Flora fut déçue, mais pas surprise. Puis elle éprouva un léger soulagement, parce qu'elle ne savait vraiment pas ce qu'elle aurait dit. Soudain, la colère la prit.

« Il faut qu'elle me voie ! s'écria-t-elle. Je suis la maman de Luke ! T'étais là ! Tu sais ! »

Bessie s'assit sur le banc, à côté d'elle, et lui prit la main.

« Tout ça, c'est le passé, ma petite, dit-elle non sans gentillesse. Faut l'oublier.

— Non, j'ai besoin de savoir, dit Flora. J'ai besoin de savoir pour de bon si c'est mon enfant ! »

La main de Bessie pressa la sienne.

« Tu le sais déjà, tu l'as ta réponse, dit-elle. Pourquoi tu crois qu'elle veut pas te voir ? »

Donc, c'était bien vrai.

« Faut que je le voie, lui, dit Flora en laissant libre cours à ses larmes, aux larmes qu'elle avait ravalées un peu plus tôt. Où c'est qu'il habite ? »

Bessie passa son bras autour de ses épaules et la tint contre elle, pendant qu'elle pleurait.

« Faut oublier, faut oublier, murmura-t-elle.

— Je peux pas ! cria Flora. Tu sais pas ce que c'est. Tu sais pas comme ça fait mal.

— Allons, allons, dit Bessie, c'est fini, c'est fini. »

Elle continua à serrer Flora dans ses bras, jusqu'à ce que la crise de larmes fût passée.

« Si je te dis où il est, elle me tuera, dit Bessie. Et peut-être que lui aussi me tuera.

— Mais je suis sa maman, protesta Flora en s'essuyant les yeux.

— Oui, et regarde un peu comment tu l'as traité, ma fille, chuchota Bessie. Peut-être qu'il voudra pas te voir.

Peut-être qu'il voudra pas voir la maman qui l'a abandonné.

— Dis-lui, répondit Flora. Dis-lui, toi, ce qu'ils m'ont fait. Dis-lui que j'ai jamais arrêté de penser à lui, que pas un seul jour ni une seule nuit de ma vie, j'ai arrêté de penser à lui. Dis-lui que je suis venue ici !

— Il vient pas si souvent, dit Bessie, puis elle sourit. Il aime pas trop être ici. Et on peut pas lui en vouloir.

— Il a le droit de connaître sa maman, insista Flora. Et s'il me déteste, ça fait rien, c'est très bien aussi. Mais il a le droit de savoir. »

Bessie réfléchit un instant.

« Où t'habites ?

— À Stockton, dans le Tennessee, chuchota Flora, sentant s'allumer un petit espoir.

— Tu peux lui écrire ici, déclara Bessie. Quand il reviendra, il aura son courrier. »

Flora poussa un petit cri étranglé de surprise et de soulagement. C'était tellement simple.

« Oui, s'écria-t-elle, je vais écrire. »

Elle entendit un bruit de sonnette dans la cuisine. Elle savait que c'était Mme Fleming qui appelait Bessie, sans doute pour savoir ce qui s'était dit.

« Elle le laissera lire la lettre ?

— C'est moi qui reçois le courrier, dit Bessie. C'est à moi qu'on donne les lettres. »

Elle se leva et rentra dans la cuisine pour aller répondre à l'appel de la sonnette. Elle ne dit pas au revoir à Flora.

Lorsque Flora revint près de la carriole, Charlie la regarda, tout surpris.

« Vous l'avez vue ? Zêtes restée longtemps.

— J'ai eu ce que je voulais, dit Flora en grimpant dans le véhicule.

— Où vous voulez aller à présent ?

— Chez moi », répondit Flora.

Il n'y avait pas de train avant le soir, si bien que Charlie la ramena chez lui, dans sa petite cabane, et fit réchauffer quelques haricots, pendant qu'il lui racontait tout ce qui était arrivé depuis tant d'années. Rien de ce qu'il disait n'avait d'intérêt pour Flora, cela ne faisait plus partie de sa vie. Sa vie à elle était ailleurs. À Stockton. Et à Atlanta.

Après le repas, ils s'installèrent sur la terrasse couverte, Charlie dans un fauteuil à bascule, Flora sur un petit tabouret. Il lui proposa de passer la nuit chez lui, mais elle refusa. Elle ne lui faisait pas entièrement confiance ; il avait une petite lueur au fond de l'œil, en lançant son invitation, et de toute façon, elle voulait rentrer chez elle. Elle avait une lettre à écrire.

Charlie s'assoupit pendant quelque temps, et Flora en profita pour faire un peu de ménage ; il n'était pas très soigneux. Quand elle revint sur la terrasse couverte, Charlie se réveilla en sursaut et la dévisagea.

« Je me souviens de toi, dit-il. T'as dansé avec moi. »

Il avait les cheveux gris, le visage ridé, le dos courbé, la peau terne. Pourtant, jadis, elle luisait comme de l'ébène.

« Oui, dit Flora en souriant. J'ai dansé avec toi. »

Elle lui posa un baiser sur le front et rapprocha son tabouret pour s'asseoir à côté de lui, en lui tenant la main. Il était tout seul, sa femme était morte, ses deux fils étaient partis pour le Nord. Ils venaient rarement le voir.

« Dieu du ciel, ma petite ! s'exclama Charlie. On en a vu des choses, toi et moi. »

Flora contempla le soleil couchant.

« Oui, on en a vu. »

Il l'emmena à la gare dans sa carriole et lui souhaita bon voyage. Elle l'embrassa encore une fois et le remercia de tout ce qu'il avait fait pour elle.

Elle dormit pendant la plus grande partie du trajet de retour, le cœur plein de toutes les petites gentillesses de ses semblables. Déjà, elle préparait dans sa tête la lettre qu'elle écrirait à Luke, mais cette lettre n'était possible que parce que des étrangers avaient été bons pour elle.

Elle arriva chez elle le dimanche matin, mais elle n'assista pas à l'office divin. Ruthana y serait avec Pearl, et bien que ce fût le premier dimanche de sa vie où Flora ne se rendit pas à l'église, elle adora Dieu dans son cœur, certaine qu'Il comprendrait.

Elle passa la matinée à écrire à Luke. La tâche n'était pas facile pour elle. En jetant un coup d'œil par la fenêtre, elle aperçut Ruthana et Pearl qui rentraient dans la maison d'en face, mais elle ne les héla pas pour leur faire savoir qu'elle était revenue. Elles ne l'attendaient pas avant le soir.

Elle déchira la lettre qu'elle avait écrite, et en refit une autre, et cette fois, il lui sembla qu'elle avait trouvé les mots qu'il fallait. Elle fit une petite sieste, et à son réveil, elle traversa la rue pour aller chez Pearl.

Celle-ci lui ouvrit la porte, en proie à une détresse évidente.

« Oh ! Flora, tu connais la nouvelle ? s'écria-t-elle, et elle se cramponna au cou de son amie en pleurant. Les Japonais ont bombardé Pearl Harbor, lâcha-t-elle entre deux sanglots. On vient de l'annoncer à la radio. »

Au même instant, un garçon d'une dizaine d'années descendit la rue à toutes jambes.

« V'là les Japs qu'arrivent, v'là les Japs qu'arrivent ! hurla-t-il afin d'alerter la ville entière. Mon papa vient de les voir qui remontaient la rivière ! »

27

Le dimanche suivant, le révérend Jackson fit un sermon qu'il en vint à considérer comme le plus important de tout son ministère. Une fois devenu vieux, occupé à se remémorer son existence passée, il se rappela d'autres sermons plus passionnés, plus joyeux, plus agressifs, mais les paroles qu'il prononça en ce dimanche matin de décembre marquèrent un des tournants de son existence.

« Mes frères, mes sœurs, jeunes et vieux, quel que soit votre héritage, que vous soyez noirs, ou bruns..., ou blancs, commença-t-il, nous sommes aujourd'hui unis devant notre Créateur, nous sommes tous les enfants de l'Amérique et notre pays est en guerre. »

Quelqu'un marmonna un « Alléluia ! », mais l'assistance était inhabituellement éteinte. On était en territoire inconnu.

« Ce n'est pas nous qui avons voulu cette guerre, ce n'est pas nous qui avons envahi un autre pays, mais la guerre est venue jusqu'à nous, pour mettre à l'épreuve notre force et notre résolution. Et il est de notre devoir, en tant que chrétiens et Américains, de prier, de lutter et de nous battre pour la victoire de notre nation ! »

Cette fois, la réaction fut plus enthousiaste, parce que le pasteur avec montré la voie à ses ouailles. Presque tous les fidèles présents dans l'église étaient d'accord avec lui, même s'il n'en allait pas de même pour tous les habitants de la ville. Quelques-uns pensaient que cette guerre était la guerre des Blancs et ne voulaient pas s'en mêler, et quelques-unes des jeunes têtes chaudes commençaient déjà à faire savoir que la vie serait peut-être meilleure et plus facile, tout au moins pour les Noirs, si les Japonais faisaient la conquête de l'Amérique.

« Je sais que l'Amérique n'a pas toujours été bonne envers nous, continua le révérend Jackson. Elle a même été parfois cruelle. C'est là qu'on nous a amenés d'Afrique, contre notre volonté, et mis en esclavage. Mais les enfants d'Israël, le peuple élu de Dieu, ont eux aussi été esclaves en Égypte. Et le Seigneur a eu pitié d'eux, et il a envoyé Moïse pour les délivrer, tout comme il a envoyé le bienheureux Abraham Lincoln...

— Amen, amen, amen ! s'écria la congrégation.

— ... pour nous libérer de nos chaînes. Et c'est ce qu'il a fait !

— Alléluia ! Gloire à Dieu !

— Seulement le Pharaon a regretté d'avoir laissé partir les enfants d'Israël, et il les a poursuivis pour les ramener, mais Moïse a levé son bâton et les eaux se sont ouvertes en deux et le peuple élu a pu continuer son chemin. Hélas, ils avaient le péché dans le cœur et ils ont erré dans le désert pendant quarante années, avant d'atteindre enfin la Terre promise ! »

Il se tut un moment, et son humeur changea.

« De même que nous errons, nous aussi, dans le désert, dit-il tristement, sans pouvoir atteindre la Terre promise.

— C'est vrai, c'est vrai !

— Personne n'a terrassé notre Pharaon, et nous voici de nouveau réduits en esclavage, livrés aux méfaits de la ségrégation. »

Quelques femmes pleuraient. Le révérend Jackson fit une nouvelle pause. Jamais il n'avait critiqué l'Amérique auparavant ; ses sermons étaient rarement de nature politique. Celui-ci devait fatalement l'être.

« Et depuis toutes ces années, nous avons souffert sous le joug de l'oppression. On nous dit que nous sommes libres, mais il est des lieux où nous n'avons pas le droit d'aller. La loi prétend que nous sommes égaux, mais la loi nous isole.

« Étant isolés, nous ne sommes pas égaux. Nous n'avons pas le droit de vote, à moins de posséder un diplôme universitaire ; nous ne pouvons pas choisir nos chefs. Il y a des métiers qui nous sont interdits. Et dans ceux qui nous sont ouverts, on nous paie la moitié de ce qu'on donne aux Blancs.

« Nous n'avons pas le droit de boire dans leurs verres, ni de manger à leur table, ni de dormir dans leurs lits.

« Est-ce la liberté, cela ?

— Non, rugit la congrégation.

— Si ! tonna le révérend Jackson aussitôt. Si, c'est la liberté ! »

Les fidèles, médusés, gardèrent le silence.

« C'est la liberté ! dit-il. Mais ce n'est pas l'égalité ! Et ce n'est pas bien, ce n'est pas juste, ce n'est pas équitable ! Mais c'est ainsi que nous sommes. »

Il leur laissa quelques instants pour réfléchir.

« Alors pourquoi devrions-nous prier, et lutter, et nous battre pour cette Amérique, pourquoi devrions-nous demander à nos mères de donner leurs fils, demander à ces fils de verser leur sang pour un pays qui nous opprime ? »

Personne n'avait de réponse à offrir, car son réquisitoire n'était que trop convaincant.

« Parce que nous sommes des Américains ! leur dit-il. Quels que soient nos griefs, ce pays est le nôtre ! »

Il les tenait dans le creux de sa main, parce qu'ils étaient américains, et que, même si leur amour était illogique, irrationnel, ils aimaient leur pays.

« Il y en a qui disent que nous devrions retourner en Afrique, reprit-il, mais moi, je dis : Pourquoi ? Nous sommes nés ici, et nos pères aussi, et leurs pères avant eux, et toutes les générations que nous connaissons ! Et pourtant un Blanc arrivé d'hier est mieux considéré que nous. »

Il en vint enfin à ce qui était, à ses yeux, le nœud de la question.

« Mais nous sommes des chrétiens, et nous devons montrer notre amour. Nous devons tendre l'autre joue ! Nous devons pardonner à ceux qui nous oppriment, et nous tenir à leurs côtés, épaule contre épaule, et nous battre pour prouver notre amour.

« Nous errons dans le désert de la ségrégation, de l'inégalité, mais nous sommes pareils à Daniel dans la fosse aux lions, et quand on verra que nous sommes purs de toute faute, nous aurons fait la preuve de ce que nous valons.

« Cette heure est celle de notre mise à l'épreuve ! C'est l'heure où nous devons démontrer à l'Amérique que nous sommes dignes d'être des citoyens à part entière. C'est l'heure de notre grand sacrifice. Ce sera douloureux, et il y aura bien des fardeaux à porter, bien des vies seront perdues. Mais je crois, de tout mon cœur, que l'amour de Dieu nous guidera et nous délivrera du mal !

« C'est à nous, à chacun d'entre nous, de faire en sorte que nous sortions victorieux de cette épreuve, ou vaincus. »

Le silence était tel dans l'église qu'on aurait entendu tomber une épingle.

« Alors, je vous demande de prier, pour notre pays et pour notre président, Franklin Roosevelt, qui a souvent montré qu'il était notre ami. Prions le Seigneur de donner à notre président le courage, la force et la sagesse nécessaires pour nous mener à travers la Vallée de la Mort jusqu'à la victoire ! »

Il inclina la tête.

« Notre Père, qui êtes aux cieux, commença-t-il, que Votre Nom soit sanctifié. »

La congrégation se leva et récita la prière avec lui ;

beaucoup de femmes et quelques hommes pleuraient, de peur, mais aussi de joie. À la fin, les « Amen ! » résonnèrent parmi les solives de la toiture. Le plancher fut ébranlé par les pieds qui frappaient contre lui, les fenêtres tremblèrent, secouées par un tonnerre d'applaudissements.

Le révérend Jackson se tourna vers les chœurs. Il avait choisi le morceau après mûre réflexion. Ce n'était pas l'hymne national, c'était *Le Chant de bataille de la République*.

« Mes yeux ont vu la gloire de l'avènement du Seigneur », entonnèrent les choristes, et toutes les voix de l'église se joignirent à eux.

28

Flora se sentit inspirée par le sermon du révérend Jackson, mais dans son cœur, comme dans celui de toutes les mères d'Amérique, régnait la peur. La jeunesse blanche de la ville s'étaient déjà enrôlée en masse. Et plusieurs jeunes Noirs également.

Elles abordèrent le sujet un mardi soir, lors d'une réunion spéciale des Anciennes.

« Nos garçons risquent rien, affirma Mme Lake. Il n'y a pas d'unités de combat d'hommes de couleur.

— On les laisse pas se battre, renchérit Mme Sanford. Ils les utilisent seulement pour le ravitaillement et le travail au mess.

— Pas pour longtemps, notez bien ce que je dis ! » les contredit Pearl.

Lectrice vorace, Pearl connaissait bien l'Histoire. « La dernière fois, pendant la Grande Guerre, nos gars se sont battus et ils se sont fait tuer. »

Pearl, qui n'avait pas d'enfant, ne pouvait comprendre la peur qui tourmentait ces mères.

« C'est pas juste, se plaignit Flora, sans plus songer à l'homélie du révérend Jackson.

— Non, ce n'est pas juste, mais c'est justement ce qui compte, lui rappela très doucement Vera Jackson, la femme du pasteur. Nous devons porter notre part du fardeau de la guerre si nous voulons prétendre à l'égalité en temps de paix.

— Mais que pouvons-nous faire ? » s'inquiéta Mme Henderson, s'exprimant au nom de toutes les autres. Elles représentaient une source d'énergie considérable, toutes ces femmes désireuses d'aider. Mais elles avaient besoin d'être dirigées.

« Plein de choses. »

Elles devaient se tenir prêtes. D'après la rumeur, des bombardiers ennemis survolaient déjà la Californie. Si les Japonais envahissaient la côte Ouest, les réfugiés se compteraient par millions. Il faudrait les nourrir, les abriter. Les femmes devaient donc planter des jardins de la victoire au printemps : il fallait que chaque pouce de terrain devienne productif. Elles devaient organiser des collectes de vêtements pour les indigents et de ferraille pour la récupération. Elles devaient tenir des ventes de charité pour recueillir des fonds de guerre qui serviraient à l'achat de matériel militaire. Elles devaient participer à la vente de titres d'emprunts de guerre. Elles devaient apprendre les bases du métier d'infirmière.

Mme Henderson, qui était infirmière qualifiée, se proposa de donner des cours de secourisme tous les mardis soir. Ces leçons finirent par constituer l'essentiel des réunions du mardi, lesquelles évoluèrent pendant les deux années suivantes pour devenir une organisation simple mais bien gérée, fédérant de multiples talents.

Dans la ville, on commençait à voir des choses qui choquèrent d'abord la plupart des gens, mais faisaient la joie de quelques-uns.

Le petit ami de Clara s'engagea. Et Albie, le père d'Ernestine, se retrouva sans apprenti et débordé de travail. Publicité, bouche à oreille, rien n'y fit : il ne trouvait personne pour l'aider. Les hommes jeunes doués pour la mécanique étaient devenus une denrée rare et très demandée. Albie finit donc par persuader Caleb Brandon d'engager à la station-service Henrietta, la sœur d'Ernestine, comme apprentie et mécanicienne.

Henrietta adorait son père et les voitures de celui-ci, et avait pris l'habitude, encore enfant, de passer des heures avec Albie, le soir au garage, quand il bricolait sa propre auto. Parfois, s'il travaillait le samedi, elle lui tenait compagnie, ou encore, quand Caleb manquait de bras, il laissait la jeune fille servir le carburant aux clients. Le fait pour elle de travailler à plein temps avec son père n'était donc, aux yeux de Caleb, d'Albie ou de Ruthana, qu'un simple prolongement de ce qu'elle faisait déjà. Pour la ville, en revanche, c'était une énormité.

« C'est pas naturel, souffla Flora, suffoquée, en apprenant la nouvelle.

— Et pourquoi pas ? demanda Ruthana. Ça lui plaît, elle se débrouille bien et y a pas d'homme pour le faire. »

Flora ne trouva aucun argument sérieux à lui opposer. Mais tout de même, cela ne lui semblait pas très convenable.

« C'est pas un travail de femme, dit-elle, mais doucement.

— Oh, M'man, dit Ruthana en riant. Et qu'est-ce qu'elles devraient faire, les femmes ? La cuisine, la lessive et le ménage ? C'est pour ça que tu veux que j'aille à l'université, pour décrocher une licence en repassage de chemises ?

— Pour sûr que non, ma fille, dit Flora, riant elle aussi. Ça tu l'feras jamais, en tout cas pas tant qu'j'aurai mon mot à dire.

— Les femmes vont s'retrouver à faire plein de choses qu'elles n'ont jamais faites, prédit Ruthana. Attends voir. »

Elle ne se trompait pas. Les hommes partaient, toujours plus nombreux. La fabrique de Millington les remplaça par des femmes, souvent noires. Une usine de munitions de Brownsville en engagea d'autres, l'aérodrome de Halls aussi.

Aux réunions du mardi, tout en s'entraînant à faire des pansements sur des bras prétendument cassés, les femmes en émoi se communiquaient les dernières rumeurs. On racontait que celles qui occupaient des postes dans les usines gagnaient jusqu'à dix dollars par jour.

« Tais-toi donc ! s'exclama Flora, avec plus qu'une nuance d'envie dans la voix. Des fortunes pareilles, ça suffirait à faire tomber l'gouv'nement. »

Comme toujours, c'est Pearl qui avait recueilli le renseignement le plus juteux.

« Vous savez toutes que notre vieille sœur Toog a cessé de faire la cuisine pour M. et Mme Anthony ? demanda-t-elle, tout en sachant parfaitement qu'il n'en était rien puisqu'elle venait tout juste de l'apprendre elle-même, et que l'Ancienne en question n'était pas présente.

« Aujourd'hui même, elle leur a cuisiné et servi un grand beau repas, et ils étaient encore à table qu'elle est entrée en retirant son tablier et leur a annoncé qu'elle partait. Elle leur a dit que sa sœur était venue de Brownsville en voiture pour la chercher pour un de ces emplois de guerre pour le gouv'nement. Et je le sais pour sûr, vu que sœur Toog me l'a dit sur ma nouvelle ligne de téléphone collective. »

Elle avait ajouté ce dernier détail d'un air de triomphe absolu et ne dut pas être déçue par le silence respectueux, mêlé d'envie, qui l'accueillit.

« T'as déjà un téléphone, toi ? s'enquit aigrement Mme Sanford. Le nôtre doit arriver d'un jour à l'autre. »

Chacun comprit parfaitement qu'aussitôt la réunion terminée Mme Sanford irait trouver son mari et exigerait qu'ils se fassent installer le téléphone, et qu'elle ne lui laisserait aucun répit tant qu'il n'aurait pas cédé.

« La compagnie du téléphone fait de son mieux, à c'qu'il paraît, mais ils sont débordés à cause de la guerre », expliqua Mme Sanford, pour justifier ce retard.

Vera Jackson essaya d'insuffler un petit souffle de charité chrétienne dans la réunion.

« À ce rythme-là, constata-t-elle, avant longtemps il y aura plus d'offres d'emplois que de gens de couleur. »

Et sa prédiction se réalisa, à Stockton du moins. Au fur et à mesure que les cuisinières et les bonnes quittaient leurs patrons pour les emplois en usine bien payés, Flora fut submergée de propositions d'emplois. La meilleure lui vint de Mme Vaughan qui vivait dans une vaste maison avec un grand jardin bien tenu. Flora s'occupait de son linge depuis des années, mais à présent Mme Vaughan lui en demandait davantage.

« Vous autres, gens de couleur, vous vous précipitez sur tous ces emplois de guerre qui paient plus que vous ne sauriez dépenser, tant et si bien qu'il n'y a plus une bonne ni une cuisinière à embaucher », se plaignit-elle à Flora.

Elle avait pourtant invité Flora dans son salon, où elle lui avait servi une limonade glacée. Et ça, c'était une première.

« Et puis, Flora, tu sais bien que je ne peux pas balayer et laver et épousseter cette grande maison toute seule.

— Non, M'dame », convint Flora, trop heureuse d'attendre les propositions qu'elle savait sur le point de lui être faites. Et elle ne fut pas déçue : Mme Vaughan lui proposa cinquante *cents* de l'heure, pour trois journées complètes par semaine.

« J'vois pas bien comment j'pourrais y arriver, dit Flora. J'fais M'ame Hopkins trois jours par semaine, sans parler de mes aut'clientes.

— Mais, Flora, j'ai besoin de vous », gémit Mme Vaughan. Et elle porta son offre à soixante *cents* de l'heure. Flora hésita. Enfin, à soixante-cinq *cents* de l'heure, plus cinquante *cents* de transport par jour, soit davantage que le prix du bus, Flora transigea.

« J'sais pas ce que je vais bien pouvoir dire à M'ame Hopkins, dit-elle.

— Edna Hopkins se débrouillera très bien, répliqua sèchement Mme Vaughan. Après tout, elle a dû faire son ménage elle-même pendant toutes ces années où M. Hopkins était ruiné. »

Elle regarda au loin par la fenêtre.

« Et pour le jardin, qu'est-ce que je vais bien pouvoir faire ? Tommy a fichu le camp samedi. Il m'a quittée sans une minute de préavis. »

Flora consentit à se renseigner quant à la possibilité d'un nouveau jardinier, mais sans aucun espoir de succès. Le lendemain, avant de remettre sa démission à Mme Hopkins, elle récita une brève prière d'action de grâces car Kevin Hopkins venait de s'engager dans l'aviation et était donc absent.

« Flora, je suis choquée, s'écria Mme Hopkins. Et blessée. Tu me déçois terriblement.

— Oui, M'dame.

— Après tout ce que j'ai fait pour toi, comment peux-tu te montrer aussi ingrate ?

— Oui, M'dame, répéta Flora, sans se donner la peine de discuter.

— Comment est-ce que je vais me débrouiller ?

— M'ame Vaughan, elle m'donne soixante-cinq *cents* de l'heure », assena Flora, l'air désinvolte. Si Mme Hopkins désirait lui faire une meilleure proposition, elle voulait bien la considérer. On était dans un marché favorable au vendeur.

« Jamais je ne pourrais donner autant ! » Mme Hopkins paraissait sincèrement choquée. « Et puis, Flora, quand cette guerre sera finie, vous reviendrez tous en courant chez ceux d'entre nous qui se sont tenus à vos côtés pendant les années de vaches maigres.

— Oui, M'dame.

— Mais tu n'avais pas une fille ? » l'interrogea Mme Hopkins, qui n'était guère au courant, n'ayant jamais manifesté un grand intérêt pour la vie de Flora.

« Si, M'dame. Ruthana », répondit Flora.

« Eh bien pourquoi ne viendrait-elle pas travailler pour moi ? Même deux jours par semaine, ce serait toujours mieux que rien, et je la paierai autant qu'il me sera possible ».

Flora savoura son instant de triomphe. Même si Ruthana ne rentrait jamais à l'université, ou échouait à son diplôme, son avenir ne consisterait jamais à faire le ménage pour Mme Hopkins, fût-ce à mi-temps.

« M'ame Hopkins, croyez bien que j'ai horreur d'avoir à vous l'dire, mais ma Ruthana ne s'débrouille pas trop bien à l'école, mentit-elle. Et la quantité de sous que son père nous envoie pour qu'on puisse s'en sortir dépend de ce qu'y a d'écrit sur son livret. Et sûr que si elle travaille, ses livres, elle y pensera plus du tout et elle s'ra encore plus en retard. »

C'était une douce vengeance, quoique minuscule, et faite seulement de pieux mensonges. « À moi, vous l'avez fait, espèce de vieille génisse, se disait Flora, mais il faudra me passer sur le corps avant que vous fassiez la même chose à Ruthana. »

« Vous m'comprenez, M'ame Hopkins ? »

Mme Hopkins la regarda sans détourner les yeux.

« Oui, Flora, répondit-elle, maîtrisant à grand-peine sa colère. Je te comprends parfaitement. »

Elle quitta la pièce sans se retourner. Pour célébrer sa victoire, Flora prit un verre et le laissa se briser par terre.

Elle se montra tout aussi impitoyable avec les clients dont elle s'occupait du linge, abandonnant les plus chiches d'entre eux au bon vouloir de la blanchisserie de Memphis, et ne gardant que ceux qui avaient fait preuve de gentillesse envers elle ou qui avaient bon cœur. De nouveaux clients se présentaient presque chaque jour et Flora les soumettait à un interrogatoire court mais serré avant de les accepter ou, le plus souvent, de les refuser.

Ses journées étaient remplies par le travail, ses soirées dévouées au soin de sa propre maison et à Ruthana, mais le peu de temps qui lui restait pour elle, Flora le passait à s'inquiéter. Elle n'avait reçu qu'une ou deux lettres de Willie depuis son retour à Chicago, et celles-ci pouvaient être décrites, au mieux, comme consciencieuses.

Une nouvelle lettre arriva quelques mois plus tard. C'était celle qu'elle redoutait. Son fils venait de s'engager dans l'armée, avec son ami Ab.

Flora reposa la missive et resta assise devant la table, le regard perdu dans le vide. Toutes les rumeurs qu'elle avait entendues résonnaient à ses oreilles : il n'y avait pas d'unités de couleur ; les Noirs dans l'armée ne se voyaient confier que des tâches subalternes ou ouvrières ; il n'y avait aucun risque pour qu'ils soient appelés à combattre réellement.

Tout cela n'avait pas de sens à ses yeux. Un port ou une ville peuvent être bombardés : il n'y avait pas que les marins sur leurs navires qui avaient péri à Pearl Harbor. Même s'il ne partait pas outre-mer, Willie pouvait tout de même être exposé au danger. Les bombardiers japonais n'avaient pas encore atteint la côte Ouest, mais ils pouvaient toujours y arriver et, ce jour-là, leurs premières cibles seraient les bases militaires.

Être soldat dans une guerre revenait à s'exposer au danger, et Willie allait être soldat dans la guerre.

Ruthana rentra de l'école, pour trouver sa maman attablée devant une pile de repassage inentamée.

« Qu'est-ce qui se passe, M'man ? » demanda-t-elle.

Flora ne répondit pas mais lui tendit la lettre, et Ruthana la parcourut. Elle fut ravie d'apprendre que Willie s'était engagé ; pour elle, c'était une aventure qui, même si elle n'aboutissait qu'à ce seul résultat, aurait le mérite de débarrasser Willie de sa coiffure ridicule. Mais elle aimait son frère, et l'idée qu'il puisse avoir à combattre dans la guerre lui fit peur.

Elle se fit rassurante : « Il s'en sortira, M'man », dit-elle en serrant Flora contre elle. « Ouais, il s'en sortira », chuchota Flora, et elle essuya ses yeux pleins de larmes. Il prit l'habitude de lui écrire régulièrement, une fois par semaine. Il se trouvait, racontait-il à sa mère, dans un camp d'entraînement de base en Géorgie. Le style de ses lettres changea : autrefois brèves et simples, elles se firent plus longues, pleines de détails sur sa vie et ses tribulations de soldat à l'entraînement racontées avec entrain, et puis elles débordaient d'amour.

Il lui envoya une photo de lui posant à côté d'un autre homme, grand et beau, bien bâti et noir comme la suie. « Ab », avait écrit Willie sur la photo, avec une flèche indiquant son compagnon. Et « Moi », avec une autre flèche pointée vers lui.

Elle ne savait pas pourquoi il avait jugé nécessaire de se désigner : elle l'aurait reconnu n'importe où, dans n'importe quel déguisement, pourtant ce n'était plus le fils qu'elle avait vu récemment à Stockton dans sa splendeur voyante de zazou. Et ce n'était plus non plus le garçon impatient qui était parti pour Chicago.

C'était un nouveau Willie, avec la tête rase et l'assurance d'un homme. C'était Willie le soldat en uniforme, trop jeune, ô combien ! pour une aventure aussi périlleuse, mais beaucoup trop vieux pour rester à la maison.

Il était le pécheur racheté, et de cela Flora remercia son Créateur. Le voyage qu'elle avait entrepris vers son passé, dans le but de trouver Luke, même s'il n'avait pas abouti, marquait le début de cette transformation, et la guerre son point culminant. Elle pria pour que l'issue ne soit pas plus douloureuse qu'elle ne pourrait le supporter.

Elle ne cessait jamais un instant de penser à Willie, ou à Luke. Elle avait écrit à son aîné, mais sans recevoir de réponse. Elle essayait parfois de se le représenter, d'imaginer son aspect, mais aucune image de lui ne se formait : seul apparaissait le visage de Willie. Le fait de ne pas posséder d'image de son premier fils l'attristait, mais au moins connaissait-elle son prénom, et elle pouvait l'inclure nominalement dans ses prières. Pour elle, il était un être vivant ; invisible, inconnaissable, intouchable, comme Dieu, mais qui, pour cette raison même, n'en était pas moins réel.

Puis Willie rentra à la maison, en soldat. Albie emmena Flora et Ruthana à la gare dans l'Oldsmobile avec Ernestine, et le cœur de Flora fut empli de joie lorsqu'elle constata que plusieurs amis de Willie étaient là, poussant des acclamations et agitant de minuscules drapeaux.

Il sauta du train, triomphal, plus élégant en uniforme que Flora n'aurait jamais pu l'imaginer. Il enveloppa sa maman dans ses bras, la souleva et la fit tourner, riant de ses larmes de joie, puis la serra contre son cœur. Après avoir étreint Ruthana à son tour, il se dirigea lentement vers Ernestine, posa ses mains sur ses hanches et attacha son regard sur elle, et elle le sien sur lui. Quoi qu'ils aient vu, cela dut manifestement leur plaire à l'un comme à l'autre, ainsi qu'à la foule enthousiaste ; puis sans la moindre gêne, il posa ses lèvres sur celles de la jeune fille pour un baiser qui dura une éternité.

Il ne resta pas longtemps, seulement quatre jours, mais ce furent parmi les plus doux que Flora ait jamais vécus. Il était l'homme qu'elle avait toujours espéré le voir devenir, et s'il n'avait pas réalisé le rêve d'instruction de son père, cela n'avait plus aucune importance. La vie lui en avait appris plus que n'importe quel manuel scolaire et il faisait face à l'avenir plein de confiance et de sérénité.

« T'as peur ? lui demanda-t-elle un soir.

— Bon Dieu, M'man, répliqua-t-il avec un rire. Pour sûr. J'ai peur qu'y m'laissent pas m'battre.

— Pour quoi faire, te battre ? rétorqua sèchement Flora. Ça suffit déjà bien que tu sois dans l'armée.

— Mais non, dit Willie, riant encore. J'suis soldat. Un soldat, c'est fait pour se battre. Et tant qu'y nous laisseront pas nous battre, j'serai pas un vrai soldat.

— Tu vas t'faire tuer, grommela Flora.

— Ça, ça me fait peur, reconnut Willie. J'en ai peur à crever de mourir. Mais je m'suis engagé dans l'armée pour défendre mon pays, et j'serai pas un vrai Américain tant qu'y m'auront pas laissé me battre. »

Soudain, avec passion, il devint un autre Willie, un Willie politique qu'elle n'avait jamais vu auparavant.

« Tu ne vois donc pas, M'man ? Jusqu'au jour où on s'ra les égaux des Blancs, on s'ra que des moitiés d'hommes, des hommes pas complets. Et tant qu'on nous laissera pas se battre à côté des Blancs, on n's'ra pas égaux. »

Mais il repartit d'un grand rire.

« Qu'est-ce que tu veux qu'on soye, cuistots, débardeurs, employés de cantine : membres de l'armée mais pas soldats ? Quand on s'ra partout, officiers et sergents et bidasses, et quand on se battra — et qu'on mourra —, alors on s'ra des hommes. Quand on pourra rendre nos mamans fières de nous, alors on s'ra des hommes. Et s'il faut qu'on meure pour y arriver, alors ce s'ra le prix à payer. Sans ça, on fera jamais rien d'autre que de trimballer du coton et récurer des chiottes.

— Mais j'suis fière de toi, moi, chuchota obstinément Flora. J'ai pas besoin que tu sois mort pour êt'fière.

— J'vais pas mourir, Maman, en tout cas pas dans cette guerre-ci. Mais j'serai pas un héros non plus. Et je mérite qu'on me donne une chance de le devenir. Le sang noir, ça vaut bien le sang blanc. »

Ces paroles, si elles ne réduisaient en rien sa douleur, la touchèrent profondément. Pendant le restant de son séjour, elle se satisfit du bonheur de l'avoir chez elle, et fit mine d'être optimiste quant à l'avenir. Il fut cantonné au fort Huachuca, dans l'Arizona, et elle s'en réjouit. Le risque de voir les Japonais envahir la Californie n'était plus, semblait-il, aussi grand. Mais s'ils y parvenaient quand même, Willie serait tout de même loin du front.

Elle ne lui en voulut pas du temps qu'il passa auprès d'Ernestine, car le fait apparaissait clairement à chacun, elle comprise, que ces deux-là devaient être ensemble ; et chacun pensait qu'ils le seraient à titre définitif lorsque Willie reviendrait de la guerre.

Obsédée par le bien-être de son propre fils, Flora n'avait pas vraiment pris conscience du sacrifice consenti par toutes les mères américaines. Cette réalité lui fut révélée avec une certaine force au dépôt de chemin de fer, lors du départ de Willie.

Une douzaine d'enfants de Stockton attendaient de prendre leur train, deux autres garçons qu'elle connaissait et neuf Blancs, parmi lesquels Kevin Hopkins, qui était venu en permission. Une bonne partie de la ville, Noirs comme Blancs, était réunie pour assister au départ parce que c'était un événement d'importance dans leur vie ; tous avaient des drapeaux à agiter et le bâtiment du dépôt était décoré de papier crépon.

Tandis qu'ils attendaient tous le train, Flora resta de côté avec Ruthana pour laisser Willie faire ses adieux à Ernestine. Elle aperçut Kevin Hopkins avec sa jeune épouse, déjà enceinte, et avec son père et sa mère ; elle perçut en Mme Hopkins une émotion qui répondait exactement à la sienne.

Le train arriva et chaque mère présente, tout en n'ayant d'yeux que pour son propre fils, aperçut aussi autre chose. Il était bondé de militaires, de l'infanterie pour la plupart, quelques recrues de la marine et de l'armée de l'air, mais pratiquement pas un seul civil. À chaque gare, chaque arrêt, chaque voie d'évitement sur plus de mille cinq cents kilomètres, le train avait pris des jeunes gens en uniforme, en route pour la guerre, et chacun d'eux avait fait des adieux aussi douloureux à sa propre mère que ceux que Willie s'apprêtait lui-même à faire.

Les hommes déjà à bord étaient plutôt joyeux, blancs dans les six premières voitures, noirs dans les trois dernières, et ils se penchaient aux fenêtres pour crier des encouragements aux camarades qui les rejoignaient, peut-être aussi pour assister aux adieux déchirants et se rappeler ceux auxquels ils avaient eux-mêmes eu droit.

C'était presque plus que Flora n'en pouvait supporter. Elle avait l'impression de se noyer dans une mer que la guerre aurait créée. Certains de ces hommes ne rentreraient jamais chez eux.

Elle s'efforça de se montrer courageuse pour Willie, mais pour finir, sa résolution faiblit et elle l'empoigna pour l'attirer vers elle. Il fut tendre, l'étreignit et lui embrassa les cheveux.

Le sifflet rententit.

« J'dois y aller », chuchota-t-il d'une voix rauque, et il jeta un regard vers Ernestine et Ruthana. Elles vinrent vers Flora et l'emmenèrent. Il monta dans le train et les chercha des yeux, puis agita la main et sourit, et ce sourire incita Flora à crier son nom.

La foule poussait des acclamations et agitait ses drapeaux. Le chef de gare siffla, le moteur cracha un nuage de fumée, haleta, fut lancé ; le train s'ébranla.

Flora aurait voulu que ce soit terminé. Elle avait l'impression que le train ne s'en irait jamais ; c'était comme s'il se traînait centimètre après centimètre, comme réticent à livrer sa charge ; mais elle se refusait à partir : ce train était peut-être la dernière vision qu'elle aurait de lui. Elle suivit le convoi des yeux, et les soldats, blancs et noirs, penchés aux fenêtres pour agiter la main en guise d'adieu — et l'un d'entre eux, elle n'en doutait pas, était Willie.

Elle n'avait conscience de rien, en dehors du bruit du train, qui s'éteignit peu à peu pour faire place au silence, et des cris de la foule, qui s'évanouirent lentement. Elle ne réalisa pas que la gare se vidait, jusqu'au moment où

Ruthana lui serra le bras. « Il est parti, M'man, l'informa-t-elle doucement. On rentre maintenant. »

Flora fit oui de la tête et se détourna. La foule avait disparu et seuls s'attardaient encore quelques petits groupes : les familles de ceux qui étaient partis, peu pressées de rentrer chez elles.

Elle vit Mme Hopkins en larmes, et M. Hopkins qui tentait de la consoler, et, encore une fois, elle reconnut la profondeur de cette émotion, parce qu'elle correspondait à la sienne.

Les larmes blanches ne sont pas différentes des larmes noires. Elles naissent de la même source, de cet inépuisable réservoir qu'est l'amour maternel.

29

Un jour peu avant Noël, Flora se rendait en bus à son travail. En passant devant l'hôtel de ville, elle constata qu'une antenne temporaire de la Croix-Rouge avait été installée sous une tente, pour le don du sang.

Elle y réfléchit toute la journée. Ce fut tout juste si elle entendit Mme Vaughan se plaindre de son nouveau jardinier temporaire, des rosiers qu'il avait si mal taillés, de la difficulté de trouver quoi que ce soit de convenable dans les magasins en matière de cadeaux de Noël, et de la complication des nouvelles cartes de rationnement, tellement bêtes : l'Amérique n'était-elle pas un pays de cocagne ? La guerre constituait un désagrément considérable pour Mme Vaughan, mais elle au moins n'avait pas de fils dans l'armée. Un de ses fils était à l'université et l'autre, réformé pour asthme chronique, continuait de travailler à Memphis.

Les mots de Willie résonnaient sans cesse aux oreilles de Flora : « Le sang noir vaut bien le sang blanc. »

Elle se décida à offrir un petit cadeau anonyme à un soldat qu'elle ne connaissait pas. Il ne lui coûterait rien et aurait peut-être pour lui une valeur inestimable.

Sur le chemin du retour, elle descendit du bus à l'hôtel de ville puis hésita quelques instants. Elle avait beau le traverser presque chaque jour en autobus, elle ne venait que rarement dans ce quartier. Cela ne lui était pas interdit, n'importe quel Noir avait le droit de venir ici, et certains ne s'en privaient pas, de même que certains Blancs déambulaient librement dans le quartier noir, mais Flora y éprouvait toujours l'impression d'être une étrangère. La loi était la même, mais les règles variaient sauf sur un point : comme partout, les Noirs prenaient la seconde place.

Le matin, elle avait vu une petite queue de gens qui attendaient à l'entrée de la tente ; à présent, il n'y avait personne. Flora se concentra sur la grosse croix rouge sur fond blanc et se dirigea vers la tente. Elle espérait que cela ne serait pas douloureux. Elle n'avait jamais subi d'injection d'aucune sorte. Puis elle se dit que ce ne pouvait pas être pire que lorsqu'elle se piquait le doigt avec une aiguille en cousant. Et ça, c'était une douleur légère pour elle.

Il n'y avait personne dehors, et Flora se demanda si elle devait passer par-derrière, s'il y avait une entrée séparée pour les gens de couleur comme au Star Café, en face. Elle fit le tour de la tente, mais ne voyant aucun panneau, aucune autre ouverture dans la toile, elle retourna à l'entrée principale et entra.

Une infirmière blanche en uniforme blanc était assise à un bureau à l'entrée. Au-delà se dressaient plusieurs lits de camp, quelques écrans et une seconde infirmière plus âgée. Un ou deux hommes étaient allongés sur des lits, avec des tubes reliés à leur bras, emplissant de sang des bouteilles d'un demi-litre suspendus à des supports.

L'infirmière dévisagea Flora, l'air quelque peu mal à l'aise. Elle ne dit rien.

« Qu'est-ce que j'fais ? s'enquit Flora.

— Que voulez-vous dire ? demanda l'infirmière qui avait l'air perplexe.

— Pour donner mon sang, dit Flora.

— Vous voulez donner votre sang ? »

D'ores et déjà, Flora sentait bien qu'elle avait commis elle ne savait quel impair, qu'elle avait transgressé quelque invisible ligne de démarcation, mais elle ne pouvait imaginer de quoi il s'agissait.

« Je suis venue pour ça. J'ai cherché l'entrée pour personnes de couleur. »

Cela au moins, pour l'infirmière, ça voulait dire quelque chose.

« Il n'y en a pas. » Elle jeta un coup d'œil à la ronde. Elle consulta ses papiers, puis à nouveau la tente. Elle ne regardait pas Flora. À l'évidence, elle était très mal à l'aise. « Attendez-moi là. » Elle s'éloigna et chuchota quelques mots à l'autre infirmière. Toutes deux jetaient des coups d'œil vers Flora. La jeune infirmière revint.

« Vous devez partir, dit-elle d'une voix douce.

— Mais je veux donner mon sang, insista Flora.

— Ce n'est pas possible », repartit l'infirmière.

La réalité ne frappa pas Flora comme un coup de massue. Elle se révéla plus lentement, parce qu'elle ne voulait pas y croire, cependant assez vite quand même. Mais si c'était cela, alors il allait falloir le lui dire en face.

« Pourquoi ? » Elle exigeait de savoir.

« Nous ne voulons pas de votre sang », dit l'infirmière. Elle commençait à s'énerver.

« Pourquoi ? » répéta Flora.

L'infirmière perdit toute retenue.

« On ne prend pas le sang négro », articula-t-elle sèchement.

Pour Flora, c'était inconcevable. Son lait avait nourri un enfant blanc, Kevin. Son sang pouvait en sauver un autre. Une colère profonde monta en elle.

« Le sang noir, ça vaut bien le sang blanc, dit-elle, se souvenant des paroles de Willie.

— Oh ! allez-vous-en à la fin », chuchota férocement l'infirmière. Elle était seulement jeune, n'avait même pas encore achevé sa formation. C'était son premier jour à ce poste, et elle ne s'était encore jamais trouvée confrontée à une pareille situation.

« Mon fils est soldat, insista Flora. Et s'il est blessé, quel sang vous allez lui donner ?

— Nous en avons suffisamment », rétorqua l'infirmière, priant Dieu pour que cette femme s'en aille.

« Alors pourquoi ces gens-là continuent à en donner ? » demanda Flora, montrant du doigt les deux donneurs qui ne perdaient pas une miette de la discussion.

« Sors d'ici, négresse, intervint l'un d'eux. Cesse de faire des histoires.

— J'essaie de faire mon devoir de chrétienne ! » Pour qu'il l'entende, Flora avait élevé la voix. Elle finit par s'emporter. Elle se tourna vers l'infirmière.

« Eh bien, moi, j'veux pas qu'vous donniez du sang blanc à mon garçon, dit-elle. J'veux pas une goutte de sang blanc dans son corps ! Alors qu'est ce que vous comptez faire ? »

Elle savait qu'elle ne recevrait aucune réponse satisfaisante, mais il fallait qu'elle ait le dernier mot.

Elle insista : « Hein ? Qu'est-ce que vous comptez y faire, ma'zelle ? »

Elle tourna les talons et sortit de la tente. Elle ne s'arrêta pas à la station de bus ; elle ne voulait pas être obligée de s'asseoir à l'arrière d'un bus plein de Blancs. Elle était furieuse contre les Blancs et leur maudite supériorité que rien ne justifiait et elle était furieuse contre elle-même pour avoir été aussi bête.

Elle aurait dû s'en douter ou deviner. Quand elle était passée devant le poste de la Croix-Rouge ce matin-là, elle n'avait pas vu un seul Noir dans la file de ceux qui attendaient pour donner leur sang.

Elle marcha d'un pas furieux dans les rues, s'invectivant intérieurement pour libérer sa colère. Elle voulait se retrouver entourée de gens de sa propre race.

Il n'y avait pas loin à aller, mais la distance était immense, c'était à tout un monde de là.

30

À la réunion du mardi soir, Flora raconta aux femmes présentes que la Croix-Rouge ne prenait pas le sang des Noirs, pas même pour sauver des vies noires. La plupart d'entre elles furent choquées, mais comme toujours, Pearl prit les choses avec plus de recul. Pearl commençait d'ailleurs à énerver Flora.

« Comment le pourraient-ils ? s'exclama Pearl, avec une certaine suffisance. Ça ridiculiserait toutes leurs lois.

— Et comment ça ? demanda Mme Sanford.

— Y suffit d'une toute petite goutte de sang noir pour faire de vous quelqu'un de couleur, qu'y disent, répondit Pearl. Qu'ils donnent du sang noir à des garçons blancs, et y rentreront tous chez eux colorés. »

Pearl émit un petit gloussement.

« Et alors y s'raient mal partis, pasque la banque du sang est anonyme, et y sauraient plus qui est blanc et qui est noir ! Et ça, me demandez pas pourquoi, il faut qu'ils le sachent. »

Cette remarque était à la fois si ridicule et si vraie qu'elle relâcha quelque peu la tension, mais sans atténuer la perplexité ou l'indignation.

« Mais si ça peut leur sauver la vie..., reprit Vera Jackson, exprimant l'incompréhension générale.

— Sœur Pearl a raison, ça leur est bien égal ça, intervint Mme Lake. Certains de ces pauv'Blancs préféreraient se tuer, plutôt que d'avoir une seule p'tite goutte de sang noir dans les veines.

— Kevin Hopkins », murmura Flora.

Mme Hopkins, la mère de Kevin, serait peut-être prête à payer n'importe quel prix, fût-il élevé, pour sauver son fils. Mais sûrement pas Kevin.

Elles en discutèrent un certain temps, et quand elles rentrèrent chez elles, elle en parlèrent à leurs maris ou à leurs familles, puis d'autres hommes, d'autres femmes discutèrent de la question, et celle-ci s'ajouta à d'autres à propos d'injustices similaires dont débattaient des Noirs dans tout le pays ; et la rumeur s'enfla au point de devenir un rugissement, lequel finit par exploser un jour à Detroit, en une émeute qui laissa plusieurs morts sur le pavé.

Ce n'était pas juste l'histoire du sang, ni même, fût-ce indirectement, l'expérience humiliante vécue par Flora au poste de la Croix-Rouge. C'était l'accumulation de milliers, de millions d'incidents minuscules du même genre dans tout le pays, au Nord comme au Sud, des injustices graves amplifiées par l'ironie de la guerre au point de devenir une force explosive. Pourquoi se battaient-ils donc ?

Pour le révérend Jackson, la réponse prit la forme d'une révélation, qu'il dut partager avec sa congrégation. Il ne faisait aucun doute pour lui que d'autres prédicateurs noirs dans tout le pays avaient reçu la même révélation, que Dieu leur parlait de Sa voix puissante et qu'ils ne pouvaient ignorer.

« Nous combattons dans deux guerres, proclama-t-il le dimanche suivant, à l'homélie. L'une sera plus longue et plus dure que l'autre. Nous sommes l'armée et nous seuls pouvons remporter la victoire ! »

Il expliqua qu'il y avait la guerre outre-mer, la guerre contre les Japonais, que l'on allait gagner.

« Alléluia ! » s'exclamèrent les fidèles, parce que cela semblait bien être le cas. L'avancée ennemie avait été bloquée et quelques petites îles du Pacifique reprises, quoique au prix de nombreuses pertes humaines.

Et puis il y avait la guerre intérieure, qui serait plus

dure, plus longue, plus directement douloureuse pour eux, parce qu'ils faisaient tous partie de l'armée : chaque homme, femme ou enfant ayant été enrôlé par Dieu pour ce combat.

« Que Dieu soit loué ! » s'écrièrent-ils, car chacun commençait à entrevoir que c'était sans doute vrai.

La radio fut le messager porteur d'espoir. Les émeutes de Detroit et d'autres villes furent abondamment couvertes par la presse, et pas toujours avec bienveillance, car le pays était obsédé par l'autre guerre, celle qui se déroulait à l'étranger. Mais dans une large mesure cette guerre-là ne pouvait être discutée sur les ondes : elle était classée « secret », ou trop stagnante. Les premières petites incursions de Noirs dans le monde blanc, elles, n'étaient pas classées, pas secrètes, pas stagnantes, et s'étalèrent à la une des journaux et sur toutes les ondes.

Il y eut aussi diverses preuves, mêmes infimes, du fait que l'ennemi ne présentait pas un front uni. À Chicago, des clients blancs avaient acclamé quelques Noirs qui exigeaient d'être servis dans un restaurant blanc et avaient obtenu satisfaction.

« Mais je vois venir votre question, poursuivit le révérend Jackson. Je vous entends déjà me demander : Que pouvons-nous faire ? »

Il avait raison, c'était la question qui leur brûlait les lèvres à tous. Le choc de la guerre outre-mer les avait tous incités à agir, mais ils ne savaient pas comment se battre sur le front intérieur parce qu'ils ne voulaient pas trahir leur pays et parce que l'ennemi, la ségrégation, semblait invincible.

« Pas grand-chose, reprit gaiement le révérend Jackson. Rien dans le Sud, à la campagne : nous n'y sommes pas assez nombreux pour l'emporter. »

Il était de très bonne humeur. Ces rares, minuscules victoires dans le Nord l'avaient inspiré. Il doutait qu'il y en ait d'autres, savait que cette guerre civile serait sûrement très longue, mais il était habité par le sentiment qu'il y aurait du changement, et que ce ne pouvait être que pour le mieux.

« Mais il y a quelque chose que nous pouvons faire ! annonça-t-il. Que ceux qui connaissent l'A.N.A.P.C. lèvent la main ! »

Une demi-douzaine de mains se dressèrent, celle de Pearl la première.

« C'est l'Association nationale pour l'avancement des personnes de couleur, tonna le révérend Jackson. Elle existe depuis de nombreuses années et elle vise au progrès de tous les gens de couleur d'Amérique ! »

Ils accueillirent cette information en silence.

« Y a-t-il des membres parmi vous ? » leur demanda-t-il encore. Pearl baissa le bras.

« Voilà donc la première chose que vous pouvez faire ! claironna le révérend Jackson. Adhérez à cette association ! Soyez de bons membres ! Soutenez ce qu'ils font et ce qu'ils ont déjà fait ! Montrez à nos frères noirs, à nos sœurs noires là-bas dans le Nord que ça compte pour vous ! »

L'assemblée poussa des acclamations enthousiastes, et le père Jackson parut satisfait. Sans doute n'adhéreraient-ils pas tous à l'association, mais certains le feraient. Et pour l'heure, même quelques-uns suffisaient. Il le leur rappellerait encore, et d'autres s'inscriraient, et ils finiraient par former une armée.

Flora n'adhéra pas. Elle comptait pourtant le faire et en avait discuté avec Pearl. Mais quelque chose venait toujours l'en empêcher.

Ruthana notamment. Pour la première fois, Ruthana manifestait par quelques signes légers un dangereux désir d'indépendance. Flora veillait toujours à ce qu'elle s'habille de vêtements ternes, mais Ernestine lui avait offert des rubans pour son anniversaire, et Flora n'avait pas eu le cœur de lui interdire de les porter.

Elle commençait à s'inquiéter de l'influence croissante que prenait Ernestine sur Ruthana. Ernestine venait voir sa fille plusieurs fois par semaine, apportant des nouvelles extraites des lettres de Willie, ou pour demander à Flora si elle en avait reçu. De bien des manières, Ernestine allégeait le fardeau de Flora : elle préparait souvent le repas du soir pendant que Flora se reposait, ou montrait à Ruthana comment cuisiner des plats qui dépassaient le simple savoir-faire de Flora.

Elle autorisait Ernestine à emmener Ruthana au cinéma pour Noirs une fois par semaine, et évitait de trop se fâcher lorsqu'elles rentraient en retard parce qu'elles s'étaient arrêtées Chez Pop pour boire un soda. Ce qui inquiétait Flora, c'était les sujets dont elles parlaient lorsqu'elles se retrouvaient seules.

Non pas que la moralité d'Ernestine lui inspirât le moindre doute. C'était incontestablement une fille « bien » et qui allait sans doute épouser son fils, et elle était sûre qu'Ernestine gardait sa virginité pour Willie. Mais Ernestine avait plusieurs années de plus que Ruthana et travaillait dans une boutique qui vendait des vêtements très modernes, et entretenait certaines idées qui faisaient peur à Flora.

Ernestine avait été au courant des pertes de jeu de Willie. Que savait-elle d'autre à son sujet ?

Par bien des aspects, Flora souhaitait que Ruthana ressemble à Ernestine, fuyant les tentations du monde et se gardant pour un homme bien.

Le problème était simplement que Flora ne faisait confiance à personne pour l'éducation de Ruthana, pas même à Ernestine. Elle était déterminée à lui éviter de commettre trop d'erreurs, trop tôt, et la seule manière d'y arriver consistait à limiter les choix de la jeune fille.

Et d'abord, quinze ans, c'était bien trop jeune pour aller danser.

« Maman ! avait crié Ruthana, rentrant en trombe à la maison un soir. À Halls, la grande base de l'armée de l'air, les soldats de couleur donnent un grand bal samedi en quinze. Ils ont invité tous les lycées de couleur pasqu'y veulent que les filles viennent, Maman ! »

Flora ne l'avait jamais vue excitée à ce point.

« Y-z-auront même leur orchestre, avec seize instruments, et là-dedans, y a des musiciens vraiment connus ! Faut que tu me laisses y aller ! »

Flora n'avait été à son premier bal qu'à dix-sept ans. Et pour Ruthana, ce serait pareil. « Non, mon bébé, pas question que t'ailles au bal, soldats ou pas soldats », dit Flora, essayant de rester douce.

Elle vit la douleur dans les yeux de Ruthana, l'immense déception.

« Mais, Maman, pourquoi ? »

Flora ne pouvait avancer aucun argument acceptable aux yeux de Ruthana, pas même la rumeur selon lesquelles des douzaines, d'innombrables filles, certaines encore plus jeunes que Ruthana, avaient été danser avec des soldats et s'étaient retrouvées enceintes.

« Jamais j'ne ferais une chose pareille ! s'était écriée Ruthana, au bord des larmes.

— Tu n'sais pas c'que tu ferais, si un beau soldat venait faire le joli cœur avec toi, insista Flora. C'est comme je te l'ai toujours dit, ma fille. Y n'veulent qu'une chose. — C'est pas juste ! cria Ruthana. Tu m'laisses jamais rien faire ! »

Et elle était partie dans sa chambre en claquant la porte.

Flora en fut choquée. Elle se souvenait bien d'avoir crié à sa mère plus d'une fois, mais Ruthana était une fille placide, qui se plaignait rarement. Visiblement, ce bal était un événement important à ses yeux, ne serait-ce que parce que toutes ses camarades de classe y seraient, et Flora se demanda si sa décision n'avait pas été trop sévère. Elle n'avait cependant aucune intention de céder, mais se dit qu'elle devrait peut-être tenir Ruthana un peu moins serrée et essaya d'imaginer une sortie agréable pour elle, ou un joli petit cadeau pour égayer son existence.

Elle alla gratter à sa porte.

« Chérie. Je suis désolée, laisse-moi te parler », supplia-t-elle.

Le silence lui répondit. Flora ouvrit la porte et entra. Ruthana, allongée sur son lit, regardait fixement le mur d'en face.

Flora se lança : « J'peux pas t'laisser aller au bal, c'est pour ton bien, tu n'as que quinze ans.

— Toutes les autres iront, marmonna Ruthana.

— Leurs mamans ont peut-êt' d'aut'z'idées », concéda Flora.

Ruthana se retourna et lui lança un regard accusateur.

« T'as pas confiance en moi ? lança-t-elle, comme un défi.

— En toi j'ai confiance, ma chérie, promit Flora. C'est les hommes qui m'inspirent pas confiance. »

Elle réalisa qu'elle mentait : elle n'avait pas confiance en Ruthana. Elle se souvint de son premier bal et de Lincoln, et d'elle-même qui aurait fait n'importe quoi s'il le lui avait demandé.

Elle se mit à marchander, cédant un peu de terrain : « J'vais te dire quoi. Ton premier bal, ce sera quand tu auras seize ans. Alors je te laisserai y aller.

— C'est dans trois mois seulement, rétorqua Ruthana, boudeuse. C'est quoi la différence entre maintenant et dans trois mois ?

— J'peux pas te l'expliquer, avoua Flora. Mais je sais. »

C'était bête, et Flora le savait bien : quelle différence pouvaient bien faire trois mois ?

Mais cela en faisait bel et bien une. Elle chercha à se faire pardonner.

« P'têt' bien que je suis un peu trop dure avec toi. P'têt' que tu prends pas beaucoup de bon temps dans ta vie. »

Elle sourit d'un air désabusé.

« D'ailleurs c'est p'têt' vrai pour nous deux. Pourquoi toi et moi on ne sortirait pas sam'di soir au ciné, et après un soda Chez Pop ? Avec Ernestine, si tu veux. On va prendre un peu de bon temps ensemble. »

Elle fit une dernière concession.

« Et p'têt' qu'on devrait commencer à te chercher une jolie robe, une robe de fête que tu porteras au bal, quand tu auras seize ans. Quéqu'chose de joli. Quéqu'chose de spécial. »

Si Ruthana ne sourit pas, comme l'avait espéré Flora, elle renonça à se battre, pour le moment du moins. Elle redevint ce qu'elle était naturellement, une jeune fille renfermée, digne de confiance et, songea Flora pour la première fois, un peu triste.

« D'accord, Maman », dit-elle.

Elles sortirent en effet, le samedi suivant, au ciné, dans la salle miteuse réservée à la communauté de couleur, qui offrait un contraste saisissant avec l'établissement nettement plus élégant destiné aux Blancs. Ruthana passa une bonne soirée, mais pas Flora. Les actualités étaient entièrement consacrées à la guerre, plus précisément aux féroces combats qui se déroulaient sur une île de l'océan Pacifique, où l'on déplorait la perte de nombreuses vies nord-américaines. Cette information remplit Flora de détresse et, pendant tout le spectacle, elle fut incapable de détacher ses pensées de Willie.

Dans sa dernière lettre, son fils était tout excité parce que après plusieurs mois d'ennui au fort de Huachuca il venait d'être cantonné à San Francisco. Si la ville le divertissait pendant ses heures de liberté, son travail était ennuyeux — une prolongation de celui qu'il effectuait à l'entrepôt de Chicago — et consistait à charger et à décharger du ravitaillement. Maintenant, enfin, il allait connaître le service actif : Ab et lui allaient être envoyés en Australie.

Flora, qui ne savait pas où se trouvait l'Australie, avait

consulté l'atlas de Ruthana et l'avait dénichée de l'autre côté de l'océan Pacifique.

Elle était rongée d'inquiétude. Jusqu'alors, tous les grands combats de cette guerre s'étaient déroulés dans le Pacifique, et d'innombrables vies avaient été perdues. Même si Willie n'était pas détaché dans une unité de combat, il lui faudrait quand même traverser cet océan déchaîné pour arriver jusqu'en Australie. Quand les actualités montrèrent des avions japonais attaquant un porte-avions américain, le désespoir de Flora fut à son comble. Elle songea que disparaître dans un cuirassé en mer, piégé entre le feu et la noyade, devait être une mort bien cruelle.

Deux films suivirent les actualités. Le premier, enjoué et gai, qui avait pour thème le patinage sur glace, avec Sonja Henie vêtue de jupes scandaleusement courtes aux yeux de Flora, fut suivi d'un second plus sombre mettant en scène une famille anglaise pendant la guerre. Ce fut extrêmement pénible pour Flora, sans qu'elle puisse pour autant détacher ses yeux de l'écran, hypnotisée par ces images en noir et blanc tirées des vies d'autres gens qui lui semblaient douloureusement réelles. Par un curieux processus d'osmose, elle s'identifia totalement avec la vedette anglaise à l'accent élégant. La couleur de peau, la nationalité, tout cela comptait pour rien : seule importait la douleur d'une mère.

Flora n'avait pas proposé à Ernestine de les accompagner ; elle avait décidé qu'il serait bon que Ruthana et elle passent une soirée à deux, pour discuter et, espérait-elle, rire ensemble, puis se réconcilier après la dispute à propos du bal. Elles allèrent prendre le soda promis Chez Pop, et Flora s'aperçut à sa grande surprise que le café avait bien changé depuis tant d'années qu'elle n'y mettait plus les pieds. C'était plus gai, mieux éclairé, avec un mobilier neuf et moderne, les cabines étaient toutes en similicuir rouge vif et une musique joyeuse et inconnue d'elle s'élevait d'un juke-box illuminé. Flora essaya de se montrer gaie pour Ruthana, et une partie d'elle-même s'amusait bien, mais elle ne pouvait pas débarrasser son esprit des images des actualités, ni de ses inquiétudes au sujet de Willie.

Elle fut soulagée de voir arriver Ernestine au bras de Clara, et se surprit un peu elle-même lorsqu'elle s'entendit suggérer que Ruthana reste avec elles un moment, mais qu'elle ne rentre pas trop tard.

Elle regagna sa maison à pied, heureuse de se retrouver seule et, une fois chez elle, s'installa dans le rocking-chair qu'elle venait de s'acheter. Il n'était pas exactement neuf : elle l'avait déniché au fond du bazar de Pete, un peu abîmé, mais confortable et pas cher. Son balancement soulageait la douleur de son dos qui revenait avec l'hiver et elle y resta une heure, tâchant de ne plus penser au film, s'efforçant de ne songer qu'au visage souriant de Ruthana, mais sans pouvoir se débarrasser des images de Willie, de navires en flammes et d'hommes noyés.

Mais aussi d'un autre visage, qui n'avait ni traits ni forme, mais qu'elle savait être celui de son fils aîné.

Elle renonça à s'inquiéter pour Ruthana — la jeune fille était en bonne compagnie — et se rendit dans sa chambre où elle s'agenouilla devant son lit afin de prier pour Willie et Luke. Tandis qu'elle priait, elle entendit Ruthana rentrer. Elle chantonnait doucement.

Sa relation avec Ruthana était en passe d'évoluer, car elle ne se souvenait plus d'elle petite fille, mais seulement de la jeune femme qu'elle était devenue. Elle faillit céder, fut sur le point de changer d'avis, d'aller trouver Ruthana pour lui dire qu'elle pouvait aller au bal.

Puis un autre visage lui revint à l'esprit : celui de Charlie lorsqu'il était jeune. Elle se rappela sa propre première soirée dansante, devant une grange, toutes ces années auparavant, puis se remémora la joie éclatante qu'elle avait lue dans les yeux de Charlie alors qu'elle dansait avec lui et sut que c'était sa propre joie. Elle se rappela la douceur du désir qui l'avait envahie alors. Ruthana devait éprouver ces mêmes émotions, et il n'y avait rien que Flora puisse faire pour l'en empêcher, mais elle ne lâcherait pas prise, pas encore. Là, dehors, les tentations étaient trop nombreuses.

Flora se coucha et fut emportée par le sommeil, mais réveillée un peu plus tard par un cauchemar peuplé de navires en flammes et de noyés. Elle resta éveillée une heure, s'efforçant de penser à tout sauf à la guerre, et finit par se rendormir enfin, mais d'un sommeil agité, comme toujours.

Flora était seule chez elle le mardi suivant, occupée à repasser des chemises. Elle se sentait fatiguée et irritable. Elle avait l'impression de passer tout son temps à repasser les chemises des autres, ou à genoux pour récurer leurs sols ou leurs toilettes. Elle commençait à se demander si tout cela avait un sens. Son pot à pièces était presque plein désormais, et elle avait même pris l'initiative extraordinaire de mettre de l'argent sur un compte d'épargne, mais à quoi bon ? Survivre ne devait sûrement pas être une fin en soi.

Willie avait quitté la maison et ne reviendrait plus jamais y vivre. Ruthana s'en irait à son tour dans quelques années. Allait-elle finir comme Charlie, vieille, seule et oubliée de tous ?

On frappa à la porte. Flora était perplexe. Rares étaient ceux qui venaient lui rendre visite à cette heure, à moins que ce ne soit Pearl, venue en quête de quelques commérages sous prétexte de lui demander une tasse de sucre.

Elle vit une voiture et un homme en uniforme, un soldat, un officier, debout devant sa porte, et son cœur faillit cesser de battre. Quelque chose avait dû arriver à Willie.

Au moment même où cette pensée lui traversait l'esprit, elle sut qu'elle n'était pas rationnelle. Les mauvaises nouvelles arrivent par télégramme. Oui, mais on était en guerre. Les règles pouvaient changer, et pour quelle autre raison un officier viendrait-il frapper chez elle ?

Elle n'osait pas ouvrir, et il frappa encore, plus fort cette fois. Elle s'approcha tout doucement de la porte, lentement, et l'ouvrit d'un cheveu. Elle devait savoir.

L'officier était plus âgé que Willie ; il devait avoir cinq ou six ans de plus, mais il était encore jeune et plutôt beau. Sa peau était couleur de café, ses yeux d'un marron doux. Il était net, propre, soigné. Son attitude trahissait son sérieux mais aussi une légère nervosité, ce qui la confirma dans son impression qu'il devait être porteur d'affreuses nouvelles.

« Madame Palmer ? » demanda-t-il. Sa voix douce était celle d'un homme cultivé.

Flora fit oui de la tête.

« Je suis Luke, annonça-t-il. Luke Fleming. »

31

Elle lui avait préparé une tasse de café et, debout, le regardait boire à petites gorgées. Il avait l'air déplacé dans son élégant uniforme de lieutenant et Flora fut vivement consciente du fait que sa petite maison, quoique propre et bien tenue, était aussi un peu miteuse.

Elle pensait qu'il n'avait pas sa place ici, et n'avait aucune idée de ce qu'elle allait bien pouvoir lui dire, alors que depuis des années elle préparait ce qu'elle dirait si ce jour venait. Elle avait l'impression qu'un gouffre béant les séparait, qu'elle ne savait comment combler. Et puis l'impensable se produisit. Une part d'elle-même eut envie de le prendre dans ses bras, et de le tenir — le tenir tout simplement.

Mais, parce qu'elle ne savait pas ce qu'il pensait d'elle, et redoutait de le savoir, une autre part d'elle voulait qu'il s'en aille.

Elle lui demanda : « Pourquoi t'es venu ? »

Il la regarda comme on regarde une étrangère, ce qu'elle était pour lui. Mais ce que Flora ne comprenait pas, c'est que cette étrangère il désirait la connaître.

« Parce que c'était possible, répondit-il avec un léger sourire. Et parce que je le voulais. »

Le sourire s'éteignit.

« Parce qu'il le fallait, dit-il. C'est vrai que tu es ma Mamé ? »

Ce terme lui déplaisait. C'était un mot du Sud, un vieux mot du temps de l'esclavage, c'était comme cela que les enfants blancs appelaient leurs nourrices noires, et elle était plus, beaucoup plus que cela.

« Oui, fit-elle. J'suis ta Mamé. »

Il fit oui de la tête, mais pas comme si elle venait de lui apprendre quelque chose de nouveau.

Il reprit : « J'ai reçu tes lettres. » Elle lui avait écrit trois fois au cours des trois dernières années. Une fois par an, le jour de son anniversaire.

« Pour commencer, je ne savais pas quoi faire, qu'en penser », dit-il. Il sourit à nouveau, le même petit sourire timide.

« Je voulais que tu saches pourquoi, murmura Flora.

— Je crois que j'ai toujours su, dit-il. Ou que je l'avais deviné. Mon Papé n'était pas... (il chercha le mot juste) quelqu'un de bienveillant. »

Il avala une gorgée de café.

« D'abord ils m'ont raconté que tu étais morte, mais ils refusaient de parler de toi, ne voulaient pas me dire comment tu étais, comment tu avais rencontré Papé, ou comment tu étais morte. C'était comme si tu n'avais jamais vraiment existé pour eux. »

Elle savait qu'il disait vrai.

« Gran'ma m'a dit que je devais la considérer comme ma Mamé, mais j'étais un peu plus foncé qu'elle et nettement plus foncé que mon Papé, et ça ne rimait à rien pour moi. »

Que pouvait-elle dire ?

« Mon Papé, il était gentil avec toi ? »

Elle le dévisagea. Devait-elle mentir ?

Elle répondit : « Non. Il était pas gentil. »

Il hocha encore la tête.

« C'est bien ce que je pensais. »

Il resta assis, silencieux quelques instants, et Flora comprit que c'était aussi difficile pour lui que pour elle, qu'il était en train de lancer un pont entre eux.

« Il ne s'est jamais marié. Il était toujours parti, à Atlanta ou à La Nouvelle-Orléans, et la vieille Nana restait enfermée dans sa chambre, tout le temps malade ; et Gran'ma, eh bien, elle était costaud. Et Gran'pa. Ils n'arrêtaient pas de me dire que j'étais spécial et que je devais réussir à l'école parce que je valais mieux que les autres garçons, parce que j'étais un Fleming et que je devais perpétuer le nom de la famille, et je ne me sentais pas spécial, je me sentais juste... je ne sais pas... seul. »

Il la regarda encore, et elle vit que ses yeux brillaient.

« Et tu me manquais, Mamé. »

Ce fut à cet instant précis qu'il devint son petit garçon.

« La vieille Nana est morte et Papé s'est fait tuer, et j'ai cru que la fin du monde était arrivée, seul dans cette grande maison vide avec Gran'ma qui ne m'aimait pas. Elle aimait son fils, mon Papé. Gran'pa a vendu les terres et fichu le camp, et elle s'est enfermée dans sa chambre. Je crois que, pour une raison ou une autre, elle me tenait pour responsable de la mort de Papé. Elle jugeait tout le monde responsable, alors pourquoi pas moi aussi ? »

La pensée qu'il vécut seul dans cette maison sans amour était insoutenable pour Flora.

« Bessie s'occupait de moi. Tu connais Bessie ? »

Flora fit signe que oui de la tête.

« Le vieux Joseph aussi. Ils étaient gentils. Et je leur ai demandé un jour où était ma Mamé, si elle était au ciel. Je devais avoir, oh p'têt' quinze ans. Ils n'ont pas répondu directement et je me suis mis à crier après Bessie, je lui ai dit qu'il fallait que je sache, et elle m'a dit. Mais elle ne savait pas où tu étais. Elle ne se rappelait même pas ton nom. »

Il redevint silencieux, puis la regarda directement, d'un air presque accusateur.

« Et je te détestais. À cause de ce que tu avais fait. »

Flora était incapable de soutenir son regard. Elle baissa les yeux. Pourquoi ne la détesterait-il pas ? Elle se détestait bien elle-même.

« Je suis allé à l'université d'Atlanta, et j'étais bien content d'être loin de cet endroit. J'étais presque heureux, tout seul. »

Ce que Luke ne disait pas, c'était à quel point il avait été malheureux, même à la faculté. Il était le seul Noir dans une université pleine de Blancs parce que sa famille avait de l'argent. Il ne lui raconta pas comment il avait essayé d'être blanc, et échoué.

« Et puis j'ai reçu ta lettre. »

Maintenant tout allait s'arranger, maintenant il allait comprendre, se dit-elle.

« Et j'étais tellement en colère contre toi. Je n'arrivais pas à comprendre comment tu avais pu m'abandonner.

— J'voulais pas ! s'écria-t-elle. Y t'ont pris ! J'avais pas le choix !

— À présent, je le sais », reconnut-il doucement.

Il ne révéla pas que c'était Bessie qui le lui avait fait comprendre, et le vieux Joseph et même Charlie. Élevé dans l'aisance matérielle, dans des conditions privilégiées quoique dans la solitude, il n'avait jamais compris que les Noirs n'avaient guère le choix.

En recevant la première lettre de Flora, il avait éprouvé de la colère, mais rentré chez lui, il l'avait montrée à Bessie et lui avait demandé de lui dire la vérité. Elle lui avait révélé la réalité de sa vie, de leurs vies à tous, et cela lui avait ouvert les yeux. Il était allé trouver Joseph, malade, mourant même, qui, après avoir travaillé des années pour les Fleming, ne possédait rien, ni argent ni famille et si peu d'amis. Il était allé voir Charlie et avait vu ce qu'il n'avait jamais vu auparavant, parce que jusqu'à ce jour il n'y avait jamais attaché d'importance.

Luke était retourné au collège, décidé à réussir, mais pas dans le monde de l'homme blanc. Lorsqu'il avait décroché sa licence, il avait trouvé un emploi dans le cabinet d'un avocat de peu de talent, un Noir, un des rares de sa race, et il s'était consacré à améliorer le sort des gens de couleur, des pauvres, des dépossédés, menant leurs combats à leur place. Il était devenu exactement ce que sa famille — à l'exception de sa mère — n'aurait pas voulu qu'il soit.

« Pourquoi t'es dans l'armée ? » lui demanda Flora, intensément fière de lui.

Luke haussa les épaules.

« Il y a à faire, dit-il. Des combats à mener. L'armée est tout aussi injuste pour l'homme noir que le reste du monde. »

Il se reprit : « Que le reste des États-Unis. »

Il lui raconta une histoire drôle. En Grande-Bretagne, il y avait des bars où les militaires blancs américains n'étaient pas admis. Seuls les Anglais (et les Noirs américains) étaient servis.

Elle sourit de son histoire, qui lui avait bien plu, mais tout cela n'était rien à côté de ce qui les occupait.

« Pourquoi t'es venu ? » Elle avait besoin de le savoir.

Avec un haussement d'épaules, Luke répondit : « Je ne sais pas. J'y ai beaucoup réfléchi et je ne sais pas. Tu n'avais pas d'existence réelle, et je n'étais pas certain de vouloir que tu en aies une, au cas où je ne t'aimerais pas. Puis on m'a affecté en Europe. Je pars demain, et il fallait que je te voie, il fallait que je sache... si quelque chose devait m'arriver... »

Une fois encore, elle crut voir briller des larmes dans ses yeux. Si ce qu'il avait dit jusqu'à présent semblait formel, presque répété, ces derniers mots lui avaient échappé.

« Je voulais au moins savoir de quoi tu avais l'air, au cas où il m'arriverait quelque chose. »

Il s'interrompit encore.

« Non, ce n'est pas seulement ça, se reprit-il. Je voulais que tu saches à quoi je ressemble. Si quelque chose devait m'arriver, je voulais penser que pour quelqu'un ça pouvait avoir de l'importance. »

Et à ce moment-là, le bel officier à l'allure si fière devint le petit garçon le plus esseulé du monde. Il n'avait personne pour l'aimer. Sauf Flora. Et même cela n'était pas encore acquis.

Il jeta un coup d'œil à la maisonnette.

« Tu ne t'en sors pas trop mal ? » demanda-t-il.

Flora fit oui de la tête, et sentit ses propres yeux se remplir de larmes.

« Oh oui, répondit-elle. J'me débrouille très bien. Maintenant. »

La voix de Luke avait baissé au point de n'être plus qu'un chuchotement ; elle l'entendait à peine.

« Alors prends-moi dans tes bras », lui demanda-t-il.

Elle ne savait pas s'il exprimait réellement son propre désir ou s'il le faisait par gentillesse pour elle. Mais c'était en tout cas ce dont elle avait besoin.

Elle s'approcha de lui et se sentit inondée par trente années d'amour. Et Luke, tout en la serrant contre lui, chuchota les mots qu'elle avait tant rêvé, depuis trente ans, de l'entendre prononcer : « Tu m'as manqué, Mamé. »

Ils étaient tous deux assis à la table quand Ruthana rentra. D'abord intriguée par ce bel étranger, elle fut choquée lorsque Flora lui révéla son identité. Elle aurait aimé ressentir davantage d'émotion, mais sa préoccupation première restait sa mère. Sachant l'importance que devait revêtir cet événement aux yeux de Flora, elle se demandait comment celle-ci le vivait.

Luke se montra agréable avec elle, s'enquit de sa journée et de son travail scolaire, mais Ruthana avait l'impression de s'ingérer dans un domaine dont elle ne saisissait pas bien toute la portée affective.

« Vous avez à parler tous les deux. J'm'en vais voir Tata Pearl », déclara-t-elle. Mais Luke consulta sa montre et se leva.

« Non, dit-il. Je dois partir. Reste, toi, et occupe-toi de ma Mamé. »

Flora le supplia de passer la nuit chez elle. Mais il devait être rentré à Memphis pour attraper le train de New York. Il promit de lui écrire.

Flora l'accompagna jusqu'à sa voiture. L'idée lui traversa l'esprit qu'elle ne savait même pas quel poste il occupait dans l'armée.

« Faudra qu'tu te battes ? »

Il sourit et répondit : « Non. Je parle et j'écris plutôt bien l'anglais, alors on m'a nommé reporter. »

Cela n'atténua guère les inquiétudes de Flora. Elle se rappela les actualités consacrées aux combats dans le Pacifique. Il avait bien fallu que quelqu'un les prenne ces images, que quelqu'un rende compte des batailles dans les journaux.

« Tâche de rester loin des Allemands », lâcha-t-elle impulsivement.

Il la rassura d'un signe, puis s'approcha d'elle et la serra encore contre lui. Ni l'un ni l'autre ne parla. Les mots semblaient vains, vides de sens.

Il se détacha d'elle.

« Je t'écrirai », lui promit-il encore puis il monta rapidement dans sa voiture. Flora inclina affirmativement la tête sans détacher ses yeux de lui pendant qu'il allumait le moteur. Luke agita la main, lui adressa un sourire forcé, puis s'en alla. Il ne se retourna pas, et d'ailleurs elle ne souhaitait pas qu'il le fît. Elle voulait garder le souvenir de lui s'efforçant de sourire, sachant bien qu'elle n'oublierait jamais cet instant.

Elle resta dans la rue vide, sans rien voir d'autre qu'un rêve exaucé.

Ruthana sortit de la maison et passa le bras autour de sa maman.

Elle lui demanda doucement : « Ça va ? »

Flora l'entendit, mais mit un moment avant de répondre.

« Oui. J'vais bien, finit-elle par dire. Je f'rais bien de te trouver quéqu'chose à manger, tu dois avoir faim.

— J'm'en occupe », déclara Ruthana.

Tandis qu'elle s'activait aux fourneaux, Flora resta assise à sa table, triturant son mouchoir.

Luke, son premier-né, avait été perdu pour elle pendant un très grand nombre d'années, mais à présent il était retrouvé. Son second fils, Willie, s'était égaré quelque temps, mais il lui était revenu par la suite.

À présent ils étaient partis tous les deux, et elle ne savait pas si elle les reverrait l'un ou l'autre un jour.

Elle était incapable de contenir l'immense complexité des émotions qui l'habitaient. Elle ne voyait rien d'autre que les visages de ses fils. Elle n'entendait rien d'autre qu'un son qu'elle avait entendu tant d'années auparavant.

Dans le train qui l'emmenait loin de chez elle et de Luke, une mère chantait une berceuse pour calmer son petit enfant. Cet air, Flora l'entendait à nouveau, et elle ressentait une douleur identique à celle que la chanson avait déclenchée en elle à l'époque. Elle se rappela avoir poussé un cri, un seul, dans ce train.

Ce même cri sortit à nouveau d'elle, mille fois plus fort, venu des tréfonds de son âme, un cri animal, entre hurlement et gémissement, et elle tomba par terre, évanouie.

Willie

32

Le vœu de Willie se réalisa : un jour, la chance s'offrit à lui de devenir un héros. Ab avait toujours dit que c'était inévitable, que les États-Unis ne disposaient pas d'assez d'hommes pour mener une guerre sur deux fronts sans avoir recours à des unités combattantes noires, mais, même une fois ces conditions réunies, il fallut attendre longtemps.

Au bout de deux ans dans l'armée, ils prirent du service actif. Ils se virent affecter en Nouvelle-Géorgie, une île de la chaîne des Salomon, au nord de Guadalcanal, où ils furent chargés de protéger un terrain d'aviation bordé par une belle plage tropicale. Ils se trouvaient à quelque six cent cinquante kilomètres du bastion japonais de Rabaul, sur l'île de Nouvelle-Bretagne, et ne devaient pas avoir l'occasion d'approcher la guerre de plus près. En l'occurrence, cela devait se révéler bien suffisant.

Le port et le champ d'aviation de Rabaul constituaient la principale base pour toutes les opérations japonaises dans le Pacifique du Sud-Ouest. Plutôt que de risquer un assaut de grande envergure sur cette forteresse, le général MacArthur avait préféré se concentrer sur la Papouasie-Nouvelle-Guinée et les îles entourant la Nouvelle-Bretagne afin de couper les circuits de ravitaillement des Japonais. Au bout de deux ans, il était sur le point d'atteindre cet objectif, et commençait à tourner son attention vers la reconquête des Philippines.

Les Japonais possédaient toujours la capacité de frapper, et de frapper fort. Au moins une fois par semaine, leurs avions, parfois des bombardiers, le plus souvent des avions de chasse, venaient survoler la Nouvelle-Géorgie à très basse altitude et mitraillaient au sol l'aéroport dont la défense avait été confiée entre autres à Willie et Ab.

Bien que la Nouvelle-Géorgie fût, en principe, sous contrôle américain, un grand nombre de soldats japonais continuaient d'évoluer en toute liberté dans les jungles et les collines de certaines îles avoisinantes, et tenaient encore une grande partie de l'île Bougainville, toute proche.

Certains de ces Japonais avaient abandonné la guerre. Ne recevant plus ni informations ni approvisionnements du quartier général, ils s'étaient installés comme chez eux dans les collines, dans des casemates bien fortifiées ou des tranchées-abris, puis avaient planté des jardins maraîchers dont ils vivaient et qu'ils défendaient férocement.

D'autres se montraient moins complaisants et des petits groupes isolés avaient formé des unités d'attaque pour essayer de reprendre du terrain. L'aérodrome notamment.

Les soldats américains restaient en permanence en état d'alerte. Hormis les légers bombardements hebdomadaires ou les attaques des chasseurs, plusieurs jours pouvaient passer sans autre distraction que les attaques des tireurs embusqués, mais ceux-ci trouvaient parfois une cible. Et quelquefois, la nuit surtout, un petit groupe de soldats isolés prenait le secteur d'assaut, provoquant un maximum de dégâts avant de se fondre à nouveau dans la nuit.

Malgré tout, les hommes avaient su se forger une existence plutôt agréable à certains moments, se baignant dans le merveilleux lagon, sous la surveillance permanente des sentinelles et plantant leurs propres potagers pour avoir des légumes frais. L'allure à laquelle poussaient les plantations dans ce climat humide et étouffant ne laissait pas d'étonner Willie, habitué aux saisons moins extrêmes du Tennessee. Ici, il n'y avait ni été, ni printemps, ni hiver, ni automne, seuls régnaient l'humide ou le sec, la saison sèche étant déjà plutôt humide. Ils pêchaient, s'efforçant d'imiter l'étonnante dextérité des autochtones armés de lances, n'y parvenant presque jamais, et quelques-uns partaient de nuit pêcher avec des habitants de l'île. On racontait qu'un pêcheur de Nouvelle-Géorgie était capable de tenir sous l'eau pendant sept minutes. Ces expéditions cessèrent le jour où des tireurs embusqués touchèrent deux pêcheurs nocturnes.

Willie et Ab s'étaient installés dans une routine. Ils avaient leur propre emplacement de D.C.A. bien construit à la moitié de la longueur de la piste, protégé par des sacs de sable. Ce poste offrait une bonne vue de la piste, tout en n'étant pas trop loin d'un abri et des secours. Ils restaient de garde toute la journée pour parer aux attaques, entretenant leur batterie, regardant le ciel et la jungle proche, discutant de tout et de rien.

« Drôlement bons, les œufs en poudre ce matin ! » commenta Ab en bâillant.

Ce n'était pas vrai : ils avaient ce plat en horreur, mais au moins comme ça, pour une fois, ils n'étaient pas en train de se plaindre.

« Pour sûr, convint Willie, bâillant à son tour. J'en mangerai plus jamais des vrais. » Ils étaient devenus plus qu'amis. Ab était le père que Willie n'avait jamais connu. Trois mois avant le début de la guerre, quand Willie était rentré à Chicago après la cérémonie au cours de laquelle sa mère avait été admise parmi les « Anciennes », il se sentait désespéré. Il portait les cheveux défrisés, un costume de zazou, et il était fauché. Josh était en prison et parce que Willie l'avait laissé prendre un grand ascendant sur lui, il ne se connaissait aucun autre véritable ami.

Josh parti, les sombres bas-fonds de la vie nocturne de Chicago avaient perdu tout attrait aux yeux de Willie. Ils lui paraissaient même un peu effrayants. Josh, lui, s'y était senti parfaitement à l'aise et, bien que Willie aimât se croire affranchi, tout ce qu'il avait recherché chez son ami, c'était surtout prendre du bon temps et ne pas se sentir seul. Sans Josh, il se sentait déplacé dans les bars louches et les dancings miteux pleins de filles effrontées et d'hommes agressifs.

Il voulait faire quelque chose de sa vie et surtout ne pas finir derrière les barreaux comme Josh.

Et puis il était complètement fauché, sans trop comprendre pourquoi. Il travaillait dur, et tout en sachant qu'il ne touchait qu'un peu plus de la moitié de ce que gagnaient les Blancs de l'entrepôt, cela ne suffisait pas à expliquer le désastre financier qu'était devenu sa vie. Il y avait son loyer, mais le logement minable en sous-sol ne lui coûtait pas cher, guère plus que ce qu'il donnait autrefois à Lula, et puis il y avait sa nourriture, mais là encore, il se nourrissait pauvrement. Il y avait également ses « credicks », comme il appelait ses crédits, mais ceux-ci ne lui coûtaient guère plus de trois dollars par semaine. Il réalisa que tout le reste partait en plaisirs. Il jouait plus que de raison et avait énormément perdu à une époque ; et puis c'était, semblait-il, toujours lui qui payait lorsqu'il sortait avec Josh, pour son ami comme pour les femmes qu'ils ramassaient ensemble, et certaines de ces femmes ne voulaient pas seulement se faire payer à boire.

Willie était résolu à changer de vie. Pour lui-même, mais aussi pour Ernestine. Son amour pour la jeune fille avait évolué. À présent, il était amoureux d'elle et voulait l'épouser. Mais aussi longtemps qu'il ne se ressaisirait pas et n'aurait rien à lui offrir, elle ne voudrait pas de lui. Et puis il y avait sa maman. Willie se sentait gêné d'avoir rarement pu envoyer à sa mère plus de un ou deux dollars, et il savait qu'il l'avait déçue, non pas tant à cause de l'argent gaspillé que des occasions perdues.

Il voulait être l'homme qu'il avait promis à sa mère de devenir, mais ne savait pas par où commencer.

Alors il était allé trouver Ab.

« Qu'est-ce qui t'arrive ? » avait demandé celui-ci.

Willie venait d'assister à une réunion syndicale, non pas pour le syndicat mais pour Ab. La réunion terminée, il était resté jusqu'au départ de tous. Ab rassembla les notes de son discours, s'occupa quelques instants de ses papiers puis rangea la pièce. Il était conscient de la présence de Willie à la porte, mais ne pensait pas qu'une question se rapportant au syndicat ait pu l'amener là. Ab connaissait un peu Willie et le savait dur à la tâche, mais estimait par ailleurs qu'il était bien parti pour devenir le type même de Noir qu'il méprisait, uniquement préoccupé de boisson, de sexe et sans doute aussi de drogue. Il savait que Josh, l'ami de Willie, avait été jeté en prison pour avoir fait le trafic de drogue et, parce que les deux hommes étaient amis, Ab ne pouvait croire à l'innocence de Willie.

« Qu'est-ce qui t'arrive ? demanda-t-il à Willie, quand il fut enfin prêt à rentrer chez lui.

— J'ai un p'tit problème », fit Willie, l'air désinvolte.

Ab attendit la suite.

— J'ai pas d'argent, poursuivit enfin Willie.

— Compte pas sur moi pour t'en prêter », lui assena Ab.

Willie s'emporta : il n'était pas venu mendier, seulement demander de l'aide.

« C'est pas un prêt que j'veux, rétorqua-t-il sèchement. J'gagne bien ma vie, j'suis pas loin de me débrouiller. Seulement... »

Il n'arrivait pas à l'expliquer, alors il présenta simplement le problème.

« Où j'me plante ? » demanda-t-il.

Ab marcha lentement jusqu'à lui et le dévisagea sans indulgence.

« À peu près partout, mon gars, dit-il. Suffit de te r'garder.

— En quoi il te dérange, mon aspect ? » demanda Willie, sur la défensive. Il était vêtu de son bleu de travail, mais ses cheveux défrisés luisaient de brillantine, il portait des chaînes imitation or aux poignets et quelques bagues en verroterie à trois sous.

« Tes cheveux, pour commencer, déclara Ab. Pourquoi tu veux des cheveux comme ça ? T'as honte de ton sang noir, t'essayes d'avoir l'air d'un Blanc ?

— C'est juste... » Willie sentit de nouveau la moutarde lui monter au nez, mais il n'avait aucune raison valable à offrir. Il s'était fait défriser parce que c'était dans le coup. « Tout le monde fait ça !

— Pas tout le monde », le corrigea Ab. Lui-même portait les cheveux courts et frisés.

« Il n'y a que les négros imbéciles pour faire ça. »

Willie aurait bien voulu le frapper, mais Ab était costaud. Il faillit tourner les talons, mais Ab représentait son seul salut. Alors il resta silencieux.

« Tu vends de la drogue ? lui demanda Ab, d'un ton accusateur.

— Si j'en vendais, je serais pas fauché ! » s'énerva Willie, toujours crispé devant le syndicaliste.

Il poussa un soupir. Autant être honnête.

« Josh, il l'a fait, expliqua Willie. Mais je le savais pas. »

Il comprit qu'il s'était comporté en imbécile, et qu'il l'avait su, mais sans vouloir se l'admettre. Il avait préféré faire comme si de rien n'était, sortant à chaque fois que Josh recevait de mystérieux visiteurs.

« Faut que je me trouve un logement, marmonna-t-il.

— Ça, c'est déjà un début », fit Ab, plus gaiement.

Il jaugea Willie comme pour s'en faire une opinion, comme s'il était en train de décider si Willie méritait qu'on se donne de la peine pour lui.

« Viens avec moi », ordonna-t-il en sortant de la pièce. Willie le suivit.

Ab vivait dans une pension à quelques rues de là. Elle était peu meublée, mais propre et bien tenue par une certaine Martha, une femme grande, forte et agressive qui accueillit Willie en lui lançant un regard mauvais.

« Je fais la cuisine, mais pas le ménage, lui annonça-t-elle. Tu te débrouilles seul pour garder ta chambre propre et nette.

— Oui, m'dame, murmura Willie, tout en se demandant s'il avait vraiment envie de vivre dans un endroit pareil.

— Et si t'as envie de faire la cuisine pour nous un soir, reprit Martha, c'est pas moi qui t'en empêcherai. »

Willie fut choqué. Les hommes ne font pas la cuisine.

« Ici, les hommes la font, déclara Martha d'un ton brusque. Ici, les hommes font tout ce que font les femmes, et les femmes tout ce que font les hommes. »

Il y avait une grande salle à manger communautaire, meublée de façon spartiate d'une longue table et de dures chaises en bois. Un homme, aussi sérieux qu'Ab, écrivait, assis devant un bureau dans un coin. Ab et Willie s'installèrent devant la table.

« Tu vas m'faire confiance ? » demanda Ab à Willie.

Willie fit signe que oui et Ab lui posa des questions sur lui et sur sa famille à Stockton. Il nota plusieurs choses dans un petit carnet puis expliqua son projet. Chaque semaine, Willie lui remettrait sa paye, sans l'avoir ouverte. Ab réglerait son loyer et ses factures. Le reste servirait à rembourser rapidement ses dettes puis, cela fait, serait versé sur un compte en banque.

« Cinq dollars ? » répéta Willie. Cinq dollars par semaine, ça ne lui faisait pas beaucoup d'argent de poche.

« C'est trop ? s'enquit Ab, impassible.

— Non, s'écria Willie. Pas assez !

— Faudra bien que ça suffise, conclut Ab. Et dès demain matin, tu t'fais couper les cheveux. »

Il consulta sa montre.

« On va chercher tes affaires. »

Ils parcoururent les quelques pâtés de maisons qui les séparaient du sous-sol de Willie et récupérèrent ses affaires. Willie fut reconnaissant à Ab de se charger de parler au propriétaire.

Sur le chemin du retour, Ab dit ce qu'il pensait de celui-ci :

« Les hommes comme ça, dit-il, c'est des traîtres pour leur race. Ils s'enrichissent sur le dos de gamins ignorants ou qui connaissent des temps durs. Ou de bons à rien dans ton genre.

— J'suis pas un bon à rien, marmonna Willie.

— C'est ce que t'étais en train de devenir. »

Ils marchèrent quelques instants en silence. Willie essaya de trouver des façons de se montrer amical et se rappela ce que les autres disaient d'Ab.

« T'es un communiste ? lui demanda-t-il.

— Et d'après toi, c'est quoi un communiste ? » se contenta de répondre Ab.

Willie n'en avait aucune idée, et eut l'élégance de le reconnaître.

Ab expliqua : « Est-ce que je trouve le système injuste ? Oui. Est-ce que je trouve que les patrons capitalistes exploitent les travailleurs pour leur propre profit ? Oui. Si ça fait de moi un communiste, alors oui, c'est ce que je suis. »

Cela ne parut pas si terrible à Willie, et il ne comprit pas, d'après cette brève première leçon de politique, pourquoi tant de gens haïssaient tellement les communistes. Il se douta que c'était bien plus compliqué que ce qu'Ab lui en disait, mais l'homme lui plaisait, ne serait-ce que par son côté tellement direct.

Ab conclut : « Est-ce que j'ai envie d'aller vivre en

Russie ? Non. Ce que je veux, c'est une Amérique meilleure. »

Willie ne saisissait pas bien ce que venait faire la Russie dans tout ça. Mais il était tard, et il se sentait fatigué.

« Pourquoi tu t'appelles Ab ? interrogea-t-il, pour donner à la conversation un tour plus personnel. Jamais entendu c'nom là.

— C'est un diminutif d'Absalon, de la Bible, répondit Ab avec un sourire. Ma maman, elle était très croyante. Comme mon papa. Moi, non. »

Willie demeura perplexe.

« Quand même, tu crois en Dieu ?

— Non, fit Ab. Dieu, c'est une invention, et l'Église fait juste partie du système pour garder les travailleurs là où les patrons veulent qu'ils soient. »

Willie, qui avait toujours pensé que tout le monde croyait plus ou moins en Dieu, ne trouva rien à répondre. Dans les semaines qui allaient suivre, il devait rencontrer plusieurs autres non-croyants.

Cela ne l'empêcha pas de se mettre à genoux pour dire une prière ce soir-là, dans sa petite chambre spartiate. Elle comportait un lit étroit, une commode, un petit miroir et une console de toilette. Une unique ampoule nue pendait du plafond et de minces rideaux voilaient la fenêtre. Les murs étaient nus, à part un portrait d'un certain Lénine et un autre d'un certain Staline. Aucun tapis ne couvrait le sol.

Pourtant Willie remercia Dieu pour ce cadre, et pour Ab, qui avait retiré de ses épaules le poids de l'argent, et même pour la sèche et irritable Martha.

Ainsi débuta pour lui une période d'apprentissage intensif. Les huit hommes et les deux femmes pensionnaires de la maison étaient tous des socialistes. Certains, Martha et Ab notamment, avaient même leur carte du Parti communiste. Tous étaient dévoués à la cause de l'égalité entre les peuples, une égalité indépendante du sexe, de la race ou de la nationalité. Ils passaient des heures à discuter des moyens de réaliser leur utopie, et autant de temps à aider ceux qui avaient moins de chance qu'eux.

Chacun faisait le ménage de sa propre chambre, balayait et rangeait les pièces communes, et faisait la vaisselle à tour de rôle. Martha préparait la plupart des repas, souvent aidée par Sarah, l'autre femme de la pension, mais certains hommes prenaient parfois leur tour à la cuisine.

Durant tout le repas du soir, et pendant une heure ou deux après, ils restaient autour de la table à discuter des événements politiques du moment. Au début, Willie écoutait avec une certaine attention, mais on discutait de questions qu'il comprenait mal et dont il ne saisissait pas bien les répercussions, alors il prit l'habitude de monter dans sa chambre et de gratter sur sa guitare, ou d'écrire à sa mère ou à Ernestine. Personne ne prêtait attention à lui. Ils acceptaient sa présence sous leur toit, le traitaient avec bonté et contribuaient à son éducation, mais ne semblaient pas le considérer comme un défenseur potentiel de leur cause.

Ils donnaient à Willie l'impression d'être des assiégés à cause de la guerre en Europe et parce que Staline, le dirigeant russe, avait signé un pacte avec Hitler, le chancelier honni de l'Allemagne. Le jour où les nazis attaquèrent la Russie, dans le courant de l'été, toute la pension célébra l'événement. Chacun doutait de la capacité de la Russie à résister à l'attaque allemande et pleurait ouvertement à l'idée du sang sur le point d'être versé, mais au moins Joseph Staline pouvait-il espérer revenir en faveur aux yeux des Américains.

Le samedi soir était le moment le plus problématique pour Willie. Il ne lui fut pas facile de renoncer à sa vie passée de noceur et d'habitué des boîtes de nuit, mais avec cinq dollars en poche, il ne pouvait pas faire grand-chose, et Martha lui avait bien fait comprendre que si jamais il s'avisait de rentrer soûl il le paierait cher.

Il devint grand amateur de cinéma. Parfois Ab l'accompagnait, mais Willie n'y tenait pas trop. Il était heureux de voir le film se dérouler sous ses yeux, riant lorsque c'était une comédie, frissonnant d'émotion devant un western, transporté de bonheur par une comédie musicale. Mais Ab trouvait presque toujours quelque faute politique aux films qu'ils voyaient ensemble.

Les films de cow-boys étaient irrecevables parce que les Indiens jouaient toujours les méchants. Les comédies étaient jugées perverses parce que s'il y avait un personnage noir il était habituellement de type servile, aux yeux agrandis par la crainte, et s'il n'y avait pas de personnage noir, alors pourquoi ? Les comédies musicales étaient acceptables, mais idiotes.

« Ça ne t'arrive jamais de t'amuser ? » explosa un jour Willie après un discours à propos d'un film qu'il avait aimé. « Tu sais, s'amuser, prendre du bon temps, sans penser à la politique ? »

Ab se mit à rire : « Pour sûr ! Mais tout est politique, et il y a différentes façons de s'amuser. »

Une quinzaine de jours plus tard, pour démontrer son point de vue, il emmena Willie à un concert dans un théâtre en dehors du ghetto.

Pour Willie, c'était nouveau. Il quittait rarement le quartier noir, parce qu'il ne se sentait jamais très à l'aise en compagnie de Blancs. Ab non plus ne frayait guère avec les Blancs, sauf pour certaines questions syndicales. Il préférait passer son temps avec des Noirs et dépenser son argent dans les magasins noirs.

« Le dollar noir, c'est le pouvoir noir, avait-il expliqué à Willie. Nous devons exploiter le système, jusqu'au jour où nous pourrons le changer. »

Ce jour-là, parce qu'il s'agissait d'un chanteur noir, Paul Robeson, on avait réservé davantage de rangées de sièges aux Noirs dans le fond de la salle, et tout était plein. Dans le reste de la salle comble le public était blanc, et manifestait à grand bruit son enthousiasme pour le chanteur.

Willie n'avait jamais rien entendu d'aussi beau. Il y avait un orchestre complet et une grande chorale noire, et Robeson, qui était grand et bien bâti, possédait une voix profonde et sonore comme un magnifique tonnerre.

Pour conclure, il entonna *Ol' Man River*, une chanson que chacun semblait connaître, hormis Willie. Lorsqu'il eut terminé, un silence absolu tomba sur l'assemblée, rompu soudain par une avalanche d'applaudissements et d'acclamations. Le public se leva en masse afin de manifester son enthousiasme pour ce qu'il venait d'entendre.

« J'sais pas si c'est vraiment le genre de chose qui t'amuse », commenta enfin Ab. Il souhaitait savoir quelle impression le concert avait produite sur Willie.

Et Willie manquait de mots pour l'exprimer.

« Je suppose qu'il y a différentes façons de s'amuser, comme tu disais », murmura-t-il. Puis il avoua ce qu'il avait réellement ressenti : « Il m'a fait pleurer. »

À plusieurs reprises durant le concert, Willie s'était senti ému aux larmes, en particulier durant la dernière chanson. Elle exprimait précisément, quoique de façon plus belle, plus parfaite, tout ce qu'il avait cherché à dire dans les simples chansons de sa composition.

Il fut choqué lorsque Ab lui apprit qu'un Blanc en était l'auteur.

« T'as encore plein de choses à apprendre, constata Ab en riant. Il y a des Blancs qui ressentent la douleur. C'est pas une guerre entre Noirs et Blancs, c'est une guerre entre le bien et le mal. Cette chanson a été écrite par un grand artiste et le grand art se moque bien des couleurs, comme ce devrait être le cas de tout le monde. »

Willie ne répondit pas, car cela faisait trop de choses à assimiler. Ab lui compliqua encore un peu plus le tableau.

« Cet homme Jésus que tu pries, s'il avait existé, il aurait été de couleur », affirma Ab, l'air de ne pas y toucher.

Willie s'arrêta net, abasourdi par une telle hérésie. Jésus n'était pas un homme de couleur, c'était un Blanc, un Blanc aux cheveux blonds et aux yeux bleus.

« Ça, c'est des images de Blancs, expliqua Ab. Tu les imagines tomber à genoux pour prier un nègre ? Même de se dire qu'il est juif, ça leur plaît pas. »

Cette dernière constatation parut fondée à Willie. Il n'y avait jamais pensé, mais oui, Jésus avait peut-être en effet du sang juif.

« Un certain Rembrandt, lui apprit Ab, peignait des portraits de Jésus. Mais il allait dans le quartier juif d'Amsterdam et prenait comme modèles les Juifs orthodoxes, avec leurs bouclettes et leurs drôles de chapeaux. »

Il éclata de rire.

« Ces portraits, ils sont enfermés à clef, et ils voient jamais le jour. »

L'idée d'un Jésus juif n'intéressait guère Willie qui en était encore à essayer d'imaginer un Jésus noir.

« Mais Jésus ne venait pas d'Afrique, objecta-t-il.

— De juste à côté. Et avant la venue des croisés en Palestine, avec leur sang blanc, les Juifs étaient plutôt foncés. »

C'était une idée que Willie ne trouva jamais vraiment acceptable. Il voyait ce que ce raisonnement pouvait avoir de logique, mais son cœur refusait de se rendre à la conclusion d'Ab. Il se demanda si Ab se moquait de lui pour le choquer, semer le doute en lui et l'obliger à réfléchir, comme cela lui arrivait parfois.

De toute façon, un autre problème lui occupait l'esprit. Noël approchait. Willie adorait Noël, mais c'était une fête que les gens de la pension ne célébraient pas.

« C'est pas notre affaire, constata Martha. C'est un truc de chrétiens. »

Ce qui n'était pas pour déranger Willie qui se considérait chrétien. Il se souvenait de Noël à la maison comme d'un jour de célébration très spécial. Bien que sa famille fût pauvre, il y avait toujours de menus présents, même très modestes, et un dîner exceptionnel. Même à l'époque où il fréquentait Josh, ils avaient fêté Noël en allant se soûler dans un bar. La perspective de fêtes sombres et désolées, passées dans la solitude de sa chambre, ou autour d'une table à écouter les autres débattre de Karl Marx et de la révolution prolétarienne, ne lui paraissait guère réjouissante.

Il envisagea de rentrer chez lui, ne doutant pas qu'Ab lui laisse un peu plus que sa paye pour le voyage, en une occasion comme celle-là.

Il commença à réfléchir au petit discours qu'il tiendrait à Ab, pour lui réclamer son argent, lui expliquant ce que signifierait son retour pour sa maman et sa sœur, mais n'eut jamais l'occasion de le prononcer, car il ne rentra pas chez lui.

Début décembre, les Japonais bombardèrent Pearl Harbor et, le lendemain, le président Roosevelt déclara la guerre au Japon puis, trois jours plus tard, à l'Allemagne.

Comme excitation, voilà qui avait de quoi satisfaire n'importe quel jeune homme. Ainsi, Noël, le retour à la maison, passèrent au second plan dans ses pensées.

33

Ils s'engagèrent tous deux l'été suivant. Willie avait voulu le faire aussitôt la guerre déclarée, mais Ab l'incita à la prudence.

« Chaque homme et son chien s'engagent, lui expliqua-t-il. Et il y aura des complications pendant qu'ils organisent tout.

— Mais si tout est terminé avant que j'arrive ? gémissait Willie.

— Cette guerre, on va l'avoir sur le dos un bon bout de temps, l'apaisa Ab. T'emballe donc pas. »

Ce qu'ignorait Willie, parce que Ab ne le lui avait pas révélé, c'était qu'en tentant de s'engager immédiatement ils avaient de fortes chances d'être refusés. Les régiments noirs étaient limités en nombre, et l'armée ne prenait que la crème des candidats. Ce qu'il ne savait pas davantage, parce que personne ne le lui avait dit, c'était qu'Ab espérait un changement radical de politique de la part du gouvernement. Ab était d'avis que, tôt ou tard, le pays comprendrait la nécessité de former des unités combattantes noires, et il avait bien l'intention d'en faire partie.

« Leur première réaction, ça sera d'envoyer les soldats noirs le plus loin possible de la guerre, dit Ab. Y s'ront affectés au mess, travailleront comme manœuvres, ouvriers, dans la construction, n'importe quoi plutôt que de leur confier un fusil.

— Mais pourquoi ?

— Parce qu'ils nous font pas confiance pour pas partir en courant, dit Ab, des fois qu'on nous tirerait dessus. »

Willie éclata de rire.

« Ris pas. C'est vrai. C'est arrivé pendant la dernière guerre, et pour eux, c'est pareil aujourd'hui.

— Comment tu sais tout ça ? s'exclama Willie, toujours émerveillé par l'étendue du savoir d'Ab.

— Parce que je lis des livres, et que je discute avec les gens des choses importantes, constata Ab. C'est quand, la dernière fois que t'as ouvert un livre ? »

Willie haussa les épaules, et Ab s'expliqua. Aux derniers jours de la Grande Guerre, une unité noire servant en France s'était égarée pendant un déplacement nocturne et s'était retrouvée à l'arrière. Les rumeurs à propos de cette supposée lâcheté avaient pris de telles proportions qu'on en était venu à remettre en cause la conduite de tous les soldats noirs. « C'en est arrivé au point où il a fallu mener une enquête, poursuivit Ab. C'était faux, les hommes n'avaient pas tenté de fuir. Mais leurs officiers, des Blancs, leur avaient fait prendre le mauvais chemin. »

Il s'interrompit, se détourna. Lorsqu'il se retourna, son visage exprimait à la fois la douleur et la colère.

« À vrai dire, trois soldats de ce bataillon ont été décorés pour leur héroïsme exceptionnel. Mon Papé était un de ces trois-là, mais c'est venu trop tard. Il l'a jamais su : il était déjà mort. »

Ab parlait rarement de sa famille ; Willie avait seulement saisi quelques informations fragmentaires d'après le peu qu'Ab lui avait raconté.

Le père d'Ab était parti à la guerre afin de servir sa patrie alors qu'Ab n'avait que sept ans. Un an plus tard, il mourait, tué au cours d'une offensive contre les lignes allemandes. La mère d'Ab avait élevé seule ses sept enfants, vivant dans une misère absolue. Il avait perdu deux de ses frères. L'un, mineur dans l'ouest de la Virginie, d'une maladie des poumons, et l'autre, son frère cadet, tué par un policier au cours d'une émeute durant la crise de 1929.

C'est ce dernier événement qui avait éveillé sa conscience politique.

« Il faisait rien de mal, constata Ab. Il essayait juste de trouver du boulot. Mais on n'embauchait que les Blancs. »

Willie savait que la mère d'Ab vivait toujours, parce qu'il allait lui rendre visite une fois par semaine, le dimanche. Il refusait de parler d'elle mais Martha, qui savait de quoi il retournait, l'avait révélé à Willie : « Elle est folle, lui avait-elle expliqué. Elle s'est remariée parce qu'elle avait besoin d'un homme pour l'entretenir, du moins c'est ce qu'elle croyait. Il la battait, mais elle se plaignait jamais. Ils ont eu une petite fille et quand elle a eu dix ans, son papa l'a violée. La m'man d'Ab, elle est devenue folle. Elle a pris un couteau et l'a tué, et on l'a enfermée. »

Elle dévisagea Willie d'un air de profond mépris.

« Vous, les hommes. Si tu te maries et que tu t'avises de lever la main sur ta femme et que ça me revient aux oreilles, j'te coupe les couilles. »

Willie ne doutait pas un instant qu'elle mette sa menace à exécution.

« On est pas tous comme ça, se défendit-il.

— Non, ça se pourrait bien, concéda Martha. Mais il y en a trop qui le sont. »

Tout cela lui inspira un nouveau discours-fleuve à propos du monde idéal de ses rêves communistes, où tous, hommes et femmes, seraient exactement égaux et où les femmes et les enfants ne seraient pas considérés comme une propriété, mais comme des individus disposant de droits individuels.

Willie avait souvent entendu des discours de ce type de la bouche de Martha. S'il était d'accord sur le principe, cela l'ennuyait de l'entendre exposé une fois de plus. Aussitôt qu'il le put, il s'excusa et Martha le laissa filer. Ce n'était pas de la graine de révolutionnaire.

Vint le printemps. Les Japonais contrôlaient désormais la majeure partie du Pacifique Est et semblaient invincibles.

Willie suppliait Ab : « Faut que je participe !

— Tu vois trop de films de guerre », gloussait son ami.

Willie ne comprenait toujours pas ce qu'attendait Ab, mais il avait appris qu'un certain nombre de Noirs de l'entrepôt avaient voulu s'engager et avaient été refusés. Willie ne voulait surtout pas connaître le même sort, alors il attendit encore, à contrecœur.

Trois événements marquèrent ce printemps, et Willie ne sut jamais lequel avait incité Ab à agir, ou s'il avait réagi à la combinaison des trois.

À la mi-avril, un lieutenant-colonel américain, James Doolittle, emmena seize bombardiers B-25 dans un raid sur le Japon. C'était une attaque audacieuse, d'une dangereuse stupidité, mais elle réussit et les États-Unis aimèrent Doolittle parce qu'il l'avait tentée. C'était, pour le public, la première démonstration de l'existence de défauts dans la cuirasse des Japonais. Les hommes vinrent s'enrôler par milliers.

Trois semaines plus tard, dans la bataille de la mer de Corail, la marine américaine l'emporta et vingt-cinq navires japonais furent coulés ou mis hors service. D'autres se précipitèrent pour s'engager, y compris trois hommes de l'entrepôt dont la candidature avait été une première fois refusée. Cette fois, ils furent enrôlés.

Puis, à Chicago, de jeunes Noirs constituèrent le Congrès pour l'égalité raciale et démarrèrent aussitôt une campagne d'occupations non violentes des théâtres et restaurants qui ne servaient pas les Noirs. Ils connurent un succès surprenant et, fait plus étonnant encore, reçurent le soutien de nombreux Blancs. « C'est bon, annonça Ab à Willie avec un grand sourire. Maintenant, on peut y aller. »

C'était comme s'il avait l'impression de laisser la guerre politique intérieure en de bonnes mains.

Dès le lendemain, ils s'engagèrent dans l'armée, et une semaine plus tard partirent pour un camp d'entraînement de base en Géorgie.

La veille de leur départ, Ab rendit des comptes à Willie. Ses crédits et dettes étaient tous remboursés, et Willie disposait à présent de quelque cent cinquante dollars sur un compte d'épargne. Quarante dollars supplémentaires avaient été déposés sur un autre compte pour Flora.

« Tu veux les lui envoyer tout de suite ? » demanda Ab.

Willie fit un signe de tête affirmatif, étonné de posséder tant de bien. Il marmonna ses remerciements à Ab qui haussa les épaules.

« Désormais c'est toi qui t'occuperas de ton argent, affirma-t-il. Si t'es assez grand pour être soldat, t'es assez grand pour ça aussi. »

Willie hocha de nouveau la tête, mais quelque chose le préoccupait encore.

« Ab... », commença-t-il, sans pouvoir terminer.

Ab attendait.

« ... Si... Au cas où quéqu'chose devait m'arriver, qu'est-ce que je fais de cet argent ?

— Tu veux faire un testament ? » lui demanda Ab, et Willie hocha encore la tête, reconnaissant à son ami d'avoir toujours réponse à tout.

Ab sortit un carnet et un stylo.

« À qui tu veux le laisser ?

— À ma maman, je suppose, dit Willie. Et un peu pour Ernestine. Et puis Ruthana. » Il se demanda s'il devait donner quelque chose à Ab pour le remercier de s'être occupé de lui.

« Et un p'tit peu pour toi », termina-t-il. Mais Ab secoua la tête.

« J'ai pas fait ça pour l'argent, mon garçon », dit-il doucement.

Willie marmonna encore une fois ses remerciements et attendit patiemment, tandis qu'Ab rédigeait son testament.

« T'as déjà été marié, Ab ? s'enquit-il. T'as une petite amie ? »

Il n'avait jamais vu Ab avec une femme, pas plus qu'il ne l'avait entendu en parler, hormis sa mère et ses deux sœurs. Et Martha, qui comptait beaucoup pour Ab.

« Non, répondit Ab. J'suis pas le genre d'homme à me marier.

— Ah », fit Willie, comme s'il comprenait, bien qu'il fût incapable de concevoir qu'un homme puisse ne pas souhaiter se marier.

Quelle que fût l'opinion de Willie, la vérité, c'était qu'Ab avait été tellement épouvanté par la violence du second mariage de sa mère, par l'atroce pauvreté de ses premières années, par les injustices et les inégalités qui sévissaient partout, qu'il avait juré de ne jamais mettre d'enfant au monde tant que celui-ci n'aurait pas changé, et il ne voulait infliger à aucune femme ses combats et ses blessures. Il satisfaisait ses besoins physiques avec Martha, et cela leur suffisait à tous deux, car elle avait pris une résolution similaire. Martha avait subi un viol collectif dans sa jeunesse, et un autre cinq ans après le premier. Un enfant, né de ce second viol et dont une douzaine d'homme auraient pu être le père, était mort en bas âge.

Ab appela Martha, et ils furent témoins de la signature du document par Willie. Ab plia le testament puis le rangea dans une enveloppe.

« Martha va le garder en lieu sûr. »

Willie se sentit soudain envahi d'amour pour ce couple remarquable et non sentimental qui avait fait preuve de tant de bonté pour lui, quoique sans excessive douceur. Ils l'avaient aidé quand il en avait eu besoin, lui avaient donné des leçons importantes lorsque cela avait été nécessaire, et tout cela sans aucune perspective de gagner quoi que ce soit en retour, sans jamais en éprouver le désir ni le besoin.

Le lendemain, il partait s'initier au métier de soldat, et même avec Ab, veillant pour lui et sur lui, sa vie allait quand même changer. À la fois excité et effrayé par cette grande aventure, il aurait voulu leur dire quelque chose qui leur montrât à tous deux à quel point il appréciait ce qu'ils avaient fait pour lui.

« Je veux dire..., commença-t-il cérémonieusement. J'aurais voulu dire... »

Il essayait de contrôler sa voix qui s'étranglait.

« J'sais pas trop ce que je voulais dire, sauf merci pour tout ce que vous avez fait pour moi et que je vous aime.

— Tu vas pas te mettre à pleurer comme un veau sur moi, mon gars, l'avertit Martha. Parce que si tu t'y mets, moi aussi. »

Mais c'était inutile : elle pleurait déjà. Elle s'approcha de Willie et le serra contre elle. Il l'entoura de ses bras et l'étreignit avec force tout en laissant libre cours à ses larmes, parce que devant ces gens-là il pouvait être tout ce qu'il voulait, sans jamais en éprouver de honte.

34

Il fallut moins d'une semaine à Willie pour comprendre que les huiles de l'armée faisaient n'importe quoi. La Géorgie était le choix le plus stupide du lieu où envoyer des Noirs faire l'apprentissage de la vie militaire, avec l'Alabama, les Carolines, et tout ancien État confédéré.

« Ça fait partie de l'entraînement, constata Ab. T'es peut-être dans l'armée, mais t'es toujours un négro et ça, ils veulent pas que tu l'oublies. »

Un officier ne le leur avait pas caché, dès le premier jour.

« Vous êtes peut-être soldats dans l'armée des États-Unis, leur avait-il assené. Mais vous êtes toujours des nègres, et vous serez traités comme des nègres par la police de cette ville.

— Et par l'armée », murmura un homme assis près de Willie.

Tous deux avaient raison. En tant que recrues, Willie et Ab n'avaient pas le droit de quitter la base, tandis que d'autres y étaient autorisés et ne s'en privaient pas. On entendait régulièrement parler de rencontres avec les citoyens mais surtout avec la police locale qui avait la réputation de se montrer violente avec les Noirs sous le moindre prétexte, peu importe sa futilité ou son absence de fondement.

Dans l'enceinte de la base, la ségrégation régnait. Les Noirs disposaient de leur propre quartier, leurs douches, leurs toilettes, leur mess, leur cantine et leur boutique. Leurs officiers étaient blancs mais, en dehors de ceux-ci, ils n'avaient aucun contact avec d'autres Blancs pendant les heures de service.

Leur journée commençait à l'aube, avec la sonnerie du réveil, et consistait en un enchaînement continu et pénible, souvent même douloureux, d'exercices, d'entraînement physique, d'exercices encore, de corvées, de nouveaux exercices, de courses d'obstacles et d'exercices à nouveau.

Willie avait de la chance. Il était doué pour l'exercice, et Ab pouvait le guider. D'autres n'avaient pas sa veine.

« Espèce de bon à rien de négro paresseux et nul ! » hurla un sergent-chef à l'adresse de quelqu'un. Les sergents-chefs passaient leur temps à crier. « C'est pas un cours de claquettes ici. Tu ne reconnais pas ton pied gauche de ton pied droit. »

Willie le jugea stupide : l'exercice, c'était exactement comme les claquettes, une série de pas appris successivement, puis exécutés à un rythme donné.

Ab était doué lui aussi pour l'exercice et Willie parvint à la conclusion que tout cela ne devait pas être nouveau pour lui, que, Dieu sait comment, son ami avait déjà connu cela dans une autre guerre. Mais laquelle ? Ab avait huit ans à la fin de la dernière.

En fin de journée, Willie était exténué. Il s'effondrait sur son lit et s'endormait quelques instants, mais il se trouvait toujours quelque caporal ou sergent-chef, en forme à ce moment-là, pour se remettre à crier ou procéder à des inspections des corps, des uniformes ou des lits, qui étaient tous déjà d'une propreté immaculée, ce qui ne les empêchait pas de trouver presque toujours quelque chose à redire.

Il apprit à cirer ses bottes jusqu'à les faire briller comme des miroirs, à repasser son uniforme pour obtenir des plis aussi affilés que des lames de rasoir. Il apprit à veiller sur ses affaires car plusieurs monte-en-l'air experts opéraient dans son baraquement et il n'était pas rare de voir disparaître mystérieusement des vêtements étendus pour sécher ou, plus grave, de l'argent et de menus objets de valeur.

Il n'avait aucune idée de la façon dont Ab, qui était naturellement soldat, parvenait à trouver du temps à passer avec les autres hommes, les informant de leurs droits, les aidant à écrire aux leurs, ou les défendant contre les pires abus des sergents-chefs. En très peu de temps, son ami avait acquis une réputation de saint auprès de la troupe et de fauteur de troubles auprès des officiers.

L'unique réconfort dans leur vie était la nourriture, servie en abondance. Tout cela avait à peu près le même goût — il n'était guère facile de distinguer un poulet rôti d'un poulet à la crème ou un gâteau au chocolat d'une tarte aux pommes, si ce n'était par la couleur — mais au moins allaient-ils se coucher le ventre plein. Et, pour certains du moins, ce fait en soi était déjà un sujet d'émerveillement.

Leurs véritables problèmes leur venaient des rares heures où ils avaient quartier libre, et c'est dans ce domaine que, selon Willie, les huiles de l'armée avaient manifesté le plus de stupidité. Non seulement ils avaient entassé plusieurs centaines de jeunes Noirs dans une base à proximité d'une ville du Sud, mais en plus les soldats et recrues blancs semblaient être tous des petits péquenots réactionnaires du Sud, bourrés de préjugés et prêts à adopter les attitudes racistes les plus extrêmes. Et si des hommes des États du Nord ou même quelques Blancs libéraux étaient présents dans la base (il devait bien y en avoir quelques-uns), leur voix se faisait rarement entendre.

« Dégage, négro », tel était le refrain qui accompagnait le plus petit de leurs déplacements dans la base à l'approche de soldats blancs, et c'était là la moindre des insultes auxquelles ils avaient droit. S'ils n'appréciaient guère, au moins les Noirs du Sud y étaient-ils habitués. Mais cela devint tellement systématique que même eux se rebellèrent. Quant aux Noirs du Nord, habitués à une injustice et à une ségrégation moins officielles, et pas à ces insultes impitoyables et permanentes, ils réagissaient avec les poings. Des bagarres éclataient chaque jour, s'arrêtant par consentement mutuel à l'approche d'un officier, pour reprendre aussitôt celui-ci éloigné.

« Ça va mal tourner, prédisait Willie.

— Ça va très mal tourner », renchérissait Ab.

La piscine fut le premier sujet de discorde. Le temps était encore chaud, et l'on ne disposait que d'une seule piscine, bien que la construction d'une seconde fût en projet. L'armée n'avait tout simplement pas prévu l'afflux massif des recrues noires pourtant ordonné par Washington. Les hommes étaient censés partager la piscine, mais devant l'objection de nombreux Blancs, on trouva un compromis. Les Noirs étaient autorisés à se baigner pendant deux heures, puis ce serait au tour des Blancs. Mais pour certains de ceux-ci, qui trouvaient odieux de nager dans une eau où s'étaient récemment baignés des Noirs, cela ne suffisait pas encore. Puis, quand quelques Noirs refusèrent de sortir de l'eau à l'heure dite, une bagarre éclata et le sang coula. Les Noirs furent interdits de piscine jusqu'à la construction d'un nouveau bassin temporaire.

Mais ce fut la salle de cinéma qui déclencha les troubles les plus graves. Il n'y en avait qu'une, et là encore, une seconde était en projet. Les côtés de la salle étaient réservés aux Noirs, mais même comme cela, certains Blancs du Sud y trouvèrent à redire. Ils souhaitaient des projections séparées pour publics séparés. Ils voulaient que ce soit comme chez eux.

Betty Grable mit le feu aux poudres. Son nouveau film devait être projeté le samedi soir, et la vedette apparaissait dans les bandes-annonces et sur les affiches vêtue d'un maillot de bain qui ne laissait pas grand-chose à l'imagination. Quelques soldats blancs firent savoir qu'ils n'avaient pas l'intention de rester tranquillement assis dans une salle pendant qu'une bande de nègres se rinceraient l'œil devant la star en maillot. Pour beaucoup, ce point de vue était irrecevable, en particulier pour Ab, dont l'influence s'étendait désormais bien au-delà de son propre baraquement. Le samedi soir, accompagné d'un ou deux autres et d'un Willie récalcitrant, il conduisit une centaine de Noirs au cinéma. Les Blancs les attendaient et refusèrent de les laisser entrer. On appela la police militaire, qui ne se pressa pas pour arriver. Lorsqu'elle intervint enfin, elle trouva deux cents hommes engagés dans une bagarre majeure. Les nez en sang, les bras cassés étaient légion. Ab et les meneurs des deux camps furent arrêtés et inculpés, mais on finit par relâcher Ab et les Noirs avec une simple réprimande. Comme le fit valoir Ab lorsqu'il plaida sa propre cause, les Noirs ne faisaient qu'obéir aux ordres du commandant.

En moins d'une semaine, un second lieu était disponible pour les Noirs, dans une salle d'exercice reconvertie. Ab fut écœuré : la ségrégation avait gagné.

Willie écrivit à sa mère et lui raconta l'émeute, tout en essayant de minimiser la gravité de l'événement. Il ne voulait pas l'inquiéter. Il lui écrivait régulièrement, toutes les semaines, heureux de pouvoir lui communiquer toutes les nouvelles.

À Ernestine, il écrivait chaque jour, sinon une lettre complète, du moins des fragments de lettres qui, au bout d'une semaine, finissaient par remplir plusieurs pages. Comme il le fit fièrement remarquer à la jeune femme, il tenait sa promesse : il était en train de changer. Sa vie était bien remplie et il était heureux. Il survivait aux rigueurs de l'entraînement de base, et savait qu'il ferait un bon soldat.

Cependant, malgré les nombreuses surprises que devait lui réserver l'armée, Ab restait l'élément le plus surprenant de sa vie. Il en apprenait chaque jour davantage à son sujet et lui était toujours plus reconnaissant de son amitié.

L'entraînement au maniement des armes fut l'occasion de la plus grande surprise de toutes, parce qu'il apparut d'emblée qu'Ab en savait aussi long sur un fusil que n'importe quel sergent-chef.

« Où t'as appris tout ça ? lui demanda Willie, un soir.

— En Espagne, répondit Ab.

— T'y étais quand, en Espagne ? » demanda le jeune homme. Il n'avait jamais entendu Ab évoquer ce pays ni même mentionner qu'il ait déjà quitté les États-Unis.

« Pendant la guerre.

— Quelle guerre ? » explosa Willie, tout en sachant de quelle guerre il s'agissait. Martha l'avait renseigné en détail sur la guerre civile espagnole lors d'une de ses conférences du soir.

« La seule qui comptait à l'époque », répliqua Ab. La guerre civile espagnole avait été comme une version réduite du monde politique, du combat entre gauche et droite. La droite bénéficiait du soutien des fascistes allemands et italiens, tandis que les Russes et de nombreux socialistes d'origines diverses combattaient pour le mouvement légitimiste républicain de gauche. Les fascistes l'avaient emporté.

« T'as tué quelqu'un dans cette guerre ? l'interrogea Willie.

— Oui, je suppose », dit doucement Ab. Il resta perdu quelques instants dans ses pensées.

« Mais ce que j'me rappelle le mieux, c'est que tout le monde s'en fichait de la couleur de ma peau. Je suis allé à Paris pour m'engager, et j'suis entré dans un bar. J'ai commandé un café et un verre et j'ai pensé qu'ils allaient peut-être pas accepter de me servir, qu'ils allaient m'envoyer dans un autre bar, réservé aux Noirs. D'ailleurs j'en avais pas vu un seul. »

Il sourit à l'évocation de cet agréable souvenir.

« Mais tout le monde s'en foutait. J'ai bu mon café et

mon cognac, et personne ne s'intéressait à la couleur de ma peau. J'suis resté assis là des heures à me dire comme c'était agréable d'être comme tout le monde. »

Willie se détourna pour sourire. Ab était beaucoup de choses, mais sûrement pas comme tout le monde.

L'entraînement de base, dont Willie avait cru qu'il ne verrait jamais le bout, s'acheva, et il devint soldat. Plus tard, il devait évoquer avec tendresse ces semaines qui avaient pourtant été un enfer. Ab et lui furent tous deux postés au fort Huachuca dans l'Arizona, mais eurent droit auparavant à quatre jours de permission. Ab rentra à Chicago, pour voir Martha, sa mère et ses amis, et Willie partit pour Stockton.

C'est à Stockton qu'il réalisa à quel point il avait changé. L'armée, malgré tous ses défauts et ses injustices, lui avait procuré un sentiment de fierté de lui-même. Il estimait avoir gagné cet uniforme qu'il portait avec tant d'orgueil, tout en sachant qu'il souhaitait aller encore plus loin. Il voulait réaliser pleinement le potentiel de cette tenue. Il était soldat. Il désirait se battre. Il espérait avoir une chance de se comporter en héros. Et s'il fallait mourir pour y parvenir, eh bien, cela allait de pair avec l'uniforme. Il essaya d'expliquer ce sentiment à sa maman : il ne souhaitait pas mourir, il avait une peur affreuse de la mort, mais aussi longtemps que cette possibilité ne lui serait pas offerte, il ne serait pas un homme complet. Toute sa vie, il avait été un citoyen de second ordre, simplement à cause de la couleur de sa peau, et il voulait être exactement comme tout le monde. Ce n'était pas grand-chose à demander. Mais il ne fut pas certain que sa mère l'ait compris.

Tout en réalisant à quel point il aimait Ernestine, il se refusa à la demander en mariage. Pourtant il ne doutait pas qu'elle lui dise oui.

« Ça serait pas juste pour toi, lui avait-il expliqué. Pas tant qu'il y aura une guerre.

— D'autres le font bien, protesta Ernestine. D'autres soldats se marient. Ou au moins se fiancent. »

Willie rit, et elle aussi, et il fut convenu entre eux qu'ils « sortaient ensemble ».

Willie la contempla, la désirant plus qu'il n'avait jamais désiré aucune femme. Pour lui, elle était plus que belle : elle était son amie. Elle connaissait le pire en lui... et le meilleur ; elle ne l'avait jamais abandonné, dans les mauvaises périodes comme dans les bonnes. Il ne pouvait pas supporter l'idée de mourir sans jamais la connaître complètement, mais même en faisant attention, le risque existait toujours qu'elle se retrouve enceinte, et, s'il venait à se faire tuer, elle devrait porter le fardeau injuste d'un enfant sans père.

Il lui réclama une nouvelle photo d'elle ; celle qu'il avait gardée jusqu'alors dans son portefeuille était abîmée, ses bords déchiquetés, et puis c'était le portrait de la jeune fille qu'elle avait été, et non de la femme qu'elle était devenue. Elle lui en donna une nouvelle pendant la dernière soirée qu'ils passèrent ensemble et il se mit à rire parce que lui aussi avait son portrait à lui offrir. Tous deux s'étaient rendus en cachette au studio photo, sans s'y croiser.

Au dernier moment, il fut incapable de se retenir. Le train était sur le point de s'ébranler, bondé de soldats. La gare était pleine d'amis agitant tous des drapeaux. Flora pleurait. Le chef de gare donnait des coups de sifflet et le chef de train criait « En voiture ! ».

Willie fit ses adieux à Ernestine et l'embrassa ; il serra sa maman contre lui, puis Ruthana. Il prit son paquetage et se dirigea vers le train. Puis il s'arrêta et se retourna pour revoir Ernestine. Elle était à quelques mètres de lui, et les cris et les acclamations fusant dans la gare résonnaient tout autour de lui. Il ne prononça pas les mots à voix haute, ne pensant pas qu'elle puisse les entendre, mais il les articula silencieusement.

« Épouse-moi. »

Il vit un éclair de joie illuminer son regard et sut qu'elle l'avait entendu, et il vit ses lèvres bouger, bien que la réponse fût aussi silencieuse que la question. « Oui. »

35

L'Arizona était agréable, l'air hivernal qui soufflait du désert, frais et propre. Fort Huachuca était une grande base, dirigée avec efficacité, et Willie estima que les Noirs y étaient plus nombreux que les Blancs. Parce qu'ils étaient des soldats et non plus des bleus, les officiers paraissaient plus détendus et les sergents-chefs ne passaient plus tout leur temps à hurler. Les lois de ségrégation s'appliquaient toujours mais avec plus de tact qu'en Géorgie.

Ce qui ne les empêchait pas d'être blessantes.

Un grand nombre de prisonniers de guerre allemands étaient internés non loin de là. Le fait que les Allemands puissent être servis dans des restaurants et des bars où les Noirs américains n'avaient pas le droit de pénétrer constituait un sujet d'amertume permanent. La rumeur selon laquelle l'armée allait former sa première division de combat de couleur, et que l'évément aurait justement pour cadre Fort Huachuca, ne soulagea que partiellement cette amertume.

« Enfin ! » s'écria Ab, triomphal. Il devait prouver, à lui-même comme au monde, que les Noirs ne sont pas des poltrons, en mémoire de son père défunt.

« Oui, pas trop tôt », renchérit Willie, espérant être autorisé à en faire partie.

Ce ne devait pas être le cas. La 93e division d'infanterie fut bel et bien formée au fort, mais Willie et Ab furent affectés à une unité différente à San Francisco, pour travailler dans un premier temps comme manœuvres.

« Des soldats en chocolat », ronchonna Ab.

Mais au moins avaient-ils quelques sous-officiers noirs et l'impression de s'être rapprochés de la guerre. D'ailleurs leur séjour à San Francisco fut de courte durée. Ils furent déplacés une nouvelle fois et affectés outre-mer, en Australie.

Willie était enchanté. Il n'avait jamais voyagé de sa vie, et était incapable d'imaginer à quoi pouvait ressembler un pays étranger. Mais, surtout, cette affectation les rapprochait encore davantage de la guerre proprement dite. Le voyage fut tout sauf romantique. Ils furent embarqués sur un cargo reconverti en navire de transport de troupes, serrés comme des sardines. Willie souffrit du mal de mer les trois premiers jours et, à sa grande surprise, Ab aussi.

« Qu'on me donne la terre ferme ! gémissait celui-ci. J'peux plus supporter tout cet océan ! »

Jour après jour, ils ne virent que de l'eau, sans qu'une île ou même une mouette vienne briser cette monotonie. Seuls des poissons volants venaient parfois atterrir sur le pont, ou des dauphins nager à vive allure à côté d'eux.

Au bout de deux semaines, ils franchirent l'équateur, et eurent droit à une cérémonie qui les divertit de leur ennui. Ceux qui n'avaient encore jamais franchi cette ligne devaient être présentés au roi Neptune et à sa cour, puis se faire tremper la tête dans un seau d'eau. Tous s'amusèrent de bon cœur, même si bon nombre de soldats originaires de l'Amérique profonde, des États de la plaine, n'avaient jamais entendu parler de Neptune et, n'ayant jamais vu la mer, n'en revenaient pas de l'étendue du domaine de ce monarque.

Ils se couchèrent heureux ce soir-là car ils étaient à mi-chemin. Mais vers deux heures du matin, la sirène du bateau retentit. Les hommes tombèrent de leurs couchettes et hamacs et se précipitèrent sur le pont, attrapant au passage leurs gilets de sauvetage.

Willie découvrit, choqué, une réalité nouvelle. Jusque-là, il avait cru naviguer seul sur un océan vaste et vide, sans jamais envisager l'éventualité d'une attaque. Si celle-ci devait se produire, elle se déroulerait en plein jour, et serait le fait de l'aviation.

Aux sous-marins, il n'avait jamais pensé.

Ils se rassemblèrent sur le pont, en rangs conventionnels. Personne ne parlait, hormis les officiers qui se déplaçaient parmi eux, vérifiant les attaches des gilets de sauvetage, et s'entretenant à voix basse.

Le navire roulait. Il changea une fois de direction, puis encore une fois. Willie se tenait à côté d'Ab. Tous les hommes étaient unis dans la peur, chacun se posant les mêmes questions. Et s'ils étaient touchés par une torpille ? Quel effet cela faisait-il de mourir dans un bateau en flammes, ou de se noyer en mer ?

Il fut pris de haine pour ce sous-marin qu'il ne voyait pas, dont la présence n'était même pas certaine, et il détesta encore bien plus l'ennemi au-dessous de lui. Jusqu'alors, même au camp d'entraînement pendant les exercices de baïonnette, l'ennemi n'avait été qu'une entité sans visage, sans individualité ni personnalité aucune, rien de plus qu'un agresseur lointain. À présent, l'ennemi se trouvait à portée de torpille et Willie acquit un sens nouveau, indispensable au soldat en guerre : l'instinct de survie, le désir de tuer.

Ils restèrent debout une heure en silence, puis quelqu'un lâcha un pet et la tension faiblit un peu.

« Merde ! chuchota quelqu'un. Ça va encore durer longtemps ? »

Cela dura encore une heure, puis ils furent déconsignés. Ils regagnèrent leurs couchettes, mais cette nuit-là personne ne trouva facilement le sommeil.

Au matin ils étaient tous des hommes différents, des soldats prêts à se battre. Ce fut alors qu'ils reçurent l'information qui leur manquait encore.

Ils ne partaient pas pour l'Australie comme manutentionnaires ou portiers, pour servir au mess ou nettoyer les latrines. Après un bref entraînement au combat de jungle et au maniement des armes, ils allaient prendre du service actif.

Ils allaient enfin se battre.

Trois mois plus tard, ils se retrouvaient sur une île de carte postale dans le Pacifique, chargés de protéger un terrain d'aviation jouxtant une plage bordée de cocotiers, entourés d'autochtones amicaux et de Japonais hostiles.

La première fois qu'ils subirent l'attaque des avions nippons, Willie sentit la panique monter en lui, mais son entraînement, sa résolution d'être bon soldat et sa rage contre l'ennemi lui permirent de tenir bon. Il se saisit de sa D.C.A., commença à tirer bien avant d'avoir une véritable cible et continua longtemps après le départ des avions.

« Merde ! » jura-t-il, car il n'en avait abattu aucun.

Ab, qui était resté à côté de lui constamment, avait perçu la nervosité de Willie et l'avait encouragé de ses cris, tout en faisant feu.

« Ouais, putain de merde ! » éructa-t-il.

Willie lui jeta un coup d'œil et, voyant le large sourire sur le visage de son ami, réalisa que celui-ci s'était bien amusé.

« C'est pour ça qu'on est là, expliqua Ab. Ça vaut quand même mieux que de s'emmerder à mort. »

Il exultait et son humeur se communiqua peu à peu à Willie : n'était-il pas vivant ? N'avait-il pas survécu à une rencontre très rapprochée avec l'ennemi ?

Il lâcha un cri d'allégresse et entoura du bras l'épaule d'Ab. Tous deux dansaient presque de joie.

Leur excitation s'évanouit lorsqu'ils apprirent que les avions avaient fait deux victimes pendant le mitraillage au sol. Alors Willie dut affronter une autre réalité de la guerre : cela aurait tout aussi bien pu être Ab et lui. Il pleura la mort des deux hommes, comme il espérait que d'autres pleureraient la sienne s'il venait à succomber, et ressentit vivement la perte de ces soldats qu'il ne connaissait pourtant pas bien. Sa haine des Japonais augmenta encore. Mais même ce deuil ne parvint pas à effacer complètement l'exaltation totale qui s'était emparée de lui ce jour-là, ce déferlement d'une force vive.

Le rythme des prochains mois ainsi établi, ils s'y habituèrent et devinrent des vétérans de l'attaque. Willie ne se débarrassa jamais de la peur qu'il éprouvait à chaque passage des avions, mais devint un excellent tireur, et le jour où il en toucha un, il eût été difficile de trouver au monde un homme plus fier que lui.

Rien ne prouvait vraiment que ce fût son canon qui avait descendu l'avion : cela aurait tout aussi bien pu être celui d'Ab, ou l'un de ceux de la douzaine de tireurs postés autour de la piste, mais Willie en était certain. Il vit un morceau d'aile se détacher, et la fumée se déverser de l'avion de chasse. Puis l'appareil fit une embardée et entama sa chute. Le pilote en reprit apparemment le contrôle parce qu'il réussit à le faire remonter et s'éloigna péniblement vers la mer, vers la sécurité. Mais arrivé à deux kilomètres du rivage environ, l'avion fit une nouvelle embardée et sombra dans l'océan.

Chacun des hommes qui regardaient, c'est-à-dire tous, se mit à pousser des cris de joie et à applaudir. Et ce soir-là ils s'enivrèrent pour fêter l'événement.

À l'aube, ils entendirent les coups lointains d'un tireur embusqué. Chacun saisit son arme, prêt pour l'action, mais le silence retomba. Ils apprirent plus tard que deux des sentinelles postées autour du camp avaient été attaquées ; l'une était morte, l'autre blessée.

Ces tireurs isolés étaient ce que Willie haïssait plus que tout. Au moins pouvait-on voir les avions tandis qu'ils attaquaient ; son canon trouvait une cible, sa rage un objet. Mais ces tireurs étaient invisibles. Ils ne prévenaient jamais. On voyait seulement la muraille dense de la forêt, un minuscule crachat de fumée, suivi, un millionième de seconde plus tard, du claquement de la déflagration. Peu importait la puissance de feu qu'ils déversaient ensuite sur la jungle : le tireur avait pris la fuite depuis longtemps.

L'aspect presque le plus satisfaisant de leur séjour sur l'île était la camaraderie sans histoires qui régnait parmi les hommes, noirs pour la plupart, avec quelques Blancs, car la ségrégation n'avait pas été instaurée dans cette île tropicale si éloignée des États-Unis. Il n'y avait d'ailleurs pas assez de place pour des mess séparés, et les hommes étaient unis aussi dans la récrimination.

Comme toujours dans l'armée, la plupart des réclamations avaient trait à la nourriture.

« Merde, c'que j'peux détester ces œufs en poudre ! » s'exclama Ab un matin, fixant l'amas jaune vif étalé dans son assiette. Chaque matin, il se trouvait quelqu'un pour faire cette remarque, généralement plusieurs fois.

« Moi, j'aime encore mieux les œufs que leurs patates déshydratées, constata Willie.

— Avant vot'arrivée, y avait un cuistot qui se débrouillait pour que les choses aient le goût du frais », les informa Tate Kilmer, un vétéran de la guerre îlienne. Il répétait la même chose chaque matin.

« Où diable est-ce qu'il est parti ? demanda Willie, qui connaissait la réponse par cœur.

— C'est les officiers qui l'ont récupéré ! ricana Tate. Et là où il est, y n'cuisine plus de poudre ! »

Ce fut au petit déjeuner qu'ils apprirent que les marines avaient atterri en Nouvelle-Bretagne et attaquaient Rabaul. Peu après, les attaques aériennes cessèrent. On parlait de victoire et même d'une permission en Australie. Willie avait bien aimé l'Australie, du moins le peu qu'il en avait vu, et il souhaitait retourner à la Grande Barrière. Après leur entraînement dans la jungle, ils avaient eu quelques jours de permission.

Willie et quelques autres s'étaient rendus à la Grande Barrière sur un bateau affrété. Il était monté sur le récif de corail : à trente-cinq kilomètres au large des côtes, il avait de l'eau jusqu'à la taille, et n'apercevait pas la terre à trois cent soixante degrés à la ronde.

Ab avait une vision différente de l'Australie. Ils restaient à leur emplacement de D.C.A., jour après jour, à attendre des attaques qui ne venaient plus, et gardaient l'œil ouvert pour surveiller les tireurs isolés ou même un autochtone poursuivant son cochon échappé, n'importe quel événement susceptible de soulager leur ennui. Ab faisait ses propres projets pour la permission à venir. Ce serait peut-être Fidji ou l'une des autres îles moins dangereuses. Il n'appréciait pas l'attitude des Australiens vis-à-vis de leurs propres indigènes, les aborigènes. C'était un peuple dépossédé et lésé qui avait été chassé, presque jusqu'à extinction complète dans certaines régions, et ne bénéficiait d'aucun statut citoyen dans le pays qui lui avait pourtant appartenu. Ce qui le préoccupait le plus, c'était que l'Australie ne manifestait apparemment aucun désir de changement, et il en venait à évoquer les États-Unis avec affection.

À cause de cela, Willie se prit à considérer l'Amérique d'un œil nouveau, avec espoir. Durant les trois ou quatre années précédentes, des changements considérables s'y étaient déroulés et Willie, eux tous y avaient contribué. Cette année-là, certaines lois relatives au droit de vote avaient été modifiées en faveur des Noirs dans les États du Sud. Et Willie se prenait à croire, comme Ab, qu'une société plus équitable était possible dans l'avenir, même si elle n'était pas pour demain.

Des ordres arrivèrent, et il n'était nullement question de permission. Rabaul était tombé. MacArthur était retourné dans les îles Philippines. On affecta les hommes de Nouvelle-Géorgie à une nouvelle mission : il s'agissait de nettoyer l'île des Japonais.

On allait opérer par petites unités d'une douzaine d'hommes, équipés de fusils, de mitrailleuses, de grenades et de lance-flammes.

Au début, la tâche fut aisée. Quelques tranchées-abris japonaises se trouvaient à deux kilomètres environ de la piste. Willie pensait qu'elles devaient appartenir aux tireurs isolés. Ils avaient beau essayer de se défendre, ils étaient démoralisés, privés de contacts avec leurs camarades, souvent affamés, leurs provisions terminées depuis longtemps, leurs munitions presque épuisées.

Au fur et à mesure que Willie et Ab s'éloignaient du terrain d'aviation et s'élevaient dans les collines, la résistance se faisait plus féroce. Les abris étaient plus larges, capables d'accueillir jusqu'à six hommes, et bien camouflés, quoique leur présence ou leur proximité fût parfois trahie par des boîtes à munitions cassées ou de petits potagers bien tenus. Comme ils en avaient moins utilisé, ces hommes disposaient de plus de munitions et nombre d'entre eux étaient déterminés à combattre jusqu'à la mort plutôt que d'être faits prisonniers. Ils ignoraient du reste qu'en tout état de cause leur guerre était terminée.

Peu importait à Willie de les tuer, à condition que ce fût dans le contexte d'une petite bataille et qu'il ne voie jamais leurs visages. Il avait horreur de cela lorsqu'ils se rendaient, car il s'apercevait alors qu'il était incapable de les détester, tant ils lui paraissaient pitoyables.

Un jour, il fut pris de nausées en arrivant devant un terrier de renard. Les hommes n'avaient entendu aucun coup de feu, mais restaient sur la défensive. Puis Willie observa qu'Ab regardait fixement quelque chose. Était-ce parce qu'il avait entendu venir les Américains ou parce que ses munitions étaient épuisées ? En tout cas, le Jap s'était fait hara-kiri et Willie dut se détourner pour vomir.

La même chose lui arriva la première fois qu'il se servit d'un lance-flammes et sentit l'odeur de la chair humaine brûlée. Il ne parvenait pas à comprendre pourquoi ces hommes, dépassés en nombre, combattant sans aucun espoir de victoire, dans une guerre perdue d'avance, refusaient encore de se rendre.

Parfois pourtant, les Japonais s'en sortaient mieux. Plusieurs Américains furent blessés, et un ou deux tués. À cause de cela, chaque unité comportait un médecin ou au moins un homme entraîné à prodiguer les premiers soins.

Ils furent avisés d'une permission à venir, prévue pour la semaine suivante, lorsqu'ils auraient fini de nettoyer le secteur. Le nombre de Japonais qu'ils trouvaient était nettement en baisse et Willie prenait parfois presque plaisir à ses journées, ses marches dans les vertes collines tropicales qui offraient une si belle vue sur les rouleaux paresseux du Pacifique. Il songea à quel point ce serait agréable de partir en permission, son devoir accompli, et se prit à réfléchir à l'avenir et à la paix. À Ernestine. Au mariage. Et aux enfants.

Il était tellement absorbé par ses pensées que le coup de feu le surprit. Il sentit quelqu'un l'entraîner vers le sol. C'était Ab. Il tomba par terre, son fusil chargé.

La casemate se trouvait trois cents mètres plus haut, dans la colline, un petit bunker en ciment, construit dans la pente et bien camouflé. Les Japs disposaient manifestement d'une mitrailleuse car elle crachait parfois un feu continu, et les hommes de l'unité de Willie restèrent cloués au sol.

Ils ripostèrent, mais en vain. Ils se trouvaient trop loin pour pouvoir se servir des lance-flammes, inefficaces à cette distance, d'autant qu'il avait plu ce matin-là et que la jungle était mouillée. Willie envisagea une grenade, mais il faudrait la lancer loin, sans doute inutilement. Il tira quelques coups en direction de la casemate, pour soulager sa frustration, et appela à voix basse les autres pour voir si quelqu'un avait une idée.

Alors il réalisa qu'Ab ne tirait plus. Il regarda son ami, affalé au sol.

Il s'écria : « Ça va, Ab ? »

Pas de réponse.

Ce fut comme s'il venait de recevoir un violent coup de poing dans l'estomac.

Il retourna Ab et vit la terrible blessure à la poitrine d'où jaillissait le sang.

« Willie, chuchota Ab pitoyablement. Ça fait mal... »

Il vivait encore, tout juste... Et en cet instant terrible, les rôles se renversèrent. Willie devint le père et Ab son fils chéri, mourant.

« Toubib ! vociféra Willie. Faut le toubib ici ! »

Il vit le médecin se lever puis se laisser retomber aussitôt, tandis qu'une autre rafale était tirée depuis la casemate.

Une rage immense s'empara de Willie, bouillonna en lui puis explosa.

« Couvrez-moi ! » hurla-t-il, pour ceux qui pouvaient l'entendre.

Il quitta Ab en rampant, puis, lorsqu'il se jugea en sécurité, dissimulé parmi les feuillages denses, il se leva et courut, la tête bien rentrée dans les épaules, gravissant la pente, de plus en plus haut dans la colline, en veillant bien à rester sur le côté de la casemate. Encore et toujours plus haut.

Peinant pour retrouver son souffle, il arriva à une douzaine de mètres au-dessus de la casemate. Ses compagnons canardaient les Japonais pour les occuper et Willie pensait bien n'avoir pas été vu.

D'ailleurs, en cet instant, peu lui importait. Il était devenu un ange de la vengeance, mû par un courroux furieux et la puissance de sa vertu. Son sort lui était indifférent, il ne désirait qu'une seule chose : venger son ami. Il voulait que les Japs l'entendent, qu'ils sachent qu'il venait et qu'il incarnait la mort pour eux.

Il saisit la grenade de sa ceinture et se mit à dévaler la pente en courant vers le bunker. Il arracha la goupille avec ses dents puis se mit à hurler.

Il attendit jusqu'au dernier moment, lorsqu'il fut au niveau de la casemate. La grenade pouvait exploser à tout moment, mais il ne voulait leur laisser aucune chance de s'en sortir. Il vit leurs visages étonnés, les vit essayer désespérément de retourner leurs mitrailleuses fixes pour les pointer sur lui, les vit s'emparer de leurs fusils.

Quand il lança la grenade, il faillit tomber dans la casemate en glissant dans la boue et le sous-bois humide. Au moment même où il la lançait, il sauta vers le sol, au-dessous d'eux, puis se laissa rouler vers le bas de la pente, vers les siens.

L'explosion, assourdissante, ne l'empêcha pas de percevoir leurs cris d'agonie. Il atterrit contre un arbre qui lui coupa le souffle et arrêta sa chute. Il ressentit une douleur dans la jambe, une balle ou un éclat d'obus peut-être, et resta là recroquevillé, se faisant aussi petit que possible, les mains sur la tête tandis que les combats dérisoires faisaient rage tout autour de lui et que ses compagnons tiraient des rafales de mitraillette vers les deux rescapés qui s'extirpaient tant bien que mal de la casemate. Les coups de feu n'avaient pas encore cessé qu'il était de nouveau sur pied, descendant la colline en boitant. Il s'arrêta à cinq mètres d'Ab environ.

Il vit le toubib à genoux près de son ami, le vit porter sa main au visage d'Ab pour lui fermer les yeux. Il le vit s'accroupir et réciter une dernière prière pour celui qui venait de partir.

« Non, rugit Willie. Non ! »

Le visage ruisselant de larmes, il courut vers Ab et le prit dans ses bras, le traînant, tirant son corps à lui comme pour le faire revenir de la mort.

Il ordonna : « Ne meurs pas ! »

Il savait pourtant qu'il était trop tard, qu'Ab ne pouvait plus l'entendre et n'obéirait pas à son ordre. Cela lui était égal. Il avait l'impression de se noyer dans un océan de douleur, et la seule chose qui comptait était de s'élancer vers quelque rive lointaine où tout puisse être comme ce devait être.

Il étendit le corps de son ami par terre, resta à genoux à côté de lui et parvint lentement à réaliser le fait qu'il ne retrouverait plus jamais Ab, sur aucune rive, si lointaine fût-elle, et que plus rien ne serait jamais comme avant.

Tout en sachant qu'il n'aurait pas souhaité de prières, Willie pria pour Ab, espérant qu'il avait trouvé, enfin, le pays doré de ses rêves, où tous étaient égaux, ce pays qu'il avait cherché à réaliser au prix de tant d'efforts.

Normalement, ses camarades l'auraient entouré, avec force acclamations et bourrades dans le dos, mais ils s'abstinrent, comprenant ce qui venait de se passer. Certains s'attaquèrent à la pagaille de la casemate, d'autres restèrent en groupe à discuter à voix basse.

La pluie se mit à tomber, une pluie tropicale, torrentielle. Willie leva le visage vers le ciel, estimant qu'il n'était que juste que les cieux pleurent pour Ab, mais aucune quantité de pluie ne suffirait jamais à le laver du sang de son ami.

Tate Kilmer s'approcha et lui tendit la main pour l'aider à se relever, mais Willie le renvoya d'un geste.

« J'peux y arriver tout seul ! » aboya-t-il, furieux.

Il se leva avec difficulté et laissa le médecin soigner sa blessure, incapable pourtant de comprendre pourquoi il se laissait faire, car à ce moment-là, comme longtemps après, il ne vit vraiment aucune raison de continuer.

TROISIÈME PARTIE

Willie

36

La pension était comme autrefois, et pourtant différente, plus miteuse que dans le souvenir de Willie ; elle avait grand besoin d'une couche de peinture fraîche. Des planches avaient été clouées en travers des fenêtres du bas, mais ce n'était pas pour se protéger de la neige. Une des gouttières s'était détachée et pendait du toit. L'endroit avait l'air inhabité.

Martha était comme autrefois, et pourtant différente ; elle avait vieilli plus que du nombre d'années écoulées depuis la dernière fois que Willie l'avait vue. Ses cheveux grisonnaient, et elle s'était un peu empâtée. Ses yeux, comme éteints, avaient perdu leur éclat.

Willie comprit que lui aussi devait être comme autrefois, et pourtant différent. Il boitait un peu à cause de la blessure à la jambe qui lui avait valu d'être réformé, et il avait vieilli, certainement à cause du temps passé et aussi du poids de la guerre.

Les autres pensionnaires étaient sortis, ceux qui vivaient encore là. Martha se montra polie avec lui, presque gentille, mais guère plus. Elle lui prépara une tasse de café et l'interrogea sur sa santé, mais pas sur ce qu'il avait vécu. Elle ne souhaitait pas savoir ce qu'il avait fait, ne désirait pas entendre parler de la guerre. Elle ne souhaitait pas évoquer Ab. Peu lui importait la façon dont il était parti : sa disparition était déjà trop pour elle.

Quand elle se détourna pour lui verser une autre tasse de café, Willie déposa un petit paquet sur la table, quelques effets personnels d'Ab qu'il avait gardés en pensant qu'elle aimerait les conserver.

Martha vit le paquet mais n'en parla pas et ne le remercia pas davantage. Plus tard, alors qu'il buvait son café, elle le prit avec désinvolture, comme un objet sans valeur, et le porta à un tiroir. Pourtant il revêtait bel et bien une valeur à ses yeux, car lorsqu'elle l'eut rangé dans le tiroir elle le referma à clef et replaça celle-ci dans son sac.

« T'as besoin d'une chambre ? » lui demanda-t-elle enfin.

Willie fit un signe de dénégation, et elle ne manifesta ni peine ni soulagement. « Que vas-tu faire ? » hasarda Willie.

Le regard de Martha se perdit du côté de la fenêtre et elle se tut quelques instants. « Continuer le combat, répondit-elle d'une voix lasse. La guerre n'est pas finie. »

Elle voulait dire sa guerre, son combat politique, sa lutte contre l'inégalité. Pourtant Willie ne croyait pas que Martha espérât beaucoup en l'avenir.

Willie non plus d'ailleurs. Il en avait assez de la ségrégation. Il avait combattu vaillamment pour son pays, avait frôlé la mort de près, et de nombreux soldats noirs avaient donné leur vie. Et pourtant, à Honolulu, en rentrant du Pacifique Sud, plusieurs plages, bars et restaurants lui avaient été interdits pour la seule raison qu'il était noir. Et il en avait été de même à San Francisco, comme à Chicago. Il en serait de même à Memphis et à Stockton, et s'il descendait plus au sud, ce serait pire encore.

Il n'ignorait pas, bien entendu, que quelques petites avancées avaient été réalisées. Après la mort d'Ab, plusieurs Blancs, et quelques officiers, étaient venus le voir pour lui faire part de leur tristesse et lui exprimer leur admiration pour ce qu'il avait fait. Lorsqu'on lui avait décerné une médaille pour son courage, plusieurs Blancs, dont quelques officiers, lui avaient serré la main. Quelques lieux dans les grandes villes étaient désormais intégrés, mais combien d'autres ne l'étaient toujours pas. Professionnellement, ses perspectives n'avaient guère évolué : il pouvait prétendre à un emploi d'ouvrier, et même là, il serait moins bien payé qu'un Blanc pourtant moins expérimenté que lui.

Tout autour de lui, il rencontrait de la colère, et la détermination que la situation change d'une manière ou d'une autre. Bien des Noirs qui avaient combattu outre-mer ne savaient que trop ce qui les attendait au retour. Seule la perspective de revoir ceux qu'ils aimaient, leur famille, leurs amis, leur procurait quelque raison de se réjouir, car nul ne savait comment amener ces changements ou ne croyait qu'ils puissent vraiment se réaliser.

« Je m'en vais d'ici, annonça Martha. Je ferme cet endroit, je vends. »

Elle n'avait pas bougé, son regard était toujours fixé par la fenêtre.

« Je vais à Detroit. Ça va mal ici, mais là-bas c'est encore pire. »

Elle voulait quitter ces lieux, Willie le comprit, partir loin de tout souvenir d'Ab.

« Y a encore de la besogne », murmura encore Martha. Elle parlait de l'avenir, mais cela aurait aussi bien pu signifier qu'elle avait du travail dans l'immédiat, et Willie saisit ce prétexte pour prendre congé d'elle.

Elle l'accompagna jusqu'à la porte, puis, soudain, sembla ne plus souhaiter son départ.

Willie attendit.

« T'étais avec lui ? lui demanda-t-elle doucement. Quand ça... quand il... ?

— J'étais là, répondit Willie, de manière aussi douce.

— Alors ça va », conclut-elle. Elle referma la porte. Willie ne devait plus jamais la revoir.

Sa rentrée à Stockton fut joyeuse pour plusieurs raisons. Tout au long de son interminable voyage de retour, Willie avait pris certaines décisions quant à son avenir, mais aussi longtemps qu'il n'avait pas refermé la porte sur son passé, en faisant ses adieux à Martha, il ne s'était pas senti libre de mettre ses projets à exécution. Après avoir quitté Martha, il se rendit à l'entrepôt, où on lui assura qu'il y aurait du travail pour lui à chaque fois qu'il le souhaiterait.

Dans le train qui l'emmenait à Stockton, il répéta le discours qu'il avait préparé pour Ernestine. Ils se marieraient à Stockton, puisque leurs deux familles s'y trouvaient. Ils partiraient ensuite s'installer à Chicago. Ils auraient des bébés, plein de bébés, et vivraient heureux.

En l'occurrence, il n'eut pas besoin de faire de discours : Ernestine prit tout en main.

« Quand on se marie ? » chuchota la jeune fille.

Ils étaient confortablement installés chez elle dans le séjour, lovés dans les bras l'un de l'autre. Albie et la mère d'Ernestine avaient eu le tact de sortir faire des visites afin de les laisser seuls.

« Quand tu voudras, si t'es toujours d'accord, répondit Willie. Dans une semaine, dans un mois.

— Demain ! » s'exclama Ernestine en riant, et elle lui donna un baiser.

« On vivra où ? » l'interrogea-t-elle encore, quelques instants plus tard.

Il lui annonça : « À Chicago. »

Elle l'embrassa encore.

« On aura combien de bébés ?

— Autant qu'on pourra. »

Ernestine le dévisagea, l'œil pétillant de malice.

« Alors on ferait mieux de s'activer », déclara-t-elle.

Ce ne fut pas lui qui la prit, mais elle qui s'offrit à lui. Ils n'étaient pas encore mariés, mais ne tarderaient pas à l'être et ils avaient attendu bien assez longtemps. Ce fut exactement comme il l'avait toujours imaginé.

Après, elle lui demanda à voix très basse : « Tu veux toujours ? M'épouser ?

— Plus que jamais », l'assura-t-il, et il l'embrassa encore.

Ils se décidèrent pour un mariage d'été, et Flora pleura quand il lui annonça la nouvelle, tout comme elle avait pleuré lorsqu'elle l'avait vu d'abord, à la gare, en soldat rentrant de la guerre. Et quand il s'assit dans son fauteuil de toujours, il dut une nouvelle fois essuyer ses larmes.

« Ça me réjouit le cœur de te voir assis là », déclara-t-elle.

Il rit : « Tu dis toujours ça, M'man.

— Ben, c'est vrai », marmonna Flora.

La question du lieu de son séjour avait soulevé une petite discussion entre eux. Flora s'était arrangée pour que Ruthana aille dormir chez Pearl, afin que Willie puisse retrouver son ancienne chambre.

« C'est plus ma chambre, objecta Willie. Je vais rester chez Pearl. »

Flora insista, disant qu'à chaque fois que son fils rentrerait chez lui il y aurait de la place pour lui dans sa maison ; mais Willie éclata de rire et affirma que dans ce cas elle allait devoir trouver une plus grande maison, parce qu'elle avait deux fils à présent, et que se passerait-il s'ils venaient tous les deux au même moment ?

Luke avait passé toute la guerre en Europe, d'abord en Sicile et en Italie, puis en France. Maintenant que la victoire contre les nazis était imminente, il formait déjà le projet de travailler à New York, une fois rendu à la vie civile.

Willie n'avait jamais rencontré Luke, et ne savait pas trop comment il réagirait lorsque cela se produirait. Pendant presque toute sa vie, il avait été le fils unique de sa maman et, tout au long de ces années, Flora n'avait jamais mentionné l'existence d'un frère ou demi-frère. Après la visite de Luke, dans toutes les lettres de Flora à Willie il n'avait plus été question que de lui, et Willie était contrarié que cet étranger occupe une si grande place dans son cœur. Par la suite, il s'était calmé et réjoui pour sa maman, content de la voir tellement heureuse. Il souhaitait qu'ils puissent devenir amis, tout en espérant bien que Luke ne chercherait pas à exercer son autorité d'aîné sur lui. Et une petite partie de lui restait jalouse de Luke parce que celui-ci était né dans un milieu favorisé.

Il eut gain de cause et logea chez Pearl, ce qui lui rendit la vie plus facile et fut à l'évidence bien préférable pour Ruthana.

« Cette p'tite, jamais elle ne prend de bon temps, constata Pearl un jour. Ta m'man la tient en laisse comme un chien méchant. Un de ces jours, elle va se mettre à mordre. » Elle n'en dit pas plus, et ce ne fut pas nécessaire : Willie comprit très vite qu'elle avait raison. Ruthana avait toujours occupé la seconde place, en toutes choses et, bien que Flora se soit toujours montrée bonne avec elle ou, mieux, l'ait toujours aimée, cela n'avait jamais ressemblé à l'amour dont elle avait comblé Willie.

« Elle a qu'une seule jolie robe, murmura Pearl, et c'est pas souvent qu'elle a l'occasion de la porter. »

C'est vrai, songea Willie. Ruthana était toujours proprement mise, mais il ne l'avait jamais vue porter autre chose que des tenues fonctionnelles.

Il résolut de passer un peu de temps avec Ruthana et de faire avec elle des choses bêtes et frivoles, comme de l'emmener danser. Quand il proposa à Ernestine de prendre Ruthana comme demoiselle d'honneur, celle-là accepta sans se faire prier.

« Bien sûr ! s'écria-t-elle. Pourquoi j'ai pas eu l'idée moi-même ? »

Elle fit alors un commentaire qui choqua Willie, plus que tout ce que Pearl avait pu lui raconter.

« On ne pense jamais à Ruthana en premier. Et elle est si bonne, et gentille avec ta m'man et tout le monde.

Est-ce qu'elle sait seulement qu'elle est major de sa promotion ? »

Willie, lui, l'ignorait, et fut consterné que personne n'ait jugé bon de lui annoncer la nouvelle.

Il eut donc la joie d'assister à la cérémonie de remise des diplômes de Ruthana et, assis dans le jardin par une chaude journée de victoire, il jaugea sa sœur.

Elle avait dix-sept ans et elle était délicieuse. Ce jour-là, son jour à elle, ses yeux étaient vifs et brillants, et elle semblait confiante, quoique toujours un peu timide. La longue robe noire et le couvre-chef au pompon de couleur vive, uniforme de l'étudiant couronné de succès, lui seyaient à ravir. On aurait dit qu'elle tirait son autorité non pas d'elle-même, mais de ce qu'elle avait accompli.

Depuis qu'elle était toute petite, depuis ce jour où Willie avait décidé de quitter la maison pour aller à Chicago, Pearl et sa mère avaient évoqué la possibilité d'envoyer Ruthana à l'université. Willie n'avait jamais pris cette idée au sérieux, la tenant pour un simple transfert sur Ruthana des ambitions que Flora avait caressées pour lui-même. Il s'en voulut momentanément. Il repensa à Martha et à tous ses discours sur le rôle des femmes dans la société. D'autres Noires fréquentaient l'université, et refuser d'envisager cette idée pour Ruthana revenait à nier, à discréditer son potentiel. Si elle était capable de réussir, pourquoi n'irait-elle pas ?

Ruthana délivra un bref discours, plein de foi en l'avenir. S'il n'avait rien de particulièrement mémorable, il amena quand même Flora à se tamponner les yeux avec son mouchoir et à pétrir la main de Willie. Puis, une fois tous les discours prononcés, Ruthana s'approcha d'eux en courant, son diplôme serré dans sa main.

« J'ai pas été trop mauvaise ? demanda-t-elle à Willie, pleine de joie, sachant qu'elle s'en était bien sortie.

— T'as été formidable, l'assura Willie. J'étais drôlement fier. »

Et il était vraiment fier d'elle. Pendant son discours, il avait cherché à se rappeler la petite fille sage, toujours soucieuse de plaire, qu'elle avait été... mais sans y parvenir. Il ne voyait plus que cette jeune femme rayonnante de confiance en elle.

Mais elle n'avait rien perdu de son souci de plaire. Elle se tourna vers Flora, ressentant le besoin de l'entendre de la bouche de celle-ci.

« Maman... ? »

Willie se doutait bien que Flora serait gentille, mais elle fut bien plus que cela. Elle serra Ruthana contre elle, puis la tint à bout de bras pour mieux la contempler.

« Mon enfant, tu sais pas comme j'me suis sentie bien grâce à toi aujourd'hui, dit-elle. T'as réalisé tous mes rêves. »

Elle étreignit encore Ruthana, et Willie comprit autre chose à leur sujet. Si Flora s'était parfois montrée dure avec la jeune fille, ce n'était nullement par méchanceté. Pas plus que ce n'était pour réaliser le rêve de son père d'avoir un enfant instruit. C'était pour que Ruthana puisse donner le meilleur d'elle-même. Dans cette optique, les deux femmes avaient contracté une sorte d'engagement mutuel. Flora avait rendu ce jour possible, et Ruthana en avait admis la possibilité. Elles avaient œuvré ensemble au succès de la jeune fille.

Ernestine passa la soirée avec eux, mais ils ne parlèrent guère de leur mariage tout proche, si ce n'est pour régler quelques détails. Cette journée appartenait à Ruthana.

« Maman, tout va si vite, avec le mariage et tout, que j'ai même pas pu te le dire, annonça calmement Ruthana. Mais le Fisk College de Nashville, il m'offre une bourse partielle.

— Bien vrai ? » s'étonna Flora, sachant que la jeune fille n'avait pas encore tout dit. Celle-ci ajouta en effet : « Mais c'est loin Nashville. »

Willie vit là l'occasion attendue. Quelle que soit la place de Luke dans le cœur de sa mère, il était absent. Willie était donc chef de famille, et il désirait faire quelque chose pour Ruthana.

« Ces jours-ci, c'est plus si loin, dit-il. Tu crois que tu pourrais décrocher cette bourse ?

— Je crois bien que oui, confirma Ruthana. Mais la garder, j'sais pas si je le pourrais. Faut avoir une bonne moyenne chaque année.

— Ça devrait pas être trop dur pour toi, intervint Ernestine en riant. T'es toujours fourrée dans tes livres. »

Mais ce n'était pas ce qui tourmentait Ruthana. Elle posa son regard sur Flora.

« C'est que je peux guère songer à m'en aller en te laissant toute seule. »

Cela faisait quelques instants que Flora pétrissait son raccommodage. Elle portait des lunettes à présent. Enfin, elle le posa à côté d'elle et dévisagea Ruthana.

« Chérie, j'veux que t'écoutes bien ta vieille m'man, pasque je veux plus jamais avoir à le répéter », commença-t-elle.

Willie retint son souffle.

« J'serais tout ce qu'il y a de plus furieuse si l'idée te prenait de rester ici, à Stockton, quand le monde entier s'offre à toi. »

Willie faillit pousser un cri de joie, pas seulement pour Ruthana, mais aussi pour lui-même, qui s'apprêtait à partir pour Chicago. Il serra la main d'Ernestine.

« Y a rien pour toi, ici, ou pour quelqu'un comme toi. Alors active-toi et va à ce Fisk College », ordonna-t-elle.

Elle reprit son ouvrage, comme pour signifier que la discussion était close.

« Oh ! Maman ! » s'écria Ruthana. Elle embrassa Flora et la serra contre elle. Willie était ravi. Ernestine riait.

« Et ta robe, elle avance comment ? » s'enquit-elle.

Ruthana confectionnait elle-même sa tenue de demoiselle d'honneur.

« Elle est presque prête, tu veux la voir ? » Ruthana prit son amie par la main et l'entraîna dans sa chambre. « Tu peux pas entrer ! » cria-t-elle à l'adresse de Willie.

Willie resta assis avec Flora.

« Pourquoi tu m'avais pas dit qu'elle était major de sa promotion ? »

Flora paraissait toute à son ouvrage ; elle se piqua un doigt et marmonna un imperceptible juron puis reprit son aiguille. Enfin, elle leva les yeux sur son fils et avoua : « Pas que c'mot-là, j'sais même pas le prononcer. Et j'voulais pas que tu me croies ignorante. »

De toutes les émotions qu'avait connues Willie ce jour-là, cette dernière fut sans doute la plus forte. Il n'avait jamais imaginé que sa mère puisse être gênée par aucun aspect d'elle-même.

« Tu vas t'en sortir toute seule, M'man ? » l'interrogea-t-il avec douceur, quand elle eut repris son ouvrage. Flora lui jeta un coup d'œil par-dessus ses lunettes.

Elle répondit : « Sûr que oui. Et d'ailleurs, même si je répondais non, qu'est-ce que tu pourrais bien y faire ? Tu reviendrais p'têt' vivre ici une fois marié ? J'espère bien que non, mon garçon, pour ton bien, pasque je te mettrais dehors d'ici à coups de pied. » Elle posa son raccommodage et reprit doucement : « C'est toi qu'avais raison et moi tort, il y a toutes ces années. Je sais pas ce qu'il y a pour toi dans ton Chicago, mais je sais en tout cas une chose. Ici, à Stockton, y a rien. »

C'était une des choses les plus gentilles qu'elle lui ait jamais dites, et Willie était ému. Il s'approcha d'elle, la prit dans ses bras et lui embrassa les cheveux.

« On va te faire installer un téléphone, affirma-t-il, au cas où il t'arriverait quéqu'chose ici toute seule.

— J'en veux pas. Tu sais ce que ça coûte, ces machins-là ? Pearl en a un ; elle peut prendre un message. Ça me suffit bien. »

Les semaines suivantes furent pour l'essentiel consacrées au mariage, un peu à Ruthana, et beaucoup aux questions d'argent.

Ruthana, admise à Fisk College, s'était vu proposer une bourse. Flora et elle s'étaient rendues à Nashville en car pour que Flora puisse se rendre compte de l'endroit où allait vivre sa fille, et se pencher sur les aspects financiers de la situation. Depuis leur retour, elles passaient un temps fou en messes basses, au point que Willie se sentait encore une fois quelque peu exclu. Un jour, en rentrant, il les trouva toutes deux attablées, griffonnant des notes.

« Qu'est-ce qui se passe ? demanda-t-il.

— Rien, fit Flora, rassemblant ses papiers.

— J'pense que tu devrais me le dire », déclara-t-il, en bon chef de famille.

Flora lança un coup d'œil à Ruthana, qui fit un signe de tête affirmatif.

« Va falloir qu'elle trouve du boulot, expliqua Flora. Tout est arrangé. »

Elles s'étaient mises d'accord avec le conseiller principal pour que Ruthana travaille au réfectoire de l'université afin de gagner de quoi vivre et s'acheter des livres.

« Et alors ? » répéta Willie.

Il allait falloir débourser vingt-huit dollars par mois, mais cela ne posait aucun problème, insista Flora. Cet argent, elle l'avait déjà.

« Et alors ? » demanda encore Willie.

Ce n'était qu'une bourse partielle. Elles allaient devoir avancer trois cents dollars pour les cours.

Willie siffla entre ses dents.

« Ça va, ça va. Te soucie pas », s'empressa d'ajouter Flora d'un air détaché, comme si trois cents dollars représentaient un montant insignifiant pour elle.

« Et où tu comptes trouver une somme pareille ? demanda Willie.

— J'ai presque tout, répliqua Flora. L'argent que tu m'as donné avant ton départ, et c'que tu as envoyé quand t'étais dans l'armée, j'ai tout mis de côté.

— Mais cet argent, il était pour toi, s'insurgea Willie qui regretta aussitôt sa remarque, ne voulant pas paraître mesquin vis-à-vis de Ruthana.

— J'me suis dit que si tu me l'avais donné à moi, c'était pour que j'en fasse ce que j'voulais, répliqua Flora d'un ton acerbe.

— Oh, M'man, soupira Willie. J'ai de l'argent, je peux aider.

— Non, refusa vivement Flora. Tu te maries et tu auras besoin de chaque sou sur lequel tu pourras mettre la main.

— Il manque que cent dollars. On va demander à mon Papé. »

Willie n'en revenait pas.

« George ? Personne sait où il perche !

— Si, moi, répliqua Ruthana d'un air suffisant.

— Comment tu sais ? demanda Willie. Il a fichu le camp, il a quitté Chicago sans dire à personne où il partait.

— Il a une maman et aussi un papa, observa Ruthana. Alors comme ça, je leur ai écrit et ils me l'ont dit. Il est à Denver et il travaille dans l'usine à viande. »

Willie, ébahi, contempla ces deux comploteuses, ces intrigantes rusées, et partit d'un grand rire. Elles étaient prêtes à tout pour que Ruthana puisse aller à l'université.

Au grand soulagement de Willie, de Flora et de Ruthana, George se montra plus que généreux. Il leur répondit, s'excusant de ne pas leur avoir fait parvenir d'argent pour couvrir les besoins de Ruthana pendant si longtemps, et envoya un chèque de deux cents dollars. Il promit même un nouvel envoi six mois plus tard, puis tous les six mois après cela, pour l'éducation de la jeune fille. La lettre était peut-être simple, mal rédigée d'une main maladroite, mais pour Ruthana, elle valait de l'or, car elle représentait le premier contact direct qu'elle ait jamais eu avec son père.

Une nouvelle bombe terrifiante amena la victoire, et la paix ajouta encore à la joie de tous le jour du mariage. Bien que chacun eût deviné la grossesse d'Ernestine, elle portait une tenue toute de satin blanc et de dentelles froufroutantes, ornée d'un bouquet de gardénias blancs. Ruthana était en vert pâle, un ton qui lui allait à ravir. Flora avait mis sa robe du dimanche, achetée seulement un an auparavant, mais s'était permis la folie d'un chapeau neuf. Pearl s'était offert une nouvelle robe, violette en panne de velours, un tissu bien trop lourd pour une journée aussi chaude, et transpirait tout en tapant avec enthousiasme sur l'orgue.

Willie, vêtu d'un complet neuf, eut Pete Lanier pour témoin. Son seul moment de tristesse fut celui où, s'étant retourné vers Pete, il crut apercevoir Ab.

Le pasteur Jackson conduisit le service, la chorale chanta avec une ardeur à soulever les toits, et chacun passa un bon moment, les femmes à pleurer, les hommes à s'exclamer « Pour ça oui ! » du début jusqu'à la fin de la cérémonie.

Albie fit honneur à sa fille et offrit une réception dans la nouvelle salle paroissiale, reconstruite pendant l'absence de Willie. Isaac Dixon surveilla le barbecue, ou plutôt Isaac junior, son père étant pour l'essentiel à la retraite. Quand Ernestine lança son bouquet, ce fut Clara qui le rattrapa, pour le plus grand bonheur de tous ceux qui la connaissaient, car Andy, son petit ami, avait été tué au dernier jour de la guerre, et personne ne se rappelait l'avoir vue sourire depuis lors, jusqu'à ce jour. Ils prirent le train pour Chicago le soir même, ne comptant pas s'offrir un vrai voyage de noces, car ils avaient décidé que c'était au-dessus de leurs moyens.

Cependant, pour leur première nuit à Chicago, Willie avait réservé la suite nuptiale d'un bon hôtel.

Ce n'était pas le meilleur de la ville — celui-là leur était interdit parce qu'ils étaient noirs — mais il en aurait fallu bien plus pour les empêcher de s'aimer.

Willie se mit au travail dès le lendemain, ayant retrouvé son ancien poste à l'entrepôt, et Ernestine leur trouva un logement, une petite pièce, rien d'extraordinaire, mais qui ferait l'affaire jusqu'à ce qu'ils aient atteint une plus grande stabilité financière.

Les jumeaux naquirent en novembre.

Ils les nommèrent Don et Diana, et quand Willie les tint dans ses bras pour la première fois, il eut le souffle coupé d'émotion, émerveillé devant ces deux êtres minuscules et vulnérables qu'Ernestine et lui avaient créés. C'était à lui de les défendre, de pourvoir à leurs besoins, et il fit vœu de s'acquitter de ces devoirs. Il ferait de son mieux afin de les armer pour l'avenir, mais ils arrivaient dans un monde nouveau, compliqué et effrayant.

Des lignes de front se dessinaient en Europe de l'Est et, bien que l'Amérique bénéficiât de l'avantage de l'atome, Willie ne pensait pas que les Soviétiques se rendraient facilement. La guerre, sous une forme ou une autre, semblait inévitable dans l'avenir. Les larmes lui montèrent aux yeux. Ils étaient magnifiques ces minuscules bébés, mais il pleurait les outrages et injustices qu'allait leur valoir la couleur de leur peau, et contre lesquels même lui ne pourrait jamais les protéger.

C'étaient ses premières larmes depuis la mort d'Ab.

Flora

37

Flora avait le cœur comblé. C'était le résultat d'un combat acharné, il avait fallu cinq ans au lieu de quatre, mais le jeu en valait la chandelle : Ruthana venait de décrocher son diplôme universitaire.

La journée était chaude et ensoleillée. Flora était assise parmi trois cents autres parents, des gens venus comme elle assister au triomphe de leurs enfants. Elle était reconnaissante à George d'être là, car elle souffrait du trac. Elle s'était déjà rendue à Fisk une fois auparavant, quand Ruthana y avait été admise, mais cette fois c'était différent : il s'agissait d'une cérémonie publique et Flora ne savait pas comment se comporter en ce genre d'occasion, n'ayant jamais de sa vie assisté à quoi que ce soit d'aussi officiel.

Elle craignait que ses vêtements, quoique propres et nets, ne manquent de chic comparés à ceux des autres, que l'on s'aperçoive que ses talons étaient usés, ou encore de dire quelque chose à quelqu'un d'important qui compromette, Dieu sait comment, la réussite de Ruthana.

Elle se dirigea presque à contrecœur vers le campus. Elle s'aperçut alors que la plupart des autres parents étaient des gens comme George et elle, des gens laborieux, et qui n'avaient pas un sou de trop. Tous avaient mis leurs beaux vêtements du dimanche, sans parvenir à masquer pour autant les durs sacrifices consentis pour leurs enfants. La plupart s'exprimaient comme Flora, avec des fautes de grammaire.

Flora était très consciente de la syntaxe ces jours-ci, car c'était justement l'écueil sur lequel ses rêves et ceux de Ruthana avaient failli s'échouer.

Chacun prit place dans l'assemblée et quand Flora regarda la scène elle se dit qu'elle n'avait jamais rien vu d'aussi grandiose ni d'aussi important. À regarder tous ces professeurs et diplômés coiffés de mortiers à glands dorés et vêtus de robes aux capuches de couleurs vives, on avait l'impression de vivre un grand événement.

Le directeur entama son discours et Flora, qui savait exactement où se trouvait Ruthana bien qu'elle ne l'aperçoive que de dos, saisit la main de George et lui chuchota : « C'est merveilleux, pas vrai ?

— Merveilleux, vraiment, répondit-il à voix basse également. Tu t'imagines pas ce que ça signifie pour moi. »

Mais Flora ne le savait que trop, car elle n'ignorait pas ce que cela signifiait pour elle-même.

Les promesses de contribution financière de George s'étaient révélées aussi peu fiables que sa prétendue adresse. Il avait parfois envoyé de l'argent, mais jamais beaucoup, et toujours, semblait-il, à partir d'adresses différentes. Flora avait supporté l'essentiel du coût de l'éducation de Ruthana et, pour y parvenir, avait dû se charger d'encore plus de travail.

Ce fait, elle avait tenté de le cacher à Ruthana. Quatre ans auparavant, elle avait accompagné sa fille au car de Nashville, équipée de deux nouvelles valises en carton bouilli, pleines à craquer de vêtements raisonnables, rien d'extravagant, et lui avait confié une boîte à chaussures bourrée de victuailles pour le voyage.

« Y a du poulet frit et des œufs à la diable et une tourte aux patates douces. Faudrait pas qu'tu sois déjà affamée en partant de la maison. »

Ruthana, au bord des larmes, la serra dans ses bras et Flora en profita pour lui tenir le petit discours qu'elle lui avait déjà servi si souvent.

« Et souviens-toi bien ce que je t'ai dit à propos de tous ces garçons que tu vas rencontrer. »

Ruthana s'essuya les yeux et éclata de rire.

« Oui, Maman, je sais bien. Je me garde pour moi.

— Eh bien, veilles-y bien, ma chérie, ordonna Flora. Et maintenant monte et laisse le monsieur fermer la porte. Je t'aime. »

La jeune fille monta dans le car. Le conducteur ferma la porte et démarra.

Ruthana, le visage pressé contre la vitre, agita la main.

« Au r'voir, petit gâteau ! » cria Flora, agitant le bras à son tour.

Elle suivit le car des yeux jusqu'à ce qu'il disparaisse au tournant, le cœur plein d'amour et d'appréhension. Au premier rang de ses inquiétudes venaient les hommes. Elle ne doutait pas que Ruthana fût bonne fille, mais elle n'était pas aussi sûre de tous ces jeunes gens que Ruthana allait rencontrer à l'université. Elle avait fait ce qu'elle pouvait, et puis il fallait bien qu'elle laisse Ruthana s'envoler du nid un jour ou l'autre. Mais cela ne l'empêchait pas de se faire du mauvais sang.

C'était précisément parce que les hommes ne lui inspiraient aucune confiance qu'elle ne croyait pas aux promesses d'aide financière de George. Une fois certaine du départ de Ruthana, elle prit l'autobus à son tour pour effectuer le court trajet qui la séparait de la mairie. Mal à son aise parmi tous les Blancs, elle trouva le bureau qu'elle cherchait et fut heureuse de constater que l'homme qu'elle devait rencontrer était un Noir.

Sa surprise ne fut pas aussi grande qu'elle l'eût été autrefois. La situation de l'emploi pendant la guerre avait radicalement modifié les anciennes habitudes d'embauche, et par les temps qui couraient, on trouvait des Noirs aux postes les plus inattendus.

« J'suis venue voir si je pouvais prendre ce boulot. Celui pour lequel vous avez fait de la réclame, dit-elle. Pour un concierge. »

Il la considéra, l'air surpris.

« Euh, nous pensions plutôt à un homme... », commença-t-il.

Cela, Flora l'avait prévu.

« Ben, sûr que j'sais faire le ménage aussi bien que n'importe quel homme, affirma-t-elle. Même mieux, je crois bien. »

À force de discuter, elle décrocha le travail, trois heures chaque soir, cinq soirs par semaine. En plus de son travail habituel, les journées allaient être longues, mais si tel était le prix à payer pour garantir à Ruthana sa place à la faculté, il en valait la peine.

Flora rentra chez elle, satisfaite. L'avenir immédiat de Ruthana était assuré. Willie et Ernestine étaient installés à Chicago et Willie lui avait écrit pour annoncer qu'Ernestine attendait un enfant. Flora compta mentalement les semaines et devina qu'ils n'avaient pas attendu la nuit de noces pour consommer leur mariage, mais comme ils étaient mariés, elle le leur pardonna.

Soudain, et de façon inattendue, elle se sentit seule. La minuscule maison était vide, et personne ne rentrerait ce soir-là. Or elle n'avait jamais vécu seule dans cette maison pour une période prolongée. Il y avait toujours eu Willie, puis Ruthana. Elle se tint à elle-même un petit discours moralisateur, puis traversa la rue pour aller voir Pearl.

Elle se réjouit du ton heureux des premières lettres de Ruthana. Mais par la suite il changea et Flora se douta que quelque chose n'allait pas. Quand Ruthana rentra à la maison pour Noël, elle apprit de quoi il retournait.

Sa moyenne du premier semestre lui valait d'être mise à l'épreuve par l'université très stricte. En raison des notes obtenues en composition anglaise et en diction, sa bourse ne serait plus assurée, à moins qu'elles ne remontent au deuxième trimestre.

Ruthana était en larmes.

« Maman, j'te jure, je savais pas que je passais pas, sanglotait-elle. Je peux faire mieux, je le sais. Mais va falloir que je parle plus comme les professeurs et les autres. »

Flora crut que tout s'effondrait autour d'elle. Cette nuit-là, elle pria Dieu et Dieu lui apporta une réponse.

Pendant les dix dernières années de la Grande Crise, Mme Hopkins avait complété les revenus de sa famille en reprenant son ancien métier de professeur au lycée blanc.

Ravalant sa fierté, Flora prit le bus et s'en fut voir son ancienne patronne pour la supplier de lui venir en aide.

« Eh bien, je ne sais que dire, Flora, répondit Mme Hopkins. Tu m'as quand même terriblement laissée tomber quand j'avais besoin d'une bonne.

— Oui, M'dame, et je m'excuse. Mais vous avez trouvé Gloria. »

Gloria était la bonne du moment chez les Hopkins, et elle travaillait dur.

« Oui, bien sûr, c'est vrai, concéda Mme Hopkins, mais tout de même...

— Et j'vous paierai ce que vous voudrez, reprit Flora, d'un ton qui se voulait persuasif.

— Ce n'est pas d'argent qu'il s'agit », protesta Mme Hopkins. Elle n'avait nul besoin d'argent et supportait mal que l'on puisse penser le contraire.

Mais à la vérité, elle s'ennuyait. M. Hopkins travaillait tous les jours de la semaine à Memphis et elle ne voyait guère Kevin qui était marié, avait deux fils et vivait dans sa ferme à plusieurs kilomètres de la ville. D'apprendre à une jeune négresse à parler convenablement pourrait se révéler amusant, bien qu'elle doutât d'arriver à grand-chose dans le peu de temps dont elle disposait.

Elle finit par accepter de donner à Ruthana un cours intensif d'anglais pendant les deux semaines des vacances de Noël, et si elle se montra la plus impitoyable des maîtresses, elle se révéla efficace.

La capacité d'apprentissage de Ruthana surprit Mme Hopkins ainsi que sa bonne volonté à travailler dur. Ce qui l'étonna encore plus fut de constater le plaisir qu'elle-même prenait à donner ces leçons. Pour elle, professeur de talent, il était exaltant de trouver en Ruthana une élève motivée et capable, bien que de couleur. Une idée ténue, dérangeante, plutôt malvenue se mit à germer dans son cerveau : si Ruthana en était capable, de quoi d'autre était-elle capable ? Et si Ruthana le pouvait, d'autres négresses ne pourraient-elles en faire autant, si on leur en donnait seulement l'occasion, ou même mieux ?

Lorsque les vacances se terminèrent, elle offrit un cadeau d'adieu à Ruthana, plusieurs livres à étudier. Par la suite, elle s'intéressa toujours aux progrès de son élève et, à chaque fois que celle-ci rentrait pour les vacances, Mme Hopkins insistait pour qu'elle vienne la voir deux ou trois fois par semaine afin de prendre d'autres leçons, pour lesquelles elle n'acceptait jamais l'argent que lui proposait Flora.

Flora aussi apporta sa contribution. Elle exigea chaque soir qu'elles écoutent ensemble la radio : jamais de la musique, des jeux radiophoniques ou des comédies, mais les nouvelles et les émissions consacrées aux affaires courantes, celles où les speakers savaient parler. Quand l'heure fut venue pour Ruthana de retourner à Fisk, Flora percevait déjà un début de changement dans son élocution et se sentit récompensée de ses efforts. Elle donna à Ruthana un peu plus d'argent de poche, pour lui marquer sa confiance.

Elle décida de s'abonner au téléphone, afin de pouvoir appeler Ruthana au moins une fois par semaine et la harceler pour qu'elle continue de progresser. Une fois le téléphone installé, elle n'eut pas à le regretter, car un jour Willie l'appela pour lui annoncer qu'elle était grand-mère : Ernestine avait accouché de jumeaux.

Ce jour-là, le coût du téléphone cessa d'avoir de l'importance.

Mais oh ! comme elle était fatiguée... Elle n'assistait plus aux réunions de femmes du mardi soir, pourtant maintenues après la guerre. La société, les conseils qu'elle y trouvait lui manquaient. Pourtant, tout cela valait la peine, car les notes de Ruthana s'améliorèrent nettement au deuxième trimestre, surtout en anglais, puis encore plus au trimestre suivant, et sa place à Fisk fut enfin assurée. La jeune fille rentra pour l'été, débordante de fierté en raison de sa réussite mais s'exprimant comme quelqu'un d'autre aux oreilles de Flora. Loin de se reposer sur ses modestes lauriers, elle trouva un poste à mi-temps dans la vieille boutique de confection Lady Blue, qui s'appelait désormais Modes Modernes, et y rencontra un vif succès tant elle était polie et s'exprimait avec raffinement. Elle prenait plaisir à ses séances avec Mme Hopkins et en vint presque à aimer cette femme. Pourtant, si elle savait que Kevin devait rendre visite à sa mère, elle n'y allait jamais.

Les vacances d'été firent du bien à Flora, car elle commençait à sentir un retour sur son investissement, mais elles ne diminuèrent en rien sa fatigue. Un dimanche matin, alors qu'elle s'était mise à genoux pour prier avec les autres membres de la congrégation, elle s'endormit. Albie, qui était à côté d'elle, la poussa doucement et elle s'éveilla en sursaut, sans comprendre pendant quelques instants où elle se trouvait. Après l'office, le révérend Jackson et sa femme Vera la coincèrent.

« On sait bien pourquoi tu fais ce sacrifice, lui dit Vera, mais ce qu'on ne veut pas, c'est que tu portes une croix trop lourde pour toi.

— Je vais très bien. Je peux m'en sortir de tout ce que je fais », rétorqua Flora d'un ton irrité.

Comme à son habitude, le révérend Jackson se montra conciliant.

« Ma sœur, laissez-moi vous dire l'idée qui m'est venue, intervint-il d'une voix douce et cajoleuse. Nous avons justement parlé de vous et prié pour vous, et il existe peut-être un autre moyen qui vous prendrait moins de temps et d'énergie et qui, en plus, vous rapporterait plus d'argent. »

Flora, gênée, ouvrit la bouche pour l'interrompre.

« Laissez-moi terminer, ma sœur Flora, poursuivit le révérend Jackson. Chacun à Stockton sait bien que dans cette ville vous êtes à peu près la meilleure cuisinière de tourtes qui soit. À notre avis, si vous les vendiez le samedi en ville, cela vous rapporterait plus en un jour que certains de vos emplois de blanchisseuse. »

Flora, toujours mal à l'aise, vit un certain bon sens dans ces paroles. Elle mit l'idée en pratique dès la semaine suivante et vendit en une demi-heure les six tourtes qu'elle avait préparées. Le dimanche suivant, elle en prépara une douzaine et écoula le tout. Ce commerce devint une source de revenus supplémentaire pour elle. Elle attendit pourtant un an avant de renoncer à certains de ses emplois de blanchisseuse.

Six mois plus tard, un vendredi soir, elle venait de mettre une fournée de tourtes à cuire et s'était endormie sur la table. Elle fut réveillée par le téléphone. C'était Willie. Elle était à nouveau grand-mère, d'un beau garçonnet potelé. Il allait s'appeler Booker, en souvenir de son grand-père.

La joie le disputait à l'épuisement chez Flora. Et ce furent finalement les larmes qui l'emportèrent lorsqu'elle s'aperçut, en raccrochant, que les tourtes étaient en train de brûler. Puis elle se mit à rire à travers ses larmes, tout en jetant sa fournée à la poubelle, et ne prit pas la peine d'en préparer une autre.

Elle ne perçut pratiquement pas le passage des années tant elle était occupée et tant son épuisement était constant. Lorsque le gouvernement annonça que les forces armées seraient désormais unifiées, la nouvelle n'eut guère de sens pour elle, si ce n'est que l'initiative était juste et aurait dû être prise depuis longtemps. Elle comprit néanmoins que c'était important. Pour fêter l'événement, elle renonça à un ou deux de ses emplois de blanchisseuse, quoique cette décision fût déjà en gestation depuis un bon moment. Elle put dès lors rester au lit une ou deux heures de plus ces matins-là, sinon pour dormir, car à force d'habitude elle était devenue très lève-tôt, au moins parce que de n'être pas obligée de se lever représentait un luxe inouï.

Et voilà que tout cela appartenait désormais au passé, et Flora se demanda où avaient filé toutes ces années. Ruthana obtint sa licence d'anglais avec une option d'espagnol et une excellente moyenne.

Elle apprit la nouvelle à Willie par téléphone et celui-ci, ravi, promit d'envoyer un cadeau à Ruthana. Il ne pourrait pas assister à la cérémonie car il était trop occupé, et Ernestine ne se portait pas très bien, mais il leur envoyait ses pensées affectueuses. Flora n'avait jamais espéré que Willie puisse venir, mais la nouvelle de la mauvaise santé d'Ernestine l'inquiéta. Cela faisait déjà un certain temps que sa belle-fille n'était pas en forme, depuis la naissance du petit Booker. Les médecins ne lui trouvaient rien d'anormal, ce qui n'empêchait pas une petite sonnette d'alarme de résonner dans la tête de Flora.

Elle localisa George dans le Kansas, et lui aussi fut fou de joie. Il viendrait certainement à la remise du diplôme de sa fille, lui annonça-t-il, et ferait halte à Stockton en chemin pour emmener Flora à Nashville. Il était seul à présent, Ellie l'avait quitté depuis plusieurs années et il était heureux de jouer un rôle dans la vie de Ruthana, la seule famille qui lui restât.

Obéissant à une impulsion subite, elle appela Mme Hopkins pour lui annoncer l'heureuse nouvelle.

« Eh bien, Flora, je suis très, très contente ! déclara Mme Hopkins.

— Oui, M'dame, concéda Flora.

— Et quand elle rentrera à la maison, n'oubliez pas de lui dire de venir me voir, ajouta Mme Hopkins. Je lui ferai un petit cadeau pour tout son travail acharné. »

Ce fut, en l'occurrence, un don de cinquante dollars, qui enchanta Ruthana et toucha Flora tellement profondément qu'elle n'était pas tout à fait sûre de sa propre réaction. Elle passa un dernier coup de téléphone, à Luke, à New York. Il envoya ses félicitations à Ruthana, et s'excusa de ne pas être revenu à Stockton. Il travaillait comme avocat à Harlem, il était mal payé et disposait de très peu de temps libre. Flora le comprit très bien. Luke lui écrivait régulièrement depuis son départ pour l'Europe et il terminait toujours ses lettres en affirmant qu'elle lui manquait.

Flora aurait tant voulu qu'une fois, une seule, il lui dise qu'il l'aimait, mais il n'en fit rien jusqu'à l'année suivante lorsqu'il vint lui rendre visite, accompagné de sa jeune épouse Jessica. Il attendit jusqu'au dernier moment, à l'heure de monter dans le train. Alors il serra Flora contre lui et prononça les petits mots qu'elle rêvait d'entendre depuis si longtemps, et parce que ces paroles ne lui étaient pas venues facilement, elles prirent aux yeux de Flora une valeur inestimable.

George et elle arrivèrent à Nashville le soir précédant la cérémonie. Ruthana les attendait à l'arrêt du car et Flora la serra dans ses bras. Gêné, intimidé, George ne savait comment saluer sa fille qu'il n'avait pas revue depuis ses deux ans, mais Ruthana prit la situation en main et s'approcha lentement de lui.

« Salut, P'pa », murmura-t-elle. Elle était en larmes. George mit son bras autour de ses épaules et la tint contre lui tandis qu'elle pleurait.

« Oh ! mon bébé ! » dit-il.

Le lendemain, rien d'autre ne comptait en dehors de la cérémonie elle-même, le labeur et les sacrifices qu'elle avait représentés. Il y eut des discours en latin et en grec pendant lesquels Flora s'assoupit, puis le président de l'université annonça que la remise des diplômes était sur le point de commencer.

« Pour plus d'efficacité, demanda-t-il en conclusion, il serait préférable que chacun se retienne d'applaudir jusqu'à ce que nous en ayons terminé. »

Il aurait aussi bien pu économiser son souffle. Lorsque le premier étudiant reçut son diplôme, ses parents, incapables de se retenir, l'applaudirent. Six étudiants plus tard, tout le monde applaudissait et poussait des acclamations pour chaque étudiant, et quand ce fut au tour de Ruthana, la fierté de Flora fit exploser les dernières barrières de la retenue.

Elle se leva, comme mue par un ressort.

« Merci, Jésus ! » s'exclama-t-elle. Et elle répéta encore : « Merci, Jésus ! »

« Alléluia ! » s'écria quelqu'un, suivi de tous les autres, et chacun rit et applaudit, car ils partageaient sa joie, sa fierté était la leur, et tous avaient connu comme elle des années de privations.

Et jusqu'à la fin, la cérémonie de remise des diplômes prit des allures de réunion baptiste pour le renouveau de la foi.

38

Ce soir-là, comme toute la journée, une chaleur insupportable régnait. Flora et Ruthana, installées sur la minuscule véranda derrière la maison, sirotaient une limonade et s'éventaient en appelant de leurs vœux un souffle d'air.

Flora était heureuse de rester silencieuse. Elle savait que ce serait bientôt terminé et que Ruthana n'allait pas tarder à lui faire part de ses projets. Depuis son retour de Nashville, la jeune fille lui avait paru préoccupée, comme si elle était en train de décider de son futur ou de se demander comment annoncer à sa maman une décision déjà arrêtée.

Au début, Flora l'avait incitée à se détendre, à profiter de ces vacances bien méritées, et Ruthana avait fait mine de s'amuser. Mais Stockton n'offrait guère de possibilités. Ernestine, sa meilleure amie d'autrefois, vivait à présent à Chicago avec Willie, et pendant les années de Ruthana à Fisk, ses autres camarades de classe avaient grandi et changé, certaines avaient déménagé, d'autres s'étaient installées dans une existence rurale.

« Elle va partir, avait confié Flora à Pearl. Et c'est ce qui peut lui arriver de mieux. »

C'est alors qu'elle commença à se tourmenter à l'idée que, justement, Ruthana ne parte pas. Trouver un emploi ne semblait guère la motiver, bien qu'elle eût écrit une ou deux lettres à quelqu'un. Le soir venu, elle se contentait de bavarder avec Flora des menus événements locaux du jour. Puis elle avait repris son ancien travail d'été, à mi-temps chez Modes Modernes. Après six semaines de ce régime, Flora commençait à sentir l'inquiétude la gagner. Décrocher un diplôme d'université pour venir s'installer à Stockton représentait un gaspillage de tout ce qu'elles avaient réalisé au prix de tant d'efforts.

Mais le matin même, un samedi, une lettre était arrivée de New York, et elle ne venait pas de Luke.

Ruthana l'avait relue deux fois, puis rangée dans sa chambre. Tout le restant de la journée, elle avait eu l'air soucieux. Flora n'avait posé aucune question, attendant patiemment d'être informée. Mais on en était déjà au soir, le soleil se couchait, et Ruthana n'avait toujours rien révélé de ses préoccupations.

Flora décida de lui donner un petit coup de pouce.

« Qu'est-ce que tu vas faire ? l'interrogea-t-elle d'un air aussi détaché que possible. P'têt' un peu d'enseignement ou quoi ? »

Ruthana fixa le ciel rougi, puis regarda sa mère et sourit.

« Comment sais-tu toujours tout ? s'émerveilla-t-elle.

— Pasque je suis ta mère, mon chou, et les mamans ça sait toujours, répliqua Flora. Tu verras quand t'auras des petits à toi.

— Je ne veux pas te laisser seule », se lança Ruthana.

Flora la contempla par-dessus ses lunettes.

« J'croyais qu'on en avait fini avec tout ça depuis longtemps, dit-elle un peu sévèrement. Avant que tu partes à l'université. »

Elle éprouvait toujours le même plaisir à mentionner ce fait et répétait aussi souvent que possible que sa fille avait fréquenté la « faculté ».

« Oui, mais Nashville, c'était moins loin », reconnut Ruthana.

Elle se tut quelques instants avant de se jeter à l'eau. Enfin elle constata à mi-voix : « New York, ce n'est pas pareil. »

Flora éprouva une certaine autosatisfaction car elle

ne s'était pas trompée : ce serait donc New York. Quand même, cela l'effrayait aussi un peu parce que New York c'était vraiment très loin, et d'imaginer Ruthana dans n'importe quelle grande ville n'avait rien de rassurant. Cependant la perspective de voir sa fille rester à Stockton l'effrayait encore bien plus.

« Tu crois que je le sais pas ? dit-elle. Mais maintenant j'ai le téléphone ; c'est plus si loin, ces jours-ci. »

Elle était soulagée que ce soit New York : Luke vivait là, il pourrait veiller sur Ruthana.

Il y aurait peut-être quelque chose pour elle, lui expliqua Ruthana, comme collaboratrice au projet du centre d'œuvres sociales de Henry Street.

« Qu'est-ce qu'ils font là-bas ? se renseigna Flora.

— Je serais assistante sociale. Ça veut dire s'occuper des gens, trouver une solution à leurs problèmes, les aider dans leurs vies. »

Cela parut parfaitement logique à Flora. Ruthana avait toujours aidé les gens en difficulté, avec tact et générosité. Elle réalisa soudain que, hormis quelques querelles au moment de l'adolescence, Ruthana n'évoquait jamais ses problèmes personnels.

« Un des responsables du projet est venu à Fisk quand j'étais en deuxième année et nous en a parlé. C'est pour ça que j'ai pris l'espagnol. Ils s'occupent beaucoup d'Hispaniques, de gens originaires du Honduras et d'ailleurs.

— C'est un bon boulot, ma p'tite ? »

Ruthana rit : « Non, Maman, je crois que c'est un boulot épouvantable ! C'est le bas de l'échelle, et la paye n'est pas terrible, mais il faut bien commencer quelque part. »

Elle interpréta à tort le silence de sa mère comme de l'inquiétude.

« D'ailleurs je n'ai même pas encore décroché le poste. Je dois passer un entretien. Et c'est drôlement loin pour un simple entretien. »

Mais la seule inquiétude de Flora était que Ruthana finisse par se persuader elle-même de ne pas y aller.

« Ce boulot, tu l'auras jamais si t'y vas pas, et puis je suppose qu'il y a d'autres emplois à New York. Et il faut bien commencer quelque part. »

Elle ajouta un peu de sucre.

« Et puis ton frère Luke est à New York, il gardera un œil sur toi. »

Une cuillerée supplémentaire ne pouvait pas lui faire de mal.

« Et puis si c'est pas assez payé et qu'il te faut un petit supplément, je pourrais te donner quelques dollars, maintenant qu'on doit plus payer la "faculté". »

Elle décela une détermination et un soulagement nouveaux dans les yeux de Ruthana et sut que la partie était gagnée.

« Tu crois vraiment...

— Ma fille, qu'est-ce qui te prend ? dit sèchement Flora. T'auras mis le sujet à mort avant d'avoir fini d'en discuter. »

Ruthana éclata de rire et leva le regard vers le ciel. La nuit était tombée, les étoiles étaient apparues et, heureusement, une brise légère s'était levée.

Ce soir-là, lorsqu'elle conversa avec Dieu, Flora pria pour que l'entretien se passe bien et que Ruthana obtienne le poste. Elle implora le Seigneur de veiller sur sa petite fille et de ne pas permettre qu'il lui arrive quoi que ce soit de grave. Et si ce n'était pas déjà trop Lui demander, elle se posa la question de savoir si un homme convenable, honnête et digne de confiance (si toutefois ce modèle existait à New York) ne pourrait pas venir protéger Ruthana de tout danger.

Elle pria pour ses autres enfants, et pour ses petits-enfants, et pour le rétablissement d'Ernestine qui était souffrante.

Puis elle se leva lentement et se mit au lit. Là, elle écouta longtemps le silence nocturne du bourg de campagne et comprit qu'elle se sentirait bien seule une fois Ruthana partie, parce qu'elle doutait fort que sa fille revienne un jour vivre ici.

Eh bien, elle s'y ferait. Elle se trouverait des occupations. Et puis elle ne serait jamais complètement seule parce qu'il y aurait toujours Dieu.

Dès le lendemain, elle appela Luke pour lui annoncer la nouvelle. Il se dit ravi, et très impressionné : le centre d'œuvres sociales de Henry Street était ancien, bien établi et jouissait d'une excellente réputation. Il promit de s'occuper de Ruthana, tout en assurant qu'il ferait de son mieux pour ne pas l'étouffer. Ruthana n'aurait pas de soucis d'argent, au moins pour quelque temps. Elle avait mis un peu de côté sur sa paye d'été, George lui avait fait cadeau de cent dollars pour son diplôme et il y avait les cinquante dollars de Mme Hopkins, sans compter les cent dollars que lui avait donnés Flora.

Elles avaient décidé que voyager en car Greyhound serait plus raisonnable que le train, parce qu'un peu moins cher, et Albie eut la gentillesse de les conduire à Memphis en voiture.

Aussitôt qu'ils arrivèrent dans la grande ville, Flora sut qu'elle avait eu raison, toutes ces années auparavant, de ne pas s'y être risquée et d'avoir préféré descendre du train à Stockton. Elle n'avait qu'à regarder Memphis pour se sentir effrayée. Après avoir parcouru des rues sales, bordés de bars miteux et de femmes en tenues voyantes qui ressemblaient toutes à des putains, ils traversèrent un centre-ville plus élégant, avec ses constructions impressionnantes, mais où la plupart des visages étaient blancs, et où la circulation et l'énergie déployée étaient effarantes.

Flora se dit que l'idée de Ruthana de partir s'installer dans une ville encore plus grande était pure folie. Comment lui serait-il possible d'échapper à la tentation et au malheur dans un endroit pareil ? Elle se rappela la première expédition de Willie à Chicago, et le désastre que cela avait été.

Elle se souvint ensuite que Willie avait survécu à ce désastre et était même devenu quelqu'un de très bien, le père de ses petits-enfants. Et puis, il y avait bien longtemps, n'avait-elle pas, elle aussi, effectué un voyage encore plus long depuis un endroit encore plus petit que Stockton ?

Elle ne chercherait pas à retenir Ruthana, c'était d'ailleurs impossible, mais dans le dépôt de cars Greyhound, sonore et grouillant de monde, elle se sentit prise de panique. Elle s'agrippa à Ruthana.

« Ruthana... » Mais sa fille marchait loin devant elle et se mit à rire.

« Oui, je sais, Maman. Je me garde pour moi et je ne fais pas confiance aux hommes. » Le rappel de cette leçon bien apprise et le rire qui l'accompagnait eurent pour effet de détendre Flora. Si elle était malheureuse de voir partir Ruthana, elle comptait bien l'expédier avec les idées solidement en place. Elle approcha sa bouche de l'oreille de sa fille.

« Ça, c'est seulement jusqu'à ce que tu trouves l'homme qui te convient, dit-elle. À ce moment-là, tu lui donnes tout ! »

Ruthana en eut le souffle coupé. Elle dévisagea sa maman qui lui adressa presque un clin d'œil.

Ensuite, tout se passa très vite. Ruthana monta dans le bus et agita la main. Flora et Albie en firent autant, puis le bus démarra et le dépôt parut d'un coup silencieux et un peu vide.

Albie raccompagna Flora chez elle, bavardant de tout et de rien pendant le trajet pour qu'elle n'ait pas à faire la conversation. Il parla surtout de l'intérieur des voitures et des succès de Ruthana. Il ne mentionna pas une fois sa propre fille, Ernestine, jusqu'à ce que la voiture se soit arrêtée devant chez Flora.

« Qu'est-ce qu'elle a qui va pas, Ernestine ? interrogea-t-il. Des problèmes de femmes ? »

Flora ne savait pas de quoi souffrait Ernestine et s'inquiétait également. Et elle était encore plus inquiète de ce que les médecins ne cessaient de répéter qu'elle n'avait rien.

« Ça s'pourrait », se contenta-t-elle de répondre.

Après avoir remercié Albie, elle rentra seule chez elle. Elle ôta son chapeau, s'installa dans son fauteuil et se mit à l'aise en retirant ses souliers. Elle resta assise un instant, ne sachant trop que faire, puis se prépara un sandwich parce que cela l'ennuyait de faire la cuisine pour elle seule. Elle envisagea d'aller rendre visite à Pearl, puis se rappela que celle-ci assistait à une répétition de la chorale.

Elle alluma le poste radio et écouta un jeu, s'efforçant de donner les réponses avant les participants, et fut surprise de se débrouiller aussi bien.

Pearl vint la voir un peu plus tard, à son retour, pour s'assurer que tout allait bien et suggéra qu'elles aillent au cinéma le samedi suivant.

« P'têt' bien », répondit Flora.

Elle ne voulait pas que cela devienne le scénario de sa vie à venir : vieillir aux côtés de Pearl parce qu'il n'y avait personne d'autre avec qui vieillir. Elle resterait active. Elle irait davantage à droite et à gauche. Elle ne savait pas trop où, mais des idées lui viendraient certainement. Elle avait renoncé à son poste de concierge à temps partiel mais gardé ses ménages, et continuait à vendre ses tourtes le samedi matin... Elle avait donc de quoi occuper ses journées. Les soirs s'occuperaient d'eux-mêmes, et les dimanches seraient remplis par Dieu.

Ruthana téléphona quatre jours plus tard, pour dire qu'elle était bien arrivée à New York. Luke était venu la chercher, s'était montré gentil et plein d'attentions pour elle. Ruthana avait pris une chambre à la Y.W.C.A. et devait passer son entretien professionnel le jour suivant.

Elle rappela le lendemain pour annoncer qu'elle avait décroché le poste et commencerait la semaine suivante. Elle n'était pas beaucoup sortie parce qu'elle ne savait pas trop où aller et parce que New York était réellement une ville immense. Elle comptait passer le samedi avec Luke et sa famille. Elle demanda à Flora d'appeler Mme Hopkins pour lui faire part de la bonne nouvelle.

Flora appela son ancienne patronne dès le lendemain et, à sa surprise, la nouvelle parut lui faire plaisir. Elle demanda à Flora de la tenir au courant du parcours de Ruthana.

Flora s'installa ainsi dans une existence où elle vieillissait seule, tout en tenant la promesse qu'elle s'était faite. Elle se trouva de multiples occupations. Elle allait toujours au cinéma le samedi soir, le plus souvent avec Pearl, parce qu'il fallait bien être réaliste : Pearl et elle allaient bel et bien vieillir ensemble. Le lundi, elle restait chez elle pour ranger, repriser, faire le ménage ou écouter la radio. Le mardi soir, elle participait à la réunion des femmes à la paroisse. Le mercredi soir, elle rendait des visites de charité aux Anciennes trop âgées pour sortir beaucoup, à des veuves, ou à des femmes dont les enfants s'étaient envolés du nid. Le jeudi soir, elle s'offrait un petit plaisir en dînant Chez Pop, parfois avec Pearl, et prenait plaisir à cette compagnie. Le vendredi soir, elle préparait ses tourtes, et le samedi elle les vendait. Et puis le dimanche, il y avait Dieu.

Ses enfants partis, Flora constata que l'argent lui posait de moins en moins de problèmes. Elle expédiait vingt dollars par semaine à Ruthana pour l'aider, mais elle continuait à travailler quatre jours et demi par semaine, à vendre ses tourtes et à ne dépenser qu'avec parcimonie. Après la guerre, elle avait renoncé à son pot d'argent enterré et plaçait désormais toutes ses économies sur un compte d'épargne. Elle ne cessait de s'étonner de la bonne santé de celui-ci, du moins selon ses critères.

Tous ses enfants l'appelaient une fois par semaine pour lui donner de leurs nouvelles, et tous semblaient bien s'en sortir. Luke, qui était marié, avait deux enfants, un garçon et une fille, et Ruthana vivait heureuse à New York, du moins le disait-elle. Willie se débrouillait très bien à Chicago, quoique la santé d'Ernestine fût toujours un sujet d'inquiétude. Elle avait de bons et de mauvais jours, de bonnes et de mauvaises semaines, de bons mois et de moins bons mois, et personne ne se prononçait quant à l'origine de son mal. Leurs enfants allaient tous très bien, et Don et Diana, les jumeaux, avaient commencé l'école.

Ils envoyèrent à leur grand-mère pour son anniversaire des cartes peintes à la main, des réalisations simplettes, enfantines, mais qui touchèrent beaucoup Flora qui aspirait de tout son cœur à les voir.

Le temps s'écoulait doucement jusqu'au jour où elle eut la surprise de recevoir un appel de Mme Hopkins. Sa bonne, Gloria, était tombée d'une échelle alors qu'elle accrochait des rideaux et s'était fêlé un os du bras. Elle savait Flora occupée, mais celle-ci ne pourrait-elle trouver le moyen de l'aider, ne serait-ce qu'un seul jour par semaine ?

Ayant réaménagé son emploi du temps, Flora se rendit chez elle le jeudi suivant. Mme Hopkins eut l'air heureux de la voir, l'accueillit chaleureusement et s'enquit de Ruthana. Vers midi, elle suggéra qu'elles prennent ensemble des sandwiches à la cuisine.

Flora était intriguée. Une telle chose eût été impensable vingt ans auparavant. Tandis qu'elles mangeaient les sandwiches et buvaient du thé glacé, Flora, tout en écoutant Mme Hopkins parler, se surprit à éprouver une certaine pitié pour cette Blanche qui se donnait tant de mal pour ne pas révéler ses sentiments, tout en ayant désespérément besoin de les partager avec quelqu'un.

Son mari passait de plus en plus de temps à Memphis, dormant parfois en ville plusieurs jours d'affilée. Flora commença à comprendre où elle voulait en venir : Mme Hopkins était persuadée que son mari la trompait.

Mme Hopkins ne voyait plus guère Kevin et sa femme, car le jeune ménage était très pris par la ferme. Fort heureusement, le fils aîné de Kevin, le jeune Gavin, fréquentait une école de la ville et venait rendre visite à sa grand-mère.

« Un gentil garçon ? s'enquit Flora.

— Oh ! un amour, répondit Mme Hopkins. C'est... euh... tout le portrait de son père. C'est comme si je retrouvais Kevin enfant. »

Une idée qui n'avait rien de réjouissant pour Flora, mais elle s'abstint de discuter.

« Oui, M'dame. »

L'après-midi, lorsqu'elle eut terminé son travail, Mme Hopkins la paya et la raccompagna à la porte. Elle lui demandait de transmettre son bon souvenir à Ruthana quand un garçon d'environ onze ans remonta l'allée sur sa bicyclette.

« Salut, grand-maman, appela-t-il. Qu'est-ce qu'elle veut la négro ? »

C'était bien le fils de son père. Flora éprouva exactement la même chose que toutes ces années auparavant, quand Kevin s'était montré cruel avec elle. Flora avait l'impression d'avoir reçu de l'enfant une gifle en plein visage, pour rien, sans raison aucune ou pour la seule raison qu'elle était noire.

Elle vit Mme Hopkins rougir de colère.

« Les garçons bien élevés ne disent pas ce mot-là, Gavin. Nous disons "nègres".

— Quelle différence ? répliqua Gavin, d'un ton insouciant. Négros, moricauds, nèèèèègres, tout ça c'est du pareil au même. »

Il passa entre les deux femmes, les bousculant pour se diriger vers la cuisine, en jetant au passage : « Y a de la limonade ? »

Mme Hopkins regarda Flora.

« Je suis vraiment désolée, Flora, s'excusa-t-elle. Cela ne se reproduira pas.

— Non, M'dame, dit Flora.

— Il ressemble tellement à son père, reprit Mme Hopkins.

— Oui, M'dame. »

Dans le bus, en rentrant chez elle, Flora comprit qu'elle s'était bercée d'illusions. Tous les Blancs à qui elle avait affaire étaient des clients ou employeurs de longue date, et ils avaient depuis longtemps défini leurs relations avec elle en termes courtois bien que souvent paternalistes. Elle avait très peu de rapports avec d'autres Blancs et obéissait à toutes leurs lois stupides, en évitant de se trouver sur leur chemin. De cette manière, elle avait réussi à mener une vie agréable et ses enfants se débrouillaient bien.

Le commentaire idiot, banal de Gavin l'avait abruptement ramenée à la réalité. Malgré les quelques événements qui s'étaient produits dans le monde, notamment l'intégration des forces armées et certaines légères modifications du Code électoral, plus de la moitié de la ville où elle habitait lui restait interdite et dans le vrai Sud, dans l'Alabama, on lynchait encore les Noirs. Elle n'était qu'une citoyenne de seconde classe dans un monde de Blancs, et les Blancs détenaient toujours le pouvoir de faire souffrir.

39

Aussi fidèle que la lumière du matin, Albie la conduisit à la gare. Pearl les accompagnait, son mouchoir roulé en boule dans la main, prête à verser les larmes que Flora savait inévitables. Cela faisait une semaine que Pearl pleurait à tout moment, depuis le jour où Flora lui avait annoncé la nouvelle.

Elle avait sangloté : « Tu vas me manquer, Flo'. »

La première fois, Flora avait pleuré avec elle. Mais les larmes de Pearl n'avaient pas tari pendant toute la durée des préparatifs de Flora, et celle-ci commençait à ressentir une certaine irritation. Ce n'était pas la première fois, constata-t-elle d'ailleurs.

« Combien de temps tu seras partie ? sanglota Pearl, tout en regardant Flora remplir ses valises.

— Aussi longtemps qu'il faudra », répondit Flora.

Willie avait téléphoné. Il avait besoin d'aide. Ernestine était au plus bas et les médecins ignoraient toujours de quoi elle souffrait. Elle n'avait plus aucun appétit, perdait du poids et, toujours apathique, passait le plus clair de son temps au lit. Willie, qui exerçait deux emplois, était incapable de tenir en plus la maison et de s'occuper seul des enfants. Flora envisagerait-elle de venir passer quelque temps à Chicago ?

Bien qu'inquiète pour Ernestine, Flora était ravie en même temps. Elle avait retrouvé une raison de vivre, on avait besoin d'elle, et elle verrait enfin ses petits-enfants.

« Si t'as besoin de moi, mon p'tit, je saute dans le prochain train », assura-t-elle.

Le train suivant ne l'arrangeait guère. Elle avait beaucoup à faire, il lui fallait mettre toute sa vie à Stockton en attente, car elle sentait bien que son absence allait durer un certain temps.

Elle donna sa démission à tous ses employeurs, s'irritant du mécontentement de certains, mais touchée par les primes généreuses dont plusieurs d'entre eux la gratifièrent le dernier jour.

Elle envisagea de trouver un locataire pour sa maison mais finit par y renoncer. Elle ne savait pas combien de temps elle serait partie, et souhaitait conserver la liberté de rentrer. Du reste, l'idée d'un inconnu ou même d'une connaissance vaquant dans sa cuisine lui déplaisait. Pearl, toujours en larmes, promit de s'occuper de sa maison et de lui réexpédier son courrier.

Flora s'arrangea pour payer avec ses économies son hypothèque mensuelle et sortit assez d'argent pour tenir quelque temps à Chicago. Si nécessaire, elle pourrait toujours trouver un emploi à mi-temps là-bas : les gens ont toujours besoin d'une femme de ménage.

Albie resta à ses côtés tout au long de ses préparatifs, préoccupé pour sa fille Ernestine. Il demanda à Flora de ne pas s'inquiéter pour l'argent : il se débrouillait bien ces jours-ci. Il s'était associé avec Caleb Brandon et, à la mort de celui-ci, était devenu propriétaire de la station-service. Si Flora avait besoin d'aide, financière ou autre, elle pouvait l'appeler à tout moment. Il les emmena à la gare. Flora s'installa à côté de lui à l'avant et ils échangeaient un sourire à chaque fois que Pearl, à l'arrière, reprenait ses lamentations et sortait son mouchoir pour se tamponner les yeux.

« Qu'est-ce que je vais devenir sans toi, Flo' ? » Pearl pleurait toujours lorsqu'elles s'étreignirent au moment des adieux. Du reste Flora pleurait aussi. Depuis plus de quarante ans, Pearl avait été une présence constante dans sa vie et voilà que ce pan de son existence touchait à sa fin.

Tout en appréhendant la vie dans la grande ville, Flora se sentait en même temps extraordinairement excitée. N'était-elle pas repartie pour une grande et nouvelle aventure parce que quelqu'un avait à nouveau besoin d'elle ?

Elle fut étonnée par les améliorations apportées depuis son retour du Mississippi, même dans les wagons réservés aux gens de couleur. Malgré son appréhension, elle réussit à dormir.

Elle se sentit écrasée par les vastes proportions de la gare et l'impression d'activité et de détermination qui se dégageait de la foule. Puis elle aperçut Willie qui agitait la main en appelant son nom. Il lui parut vieilli, plus qu'elle ne s'y était attendue, et elle se dit que ce devait être l'inquiétude.

Ils regagnèrent l'appartement en taxi et, malgré le semblant de visite guidée dont la gratifia Willie, Flora prit à peine conscience de la ville environnante. Seul importait à ses yeux Willie, car il ne savait visiblement plus à quel saint se vouer.

« Le docteur dit qu'elle a rien, conclut-il après avoir expliqué l'état d'Ernestine. Mais il doit bien y avoir quelque chose qui cloche. »

Aussitôt que Flora aperçut sa belle-fille, elle sut que Willie avait raison. Ernestine, hâve et pâle, était manifestement épuisée. Mais elle sourit, pour Flora.

« Regarde, Booker, dit-elle. C'est ta gran'ma. »

Le garçonnet de six ans était intimidé. Debout derrière sa mère, il dévisageait Flora. On s'occuperait d'Ernestine plus tard. Pour l'instant, Flora ne vit rien d'autre que l'enfant chéri qui portait le nom de son mari.

« Bonjour, mon tout petit, murmura-t-elle. Tu viens faire un câlin à ta gran'ma ? »

Il n'avait pas l'air trop heureux, mais regarda sa mère qui lui sourit d'un air encourageant. Il s'approcha lentement de Flora, qui se mit à genoux pour être à sa hauteur.

« Moi, j'ai un p'tit cadeau pour toi », dit Flora, qui n'ignorait pas que ce genre de méthode marche bien avec les enfants que l'on ne connaît pas.

Elle tira de son sac un petit paquet de sucreries de couleurs vives et le lui tendit. Encore timide, le petit Booker chercha son père du regard. Celui-ci lui fit un signe de tête affirmatif.

« Dis merci maintenant, dit Willie, et donne un baiser à ta gran'ma.

— Merci, Gran'ma », articula l'enfant en caressant consciencieusement la joue de Flora de ses lèvres.

Elle ne put s'en empêcher. Elle passa ses bras autour de lui et le serra contre elle. Booker se laissa embrasser, mais les bonbons étaient ce qui l'intéressait le plus. Peu importait à Flora : l'amour viendrait plus tard, en même temps que la familiarité. Il lui suffisait pour l'heure de le tenir enfin dans ses bras.

« Merci, murmura-t-elle à l'intention de Booker et d'Ernestine. Merci. »

L'appartement était agréable et parut spacieux à Flora. Il comportait deux chambres à coucher, une pour Willie et Ernestine, l'autre pour les enfants, et Flora se dit qu'elle dormirait sur le sofa. Un portrait de Franklin D. Roosevelt était accroché sur un mur et elle fut heureuse d'apercevoir sur l'autre un tableau en pyrogravure portant l'inscription « Jésus notre Sauveur ». Un grand fauteuil bien rembourré et recouvert de similicuir occupait un côté de la pièce. Willie le désigna comme étant celui de Flora. Elle s'y installa et Willie rit : « Ça me réjouit le cœur de te voir assise là. »

Flora sourit également, comme d'une vieille plaisanterie de famille, mais cela la touchait beaucoup.

« Ça me réjouit le cœur d'être assise là-dedans », constata-t-elle.

Ils bavardèrent un moment, puis Ernestine partit se reposer non sans s'être excusée. Flora procéda à l'inspection de la petite cuisine, et à chaque fois qu'elle se retournait, elle apercevait Booker dans l'embrasure de la porte. Elle se mit à lui demander où étaient rangés différents ustensiles, et il les lui indiquait du doigt. Il ne disait pas grand-chose, mais ne la quittait pas des yeux, comme fasciné.

À leur retour de l'école, les jumeaux, Don et Diana, apparurent moins intimidés, ce qui n'empêchait pas leur grand-mère d'être une étrangère pour eux. Comme Booker, ils se laissèrent étreindre et embrasser, et acceptèrent les bonbons qu'elle offrait, mais ensuite ils tournèrent leur attention vers leurs parents pour raconter leur journée.

« Alors, qu'est-ce que tu en penses, M'man ? » demanda Willie.

Ils étaient seuls dans la cuisine où Flora préparait le repas du soir. Ernestine, assise sur le canapé, bavardait avec Diana, et Don jouait dehors avec des amis.

« Ce sont des petits amours vraiment, dit Flora qui parlait des enfants. J'vais les croquer tout crus, tellement ils sont mignons. »

Booker, toujours debout dans l'encadrement de la porte, l'observait.

« Je parlais d'Ernestine, la corrigea doucement Willie.

— Elle est malade, répondit Flora tout aussi doucement. Et on va savoir ce qu'elle a. »

Elle lança un coup d'œil à la ronde, heureuse de ce que son fils avait accompli.

« T'as si bien réussi, observa-t-elle. Pas question de laisser une maladie tout gâcher. » C'était vrai : il avait bien réussi, mais il avait dû travailler dur pour en arriver là. Il était devenu sous-chef à l'entrepôt, et occupait en outre un emploi de vigile trois soirs par semaine.

À table pendant le dîner, Booker tint absolument à s'asseoir à côté de Flora, ce qui lui fit grand plaisir. Elle l'aida avec sa nourriture. Willie récita le bénédicité et Flora s'étonna de voir Don et Diana se signer en disant amen.

« Ils vont à l'école catholique, M'man, expliqua Willie. Ils recevront la meilleure éducation possible. Pour eux, ça sera différent. »

Flora ne savait pas trop qu'en penser car elle ne connaissait aucun catholique, mais on en discuterait à un autre moment. Ils eurent l'air d'apprécier sa cuisine, ce qui fit sourire Ernestine.

Elle expliqua : « Willie n'a pas arrêté d'en parler toute la semaine. "Attendez voir d'avoir goûté la cuisine de Gran'ma !" Comme si j'les les nourrissais pas, moi !

— Toujours à penser à son ventre », constata Flora avec un sourire. Elle regardait Ernestine, qui mangeait du bout des lèvres.

Diana l'aida à faire la vaisselle. C'était une fille calme, réservée, et Flora se dit qu'elle avait un peu le même caractère que Ruthana. Ensuite, ils s'installèrent tous au salon pour bavarder. Booker escalada le gros fauteuil neuf pour aller se percher sur les genoux de Flora, où il s'endormit dans ses bras. Don et Diana lui apprirent qu'ils aimaient l'école et que cela marchait bien pour eux. Ils étaient en troisième année. Willie porta Booker dans sa chambre et Ernestine envoya les jumeaux se préparer pour la nuit.

Flora demanda à Ernestine : « Et toi, qu'est-ce qui va pas ?

— Je ne sais pas, M'man », répondit la jeune femme. Les larmes lui montèrent aux yeux. « Certains docteurs disent que tout ça, c'est dans ma tête, et que je suis pas malade du tout, mais je le sais bien que je suis malade. Et je ne sais pas comment guérir. »

Elle faisait de son mieux pour contenir ses larmes.

« C'est pas juste. C'est pas juste pour Willie, ni pour les gosses.

— Pour toi non plus c'est pas juste », murmura Flora.

Elle lui demanda pourquoi les jumeaux fréquentaient l'école catholique.

« C'est une meilleure éducation, l'informa Ernestine.

À l'école publique, il y a plein de problèmes pour les enfants de couleur. »

C'était d'ailleurs pour cela que Willie exerçait deux emplois, et la raison pour laquelle Ernestine avait travaillé aussi longtemps qu'elle l'avait pu, afin de pouvoir payer une école privée à leurs enfants. À présent elle était malade, incapable de travailler et l'école pesait lourdement sur leurs finances.

Les jumeaux, vêtus de leurs pyjamas, arrivèrent en bondissant, Willie sur leurs talons.

« Dieu du ciel, ces pyjamas ! dit Flora en riant. Va falloir que j'vous mange, tellement vous êtes mignons. »

Ils prirent position cérémonieusement, debout devant elle, Willie avec sa guitare. Il commença à en jouer.

« Je joue plus beaucoup depuis que j'ai deux boulots, avoua-t-il. Mais ils veulent te chanter une chanson. »

La guitare était légèrement désaccordée, mais peu leur importait.

« Mon pays, c'est pour toi..., roucoulèrent-ils. Doux pays de liberté, c'est pour toi que je chante. »

« Vous êtes vraiment comme deux petits anges », dit Flora quand ils eurent terminé. Ensuite ils l'embrassèrent et partirent se coucher. Willie les accompagna pour les border dans leur lit.

« Il les élève si bien, constata Ernestine.

— Il le fait pas tout seul », répliqua Flora.

Ernestine lui lança un regard reconnaissant, mais Flora perçut l'ombre de quelque chose d'autre et chercha à en savoir plus.

« C'est ce que je m'en vais dire à ta M'man à Stockton, Ernestine, et à Albie, ton P'pa. Willie n'élève pas ces enfants tout seul. »

Ernestine fixait obstinément ses mains.

« Ma maman m'a appris à aider mon homme », murmura-t-elle.

Willie revint, et ils parlèrent de Stockton et des

parents d'Ernestine jusque tard dans la nuit, puis Flora se mit à bâiller.

« Excusez-moi de bâiller comme ça à vot'figure, marmonna-t-elle. Si vous m'donniez juste un oreiller et une couverture, j'me mettrais à l'aise sur ce canapé. »

Willie lança un coup d'œil à Ernestine et sourit.

« Lève-toi, M'man », ordonna-t-il.

Flora s'exécuta. Alors Willie tira sur un levier dans le dos du fauteuil puis appuya sur son dossier, et le fauteuil se transforma en lit, déjà tout préparé avec draps, couverture et oreillers.

« Pitié mon Dieu ! s'exclama Flora. Un lit magique !

— Spécial pour ta venue. » Willie riait avec elle.

Il posa un poste de radio sur la table à côté du lit magique, et mit le son au plus bas.

« Il y a un programme de gospel, M'man, l'informa-t-il. Tu vas aimer. »

Après lui avoir souhaité bonne nuit, Willie et Ernestine se retirèrent. Flora ouvrit sa valise, en sortit sa chemise de nuit puis, après être allée se changer dans la salle de bains, revint s'agenouiller à côté du lit magique, satisfaite de sa journée.

« Seigneur, Tu m'as donné c'que j'avais besoin, dit-elle, et là où j'en avais besoin. » À la radio, un chœur chantait une hymne joyeuse, que Flora jugea envoyée par le ciel. Elle se mit au lit.

« Vous êtes à l'écoute du saint ministère de la radio, ronronna le pasteur. Votre serviteur dans le Christ le révérend G. Wilson Daniels. Encore une fois, l'Église baptiste des quartiers sud a eu le privilège de vous offrir cette heure du véritable Évangile de notre Sauveur en chansons, comme elle le fait sept jours sur sept. »

Le programme était terminé, mais Flora, bien que fatiguée, ne parvenait pas à trouver le sommeil. Elle tourna le bouton de la radio et tomba sur une autre station. « C'est l'heure des sorcières, les minous, tonna une voix basse, pleine d'énergie. Si y en a qui roupillent pas, y peuvent sauter et danser jusqu'à l'aube grise avec grand frè' Bo Diddley ! »

S'élevèrent alors du poste les beuglements d'un chanteur de blues survolté, soutenu par une formation instrumentale virulente.

« Femme aux longues jambes, baisse donc ta jupe... »

Flora éteignit brutalement la radio. Il allait falloir se montrer vigilante. Toute à la joie des retrouvailles, elle s'était laissé distraire sans plus se rappeler qu'autrefois elle surnommait Chicago « la Cité de la Plaine », ville damnée comme Sodome et Gomorrhe. Là-dehors, dans la nuit, régnait le mal ; il se passait beaucoup de choses dangereuses pour des enfants qui grandissent.

Elle réalisa soudain qu'elle n'était pas seule. Se retournant, elle découvrit Booker qui suçait son pouce debout à côté du lit, en pyjama bleu ciel.

« Tu veux venir dans le lit avec ta gran'ma ? » chuchota Flora.

Il fit un signe de tête affirmatif et Flora l'aida à monter à côté d'elle. Ils étaient plutôt serrés tous les deux, mais ils se sentaient bien.

Quelques instants plus tard, l'enfant s'était rendormi, la tête sur l'épaule de Flora. Tout en caressant les cheveux du petit garçon, elle fixait le plafond, à l'écoute de la rumeur inconnue de la ville nocturne.

Elle était heureuse d'être venue ; il y avait fort à faire, et pas seulement pour Ernestine.

Quelque chose d'important s'était d'ores et déjà accompli. Son petit-fils commençait à l'aimer.

40

Flora prit la maisonnée en main, obligeant Ernestine à se reposer le plus possible. Au début, la jeune femme résista : il y avait tant à faire, jamais Flora n'y arriverait toute seule.

« Bon Dieu, ma fille, pour qui tu me prends ? demanda Flora assez sèchement. Tu crois p'têt' qu'il suffit de quelques courses, un peu de cuisine et de ménage pour me faire peur ? J'ai fait que ça toute ma vie. C'est exactement comme à Stockton. »

Puis elle se radoucit : « Repose-toi bien, va. Comme ça, quand tes jumeaux rentreront, tu pourras passer un moment d'amour avec eux. »

Comprenant que c'était raisonnable, Ernestine se reposa une bonne partie de la journée. Fort heureusement, Booker ne lâchait presque jamais Flora d'une semelle, ce dont elle était enchantée. En même temps, elle ne pouvait s'empêcher de penser qu'elle savait en partie de quel mal souffrait Ernestine. Elle s'arrangea donc pour que Booker passe aussi du temps avec sa mère.

Le premier samedi, Willie les emmena visiter les attractions de la ville. Il tenait à ce qu'Ernestine les accompagne, mais Flora s'y opposa.

« À mon avis, c'est à peu près la première fois depuis son mariage qu'elle a un peu de temps à elle, expliqua-t-elle à Willie. Laisse-la donc un peu. »

Willie l'emmena d'abord visiter la 47e Rue, comme l'avait fait George pour lui la première fois qu'il était venu à Chicago, et il s'amusa à guetter la réaction de Flora devant l'axe grouillant de monde.

« Jamais rien vu de pareil ! » répétait sa mère toutes les cinq minutes.

Ils déjeunèrent dans une cafétéria, puis s'offrirent une glace. Après avoir fait quelques emplettes, ils rentrèrent quand Flora décréta qu'elle n'était pas fatiguée, elle, mais que ses pieds n'en pouvaient plus.

Tout en étant fascinée par ce qu'elle voyait, par le spectacle de la vie urbaine, Flora n'avait cessé de surveiller attentivement Willie et les enfants. Booker ne lui avait pratiquement pas lâché la main de la journée, bavardant avec elle presque comme s'il la connaissait de longue date. Les jumeaux, sans être aussi extravertis, n'en riaient pas moins des réactions de Flora. Elle en rajoutait, jouant les péquenaudes, pour les amuser encore plus, et à la fin de la journée, elle eut l'impression qu'ils commençaient à l'apprécier.

Willie se montrait gentil avec tous ses enfants. Il porta Booker lorsque celui-ci manifesta des signes de fatigue, mais faisait preuve de beaucoup de fermeté avec les jumeaux. Ceux-ci avaient beau bien se tenir, il exigeait constamment qu'ils en fassent encore davantage. Dans la cafétéria, il réprimanda Don pour ses manières.

« On ne met pas son couteau dans la bouche, mon garçon, le reprit-il avec sévérité. Tu le sais bien pourtant. »

Don resta silencieux, mais garda ses yeux baissés sur son assiette.

À leur retour, Ernestine, ravie de les retrouver, paraissait plus reposée, et Flora eut la certitude que son intuition était bonne.

Ils l'emmenèrent à l'église le lendemain et, si Flora se dit impressionnée, ce ne fut pas par le prédicateur. L'église baptiste de Cavalry était une énorme bâtisse où se pressait une importante congrégation que Flora estima à six ou sept cents membres. La grande chorale dont les membres portaient des robes impeccables s'exécuta superbement et avec beaucoup d'enthousiasme ; une soliste chanta d'une voix d'ange. Flora avait déjà entendu de bons chanteurs de negro spirituals à la radio et de merveilleuses improvisations de la chorale de Stockton, mais rien, jamais, qui puisse rivaliser avec cela.

Elle était toute disposée à se donner à fond, à pleurer, à s'évanouir même, bien que Willie priât pour qu'elle n'en fasse rien, quand le pasteur prononça son homélie, faisant éclater la bulle de ses émotions.

« Ah ça, pour crier bien fort, il crie, s'indigna-t-elle sur le chemin du retour. Mais ça n'a pas de vrai sens, c'est sans âme. Le révérend Jackson n'en ferait qu'une bouchée. » Après l'office, on lui présenta quelques piliers de l'église, qui l'invitèrent pour le mercredi suivant à une réunion de femmes. Résolue à tout savoir de Chicago, à connaître son adversaire, Flora accepta.

Elle refusa de laisser Ernestine faire la cuisine, mais insista pour qu'elle passe du temps auprès de ses enfants, puis l'envoya se coucher en même temps qu'eux afin de pouvoir rester seule avec Willie.

« Tu te plais ici, M'man ?

— C'est pas du repos. »

Ils bavardèrent au sujet de la ville, de ce qu'ils avaient vu ce jour-là, puis Willie prit sa guitare et gratta quelques instants.

« Combien de fois ça t'arrive de dire à Ernestine que tu l'aimes ? demanda sa mère d'un air détaché.

— À peu près tous les jours, je crois bien », répondit Willie, toujours concentré sur son instrument.

Il arrêta soudain de jouer et leva les yeux sur sa mère.

« P'têt' pas aussi souvent que je devrais, reconnut-il. Mais elle sait bien que je l'aime : je l'ai épousée tout de même.

— Ça ne fait jamais de mal de dire à quelqu'un qu'on l'aime », remarqua Flora.

Le lendemain, alors que Willie était au travail et les jumeaux à l'école, Flora envoya Ernestine faire une sieste et donna des bonbons à Booker pour l'occuper quelques instants. Quand il eut la bouche pleine, elle appela Ruthana à New York.

Ruthana se débrouillait bien et voulut savoir ce qui se passait à Chicago. Flora répondit qu'Ernestine était simplement surmenée et changea de sujet en parlant des enfants.

Quand elle eut l'impression d'avoir bien brouillé les pistes, elle s'efforça de paraître très détachée et questionna Ruthana sur son travail. Ruthana se lança dans une énumération de ses tâches, mais lorsqu'elle mentionna qu'elle s'occupait essentiellement de femmes, Flora lui posa une question.

« Ça t'arrive de rencontrer des femmes, des femmes mariées, qui tombent malades sans raison ? »

Un bref silence lui répondit.

« Tu penses à Ernestine ? » hasarda Ruthana.

Flora jura silencieusement.

« Non, dit-elle, j'me demandais juste. »

Ruthana s'abstint de discuter, mais elle avait très bien compris où Flora voulait en venir.

« Oui, dit-elle. On voit des femmes comme ça. »

Sur un ton presque professionnel, elle expliqua à sa mère le peu qu'elle savait à propos de tels cas, et lui promit d'essayer d'en savoir plus.

Grâce aux renseignements de Ruthana, Flora était persuadée de se trouver sur la bonne voie. Elle continua de diriger fermement la maisonnée, mais il lui arrivait parfois à présent d'encourager Diana ou Ernestine à l'aider dans de menues tâches, les remerciant toujours de ce qu'elles avaient fait.

Ruthana téléphona la semaine suivante. Flora et elle eurent une longue conversation. Ce soir-là, quand tout le monde fut couché, elle resta seule avec Willie, occupé à gratter sa guitare.

Elle l'interrogea, comme si de rien n'était : « Ça t'arrive combien de fois de dire merci à Ernestine ? »

Willie la regarda, surpris.

« Qu'est-ce que tu veux dire, M'man ?

— Je trouve qu'elle s'en sort vraiment bien, reprit Flora. De bien tenir cette maison et d'élever les gosses alors qu'elle est malade et tout. Et tout ça si loin de son p'pa et de sa m'man. Je me demandais juste si tu lui disais quéqu'fois qu'elle se débrouille bien.

— Et à moi, quand on me dit des choses pareilles ?

— T'es un homme, toi. T'as pas besoin qu'on te le dise », répliqua Flora.

Willie la regarda sans ciller.

« Mais si, M'man. »

Elle ne sut pas s'il avait compris où elle voulait en venir, mais au cours des jours suivants, il manifesta une considération particulière envers Ernestine et se montra un peu plus détendu avec Don.

Un soir de mai, il rentra tard, et ivre. Ernestine était bouleversée et Flora heureuse que les enfants soient déjà couchés. Mais Willie avait de bonnes raisons de faire la fête. Ce jour-là, la Cour suprême avait rendu un jugement déclarant anticonstitutionnelle la séparation des écoles pour Blancs et Noirs.

Le problème était soulevé depuis quelque temps déjà, bien que Flora en eût à peine conscience. Willie avait apporté un journal, qu'il leur lut : « Des infrastructures éducatives séparées sont intrinsèquement inégalitaires. La ségrégation raciale viole la clause "Protection égale" du quatorzième amendement. »

Il s'exclama, rayonnant : « Vous avez entendu ça ? Vous avez entendu ? »

« Le fait de distinguer les enfants des écoles selon des critères raciaux génère un sentiment d'infériorité quant à leur statut au sein de la communauté, lequel peut marquer leur cœur et leur conscience de manière sans doute irréversible. »

« Enfin ! s'écria Willie, enfin ! Dieu tout-puissant, merci ! »

S'approchant d'Ernestine, il la serra contre lui, la couvrit de baisers.

« J'suis désolé d'être en retard, mon chou, s'excusa-t-il. J'aurais dû téléphoner. »

À cause de la nouvelle, Ernestine lui pardonna.

« Et comment ils vont faire ? » demanda-t-elle.

Willie rit : « J'en sais trop rien. Mais tu vois pas que tout va s'arranger. »

Flora ne comprenait pas davantage comment cela pourrait marcher. Jamais les Blancs, dans le Sud du moins, ne laisseraient leurs enfants fréquenter les mêmes écoles que les Noirs.

« Ça changera quoi ?

— J'en sais rien, M'man, répéta encore Willie. Mais c'est quéqu'chose. Après tout ce temps, c'est quéqu'chose ! »

Cela ne fit guère de différence, au début. Les pasteurs tonnèrent depuis leur chaires, et les aspects positifs et négatifs de la décision de la Cour suprême firent l'objet d'innombrables éditoriaux. Dans certaines grandes villes du Nord, des écoles commencèrent à accepter des élèves noirs, tandis que plusieurs États du Sud tentèrent de former une nouvelle confédération pour s'opposer à la décision. Cela mis à part, leurs vies ne furent guère affectées.

Si ce n'est que la nouvelle produisit un effet extraordinaire sur Ernestine. Bien qu'elle ne mangeât toujours pas grand-chose, elle retrouva une certaine énergie et une partie de son ancienne vitalité. Elle n'était plus sans cesse aussi fatiguée, et trouva un regain d'intérêt pour l'organisation de sa maison et l'éducation de ses enfants.

Flora en discuta avec Ruthana, qui avait une vision très large des choses. Elle estimait que le juge de la Cour suprême avait eu absolument raison. De nombreux enfants noirs portaient leur vie durant les stigmates d'un sentiment d'infériorité, en particulier les femmes. Elles ne se jugeaient jamais à la hauteur, quelles que fussent leurs qualités réelles. Elles n'avaient aucun respect d'elles-mêmes. Peut-être cela s'appliquait-il au cas d'Ernestine.

Flora ne discuta pas, parce que cela pouvait être vrai et parce qu'elle avait beaucoup appris de choses depuis son arrivée à Chicago.

Son point de départ avait été les réunions de femmes auxquelles elle assistait dans cette ville. Encore une fois, elle avait commencé par jouer les paysannes fraîchement débarquées de leur campagne. C'était tout juste si elle ne se grattait pas la tête en traînant des pieds... Puis, peu à peu, elle s'était mise à poser des questions. Elle souhaitait se renseigner, en particulier sur les écoles et sur le problème de la drogue, et voulait également connaître les perspectives d'emplois pour les jeunes.

À toutes ces questions, les réponses se révélèrent totalement déprimantes, en particulier en ce qui concernait la drogue. Cinq ans auparavant un journal noir, le *Chicago Defender*, avait publié un article alarmant d'un journaliste qui avait passé un mois à observer, sous une fausse identité, la vente de diverses drogues aux élèves des écoles noires. Le papier avait déclenché un scandale public. Or, dans un article plus récent sur le même sujet, le journal laissait entendre que la situation n'avait guère évolué.

C'était ce qui avait décidé Willie et Ernestine à inscrire Don et Diana à l'école privée, et la raison pour laquelle Ernestine s'était mise en devoir de gagner sa vie. Le fait de travailler tout en s'occupant de son foyer et de l'éducation de ses enfants l'avait épuisée. Cet épisode avait marqué le début de sa maladie.

C'est pourquoi Flora n'adhérait pas totalement à l'analyse que Ruthana faisait du problème d'Ernestine, jugeant plutôt que sa belle-fille avait travaillé trop dur et aspirait à un repos que Flora lui permettait d'ailleurs de prendre. Sa guérison semblait en bonne voie.

Flora commençait même à envisager de rentrer chez elle, mais pas dans l'immédiat. Les jumeaux l'inquiétaient encore.

Diana était une curieuse enfant, si semblable à Ruthana petite fille, mais avec un côté à la fois dur et fragile. Elle était une élève appréciée, obtenait de bons résultats, mais prétendait toujours qu'elle aurait pu mieux faire. Flora avait beau mettre un point d'honneur à la féliciter, l'enfant résistait à toutes les louanges.

Don était plus difficile encore. Aussi réservé que sa sœur, mais moins doué, il semblait chercher constamment à plaire à son père, sans jamais réussir à satisfaire pleinement Willie.

Flora en fit un soir le reproche à son fils : « T'es affreusement dur avec ce petit. Il est pas encore dans l'armée. »

Don s'était présenté avec des chaussures sales et Willie l'avait invectivé.

« T'étais dur avec moi, M'man, fit remarquer Willie.

— C'étaient d'autres temps », dit Flora.

Willie la regarda, surpris.

« Tu crois ça ? C'est un monde impitoyable là-dehors. La seule façon pour un garçon d'arriver à quelque chose, c'est d'obtenir un diplôme universitaire.

— Et s'il veut pas y aller ?

— Il ira quand même, trancha Willie. Exactement comme tu as poussé Ruthana à y aller. »

Flora n'en revenait pas. Certes, elle avait poussé Ruthana à fréquenter l'université, mais Ruthana elle-même souhaitait y aller. Elle avait poussé Willie tout autant, mais il ne l'avait pas voulu. Alors elle l'avait laissé partir pour Chicago. Elle était surprise que Willie paraisse l'avoir oublié.

Après avoir passé tout l'été en nage, puis joui de la douceur de l'automne d'autant plus qu'Ernestine allait mieux, Flora découvrit le froid rigoureux de son premier hiver à Chicago et, estimant sa tâche accomplie, commença à évoquer l'idée de rentrer chez elle. Presque aussitôt, Ernestine connut une légère rechute et Flora cessa d'en parler. Elle supporta l'hiver en se disant qu'elle s'en irait au printemps.

Par un beau dimanche d'avril, à la sortie de l'église, Flora s'éloigna un peu des siens pour aller parler à des femmes qu'elle connaissait. Deux jeunes gens évoluaient dans la foule, distribuant de petites cartes. Ils portaient les cheveux coupés court et étaient propres comme des sous neufs en costume sombre, nœud papillon et chemise blanche. Ils se montraient d'une grande courtoisie.

Ils s'approchèrent de Flora et de ses amies.

« S'cusez-nous, sœurs. Vous voulez vous joindre à nous à trois heures cet après-midi pour nous écouter prêcher notre amour réciproque ? »

Ils distribuèrent à la ronde les petites cartes de visite ornées d'un croissant vert en relief.

Ils firent grande impression à Flora car ils étaient tout ce qu'elle espérait voir Don devenir. Elle envisagea d'assister à leur réunion.

Ernestine éclata de rire quand Flora lui montra la carte. Willie faisait la sieste et Don était sorti.

« J'crois pas que ça t'amusera beaucoup, M'man, dit-elle.

— Peut-être que si, intervint Diana à leur grande surprise à tous.

— Ils prêchent l'amour, observa Flora.

— Si tu veux y aller, j'irai avec toi », murmura Diana.

Pour Flora, cela réglait l'affaire : si Diana désirait se rendre quelque part avec sa gran'ma, alors sa gran'ma irait.

« Tu pourras pas dire que j't'avais pas prévenue ! » s'exclama Ernestine, riant encore.

« Ils disent ce qui est vrai », murmura Diana à voix si basse que personne ne l'entendit.

Diana savait exactement où aller. À la porte d'un petit bâtiment, deux jeunes gens, aussi bien mis et aux manières tout aussi impeccables que ceux qui avaient d'abord abordé Flora, souriaient et s'inclinaient légèrement pour saluer les gens qui commençaient à arriver en petit nombre. Certaines femmes, vêtues d'amples robes blanches et de turbans, ne portaient aucun maquillage. Flora se rappela avoir aperçu des femmes ainsi mises à l'occasion dans les rues de Chicago, mais sans jamais penser à demander qui elles étaient.

À l'intérieur régnait une odeur d'encens, douce et entêtante. Des chaises pliantes en bois étaient disposées en rangs séparés par une allée centrale. Des femmes noires, vêtues de blanc et enturbannées, dirigèrent poliment Flora et Diana d'un côté avec les autres femmes, tandis que des jeunes gens élégamment vêtus dirigeaient les hommes de l'autre côté.

Sur la petite estrade était posé un chevalet où était exposé un portrait polychrome de Jésus, et devant, face aux chaises, huit jeunes gens en costumes sombres se tenaient debout, immobiles comme des statues.

« Ils sont le Fruit de l'Islam », lui chuchota Diana, et Flora se demanda si c'était la première fois que Diana venait là.

La plupart des membres de l'assistance portaient des vêtements ordinaires, comme Flora et Diana. Lorsque la salle fut pleine, un autre jeune homme, impeccablement vêtu lui aussi, fit son entrée. Il tenait à la main un livre qui ressemblait à une Bible, et Flora comprit que ce devait être l'officiant. Debout sur l'estrade, il observa le public.

« A-salaam-alaïkum, entonna-t-il, en inclinant la tête.

— Salaïkum-a-salaam, répondirent plusieurs voix.

— Allah soit loué », reprit l'officiant. Il releva la tête. « Ceux d'entre vous qui ne sont encore jamais venus, nous souhaitons vous remercier de votre présence, commença-t-il.

« Nous tenons à ce que vous sachiez que vous allez peut-être voir et entendre dire certaines choses différentes de votre expérience religieuse passée. Nous tenons à ce que vous sachiez que nous ne cherchons pas nécessairement à vous convertir. Nous vous demandons juste d'écouter ce que nous vous dirons et quand vous rentrerez chez vous, vous nous ferez l'honneur de réfléchir à ce que nous vous aurons révélé et montré de nos convictions. »

Flora se sentit mal à l'aise. Elle ne voulait pas envisager de changer de religion, ni même vraiment entendre parler d'autres religions. Sa foi, elle l'avait déjà. Elle observa Diana, qui écoutait l'orateur avec une concentration intense.

« Nous désirons vous poser à tous une question, poursuivit l'officiant. Il se peut que ce soit une question qui ne vous ait jamais été posée auparavant. »

Il montra du doigt le portrait de Jésus.

« Pourriez-vous me dire, s'il vous plaît, qui est cet homme ? »

Flora se retrouvait enfin en terrain familier.

« C'est mon Jésus ! s'écria-t-elle.

— Pour sûr ! appela un homme.

— Pour ça oui ! » cria un troisième.

Flora crut entendre Diana pouffer.

L'officiant attendit que le calme soit revenu, puis leur sourit poliment.

« Est-il vrai que vous tous qui adorez cet homme, vous vous considériez comme égaux à ses yeux ? »

Plusieurs voix s'élevèrent pour crier « Oui, M'sieu ! » ou « Pour sûr ! ».

« Et c'est cet homme que vous priez chaque soir ? »

On entendit à nouveau un petit chœur de voix approbatrices.

« Frères et sœurs, ne m'en veuillez pas, reprit l'officiant aussi doucement qu'avant. Mais pourquoi priez-vous un homme à la peau blanche et aux longs cheveux blonds qui ne vous ressemble en rien ? »

On entendit distinctement des souffles coupés par le choc. Flora se redressa droite comme un piquet, raide et tendue.

« Ne m'en veuillez pas, répéta-t-il encore. Nous vous aimons comme des frères. Nous vous demandons seulement de réfléchir à ce que nous disons. Pourquoi un homme noir, une femme noire ou un enfant noir tomberaient-ils à genoux pour prier et supplier un Blanc aux cheveux blonds qui ne ressemble ni de près ni de loin à vous comme à moi, mais qui est l'exact portrait de ceux qui nous oppriment ? »

Flora, ivre de rage, aurait voulu se lever et frapper l'homme, aurait voulu clamer sa foi. Elle désirait partir et entraîner Diana avec elle. Mais, à cause d'elle, Flora ne fit rien de tout cela.

Heureusement, c'était loin d'être fini, il parla encore longtemps sur la façon dont l'homme blanc s'y était pris pour opprimer le Noir, lui niant toute individualité, toute personnalité et tout sens de sa propre histoire. Flora n'en entendit pas une bonne partie car elle ne voulait plus écouter, mais ce délai lui permit de contrôler sa colère.

Enfin, ce fut terminé.

« Frères et sœurs, dit encore l'officiant, nous avons subi un lavage de cerveau tel que même le mot “Noir”, appliqué à nous-mêmes, bouleverse bien des gens prétendument “de couleur”, offense tant de nous, soi-disant “nègres”. Nous sommes tellement conditionnés que nous méprisons ce que nous sommes, nous nous méprisons nous-mêmes. »

Il leur sourit, toujours avec la même douceur.

« Ne soyez pas fâchés, conclut-il. Rentrez chez vous et réfléchissez à ce que nous avons dit. »

Flora ne se souvenait plus comment elle était sortie,

seulement du sentiment d'urgence de partir. Un nouveau problème se présenta alors à elle.

« Qu'est-ce que tu en penses ? » demanda Diana, à mi-chemin de la maison.

Flora n'ignorait pas qu'elle devait se montrer prudente. À ses yeux, ce qu'elle venait d'entendre ne représentait rien de moins qu'une sorte de blasphème, mais elle savait qu'elle n'oserait jamais le dire à Diana. Déjà un peu calmée, elle savait aussi qu'elle venait d'entendre un excellent prédicateur et que certaines choses qu'il avait dites, sauf celles concernant Jésus, contenaient une part de vérité.

Elle ne trouva rien de mieux à répondre que : « C'était très... int'ressant.

— Tu as détesté, constata Diana, en éclatant de rire.

— Oui, avoua Flora. Ce qu'il a dit sur Jésus. Mais certaines choses...

— Moi, je les trouve formidables, interrompit Diana. Ils disent la vérité, ce que ça veut dire d'être noir. »

Flora se demanda comment cette enfant pouvait savoir ce que signifiait le fait d'être noir, puis se souvint d'elle-même au même âge. Elle aussi l'avait su, et pourtant elle avait grandi dans un tout petit village. Diana, elle, grandissait à Chicago.

Elle demanda à Diana comment elle avait entendu parler de ces gens.

« Ils viennent parfois nous parler à la sortie de l'école, expliqua Diana. Ils font un travail formidable, ils donnent à manger aux pauvres, les aident, et apprennent aux gens à être fiers d'eux-mêmes. »

Flora ne fit aucun commentaire. Elle pensait toujours que ces enseignements étaient blasphématoires, mais quiconque travaillait comme bénévole, surtout dans cette ville, devait forcément avoir bon cœur.

« Tu vas rentrer ? demanda Diana. À Stockton ?

— P'têt', bientôt, répondit Flora. Ta M'man va mieux et...

— Pars pas, l'interrompit Diana. Si tu pars, M'man va retomber malade. »

41

Diana avait raison. Ernestine retomba malade en effet, sans même que Flora ait mentionné son départ. Et une fois sa belle-fille souffrante, il ne fut plus question pour elle de repartir.

La rechute était due au fait que, la jeune femme n'étant pas suffisamment rétablie pour retravailler, le couple ne pouvait plus se permettre de scolariser les jumeaux dans un établissement privé. Or Ernestine se jugeait entièrement responsable de cette situation.

Flora appela Albie au téléphone pour lui exposer la situation scolaire. Furieux de ce que personne ne lui ait rien dit, il s'engagea aussitôt à payer pour l'éducation des enfants et les frais médicaux de sa fille.

L'affaire mit Willie dans une colère noire. Il eut une violente dispute avec sa mère à ce sujet : en tant que père de famille, c'était à lui de subvenir aux besoins de tous.

« Et nous, pourquoi tu crois qu'on le fait ? cria Flora. Pourquoi tu crois qu'on travaille et qu'on gratte et qu'on met de côté ? C'est pour nos enfants et nos petits-enfants, pour qu'ils puissent être mieux que nous !

— C'est pas le problème, M'man ! répondit son fils en criant. C'est moi l'homme. »

Flora brailla : « Oh, c'est donc toi l'homme ? Et tu préfères laisser mourir ta femme plutôt que demander de l'aide. »

À la longue, il finit par se calmer. Il accepta l'offre généreuse d'Albie et s'excusa auprès de sa mère. Mais toute l'histoire n'avait fait aucun bien à Ernestine.

À chaque fois qu'elle avalait quelque chose, elle vomissait. Elle s'abstenait donc de manger.

Les médecins avaient beau dire qu'elle n'avait rien, elle dépérissait sous leurs yeux. « Ça arrive parfois avec les femmes, constata l'un d'eux. Elles se croient malades, alors elles le deviennent. »

Ernestine cependant ne pouvait plus, ne voulait plus manger.

Pour Flora, partir était devenu impensable. Ernestine passait de plus en plus de temps au lit, et il fallait bien que quelqu'un fasse tourner la maison, s'occupe des repas, du ménage et des enfants. Et moins Ernestine était capable d'assumer son rôle de femme et de mère, plus son état empirait.

Ayant besoin d'argent pour elle-même, Flora trouva un emploi trois matinées par semaine, comme femme de ménage pour un couple juif. Ils possédaient un appartement agréable, avec vue sur le lac, et des problèmes à eux qui dépassaient l'entendement de Flora.

Mme Brooks, sa patronne, semblait écrasée sous le poids d'une inquiétude terrible. Il lui arrivait assez souvent de demander à Flora de s'asseoir avec elle plutôt que de faire le ménage. Alors elle vidait son sac. Son mari, un homme bon et honnête, avait un passé de socialiste. Et même si le sénateur Joseph McCarthy, pourfendeur de communistes, était décédé, la commission chargée des activités antiaméricaines poursuivait son enquête sur les gens soupçonnés d'entretenir des opinions d'extrême gauche. Or M. Brooks avait été appelé à témoigner et risquait de perdre son emploi. Il n'était même pas complètement exclu qu'il aille en prison.

Flora plaignait cette femme et lui murmurait des paroles de réconfort, mais ne pouvait rien pour elle. D'ailleurs, en tout état de cause, son inquiétude pour sa propre famille oblitérait celle que pouvait lui inspirer toute personne extérieure. Don n'était presque jamais à la maison, et se montrait maussade et renfrogné à longueur de temps. Peu avant Noël, alors qu'elle s'apprêtait à sortir acheter des cadeaux, Flora s'aperçut que cinq dollars manquaient dans son sac et eut la certitude que c'était Don qui les avait subtilisés. Dès lors, elle prit l'habitude de toujours ranger son sac à un endroit différent.

Rongée d'inquiétude pour sa mère, Diana se renfermait de plus en plus sur elle-même ou sur un monde dont ils ne faisaient pas partie.

Booker demeurait le grand bonheur de Flora. Toujours gentil et prévenant pour sa mère, toujours gai avec son père, il adorait sa grand-mère et passait le plus clair de son temps libre avec elle. Aux yeux de Flora, c'était Willie réincarné et Luke aussi, et elle prodiguait à l'enfant tout l'amour qu'elle avait rêvé de donner à Luke.

Quelques mois auparavant, il s'était mis à jouer sur la guitare de son père, et manifestait un don naturel pour cet instrument. Cela enchantait Willie qui adorait s'asseoir avec son fils, lui donner des conseils et lui enseigner ce qu'il savait de la musique.

Le jour où Willie et Flora assistèrent à une réunion parents-enseignants, Ernestine était trop malade pour pouvoir y participer. Le professeur de Booker leur révéla qu'ils pouvaient être fiers de son talent musical et qu'il jouait en outre très bien du piano.

Cette information les surprit tous deux : Booker n'en avait jamais parlé. Flora ne manqua pas d'aller le chercher à l'école le lendemain, où elle le retrouva dans une salle vide équipée d'un vieux piano droit dont il jouait fort bien pour son jeune âge.

N'ayant ni les moyens de lui acheter un piano ni la place d'en caser un dans l'appartement trop meublé, Flora s'arrangea avec le professeur de musique pour faire donner des cours supplémentaires à l'enfant.

Luke lui écrivait tous les quinze jours. Ses lettres, jamais très longues, lui apportaient de simples nouvelles de lui-même et de sa famille. Une ou deux fois,

Flora eut le sentiment qu'il lui cachait quelque chose, sans être capable d'imaginer de quoi il pouvait s'agir. Mais doutant qu'il pût y avoir de problème sérieux, elle continua de consacrer toute son énergie à la famille de Willie.

Ruthana téléphonait une fois par semaine, et elles discutaient longuement d'Ernestine. Peu avant Noël, Ruthana suggéra d'essayer d'autres méthodes, la médecine traditionnelle ne donnant apparemment aucun résultat.

« Tu penses aux guérisseurs mystiques ? » demanda Flora.

Ruthana rit : « En fait, non, mais pourquoi pas ? Je songeais plutôt à des chiropracteurs ou des ostéopathes. Cela dit, si la guérison par la foi peut marcher, pourquoi pas ? »

Flora raccrocha.

« Tous des sorciers », lança-t-elle à l'adresse de Booker qui, très absorbé par le portrait qu'il traçait d'elle, ne l'entendit pas.

Ils savaient à peine ce qui se passait au-dehors. Lorsqu'ils écoutaient les nouvelles à la radio, ils n'entendaient que du bruit. Lorsqu'ils lisaient le journal, ils se contentaient de survoler les gros titres. Leur monde tournait autour d'Ernestine.

Du coup, le jour où, en Alabama, une femme noire refusa de céder sa place dans l'autobus à une Blanche, la nouvelle n'eut aucun sens pour eux, bien que ce fût l'unique sujet de conversation de leur entourage. Ce n'était qu'un tout petit événement qui aurait pu passer inaperçu, mais l'idée qui le sous-tendait était partagée par des millions de gens, et l'heure de cette idée était venue. En termes de ses répercussions concrètes sur leurs vies, elle équivalait à l'allumette qui met le feu à la mèche qui fait exploser une bombe plus puissante que la totalité de l'arsenal nucléaire.

Noël fut une période sinistre. Ernestine ne pesait plus

qu'une quarantaine de kilos et avait une mine épouvantable. Elle passa le plus clair du jour de Noël à fondre en larmes, et s'excusant auprès de sa famille. Don devint maussade et sortit. Diana décréta sèchement que sa mère devrait cesser de s'excuser, n'ayant rien à se reprocher. Cela lui valut une réprimande de Willie. Sur ce, Booker fondit en larmes parce que tout le monde se disputait.

En janvier, Ernestine allait si mal qu'il fallut la conduire à l'hôpital. Une fois de plus, les médecins décrétèrent qu'il n'y avait rien à faire.

« Elle n'a rien », répétaient-ils. Ils assenèrent brutalement à Willie cette vérité : si Ernestine ne se décidait pas à avaler des quantités raisonnables d'une nourriture convenable, elle allait mourir. Elle essaya de manger, mais vomit à chaque fois. Le remède était pire que le mal.

Désespérant de sauver sa femme, Willie abandonna la médecine traditionnelle, celle-ci ayant abandonné Ernestine.

Il l'emmena chez un guérisseur, mais sans résultat car Ernestine n'y croyait pas. Elle ne pesait guère plus de trente-cinq kilos ; son visage était décharné, son corps squelettique.

Affolée, Flora appela Ruthana qui décida de venir à Chicago.

Elle arriva, porteuse de toutes sortes de nouvelles. Flora vint la chercher à la gare et l'accompagna à la Y.W.C.A., où elle comptait descendre.

De petits incendies de protestation s'allumaient dans tout le Sud. En Alabama, les premiers étudiants noirs avaient été admis à l'université d'État, et une bombe avait explosé au domicile d'un jeune pasteur, le Dr King. Celui-ci était l'organisateur du mouvement de protestation contre la ligne d'autobus qui avait arrêté la femme lorsqu'elle avait refusé de céder sa place. Un peu partout, des Noirs et ceux qui les soutenaient descendaient dans la rue pour protester, ce qui suscitait autant de contre-manifestations de Blancs, souvent violentes.

Flora entendit ces nouvelles, mais elles lui parurent sans importance, car Ernestine mourait.

« Laisse-moi l'emmener chez un naturopathe », exigea Ruthana, et elle lui expliqua de quoi il s'agissait.

Flora avait tendance à tenir ces gens-là pour des sorciers, mais rien d'autre n'avait donné de résultats.

« Ça ne peut pas faire empirer les choses », dit-elle à Willie.

Ruthana prit rendez-vous, et elles emmenèrent ensemble Ernestine chez le naturopathe. Les murs de son cabinet étaient ornés de diagrammes du corps humain et sur des étagères s'alignaient des boîtes de pilules portant des noms de plantes ou de fleurs. Une odeur d'encens flottait dans l'air.

L'homme lui-même était d'apparence insignifiante, petit, émacié, avec une peau ridée couleur de noix. Mais lorsqu'il prit les mains d'Ernestine dans les siennes et la scruta au fond des yeux, Flora perçut une personnalité dont la force l'étonna.

« Mon Dieu, ma fille, énonça-t-il d'un ton neutre. Tu es vraiment malade. Tu vas mourir si tu n'y prends pas garde. »

Flora détourna les yeux, puis regarda Ernestine et décela quelque chose qui la surprit.

Elle vit de la confiance.

« Oui, chuchota Ernestine.

— Je n'ai encore jamais vu personne d'aussi malade que toi, reprit le naturopathe.

— Oui », souffla encore Ernestine.

À la stupéfaction de Flora, la jeune femme tomba dans les bras de l'homme et fondit en larmes. Ce n'étaient pourtant pas des larmes de tristesse, mais de soulagement. Pour la première fois, une personne douée d'autorité en matière médicale, si obscure soit-elle, avait dit à Ernestine ce qu'elle savait être la vérité.

« Oui, répéta-t-elle, à travers ses larmes.

— Allons, allons, ma fille, reprit doucement le naturopathe. Ce n'est pas ta faute. Tu n'es pour rien dans tout ça. »

Il ne nomma pas sa maladie, soit que cela fût inutile, soit qu'elle ne possédât pas de nom ou encore qu'il l'ignorât.

Il lui annonça que si elle ne se conformait pas exactement à ce qu'il dirait il ne lui donnait guère plus d'un mois à vivre. Elle devait manger le contenu d'une tasse de yaourt avec une demi-pomme râpée dedans, trois fois par jour. Cela exactement, et rien de plus. Mais rien de moins.

Flora ignorait ce qu'était le yaourt, mais si ce produit devait aider Ernestine, elle allait s'en enquérir. Quand Ruthana la renseigna, le traitement ne lui inspira plus la même confiance ; mais quelle importance si cela pouvait persuader Ernestine de se nourrir ?

Trois fois par jour, pendant une semaine, Ernestine avala sa pomme au yaourt, puis le guérisseur porta la dose à deux tasses trois fois par jour. Un peu plus tard, il enrichit ce régime d'une tranche de pain complet, puis d'une tomate.

Et Ernestine commença de se rétablir.

« C'est un miracle », dit Flora à Ernestine.

Ruthana rit. Loin d'être un miracle, ce rétablissement était seulement dû au fait que quelqu'un avait cru Ernestine. Son travail à New York lui avait appris que les gens en position d'autorité, beaucoup d'hommes et notamment les médecins, ne croient tout simplement pas que les femmes en butte à des problèmes puissent en avoir réellement, ceux-ci ayant des origines tellement obscures. Trop souvent d'ailleurs les femmes ne se plaignent pas, tout simplement parce qu'elles estiment que cela ne se fait pas. C'est leur destin que de soutenir leurs hommes, d'agir en épouses et en mères parfaites, même si elles doivent lutter contre des forces supérieures pour y parvenir. Il existe même des femmes qui ne se plaignent pas lorsque leurs maris les battent, estimant qu'un mari a le droit de se comporter de la sorte.

Ruthana ne pouvait prolonger son séjour. Elle avait pris un congé de trois mois et comptait descendre vers le Sud où l'on se battait, mais promit de revenir à Chicago aussitôt que possible.

« Et toi, ma fille, lui demanda Flora. Tu t'es trouvé un homme bien ou pas encore ? »

Ruthana détourna le regard avant de répondre, et Flora comprit qu'il y avait eu quelqu'un, mais que cela ne s'était pas bien terminé.

Ruthana rit : « Non, M'man ! Je suis bien trop occupée pour ça. »

Sous le regard attentif du naturopathe, Ernestine continua de se rétablir. Dès la fin de la quatrième semaine, elle prenait une grande salade pour son dîner. Un jour, encouragée par l'amélioration de son état, elle avala un morceau de fromage, qu'elle ne fut pas capable de digérer.

Flora la ramena chez le naturopathe, qui se montra intraitable.

Il s'écria : « Qu'est-ce qui vous a pris de manger du fromage ? Je ne vous ai jamais dit de manger du fromage ! Faudra bien un an avant que vous puissiez ne serait-ce que regarder un morceau de fromage. »

Mais il était content d'elle et il enrichit son régime d'autres bonnes choses, des fruits, des légumes et davantage de pain. Elle s'y conforma strictement et commença à reprendre du poids. Trois mois plus tard, il l'autorisa à prendre un petit morceau de poisson ou de poulet bouilli au repas du soir, et au bout de six mois, il lui expliqua ce qu'ils avaient déjà tous deviné : Ernestine allait toujours devoir faire attention à son régime, mais n'était plus en danger de mort.

« Ça arrive à beaucoup de gens, précisa-t-il. Surtout des femmes. »

Ruthana rentra du Sud d'humeur étrange. Elle avait boycotté des lignes d'autobus et participé à des marches de protestation. Elle avait été renversée par des policiers munis de lances à incendie. Des Blancs avaient tabassé certains manifestants. Elle avait été arrêtée à deux reprises et fait une fois de la prison, pour une nuit. Lorsqu'elle évoquait le jeune pasteur, M. King, qui avait pris la tête du mouvement, elle le comparait à un saint, ou à un certain Gandhi dont Flora n'avait jamais entendu parler.

Mais tout cela ne l'empêcha pas d'être disponible pour Ernestine et surtout pour Willie. Elle passa du temps avec lui, et comme il avait confiance en sa sœur car elle avait été la clef de la guérison d'Ernestine, il attachait de la valeur à ses paroles. Flora constata un changement dans son attitude vis-à-vis de sa femme. Il la félicitait plus souvent, la remerciait, et offrait de participer aux tâches domestiques, bien qu'il occupât déjà deux emplois et fût souvent fatigué.

Le plus souvent, Ernestine refusait son aide : le fait qu'il l'ait proposée lui suffisait. Elle reprenait lentement du poids, et retrouva assez vite de l'énergie. Le jour où Flora annonça qu'elle envisageait de retourner à Stockton, Ernestine ne rechuta pas.

Flora avait décidé qu'il était temps de rentrer. Elle avait fait tout ce qu'elle avait pu. Ernestine et Willie avaient encore du chemin à parcourir, mais ils étaient sur la bonne voie, et ce voyage-là, ils ne pouvaient l'accomplir que seuls.

Elle était heureuse que Ruthana et Diana soient devenues amies, toujours à parler à voix basse — le plus souvent de révolutions, se disait Flora, ou du fait d'être noires, ou de l'Afrique.

Don était toujours problématique, mais Flora ne savait que faire pour lui. Et parce que tant de problèmes avaient été résolus ou en tout cas abordés, celui-ci pouvait attendre un moment.

Ses amis lui manquaient, son chez-soi lui manquait. Chicago la fascinait, mais elle n'aimait pas cette ville, et une nuit elle remercia son Créateur d'avoir eu la bonté, toutes ces années auparavant, de lui avoir envoyé un ange gardien sur un certain train, afin que celui-ci l'éloigne de Memphis, de la grande ville, et la fasse débarquer dans une bourgade de province, dans une vie dont elle se satisfaisait bien.

La seule tristesse dans son cœur serait de quitter Booker, qui l'aimait autant qu'elle l'aimait, et qui resterait son chéri pour le restant de ses jours.

42

Si ces mois avaient été pour Flora une période de changement, ce fut en gare de Chicago qu'elle découvrit l'évolution qui la choqua le plus.

« Tu veux t'asseoir devant, M'man ? lui demanda Willie.

— C'est là qu'il est, le compartiment de couleur ?

— Les wagons réservés aux gens de couleur, ça existe plus, M'man, l'informa son fils avec un large sourire. Tu peux te mettre où tu veux dans ce vieux train. »

Flora le dévisagea, incrédule.

« Vrai de vrai, M'man, confirma Willie. Où tu veux t'asseoir ? »

Flora resta figée un instant pour s'assurer que la terre ne tremblait pas sous ses pieds puis, choquée, elle chuchota à Willie : « Tu veux dire que je dois m'asseoir avec les Blancs ?

— J'vais te trouver une bonne place », annonça-t-il. Il parcourut tous les wagons et en dénicha un à majorité noire. On n'avait mis fin à la discrimination raciale sur les lignes de chemin de fer entre les États que depuis peu. Si beaucoup de Noirs profitaient de cette liberté nouvelle pour s'asseoir partout, pour certains il n'était pas si facile de se défaire d'habitudes bien ancrées et les personnes âgées en particulier préféraient voyager avec ceux de leur propre race.

« Les merveilles ne cesseront jamais », constata Flora. Pourtant, elle se sentit coupable pendant tout le trajet parce que, bien qu'elle fût entourée de Noirs, son compartiment comptait aussi quelques Blancs.

Elle ressentit un certain soulagement en descendant du train à Stockton, et espéra que la ville ne lui réservait pas d'autres surprises.

Très vite, elle se demanda où elle avait été chercher l'idée que quoi que ce soit ait pu changer. Depuis quarante ans qu'elle vivait là, presque rien n'avait changé à Stockton. Les rues étaient les mêmes, larges et paresseuses, et les magasins aussi, si ce n'est qu'un grand panneau affiché à l'extérieur de Chez Pop annonçait « Nouvelle Direction », et que le Star Café s'obstinait à ne servir les Noirs qu'à l'entrée arrière, ne les laissant toujours pas pénétrer à l'intérieur de l'établissement.

Les gens non plus n'avaient guère changé, si ce n'est qu'ils avaient tous un peu vieilli. Pearl en tout cas n'avait certainement pas changé. Quand Flora avait annoncé son départ pour Chicago, elle avait réagi comme si le ciel lui tombait sur la tête. À son retour, elle se comporta comme si son absence n'avait duré qu'un jour ou deux. Mais Flora n'était pas près d'oublier l'air choqué de Pearl et sa jalousie à sa descente du train.

Comme cadeau d'adieu, Ernestine avait en effet emmené sa belle-mère faire une grande tournée de courses. Elles s'étaient rendues à l'institut de beauté où Flora avait eu droit aux soins d'une manucure et d'une pédicure, à un shampooing ainsi qu'à un soin du visage. Poussée par Ernestine, elle avait même offert un rinçage bleu-gris à ses cheveux. Ensuite, les deux femmes s'étaient rendues dans une boutique où elles avaient fait l'emplette d'une nouvelle tenue que Flora portait justement à sa descente du train : un filet en tulle sur ses cheveux nouvellement teints, une belle robe toute neuve d'une couleur vive et brillante, un nouveau sac dans les mêmes tons que la robe, et les chaussures signées dame Enna Jettrick.

Il ne fallut qu'un millionième de seconde pour que

l'éclat de jalousie disparaisse de l'œil de Pearl. Il n'exprima plus ensuite que de l'amour.

« Eh bien, Flora, s'exclama Pearl, en se tamponnant les yeux. Ce que c'est bon de te revoir ! »

Cette remarque valait pour toutes les deux, et Flora la serra fort contre elle, heureuse de la retrouver. Pearl s'abstint de tout commentaire sur l'aspect de Flora.

Albie, lui, ne se priva pas d'en faire. Il était venu seul, sa femme étant souffrante, et il déclara à Flora qu'elle était superbe, le répétant sans cesse. Et à chaque fois, Flora arborait un large sourire extérieur, sachant que Pearl grimaçait intérieurement.

Le dimanche, quand Flora se rendit à l'église, elle éclata de rire. Elle n'avait pas revu Pearl depuis le vendredi soir, et son amie s'avança vers l'orgue avec les cheveux coiffés de frais et agrémentés d'un rinçage rose-mauve.

Flora reprit son travail deux fois par semaine chez Mme Vaughan, et comme celle-ci avait des amis qui cherchaient une femme de ménage, la semaine de travail de Flora ne tarda pas à être bien remplie.

Au fil des mois, Flora réalisa que si pas grand-chose n'avait changé la situation évoluait et cela ne se limitait pas à la couleur des cheveux de Pearl.

Les tempes du révérend Jackson commençaient à grisonner, sa taille s'était épaissie mais, surtout, le ton de ses sermons n'était plus le même. Il prêchait le changement. Il louait le gouvernement, qui introduisait peu à peu toutes sortes de lois protégeant les droits des Noirs. Il saluait les dirigeants du mouvement, ce Dr Martin Luther King qui était subitement devenu si célèbre, mais aussi Ralph Abernathy, Medgar Evers, Asa Philip Randolph et une douzaine d'autres dont Flora n'avait jamais entendu parler. Il disait qu'on était à la veille d'une époque extraordinaire, qui verrait enfin les Noirs se remettre debout et réclamer leur place à table.

C'était la première fois qu'il disait « Noirs » au lieu

de « gens de couleur », et Flora fut choquée, non parce qu'il l'avait dit, mais parce que cela lui rappelait certain officiant musulman dans une petite pièce nue d'une ruelle de Chicago et sa suggestion qu'ils se disent Noirs et non plus colorés. Elle avait été choquée alors mais ne l'était plus à présent. Et c'était en train de se réaliser.

Certains changements s'étaient produits aussi dans la congrégation. De nombreux visages étaient les mêmes, ceux de ses plus vieux amis ou de gens qu'elle avait connus toute leur vie, mais beaucoup de jeunes hommes et de jeunes femmes semblaient habités par une énergie, enflammés par une colère nouvelles. Pendant les homélies, tandis que les hommes plus âgés s'exclamaient toujours « Pour ça oui ! » ou « Alléluia ! », bon nombre de jeunes restaient silencieux, mais élevaient le bras droit, poing serré.

D'autres changements encore s'annonçaient. Flora trouva un tract dans sa boîte aux lettres, un prospectus imprimé. Il provenait du Nettoyage à la Vapeur de Memphis, et communiquait le numéro de téléphone de leur boutique de Stockton.

Flora l'emmena aussitôt chez Pearl, qui venait de recevoir le même.

« Dès que j'ai lu ce truc, j'ai senti la terre se dérober sous moi, clama Pearl.

— J'vois 'xactement ce que tu veux dire, ma fille, approuva Flora. Sûr que c'est des temps nouveaux quand les Blancs viennent nous proposer de faire notre lessive et notre repassage ! »

Willie téléphonait une fois par semaine, ou Ernestine, pour dire que tout allait bien, et elle bavardait alors avec Booker, parfois avec Diana. Mais Don n'était jamais là.

« Il est jamais à la maison, constata Flora.

— Il a beaucoup d'amis, M'man », expliqua Willie, mais la légère nuance d'inquiétude dans sa voix n'échappa pas à sa mère.

Ruthana appelait une fois par semaine, pour se rassurer. Elle semblait heureuse, mais ne mentionnait jamais aucun homme.

Luke, aussi, téléphonait régulièrement, ou écrivait. Un dimanche, il l'appela pour lui annoncer qu'il aimerait venir la voir l'été suivant avec sa femme et ses enfants. Flora fut enchantée.

Lorsqu'ils arrivèrent, tout Stockton les observa plutôt deux fois qu'une. Ils avaient l'air de citadins de la grande ville, mais avec quelque chose de différent. Ils possédaient un je-ne-sais-quoi en plus qui évoquait l'Afrique.

Luke avait abandonné le costume : il faisait chaud, et il portait une veste ample de couleur verte et un petit calot rond perché au sommet du crâne. Sa femme Jessica était très belle en robe fluide dans les tons rouge et vert avec un collier en bois curieusement sculpté. Leurs enfants étaient magnifiques. Janine, l'aînée, avait huit ans et portait une robe simple qui, comme celle de sa mère, flottait agréablement, sans la restriction d'une ceinture, et le garçon de sept ans, Bobby, portait une chemise longue et ample qu'il ne rentrait pas dans son pantalon.

Les enfants descendraient chez Flora, avait-on décidé, tandis que Luke et Jessica iraient dormir chez Pearl ; mais ils ne se quittaient pas de la journée, et ce fut pour Flora une semaine de bonheur sans partage.

Luke avait une petite quarantaine et était devenu fort bel homme. Il travaillait comme avocat à Harlem, où il défendait les Noirs et semblait avoir bien réussi. Jessica, calme et douce, n'élevait jamais le ton, et partageait manifestement le dévouement de son mari à la cause de son peuple. Les enfants avaient des manières superbes et étaient tout disposés à donner de l'affection à leur grand-mère.

Luke avait loué une voiture et ils partaient chaque jour se promener dans la campagne et, chaque jour,

Jessica confectionnait des sandwiches pour le déjeuner, afin qu'ils puissent pique-niquer au grand air.

Un jour, Janine demanda pourquoi ils ne s'arrêtaient pas dans un petit restaurant, et Luke la fit taire doucement en disant qu'ils étaient en vacances, que c'était le moment de leur gran'ma, et qu'on n'était pas à New York. L'idée traversa l'esprit de Flora qu'il cherchait à éviter quelque chose, mais elle n'aurait pas su dire quoi.

Peu lui importait d'ailleurs. Elle ne se préoccupait pas davantage du fait que, quand Luke bénissait leur nourriture au moment des repas, il ne mentionnait jamais le Sauveur. Et cela lui était égal aussi qu'ils ne l'aient pas accompagnée à l'église le dimanche, car ils n'auraient pas pu le faire : arrivés le dimanche soir, trop tard pour l'office, ils étaient repartis le samedi soir suivant, avant que la possibilité d'aller à l'église puisse se présenter. C'est seulement bien plus tard, quand elle les connut mieux, que Flora réalisa que Luke avait soigneusement conçu son emploi du temps pour éviter que la question de l'église ne vienne les opposer.

Un soir, elle l'interrogea sur le Mississippi et les Fleming.

« Je n'y retourne plus jamais désormais, l'informa Luke, il n'y a plus de raison. À quoi bon réveiller tous ces vieux fantômes ? »

Ses deux grands-parents étaient morts, son père aussi, et la maison, tout comme la terre, avait été vendue à la fille des Yarborough et à son mari. Sa grand-mère ne lui avait laissé qu'un peu d'argent, son grand-père ayant dilapidé la fortune familiale en investissant dans d'importants projets qui n'avaient jamais abouti et en menant la grande vie.

« Tu es la seule partie de mon passé à laquelle je sois attaché, affirma-t-il à Flora, la seule partie de mon passé que je désire connaître.

— J'étais pas là, dit Flora.

— Non, reconnut-il doucement. Mais maintenant tu l'es. »

Ainsi Flora fut-elle vengée de la famille qui avait fait preuve de tant de cruauté envers elle. Elle n'en retira cependant aucun sentiment de triomphe mais éprouva seulement la joie de constater que du positif était sorti de ce passé atroce : en effet, lorsqu'elle contemplait Luke et sa famille, elle ne voyait que bonté.

À la gare, ils l'étreignirent à tour de rôle et Luke promit de revenir avec les enfants lui rendre visite, dès l'an suivant il l'espérait. Il serra sa mère dans ses bras puissants et, bien que profondément émue, Flora ne pleura pas. Elle avait versé un océan de larmes pour ce fils pendant toutes ces années où elle avait vécu sans lui, mais désormais il formait une partie de sa vie, si petite soit-elle. Il n'y avait plus de raison de pleurer.

À l'automne suivant, le révérend Jackson choqua la congrégation en annonçant son intention de prendre sa retraite l'année d'après. Non pas qu'il souhaitât les abandonner en des temps aussi exaltants, mais il était âgé et estimait qu'ils avaient besoin d'être guidés par un homme plus jeune, plus fort. S'il soulevait le problème dès à présent, c'était afin qu'ils disposent du temps nécessaire pour choisir son successeur.

L'annonce produisit l'effet d'un léger séisme dans leur existence. On versa des larmes. Nombreux étaient ceux qui ne se rappelaient même pas l'époque où il n'était pas leur pasteur, et même les membres les plus âgés de la congrégation avaient du mal à se souvenir du nom de son prédécesseur.

Après convocation de réunions spéciales des Anciens et des Anciennes, on décida, conformément aux conseils du révérend Jackson, de ne pas sélectionner plus de trois candidats. Chacun de ceux-ci serait invité à prononcer un sermon, à un moment différent, et le meilleur des trois l'emporterait.

Le choix des candidats souleva d'interminables débats.

Le révérend Jackson tenait à ce que ce soit quelqu'un de jeune. Les Anciens en étaient moins sûrs.

« Les jeunes, par les temps qui courent, on peut pas leur faire confiance », grommela M. Sanford, tout en se débattant avec son dentier mal ajusté.

« On veut pas d'un de ces jeunes excités », décréta péremptoirement M. Henderson, oubliant qu'il avait été quelque peu agité lui-même dans sa jeunesse.

« On veut pas d'un de ces faiseurs d'histoires », insista quant à elle Pearl l'Ancienne.

« P'têt' que si justement », ricana doucement Flora à l'oreille de Vera Jackson. À vrai dire, Flora était désormais perçue comme un personnage plutôt radical. N'avait-elle pas vécu à Chicago ? N'avait-elle pas une fille qui habitait à New York et participait à des manifestations de protestation, et un fils, Luke, qui avait des penchants africains ? On arrêta finalement trois noms et le premier, un homme d'un certain âge, fut invité à prononcer son homélie peu avant Noël.

Loin d'être un désastre, ce fut en réalité très émouvant, mais le personnage appartenait à un autre lieu, une autre époque. À la moitié de son sermon, où il était question du sens de Noël et du grand don offert par Dieu en la personne de l'Enfant Jésus, il adopta un mode de scansion à l'ancienne, certes magnifique, mais qui semblait d'un autre âge. Les plus jeunes membres de la congrégation annoncèrent qu'ils n'en voulaient pas.

Les Anciens et les Anciennes furent froissés, car la décision leur appartenait, et la jeunesse n'avait pas vraiment son mot à dire dans cette affaire. Il n'empêche : les jeunes en question s'exprimaient à voix suffisamment haute pour obliger leurs aînés à les écouter.

Au mois de février, le deuxième candidat, le révérend Hawkins, faillit provoquer une crise cardiaque chez M. Sanford. Quant à M. Henderson, il annonça à qui voulait bien l'entendre qu'il faudrait d'abord lui passer sur le corps avant que cet homme soit élu.

Mais tous les autres l'adorèrent.

C'était un jeune, âgé de seulement trente ans, et très bel homme, avec une voix profonde comme un miel sombre qui faisait chanter les poutres.

Il choisit sa lecture dans le Livre des Romains : c'était un homme du Nouveau Testament.

« Il est grand temps à présent de se réveiller du SOMMEIL ! » tonna-t-il. Ce qui réveilla en sursaut M. Sims, qui était âgé et somnolait, tant il était certain que celui-là n'était pas le bon.

« Car aujourd'hui notre salut est PLUS PROCHE que nous ne le PENSIONS !

— Ô que oui !

— La nuit est presque achevée, LE JOUR EST PROCHE !

— Alléluia !

— C'est pourquoi nous devons rejeter les œuvres des TÉNÈBRES ! Et enfiler une armure de LUMIÈRE ! »

Quelques jeunes brandissaient leur poing serré vers le plafond.

Le révérend Hawkins leva les yeux de sa Bible.

« NOUS avons été endormis, frères et sœurs, poursuivit-il. Mais à présent il est temps de nous RÉVEILLER ! »

Le révérend Jackson était aux anges. Voilà un homme comme il les aimait.

« Dans tout le Sud, dans tout cet immense pays, des hommes, des femmes noirs rejettent les œuvres des TÉNÈBRES ! Ils enfilent l'armure de LUMIÈRE ! »

Son intention était simple : à cause de sa jeunesse, il ne pensait pas être capable de décrocher le poste. Il n'avait donc rien à perdre. Or l'esprit qui l'animait était celui-là même qui mobilisait les Noirs dans tous les États-Unis.

Ayant préparé son homélie avec rigueur et logique, il

l'avait déjà rodée dans plusieurs autres églises qui envisageaient sa candidature. Sagement, il s'était entretenu avec le révérend Jackson pour se faire une idée de la ville et de la congrégation.

Il évoqua, quoique brièvement, les nombreux mouvements de protestation dans le Sud. Il mentionna la déségrégation du collège de Little Rock : les images de jeunes Noirs se rendant à l'école sous la protection de soldats armés de fusils, contre une foule agressive et violente, avaient choqué tout le pays, fait couler les larmes de plus d'une mère noire et provoqué la colère de plus d'un homme noir.

Mais loin de s'attarder sur ce passé récent, il s'intéressa à Stockton, poussant ses habitants vers l'avenir.

« Et qu'allez-vous faire ? les interrogea-t-il. Allez-vous vous RÉVEILLER ? Allez-vous rejeter les œuvres des TÉNÈBRES ? Allez-vous enfiler l'ARMURE de lumière ?

Chaque époque trouve ses hommes ; et la ville avait trouvé le sien. « Allez-vous participer aux grands COMBATS qui nous attendent ? ou allez-vous DORMIR ? » Sans suggérer d'action spécifique, il se contenta d'exiger qu'ils agissent bel et bien, précisant que s'ils ne saisissaient pas cet occasion ils continueraient à dormir d'un sommeil non troublé pendant encore cent ans.

« Allez-vous laisser à d'autres que vous le soin de faire votre travail à votre place ? Allez-vous laisser cela au gouvernement ? Mais le gouvernement c'est le peuple, le gouvernement c'est vous ! CRIEZ et vous serez ENTENDUS ! COMBATTEZ et vous VAINCREZ ! »

Tous criaient d'enthousiasme. D'un regard courroucé, il leur signifia de se taire.

« Car si vous n'agissez pas, qu'allez-vous dire à vos enfants, à vos petits-enfants, à toutes les générations à venir ? Allez-vous dire : J'étais là ; le moment, l'heure étaient venus et j'étais là, mais je me suis contenté de DORMIR ? »

Même s'il ne devait pas décrocher le poste (mais il le décrocha), il en avait déjà fait assez, il avait laissé sa marque. Et parce qu'il avait si justement su capter l'air du temps dans son homélie, en moins d'une semaine, Stockton fut irrévoquablement transformée.

Le mercredi après-midi suivant, soit trois jours après ce sermon, deux jeunes, Washington et Billy, se rendirent dans le quartier blanc de la ville, au Star Café qui refusait de les servir, et exigèrent d'être servis.

Tous les Noirs de Stockton étaient au courant parce que c'était un geste prémédité. Le mardi soir, on en avait longuement discuté en réunion.

La plupart des Blancs de Stockton étaient eux aussi avertis de ce projet : la nouvelle s'était répandue comme une traînée de poudre.

La ville retenait son souffle.

Flora, Pearl et la moitié de la communauté participaient à une réunion de prières à l'église. Si Washington et Billy réussissaient, ils recevraient un accueil de héros à leur retour. S'ils ne réussissaient pas, ils n'en seraient pas moins acclamés pour avoir tenté leur chance et deux autres jeunes s'étaient d'ores et déjà portés volontaires pour essayer à leur tour.

Washington et Billy échouèrent. Le jeune Jerry James fit irruption dans l'église, trompetant la nouvelle.

« Ils ont été tabassés ! clama-t-il. Ils saignent beaucoup. »

D'autres arrivaient sur les talons de Jerry. Une bande de jeunes Blancs attendaient Washington et Billy devant le Star Café. Ils les avaient laissés entrer et les jeunes Noirs avaient demandé à être servis, ce qui leur avait été refusé. Ils s'étaient assis au comptoir et les Blancs avaient commencé à les repousser vers la sortie. Bien que s'étant juré de ne pas recourir à la violence, Washington et Billy avaient vu rouge et, quand Gavin Hopkins avait envoyé un coup de poing dans le nez de Billy, celui-ci avait riposté. Sérieusement minoritaires, ils n'avaient pas tardé à être dépassés. Washington avait le nez et un bras cassés, Billy deux côtes fêlées et une balafre au visage qui allait nécessiter des points de suture.

La congrégation resta immobile, sonnée. Personne ne s'était attendu à une telle violence.

Le révérend Jackson se leva.

« Prions pour nos frères », annonça-t-il. Il conduisit la prière, mais aussitôt celle-ci terminée, Freeman Lanier, âgé de dix-sept ans, et son frère Abe se levèrent à leur tour.

« Ça s'ra nous les suivants, clama-t-il. On ira samedi ! »

Sa mère, Bess Lanier, pleura, et les rares membres de la communauté qui les acclamèrent le firent sans enthousiasme.

Peut-être s'étaient-ils réveillés trop tôt.

Cette nuit-là, Flora dormit mal. Elle avait toujours entendu dire qu'au moment de sa mort on voyait toute son existence défiler devant soi. Peut-être allait-elle mourir alors, car sa vie entière se déroulait devant ses yeux.

Elle pensa à Washington et à Billy, battus et ensanglantés, et réentendit la berceuse du Delta, les cris de tous ces Noirs disparus mystérieusement la nuit, et que l'on n'avait jamais revus. Elle se rappela son mari qu'elle avait tenu mort dans ses bras, tué par un Blanc parce qu'il n'avait pas les moyens de vivre. Elle se souvint que seulement cinq ans auparavant un adolescent noir avait été assassiné pour avoir, disaient-ils, osé siffler une Blanche. Elle songea à Bobby, le fils de Luke, qui aurait pu être ce garçon, ou Don ou Booker.

Curieusement, l'image d'Ernestine, émaciée, mourante, lui revint à l'esprit, et les médecins qui disaient qu'elle ne souffrait d'aucune maladie.

Pourtant Ernestine avait bel et bien souffert de quelque chose. Willie lui avait précisé de quoi le jour où il lui avait lu l'arrêt de la Cour suprême sur la ségrégation dans les écoles. Sans se rappeler ses termes exacts, leur sens restait gravé dans sa mémoire. Elle se rappela avoir entendu toute sa vie les Blancs lui répéter qu'elle était leur inférieure, une guenon, une bête de la jungle, un chimpanzé tout juste descendu de son arbre. Qu'elle était un être inférieur. À Ernestine, on avait répété la même chose et Ernestine l'avait cru.

Elle se souvint des centaines de milliers, des innombrables insultes et affronts qu'elle avait subis et crus, parce que si l'on répète assez souvent un mensonge il finit par devenir vérité, et ses enfants avaient souffert la même chose.

Cela la conduisit à penser à Ruthana, et soudain elle se sentit envahie de remords et de culpabilité. Ruthana avait plus de trente ans, et pas une seule fois dans sa vie elle n'avait parlé d'amour. Était-ce la faute de Flora ? Pour préserver Ruthana des hommes, en lui répétant qu'elle était laide, l'avait-elle trop bien protégée ? Ruthana l'avait-elle trop bien crue ? Ce mensonge si souvent répété était-il devenu vérité ?

Elle s'assit, alluma la lumière et prit sa Bible sur la table de chevet. Elle savait exactement où chercher.

« Demandez et il vous sera donné ; cherchez et vous trouverez, frappez et la porte vous sera ouverte. »

Elle n'avait retrouvé Luke qu'après être partie à sa recherche. Si elle expiait son péché, Dieu sourirait-Il avec bonté à Ruthana ?

Elle savait ce qui lui restait à faire, et le redoutait, mais elle n'avait pas le choix. Elle seule pouvait accomplir ce qui devait l'être, pour Ruthana et pour Ernestine, pour Willie et pour Luke, pour ses petits-enfants et pour toutes les générations à venir.

Elle sauta du lit, s'agenouilla et demanda à Dieu de la guider. Puis elle se rappela ce que Willie lui avait dit avant son départ pour la guerre, que le sang noir vaut bien le sang blanc.

Elle se rappela les pleurs qu'avait versés Mme Hopkins lorsque son fils était parti à la guerre : les larmes de Blanc valent bien les larmes de Noir.

Alors elle pleura, de crainte et de reconnaissance, car Dieu lui avait manifesté Son infinie bonté.

Il lui avait montré où était le point faible de l'ennemi.

43

Le lendemain matin, vers dix heures, elle mit son chapeau et son manteau car il faisait froid. Elle marcha jusqu'au bout de sa rue et prit l'autobus.

Freeman Lanier monta à l'arrêt devant Chez Pop.

« Et où vous allez comm'ça, M'dame Palmer ? » s'enquit-il poliment.

« Eh bien, Freeman, répondit Flora, j'vais en ville. J'm'en vais boire une tasse de café. — Ça c'est agréable », commenta-t-il. Mais on le sentait troublé.

Le bus s'éloignait de Pop's Place.

« J'm'en vais au Star Café, l'informa Flora d'un air détaché. Paraît qu'ils font du bon café. »

Freeman la dévisagea comme s'il n'en croyait pas ses oreilles. Flora espérait qu'il n'en dirait pas plus. Elle le connaissait à peine, et ce qu'elle s'apprêtait à faire, elle devait le faire seule.

« J'pense pas que c't'une très bonne idée, M'dame Palmer, lâcha-t-il.

— À vrai dire, Freeman, répliqua Flora, ce que tu penses, ça m'est un peu égal, parce que c'est là que je vais. »

Freeman ne savait trop que dire. Il regarda fixement par la fenêtre puis posa de nouveau son regard sur Flora.

« Ils servent pas les gens de couleur là-bas, M'dame Palmer, l'informa-t-il.

— Freeman, j'suis pas de couleur, rétorqua Flora. Je suis noire. Et comment va ton papa ? »

Il grommela une vague réplique et se remit à regarder obstinément par la fenêtre.

Flora descendit à l'hôtel de ville. Freeman en fit autant. Il s'éloigna de quelques pas, comme pour s'acquitter d'une course précise, puis s'arrêta et suivit Flora du regard. Elle jeta un coup d'œil à la ronde. C'était vraiment un endroit plutôt agréable, songea-t-elle, mais comme c'était bête d'avoir tout en double : deux fontaines d'eau potable, deux bancs publics — quel gaspillage des deniers municipaux ! Elle savait que Freeman la suivait, à distance respectable, son gardien, son protecteur... Elle aurait préféré qu'il s'abstienne. Elle n'avait que faire d'un gardien ou d'un protecteur : elle en avait déjà un.

Elle avait Dieu.

Elle traversa le petit jardin public devant la mairie et se rappela que c'était là qu'elle avait voulu, un jour, donner son sang et qu'on l'avait refusé parce qu'elle était noire. Ce qui lui rappela son objectif présent : elle traversa la rue, en direction du Star Café. « Ne faites pas ça, M'dame Palmer », la supplia Freeman. Il n'était qu'à quelques mètres d'elle.

« Freeman, mêle-toi de tes oignons, lança sèchement Flora. Et viens pas avec moi. Faut que je le fasse toute seule. »

Elle entra dans la salle, regarda autour d'elle.

C'était tout à fait agréable, mais en rien supérieur à Pop, et il y avait du monde, mais c'était loin d'être plein. Elle décida qu'il serait agréable de s'asseoir au comptoir. Elle prit un siège, et attendit patiemment. Elle sentait tous les regards braqués sur elle.

Une serveuse s'approcha d'elle, une jeune femme blonde vêtue d'un coquet uniforme rose. Elle paraissait gentille.

« Nous ne voulons pas d'ennuis ici, l'informa-t-elle.

— Ah non ! pour sûr, convint Flora. Tout ce que je

veux, c'est une bonne tasse de café bien chaud, avec un peu de crème et de sucre.

— On ne sert pas les colorés, chuchota la serveuse.

— Oh, j'suppose que vous allez bien finir par le faire, constata Flora. À la longue. »

La serveuse s'éloigna pour s'entretenir avec quelqu'un. Deux Blancs se levèrent de table et sortirent, chuchotant entre eux, certainement à son sujet. Flora lança un regard autour d'elle et aperçut Freeman, debout à l'extérieur, qui l'observait par la fenêtre.

Un homme qui devait être le gérant s'approcha d'elle.

« Vous feriez mieux de vous en aller, dit-il. Allons, rentrez chez vous.

— J'ai pas envie de rentrer chez moi, répondit Flora. Pas avant d'avoir bu mon café. Fait un froid terrible dehors aujourd'hui.

— On vous servira pas, réitéra le gérant.

— Oh, j'pense bien que si, dit Flora d'une voix douce. À la longue. »

Le patron ne savait quelle attitude adopter. Il avait été choqué par la violence des événements de la veille. Et il ne voulait pas qu'il arrive quoi que ce soit à cette petite vieille.

« Vous savez bien qu'on sert pas les négros, siffla-t-il férocement.

— J'crois bien que vous le ferez, répéta Flora. À la longue. »

Le patron opta pour la discrétion. S'ils l'ignoraient, elle finirait bien par s'en aller. À la longue.

Elle ne s'en alla pas. Elle resta assise, à attendre patiemment, souriant parfois aux clients. Elle regarda par la fenêtre et aperçut Freeman, le visage collé contre la vitre. Puis elle vit celui qu'elle attendait. Bien qu'elle ne l'eût pas revu depuis des années, elle l'aurait reconnu n'importe où. C'était bien le fils de son père.

Gavin Hopkins fit son entrée avec trois ou quatre de ses amis, et s'approcha nonchalamment de Flora.

« Et qu'est-ce que tu fais là, négresse ? » demanda-t-il.

Mais peu lui importaient désormais les noms dont il l'affublerait.

« J'attends mon café, répondit Flora, sans lui accorder un regard.

— Tu ferais mieux de sortir d'ici », reprit Gavin.

Flora se retourna et le dévisagea.

« Et tu vas faire quoi, si j'obéis pas ? l'interrogea-t-elle calmement.

— Vous autres, négros, vous comprendrez donc jamais ? s'exclama Gavin. Tu sais pas ce qui s'est passé ici hier ?

— Je le sais, répliqua Flora. Alors quoi, tu comptes me faire la même chose ? Tu vas me tabasser pareil ? »

Et avant qu'il ait eu le temps de répondre, Flora lui servit le discours qu'elle préparait depuis plusieurs heures.

« Laisse-moi te dire une chose, dit-elle, perdant son calme. Quand ton Papa était un p'tit bébé, il a bu mon lait, donc il a du lait nègre à l'intérieur de lui, et le lait, c'est pareil que le sang. Alors qu'est-ce que tu comptes faire maintenant à la femme qui a allaité ton papa ? Tu vas me tabasser, me casser les bras, puis rentrer en courant chez ton papa et ta grand-maman pour leur raconter ce que t'as fait ? Leur raconter comme t'es un homme, un grand costaud, pour avoir tabassé une petite vieille assise devant un comptoir à attendre une tasse de café ? Et comme ça tu te sentiras bien ? Ça va prouver quel homme, quel grand costaud tu es ? »

Elle s'interrompit, car elle ne se rappelait plus tout ce qu'elle avait prévu de dire.

« Et ta grand-maman, qu'est-ce que tu crois qu'elle va dire quand tu lui raconteras ce que t'as fait ? »

Gavin était furieux. Elle savait bien qu'il aurait aimé la frapper, et elle savait aussi qu'il n'osait pas.

Le temps d'arrêt se prolongea parce que Flora était revêtue d'une armure invincible et parce que Gavin ne savait pas comment se retirer sans perdre la face. Il n'avait jamais eu à se dégonfler auparavant.

Ce fut à ce moment-là que le shérif entra, un journal sous le bras, et vint s'attabler au comptoir.

« Que se passe-t-il ? » demanda-t-il calmement.

Il regarda Gavin, attendant une réponse.

« Oh ! et puis merde ! » s'exclama Gavin, et il sortit. Ses amis lui emboîtèrent le pas. Ils se vengeraient. Il tabasseraient des Noirs dans quelque ruelle obscure. S'ils avaient perdu cette bataille, la guerre n'en continuait pas moins.

Dans le café, on aurait pu entendre une mouche voler.

Le shérif lança un regard à Flora.

« Jour, madame, fit-il. Fait froid dehors aujourd'hui.

— Pour sûr, répondit Flora. Une bonne tasse de café va bien m'réchauffer. »

Il consulta le menu, regarda la serveuse, comme pour indiquer qu'il était prêt à passer commande, puis ouvrit son journal et se plongea dedans.

La serveuse s'approcha de lui, une cafetière à la main.

« Elle était là avant », fit remarquer le shérif, indiquant Flora d'un mouvement de tête. Encore une fois, le temps suspendit son vol.

Alors la serveuse, haussant les épaules, s'approcha de Flora et lui versa une tasse de café.

« J'vous remercie bien, dit Flora. Et p'têt' avec ça un bon morceau de tarte aux pommes ? »

La serveuse s'en fut lui chercher sa part de tarte.

Freeman entra. Il s'assit à quelques places de Flora et la salua d'un sonore : « Jour, M'dame Palmer », comme si c'était la première fois de la journée qu'il la voyait.

« Jour, Freeman », répondit Flora en versant de la crème dans son café et sans plus prêter attention à lui.

Ruthana

44

« Il faut que tu lui dises », dit Ruthana à Luke.

Luke semblait dubitatif.

« Elle ne va pas apprécier, dit-il. Elle est si... chrétienne. »

Ruthana éclata de rire.

« Elle t'aime, et elle se fera à l'idée, dit-elle. Elle n'est pas sénile, elle sait ce qui se passe. Quand elle était à Chicago, elle a assisté à une réunion de "Nation d'Islam" avec Diana. »

Luke était fasciné. Flora ne lui en avait jamais parlé.

« Elle a détesté ?

— Bien entendu, confirma Ruthana. Mais elle a écouté. Et elle se dit Noire, pas "de couleur". »

Une question la taraudait.

« Mais comment cela se passe-t-il quand tu vas à Stockton ?

— Je fais attention. » Luke eut un large sourire. « Je m'arrange pour ne jamais devoir me rendre à l'église. La première fois qu'on a emmené les enfants, on n'est jamais allés dans aucun endroit qui pratique la ségrégation. Je ne voulais pas d'histoires, pour elle.

— Ce n'est pas juste de ne pas le lui dire, insista Ruthana. De toute façon, elle finira par être au courant la prochaine fois que tu emmèneras les enfants là-bas. Et il faut bien que tu y ailles. Ce serait cruel de la priver de ses petits-enfants. »

Luke et sa famille s'étaient convertis à l'islam. Si les parents n'avaient pas encore pris des prénoms musulmans, Bobby aimait que son père l'appelle Daoud, qui signifie « Aimé », et Janine se faisait volontiers appeler Jasmine.

« Ouais, tu as raison, convint Luke. C'est seulement... »

Ruthana attendit.

« Pendant les vingt-sept premières années de ma vie, je n'ai pas eu de Mamé... » Il se reprit : « ... de mère. Puis je l'ai retrouvée, et je n'ai pas envie de la perdre une nouvelle fois, ni de lui faire du mal.

— Tu ne pourrais pas la perdre, dit en riant Ruthana. Tu pourrais devenir moine bouddhiste, partir vivre dans un monastère tibétain perché au sommet de la plus haute montagne qu'elle te retrouverait quand même. »

Luke attendit à son tour.

« La seule façon dont tu pourrais lui faire mal serait de cesser de l'aimer. »

Luke fit un signe de tête affirmatif. C'était la vérité. Mais il refusa de se rendre sans tirer sa dernière cartouche.

« Tu lui racontes tout, sur toi ? »

Ruthana haussa les épaules et détourna les yeux, puis soutint de nouveau le regard de Luke.

« Bien sûr que non. »

Daoud et Jasmine vinrent leur souhaiter bonne nuit. Ruthana les embrassa, les câlina. Oh ! comme elle les aimait ! Puis elle prit congé de Luke et de Jessica car le lendemain une dure journée l'attendait.

Elle rentra à pied dans la nuit embaumée. Son petit appartement n'était éloigné que de trois pâtés de maisons de celui de Luke et elle adorait marcher dans Harlem la nuit. Il n'était pas encore tard, et les rues étaient remplies de piétons qui jouissaient de la fraîcheur du soir. On la saluait au passage. On la connaissait bien et on l'admirait pour son travail. Elle s'arrêta pour parler à Shona, une femme qu'elle connaissait. Celle-ci, installée sur sa véranda, vendait des babioles disposées sur un petit tapis à côté d'elle ; un bébé chétif était couché sur ses genoux.

« Salut, Shona.

« M'dame Palmer », répondit Shona en hochant la tête en guise de salutations. Elle avait un œil bleu et tuméfié.

« C'est lui qui t'a fait ça ? »

Shona haussa les épaules.

Ruthana songea à la sermonner, puis renonça. Shona avait déjà entendu trop de discours et, bien que toujours d'accord sur tout, elle refusait de quitter son mari violent.

La chanson *Please, Mr. Postman*, des Marvelettes, qui flottait depuis la fenêtre ouverte d'un appartement, disparut au profit des hurlements de Chubby Checker pendant le passage de deux garçons munis d'un transistor.

« 'lut, M'dame Palmer », clama l'un d'eux. Ruthana fit un petit signe de tête tout en s'efforçant de se rappeler son nom et son délit ou problème, en vain : elle en avait vu trop, trop de délits, trop de problèmes.

« Comment vont les gosses ? » demanda-t-elle à Shona.

Elles bavardèrent quelques instants, puis Ruthana poursuivit son chemin. Si Shona n'était pas une de ses grandes réussites, elle n'en était pas moins une des raisons de son succès actuel. C'était pour des femmes telles que Shona que Ruthana et quelques autres avaient ouvert à Harlem leur propre refuge pour femmes, cinq ans auparavant. Lors de son arrivée à New York à ses débuts, Ruthana avait eu peur de Harlem et trouvait déprimante l'ampleur des problèmes de ce quartier. À présent, après dix ans de travail social et sans presque avoir entamé les problèmes en question, elle n'aurait voulu vivre ailleurs pour rien au monde.

Sauf en Afrique.

C'était Ben qui l'avait initiée à la réalité de Harlem, et lui avait révélé la vérité sur l'Afrique. Du reste, si Ben lui avait affirmé que l'Antarctique était un endroit merveilleux, elle l'y aurait suivi sans hésiter. Elle aurait toujours suivi Ben n'importe où, sauf là où il se trouvait à présent, perdu à tout jamais pour elle.

Elle ouvrit la porte de son minuscule appartement constitué d'une pièce agrémentée d'un petit placard qui servait de cuisine. Elle partageait une salle de bains avec les voisins. C'était propre et confortable et c'était son nid, son chez-soi, envahi de photos de son immense famille, réelle ou adoptive. Elle était la mère, la grande sœur ou la tante de douzaines d'êtres qu'elle avait aidés au fil des ans et, si elle ne portait pas à tous une égale affection, elle aimait en conserver des photos car lorsqu'elle les regardait, cela lui rappelait leur histoire, leur douleur, et les raisons qui les avaient conduits jusqu'à elle.

Une photo de Ben trônait à la place d'honneur dans un cadre en cuivre, à côté d'une photo de Zora, en vêtements voyants, Zora qui avait été sa meilleure amie et lui avait montré comment survivre à New York.

Ruthana avait débarqué à Manhattan avec pour toutes richesses ses quelques rêves et une possibilité d'emploi. La plupart de ces rêves étaient en miettes, mais elle avait décroché le boulot et s'était retrouvée plongée dans une fourmilière dont elle n'avait strictement aucune expérience et où elle avait bien failli se perdre. Le centre d'œuvres sociales de Henry Street était établi dans le Lower East Side. L'arrivée massive d'immigrants originaires du Honduras et de la république dominicaine menaçait alors de submerger le quartier. Cet afflux n'avait pas manqué de provoquer des problèmes avec les résidents traditionnels, Juifs et Italiens, et il y avait eu quelques affrontements. Les résidents de longue date en étaient sortis perdants et avaient déménagé vers d'autres quartiers. L'espagnol était devenu pratiquement la première langue du district.

Tous les immigrants étaient pauvres, venus là dans l'espoir de faire fortune. Souvent ils étaient clandestins. En moins d'une semaine, le grand cœur de Ruthana était plein à craquer, débordant de tous les problèmes dont elle avait été témoin. Une semaine plus tard, elle se jugeait incapable de jamais devenir une bonne assistante sociale et, à la fin de la troisième semaine, elle était prête à boucler ses valises.

Luke qui veillait sur elle essaya de l'aider, et l'avertit que son seul espoir de survie consistait à s'endurcir, sans quoi elle ne serait d'aucune utilité à personne.

« C'est marche ou crève », avait-il expliqué.

C'est Zora qui lui avait appris à marcher. Zora, son aînée d'un an, était originaire de Detroit et connaissait la rue. Récemment débarquée à New York pour soigner des bleus à l'âme consécutifs à une rupture sentimentale, elle était descendue au Y.W.C.A. C'était une fille courageuse, pleine de culot et d'assurance.

Zora, en robe décolletée lamé or et drapée dans sa dignité, était montée un soir dans l'ascenseur du « Y » au moment où les portes étaient sur le point de se refermer.

« Franchement y sont pas croyables les hommes dans cette ville ! s'exclama-t-elle à l'adresse de l'ascenseur, et à Ruthana qui se trouvait là par hasard. I'm'persuade de venir à un rancart et moi j'crois qu'on va se faire un ciné, et lui pense qu'il va avoir c'qu'y veut sans même un café ou un s'il vous plaît ! »

Elle fit éclater sa bulle de chewing-gum.

« Je lui dis comme ça : "Mon vieux, si tu crois que je suis une fille comme ça, tu peux aller te faire voir ailleurs !" Faudrait quand même qu'il me sorte ou qu'il m'offre quelques cocktails avant d'étaler la couverture pour c'pique-nique-là. Si tu vois ce que je veux dire. »

Elle lança un regard mauvais à Ruthana.

« Qu'est que t'as ma fille ? On dirait que tu vas fondre en larmes ? »

Il n'en fallait pas plus à Ruthana qui venait de vivre une journée épouvantable pleine de maris volages, de mères abandonnées et d'enfants sous-alimentés, tous s'exprimant dans un patois espagnol qu'elle comprenait à peine, son espagnol à elle étant plus classique.

Elle éclata en sanglots. Zora parut choquée.

« Hé ! p'tite ! J'espère que c'est pas quéqu'chose que j'ai dit, crut-elle murmurer de sa voix de stentor. C't'un homme qui t'a laissée tomber ? »

Dans l'univers de Zora, les hommes étaient à l'origine de tous les maux, ce qui ne l'empêchait pas de les adorer.

« Non, sanglota Ruthana, ce n'est pas un homme, du moins pas dans le sens où vous l'entendez. C'est juste... Je ne m'en sortirai jamais ! Je veux rentrer chez moi.

— Chut, ma caille, ça doit pas être si grave que ça, l'apaisa Zora. Allons, viens donc tout raconter à Tata Zora. »

Se muant instantanément en mère face à la détresse d'une autre, elle baissa la voix d'un décibel ou de vingt et parvint presque à chuchoter : « J'ai une bouteille de bourbon dans ma chambre. J'sais bien que c'est pas permis, mais merde ! Faut bien qu'une fille ait un peu de compagnie pour les jours de pluie. »

Elle pilota Ruthana jusqu'à sa chambre sans rien vouloir entendre à ses protestations contre l'alcool.

« Qu'est-ce que tu veux dire, t'as jamais bu d'alcool ? Mais où t'as passé ta vie, ma fille ? »

Ce n'était pas vrai : il était arrivé à Ruthana de boire à l'occasion, à l'université, mais elle n'avait jamais particulièrement apprécié cela et préférait donc s'abstenir.

Ce jour-là, il n'y avait aucune échappatoire possible. Elle but quelques gorgées du bourbon dilué d'une rasade d'eau, toussa, et prit une autre gorgée.

L'alcool lui délia la langue et elle déversa ses problèmes à Zora qui l'écouta attentivement et leur trouva une solution simple.

« Et voilà comment ils sont les hommes, répétait Zora comme une litanie. Faut jamais se laisser faire, jamais. »

Dans l'univers de Zora, quel que soit le problème, à son origine, on trouvait toujours un homme.

Au bout d'un moment, Ruthana pouffa de rire et, bien que parfaitement ignorante en matière d'hommes, elle en vint à partager le point de vue de Zora sur eux. Les ricanements se muèrent en rires, puis en larmes parce qu'elle avait trop bu ; quand elle fut malade, Zora l'aida à regagner sa chambre, la mit au lit, et resta quelques instants auprès d'elle jusqu'à ce qu'elle sombre dans le sommeil.

Le lendemain, Ruthana était en piètre état. Elle s'emportait pour un oui ou pour un non et perdit patience avec un Dominicain qui ne l'avait pas comprise, bien qu'elle s'exprimât en bon espagnol. Devant sa fureur, il se confondit en excuses, et par la suite n'éprouva plus aucune difficulté à la comprendre.

Une fois calmée, Ruthana se sentit beaucoup mieux. Elle venait d'apprendre sa leçon la plus importante pour son avenir d'assistante sociale. Elle cessa de porter son cœur sur sa main, et le replaça là où il n'aurait jamais dû cesser d'être. Elle écoutait attentivement, aidait lorsqu'elle le pouvait, mais ne se laissait plus marcher sur les pieds.

Elle se tourna vers Zora comme un lotus cherche le soleil, et ce duo improbable prit un immense plaisir à être ensemble et à explorer la ville. Elles décidèrent de partager un appartement, ce qui faillit avoir raison de leur amitié, mais elles s'aimaient trop pour permettre que cela arrive. Zora accepta de ne plus ramener d'hommes dans l'appartement et Ruthana de montrer moins de pruderie en ce qui concernait les nombreux amis masculins de Zora.

« Il s'rait temps que tu te trouves un homme, chérie, lui dit Zora. Tu s'ras p'têt' jamais Miss Idaho, mais t'es pas si moche que ça. »

Malheureusement, Ruthana ne la croyait pas. Elle

tenait pour vrai ce qu'on lui avait répété toute sa vie, et qui avait fini par devenir la vérité. Elle se jugeait laide.

Elle n'avait jamais de rendez-vous galant, pensant que les hommes ne pouvaient vouloir qu'une seule chose, et n'avait donc pratiquement aucune expérience de la gent masculine. Ce qu'elle savait d'eux, et des relations hommes-femmes, lui venait de son travail et comme elle ne voyait que mariages ou familles en crise, elle ne se faisait guère d'illusions quant à un avenir familial. Bien qu'elle rêvât de trouver un homme bon et qui l'aimerait, elle ne croyait pas vraiment que cela pût exister.

Mais par-dessus tout, elle désirait des enfants, et elle faillit envisager de coucher avec le premier homme qui le lui demanderait pour réaliser ce rêve. Cependant il y avait déjà bien assez d'enfants sans père en ce monde, son travail le lui avait suffisamment prouvé. Et puis elle était ridiculement romantique. Elle voulait ce qu'elle pensait que Willie avait trouvé avec Ernestine et ce que Luke possédait certainement avec Jessica. Leurs deux enfants étaient devenus ses chéris et elle leur tante aimante.

Zora tenta de l'entraîner dans ses sorties du samedi soir, et lui présenta plusieurs hommes dont elle pensait qu'ils la traiteraient convenablement, ou du moins pas trop mal, mais ces initiatives n'aboutirent à rien car Ruthana ne savait pas s'y prendre.

« Qu'est-ce qui cloche chez toi, ma fille ? lui demandait Zora après chacun de ces échecs.

— Il n'était pas fait pour moi, expliquait Ruthana.

— Tant que t'auras pas testé la marchandise, t'en sauras rien », répétait Zora comme un refrain.

Après quelque temps, Zora renonça à sa quête d'un homme pour Ruthana, et elles vécurent leurs vies bien différentes, chacune trouvant chez l'autre ce dont elle avait besoin.

Zora, qui aimait tant les hommes et faisait preuve de si peu de discernement dans ses choix, était souvent blessée. C'était alors Ruthana qui la consolait, la conseillait ou lui offrait une épaule solide sur laquelle pleurer.

Ruthana, qui adorait son travail et y réussissait bien, ne s'en serait pas aussi bien sortie sans Zora, qui la maintenait en équilibre, redonnait à sa vie le sens des proportions et une bonne dose de rires, ô combien nécessaires !

« Chérie, je bosse comme une Noire toute la semaine pour pouvoir vivre comme une Blanche le week-end ! » décrétait Zora le vendredi soir. Elle faisait la même déclaration tous les vendredis soir.

Ce fut à cause de Zora que Ruthana se fit arrêter pour la première fois. Le pasteur Adam Clayton Powell avait organisé un piquet de grève devant un grand magasin de Harlem, et Zora avait entraîné Ruthana. Zora, qui exerçait un emploi de serveuse dans un petit restaurant, rêvait de travailler dans un grand magasin, comme vendeuse de produits de beauté et de parfums, or le magasin en question n'embauchait pas de Noirs.

« Ça me fait dégueuler, constata Zora. C'est les Noirs qui les enrichissent en achetant, mais ils nous emploieraient pas. »

Ruthana était réticente, car elle y voyait une activité politique qui risquait de compromettre son statut neutre de travailleuse sociale, mais jugeant qu'il s'agissait d'une juste cause, elle finit par accepter d'y participer.

Ils étaient une centaine à former un piquet de grève devant le magasin, encouragés par une foule de plusieurs centaines de badauds, quand Ruthana entendit le hurlement des sirènes et vit arriver les voitures de police. Son cœur fit un bond. Sous les flashes de la presse, tandis que la police l'embarquait dans le panier à salade, Ruthana se félicita que Mama Flora ne puisse la voir en ce moment.

Dans le fourgon, une fois remise du choc, Ruthana constata que Zora n'était pas avec elle. Elle se sentit gagnée par le découragement, n'ayant aucune idée de l'attitude à adopter pour la prochaine heure de sa vie.

Un homme assis en face d'elle lui sourit.

« Ça sera pas si terrible », la rassura-t-il.

Ruthana lui lança un regard reconnaissant.

Il était grand, mince, et n'avait rien de particulièrement séduisant tant qu'il ne souriait pas. Son visage était un peu de travers, mais son sourire rendait un certain équilibre à ses traits, et sa personnalité chaleureuse procura à Ruthana un sentiment de sécurité.

Il lui apprit qu'il se prénommait Ben.

Ils furent inculpés pour troubles à l'ordre public et libérés sous caution personnelle. Ruthana eut droit, inévitablement, aux foudres de son patron, mais par la suite, comme elle était bonne professionnelle, il passa quelques coups de fil pour elle. On abandonna les poursuites contre Ruthana et la plupart des autres cas n'aboutirent à rien. Quelques manifestants furent condamnés à verser des amendes, et on réunit un fonds pour ceux qui n'avaient pas les moyens de s'en acquitter. Fait curieux, l'impression générale fut que les manifestants avaient gagné, bien qu'il fallût encore attendre un long moment avant que le magasin ne modifie sa politique de recrutement. À présent, tant d'années après, les choses avaient bien changé, songea Ruthana, sans détacher les yeux des photos ornant les murs de son studio. Aux dernières nouvelles, Zora était rentrée à Detroit. Dans tout le pays, les écoles renonçaient à la ségrégation, jusque dans le Sud. Les emplois jusqu'alors interdits aux Noirs commençaient à leur être ouverts. La Cour suprême s'était révélée un allié inattendu du Mouvement des droits civils ; un nouveau président, jeune et plein de promesses pour l'avenir, était l'hôte de la Maison-Blanche et Ruthana commençait un nouvel emploi le lendemain, en tant que conseillère au bureau du maire pour les questions sociales.

Sa vie lui plaisait, mais elle se sentait désespérément seule. Zora lui manquait. Ben aussi.

Elle avait su, presque dès le premier instant, que l'aimer ne la mènerait à rien, mais elle n'avait pas pu s'empêcher de tomber amoureuse de lui.

45

Après que Ben se fut présenté dans le fourgon cellulaire, il resta auprès de Ruthana aussi longtemps que possible, lui expliquant à voix basse l'attitude à adopter, ou l'encourageant d'un sourire. Lorsqu'ils furent libérés, Ruthana resta plantée sur le trottoir. Elle ne savait pas trop que faire et cherchait Zora des yeux. Elle retrouva Ben à côté d'elle.

« À mon avis, un petit verre ne te ferait pas de mal, constata-t-il. C'est ta première arrestation ? »

Ruthana fit un signe de tête affirmatif.

« Il faut toujours une première fois, lança-t-il, désinvolte. La fois d'après, ce n'est pas si terrible. »

Il était plutôt grand, dégingandé, avec des bras qui semblaient animés d'une vie indépendante, tels des moulins détraqués, soulignant chacun de ses propos.

« Qu'est-ce que tu dirais d'un verre ? insista-t-il.

— J'attends quelqu'un », répondit Ruthana.

Son sourire s'éteignit et elle lui trouva un air blessé, ou déçu. À ce moment précis, Zora émergea telle une furie du commissariat.

« Dire que ce flic m'a dit des choses pareilles, fulmina-t-elle alors qu'elle avait savouré chaque instant de la scène. J'y ai dit : Écoute bien, p'tit Blanc. Range donc ce poulet dans ton panier parce que je ne suis pas pour toi. C'est une dame que t'as en face de toi, tu vois c'que j'veux dire ? »

Elle dévisagea Ben.

« Qui c'est ? »

Puis, sans attendre la réponse, elle entoura Ruthana

et Ben de ses bras, et les pilota jusqu'au restaurant le plus proche. Sa tirade sur le comportement de la police se poursuivit pendant une bonne demi-heure. Elle reconnut cependant que le flic qui lui avait fait des avances était plutôt mignon, mais un de ces petits Blancs à cul maigre incapables de rendre une femme heureuse. De toute façon, elle avait rendez-vous avec un des hommes qui avaient participé au piquet.

Elle disparut aussi soudainement qu'elle était apparue et Ruthana se retrouva seule avec Ben.

« Sacrée bonne femme ? remarqua Ben.

— Oh oui, une sacrée bonne femme », reconnut Ruthana. Elle se sentait parfaitement en sécurité parce que Ben paraissait tellement inoffensif mais aussi parce qu'elle était convaincue que tout homme à qui l'on proposerait de choisir entre elles deux pencherait inévitablement pour Zora.

Ce en quoi elle se trompait.

« Trop femme pour moi, conclut-il. Elle me casserait le cul. »

Ruthana pouffa de rire et il la regarda, sourit, puis laissa son sourire s'évanouir.

« Et toi, qui es-tu ? » demanda-t-il en la dévisageant avec intensité.

Elle le renseigna, lui apprit aussi ce qu'elle faisait et lui confia qu'elle redoutait de perdre son emploi à cause de cette arrestation.

« Rien à craindre, dit-il. Il y a déjà pas assez de gens pour faire le travail que tu fais. Ils te gueuleront juste un peu dessus.

— Et toi, qui es-tu ? » l'interrogea-t-elle à son tour.

Il était écrivain, lui apprit-il, ou poète, et gagnait sa vie en vendant des vêtements d'homme dans une boutique du quartier.

« Et en définitive tu es quoi, écrivain ou poète ? demanda Ruthana.

Il sourit : « Ça dépend de ce que j'écris. Les jours où j'écris des romans, je suis écrivain, et les jours où j'écris des poèmes, je suis poète. »

Déjà il la fascinait. Jamais de sa vie elle n'avait rencontré un écrivain ou un poète.

Né et élevé à Cincinnati, il était venu à Harlem pour retrouver le quartier tel qu'il avait été. Il rêvait des jours glorieux des années dix et vingt, les grandes années de la Renaissance de Harlem, quand les Noirs les plus doués des États-Unis affluaient ici. À l'entendre, les poètes, peintres, écrivains, artistes, chanteurs et musiciens de jazz établis dans le quartier étaient treize à la douzaine.

Ruthana avait entendu parler de la Renaissance de Harlem, mais sans trop savoir de quoi il s'agissait. Il lui ouvrit les yeux sur ce monde où un homme noir pouvait, dans une société noire, devenir tout ce qu'il voulait.

Il lui raconta qu'à Harlem à l'époque il y en avait pour tous les goûts. Concerts, bars clandestins et clubs de jazz étaient légion pour les amateurs, quoique le plus célèbre de tous, le Cotton Club, fût plutôt réservé aux Blancs. Il y avait des églises rares et recherchées pour ceux que cela motivait, avec chorales extraordinaires et rituels exotiques. Dans la rue, les enterrements étaient suivis par des centaines de personnes, des fanfares marchaient derrière d'étonnants corbillards en bois sculpté, tirés par des chevaux noirs. De tels enterrements avaient encore lieu à l'occasion, mais ils appartenaient au passé. Et puis il y avait la vie en marge de la loi, si c'était ce que l'on recherchait, avec les alcools frelatés et les gangs qui maintenaient un semblant de paix, sauf entre eux.

Il y avait des livres, écrits et publiés par des Noirs, des revues, des galeries d'art, et des bars, une étonnante confluence de talents et d'énergie ardente.

« C'est toujours là, en partie. Mais pas comme autrefois. Tu as faim ? »

Ruthana constata, étonnée, que la nuit était déjà tombée. Elle acquiesça. Il l'emmena dans un petit restaurant à deux pas où il commanda des mets auxquels elle n'avait encore jamais goûté, du gombo, du *jambalaya* et bien d'autres choses encore. C'était épicé, mais Ruthana adora, et elle eut faim d'autre chose que de nourriture.

« Nouvelle-Orléans, jeta-t-il en guise d'explication. C'est de la nourriture créole. C'est pas mal, mais pas le meilleur. La cuisine de la côte est ce qu'il y a de mieux : la soupe de crabe femelle, mais ce n'est pas la saison.

— Parle-moi encore de Harlem. »

Le visage de Ben s'éclaira d'un large sourire.

Il lui en parla encore, beaucoup plus, ce soir-là et les soirs qui suivirent. Tous deux devinrent inséparables, plus que des amis, mais sans être amants. Ben recherchait indéniablement sa compagnie, ne semblait pas s'intéresser à son corps, et elle le comprenait, puisqu'elle était laide. Un soir, il l'étonna en l'embrassant, et plus encore en lui tenant la main pendant toute la soirée du lendemain. Elle ne s'en plaignit pas, tant cela lui parut naturel. Ils prirent l'habitude de se câliner dans les salles obscures, de se tenir la main, de se faire des adieux ardents, mais il ne lui en demandait jamais davantage et Ruthana ne savait qu'en penser.

Zora ne lui fut pas d'un grand secours.

« J'vois pas trop c'que tu lui trouves, chérie, commenta-t-elle. C'est pas l'idée que je me fais d'un homme, un vrai, si tu vois ce que j'veux dire, mais si t'es heureuse comme ça, alors ça m' va.

— Il est drôle, répondit Ruthana. Et intelligent, et bon compagnon et... eh bien, inoffensif.

— Justement ! s'exclama son amie. Moi j'aime bien qu'un homme ait un peu de "boum-da-boum !". »

Elle pouffa.

« Non, c'est pas vrai, se corrigea-t-elle. J'aime bien qu'un homme ait tout plein de "boum-da-boum" ! »

Ruthana rit avec elle, mais elle n'était pas d'accord avec Zora en ce qui concernait Ben. Il était plein de « boum-da-boum », même s'il ne s'agissait sans doute pas du genre de « boum-da-boum » auquel faisait allusion Zora. Il était capable de se montrer curieusement agressif, quoique jamais avec elle, et d'avoir des accès de colère, aussi brefs que violents, mais toujours dirigés contre d'autres et jamais contre elle. Elle avait l'impression qu'il cherchait à se prouver quelque chose à lui-même. Il parlait peu de son propre passé, bien qu'elle soit parvenue à en glaner quelques éléments. Sa mère l'avait élevé, il était son fils du milieu et pas particulièrement aimé. Son père réapparaissait de loin en loin, généralement soûl, et battait Ben. Il ne supportait pas l'idée d'avoir un fils écrivain, poète ou pratiquant un art quel qu'il soit. Quand Ben eut quinze ans, son père tomba sur quelques-uns de ses poèmes, la plupart exprimant ses fantasmes sexuels. Après l'avoir battu, il jeta son fils dehors. Ben ne survécut que parce qu'il était un battant. Il atterrit à Harlem où il tomba amoureux du passé récent du quartier.

Elle en savait si peu sur ce passé, et sur l'histoire des Noirs en général. Pendant presque toute sa vie, Ruthana avait toujours entendu répéter que les Noirs étaient, à quelques spectaculaires exceptions près, des paysans analphabètes, incapables d'apprendre quoi que ce soit, séparés de la jungle par quelques générations à peine. C'est seulement à la faculté qu'elle avait commencé à se sentir fière de son peuple et de ce qu'il avait accompli, en entendant parler de certaines réussites spectaculaires de Noirs, dans des circonstances où ils auraient normalement dû échouer. Elle voyait là un paradoxe. Si l'exception confirme la règle, pourquoi cela ne s'appliquait-il pas aux Noirs ?

Par exemple, si Mme C. J. Walker avait pu devenir multimillionnaire dans les années vingt, qui plus est à

Memphis, pourquoi la plupart des femmes noires se voyaient-elles reléguées dans des emplois subalternes ?

« C'était différent à l'époque, hasarda Ben en guise d'explication.

— Non, ce n'est pas vrai, répondit Ruthana. Pour la majorité des gens, c'était pire.

— Pour la plupart des gens, oui, c'était bien pire, convint Ben. Mais il existait des exceptions. Certaines personnes avaient de l'espoir. »

Il pensait à Marcus Garvey, son héros, l'un des personnages les plus fascinants de la Renaissance de Harlem. Garvey avait lancé un mouvement nationaliste noir qui, à son apogée, comptait plus de un million d'adhérents. Il préconisait un retour en Afrique, y voyant le seul espoir pour les Noirs américains, et fonda même une compagnie de navigation à vapeur pour y emmener ceux qui étaient prêts à franchir le pas.

« Bien entendu, ils se sont débarrassés de lui, conclut Ben amèrement. Ils l'ont jeté en prison, puis déporté à la Jamaïque. »

Il fixa le plafond.

« Ils se débarrassent de tous ceux qui se lèvent pour la défense du Noir. »

Ils étaient allongés côte à côte sur le lit. Cela leur arrivait souvent. Ils s'embrassaient, s'étreignaient, mais n'allaient guère plus loin.

Ruthana demanda : « Qui s'est débarrassé de lui ?

— Difficile de donner des noms. C'est trop facile de se contenter de dire "les Blancs". Le gouvernement ? Il a joué un rôle. C'est surtout les capitalistes et les banquiers, ceux qui font réellement marcher le système et ne souhaitent pas le voir changer. Ils ne veulent pas devoir offrir un salaire décent aux Noirs parce que d'après eux ça mettrait l'économie par terre. En tout cas, ils disent que c'est ce qui a tué le Sud. »

Il lui caressa les cheveux.

« Je t'aime, chuchota-t-elle.

— Je sais. »

Mais il ne lui dit pas qu'il l'aimait.

Elle avait voulu s'empêcher de tomber amoureuse de lui : c'était bête de tomber amoureuse d'un homme qui ne l'était pas d'elle. Ce fut en vain : elle l'adorait.

Une seule ombre venait ternir son bonheur avec Ben : elle s'inquiétait pour Ernestine, souffrante. Flora était partie pour Chicago afin de l'aider et avait instinctivement trouvé un début d'explication au problème de sa belle-fille. Elle en avait fait part à Ruthana qui était d'accord avec son diagnostic, sans avoir la moindre idée d'un traitement.

Ernestine avait grandi dans une petite ville de province jusqu'au jour où, entraînée par Willie dans la grande ville, ils avaient fondé un foyer. Ernestine avait dû faire tourner son ménage, s'occuper de son homme, porter ses enfants, les élever et travailler aussi, avec un mari qui n'était presque jamais là parce qu'il faisait deux métiers, afin de pouvoir offrir une vie meilleure à leurs enfants. Forcément Ernestine était tombée malade. Elle n'avait aucune famille proche vers qui se tourner pour demander de l'aide, seulement des étrangers. Elle avait Willie. Mais Ruthana connaissait bien son frère. C'était un homme bon et aimant, mais lui-même n'avait pas eu une vie facile. Elle savait en outre, par son travail au refuge, que le mariage change les hommes. Ils se sentent investis d'une mission précise dont ils doivent s'acquitter, une mission de pourvoyeur. Ils estiment que le bien-être de leur famille dépend de leur capacité à mettre du pain sur la table. Pour certains, cette responsabilité est écrasante, et Willie n'avait jamais été très doué pour partager ses sentiments.

Ruthana s'efforçait d'apporter sa contribution, en offrant ses conseils à Flora, mais comme ni l'une ni l'autre ne mesurait réellement la gravité du problème, elle ne pouvait pas grand-chose. Et puis un jour l'état d'Ernestine parut s'améliorer.

Le soir du jour où la Cour suprême décréta anticonstitutionnelle la ségrégation dans les écoles, Ruthana et Ben firent l'amour. S'ils avaient, certes, atteint leur but premier, ce ne fut un grand moment ni pour l'un ni pour l'autre. Ruthana le sentit déçu, et ne douta pas que c'était d'elle. Jamais elle n'aurait pu comprendre qu'il n'était déçu que par lui-même.

Elle savait pourtant comment l'atteindre.

« Parle-moi de l'Afrique », chuchota-t-elle. Il adorait en parler.

Alors qu'ils étaient allongés sur le lit étroit de sa chambre miteuse, Ben évoquait d'anciens et magnifiques royaumes et l'emmenait faire de fabuleux voyages.

De la splendeur de l'Égypte, avec son astronomie, ses mathématiques, la richesse spectaculaire de son architecture, jusqu'à l'Éthiopie, Saba et les mines de Salomon. Ils franchissaient les montagnes de la Lune pour remonter aux sources du Nil, avant de revenir à la côte, la côte des Épices, puis voguaient en felouque au large de plages fabuleuses jusqu'au Sud, riche de joyaux et d'or, ce Sud tellement pillé par les aventuriers colonialistes blancs, qui accumulèrent des fortunes inimaginables au prix de la sueur et du sang des Noirs.

Après avoir franchi le cap de Bonne-Espérance, le navire de son imagination remontait ensuite vers le nord, dépassant des déserts quadrillés de rivières de diamants ; il remontait vers les côtes couvertes de jungles à l'ouest, puis pénétrait à nouveau dans l'intérieur des terres jusqu'à l'antique ville de Tombouctou.

Des schémas africains se mêlaient dans l'esprit de Ruthana. La capitale du Nigeria s'appelait Lagos, et Cléopâtre, à plus de trois mille kilomètres de là, avait appartenu à la maison de Lagos. Ésope signifiait « Éthiopie », et les fables que les Blancs racontaient à leurs enfants avaient d'abord été contées par un certain Éthiopien d'Athènes. Les peuples du Nord différaient de ceux de l'Est, de l'Ouest et du Sud, mais tous étaient unis par la couleur de leur peau.

À l'exception du Sud où un régime cruel et pervers de ségrégation raciale était institué, Ben plaçait de grands espoirs dans l'Afrique. Dans plusieurs pays d'Afrique centrale, les Noirs s'étaient déjà soulevés contre leurs maîtres coloniaux, Anglais, Français ou Belges, et un jour ils obtiendraient l'indépendance, comme l'Inde avant eux.

Ben rêvait de jouer un rôle dans cette révolution. Il rêvait d'être un combattant de la liberté en Afrique et trouvait tolérable la violence qui s'exerçait contre les Blancs au Kenya. Ruthana était incapable de considérer cet écrivain et poète comme un révolutionnaire. Il était maigre comme une brindille, avec l'allure dégingandée d'un épouvantail et une flamboyance tout urbaine.

Mais lui disait : « La plume est aussi forte que l'épée. »

De cela, Ruthana était également persuadée. Elle ne doutait pas que les progrès récents de la législation américaine n'aboutissent finalement à la réalisation du rêve insaisissable de l'égalité. La Cour suprême venait d'exiger la déségrégation des écoles et même l'État de Géorgie semblait devoir se conformer à cet arrêt.

« Et tu crois vraiment que ces malades de sudistes vont s'allonger et dire amen ? lui demanda-t-il, surpris. Ils se préparent à la guerre là-bas, et un de ces quatre, ça va nous exploser en pleine figure. »

Comme souvent, il ne se trompait pas. Une femme mit le feu aux poudres en refusant de céder son siège dans l'autobus à un Blanc et un jeune pasteur organisa le boycott des bus.

« J'y vais », annonça Ben. Ce fut l'un de ses cadeaux de Noël à Ruthana.

« Non. » Elle le supplia, inquiète pour lui, ou peut-être parce qu'elle redoutait la vie sans lui.

« Il le faut, insista-t-il. Nous devons être debout pour pouvoir être comptés. »

Elle était d'accord, tout en ne supportant pas l'idée qu'il s'en aille. De même qu'elle était incapable de concevoir Ben combattant en Afrique, elle ne pouvait l'imaginer dans le Sud, incapable d'envisager qu'il puisse s'y trouver en sécurité. Son simple aspect, allié à sa personnalité extravertie, suffirait à pousser les Blancs du Sud à s'en prendre à lui.

Elle savait pourtant qu'elle ne pouvait l'arrêter. Il devait partir, autant pour lui-même que pour la cause qu'il défendait, comme s'il devait se prouver quelque chose à lui-même. Ils firent l'amour cette nuit-là, et pour tous deux l'expérience fut intense et satisfaisante, comme si la perspective de combats imminents et peut-être dangereux avait fait de lui l'homme qu'il avait toujours rêvé d'être.

Elle pleura pour lui, sans lui montrer ses larmes. Elle parla à Luke, qui se déclara pour, bien qu'il ne partît pas lui-même. Le Sud était un champ de bataille important, mais la guerre ne se limitait pas à ces États. Les victoires décisives seraient remportées dans les villes du Nord. Les enseignements du jeune prêcheur musulman Malcolm X, qui prédisait l'impitoyable violence urbaine à venir, l'impressionnaient.

Ben s'en alla comme un soldat part à la guerre, et Ruthana ne savait pas si sa peur et ses larmes étaient celles d'une mère ou celles d'une amante. Puis elle comprit qu'elle ne pourrait le laisser seul. Ayant obtenu un congé sans solde au refuge, elle projetait de rejoindre Ben dans l'Alabama quand Flora l'appela pour lui annoncer qu'Ernestine était à l'article de la mort.

En revoyant sa famille, Ruthana se rendit compte à quel point elle avait changé en six ans de vie à New York. Elle avait acquis une confiance en elle et une subtilité qui incitait chacun à se tourner vers elle presque comme vers un chef de famille. Ils écoutaient ce qu'elle avait à dire et, lorsque le naturopathe consulté sur sa recommandation guérit Ernestine, ils la crurent.

Ruthana, elle, n'avait jamais pensé que le naturopathe puisse faire grand-chose, mais les années passées dans une communauté cosmopolite lui avaient enseigné que des possibilités de guérison existaient en dehors de la médecine traditionnelle occidentale. L'état d'Ernestine était tellement désespéré que cela valait la peine de tout tenter, et si le naturopathe obtint certains résultats, Ruthana ne doutait pas que pour guérir sa belle-sœur il faille davantage que de la pomme râpée et du yaourt.

Elle partit pour l'Alabama avec sa famille très présente à l'esprit. Elle avait aidé Ernestine et pensait pouvoir aider Willie. Booker était un amour et Diana s'était épanouie en sa compagnie, voyant en elle une Noire qui faisait quelque chose de valable. C'était Don le véritable problème. Ruthana était persuadée qu'il avait de mauvaises fréquentations et était déjà initié à la marijuana.

Puis ce fut l'Alabama et Ben, et une curieuse façon d'aimer. Et sa famille passa au second plan après ses aventures.

Dans un premier temps, Ben avait adhéré à un groupe d'adeptes du Dr Martin Luther King, mais ceux-ci étaient partisans de la non-violence, et Ben était très favorable à l'action, fût-elle violente. Il s'associa ensuite à un petit groupe de radicaux dissidents, des têtes brûlées dans son genre, qui parcouraient tout le Sud pour se rendre là où ils pensaient qu'il pouvait y avoir de l'action ou même pour la provoquer.

Ruthana fut affolée de ce que Ben soit devenu un tel extrémiste, mais elle lui était devenue presque accessoire. Il fut heureux de la voir, et ils se comportèrent comme des amants, mais tout son cœur était pris par son combat.

Ils partirent pour Tallahassee en Floride pour participer au boycott des autobus, et quand de petites bagarres éclataient avec des Blancs qui protestaient, Ben était toujours en première ligne. Quand l'Association nationale pour l'avancement des personnes de couleur contraignit l'université de l'Alabama à intégrer son premier étudiant noir, Ben, Ruthana et leurs amis étaient là. Ils s'autoproclamèrent en outre gardes du corps de tout enfant noir se rendant pour la première fois à l'école blanche et, même dans des circonstances où aucun acte de violence n'était prévisible, Ben trouvait généralement le moyen de se battre avec des Blancs furieux dans les ruelles. Ils organisaient des meetings de protestation, souvent simplement pour provoquer une réaction des extrémistes blancs, laquelle pouvait aller jusqu'aux lances d'incendies et à l'arrestation.

Au bout de deux mois, Ruthana en eut assez. Son congé sans solde tirait à sa fin, ce qui lui fournit l'excuse nécessaire.

« Je ne rentre pas, déclara Ben.

— Je sais. »

Ils se quittèrent, amis plutôt qu'amants. Elle, pourtant, l'aimait.

« Je t'aime, dit-elle.

— Je sais. »

Il l'embrassa, lui souhaita bonne chance, et elle l'étreignit, puis lui fit promettre de se montrer prudent tout en sachant qu'elle perdait son temps.

Elle repassa par Chicago parce qu'elle avait à faire auprès des siens. Elle endossa le rôle de conseillère pour les membres de sa famille et passa des heures à discuter avec Willie. Elle lui expliqua qu'il n'était pas seul à éprouver ses sentiments, que de nombreux hommes se sentaient submergés par la responsabilité d'une famille. Elle lui fit remarquer en outre qu'Ernestine se sentait dépassée elle aussi, et n'avait que peu d'amis à Chicago vers qui se tourner pour demander de l'aide. Si lui avait choisi cette ville, Ernestine, elle, était venue là seulement parce que Willie l'avait exigé, se coupant ainsi du soutien des siens. Il devait devenir l'ancre qui la maintenait en place, et non l'écueil sur lequel elle s'échouait.

Elle commençait à mieux comprendre Diana. Celle-ci, sachant de quoi souffrait sa mère, était résolue à ne pas évoluer de la même façon.

« Je suis fière d'être noire, disait la jeune fille. Il n'est pas question que je me laisse persuader que je suis inférieure simplement à cause de la couleur de ma peau. » Si Diana admirait les Musulmans noirs, elle adorait les radicaux jeunes et agressifs du Black Power, dont la voix se faisait entendre de plus en plus fort. Ruthana l'incita à la prudence, tout en se demandant pourquoi. Pourquoi ne se lèveraient-ils pas pour exiger ce qu'on ne leur accordait qu'au compte-gouttes ? L'idée que Ben et Diana auraient formé un couple magnifique, des âmes sœurs, la fit sourire...

Elle essaya de parler à Don et crut sentir qu'il était heureux de la trouver prête à l'écouter. Elle doutait pourtant de pouvoir aller très loin dans le peu de temps dont ils disposaient. Elle conseilla gentiment à Willie de relâcher un peu la pression sur le garçon, car celle-ci était à l'origine de son problème, tout en étant intimement persuadée que le mal était déjà fait.

Elle adorait Booker — tout le monde adorait Booker — mais le plus grand bonheur de Ruthana, c'étaient les instants qu'elle passait en compagnie de sa mère.

Si Flora n'avait pas changé, elle avait évolué. Ruthana fut émerveillée de constater qu'une femme de l'âge de sa mère, aussi conservatrice et ayant reçu une éducation aussi limitée, puisse s'accommoder d'idées nouvelles, extraordinaires. Elle n'ignorait pas qu'au fond d'elle-même Flora avait été très choquée à l'idée d'emmener Ernestine chez un naturopathe. Et ce fut l'occasion pour elle de réaliser combien elle en savait peu sur sa mère et sur l'amour.

Flora aurait fait n'importe quoi pour aider Ernestine. Le besoin primordial de protéger sa famille transcendait toutes ses convictions.

« Si seulement on avait connu quelqu'un comme lui quand ta mère était mourante », lui dit Flora.

Ruthana l'interrogea au sujet des Musulmans noirs.

« Des blasphémateurs ! s'indigna Flora. Mais ça fait quand même réfléchir. »

C'est alors que Ruthana s'aperçut que sa mère avait cessé de dire « de couleur » pour se décrire comme Noire.

Elle ne lui parla pas de Ben. Elle n'avait parlé de lui à aucun membre de sa famille, pas même à Luke, car elle n'en voyait pas l'intérêt. Il avait été un ami, son ami le plus proche, un ami intime, mais elle ne savait pas trop s'ils étaient amants, et se sentait trop peu sûre de sa relation avec lui pour chercher à la définir.

Elle ne parlait de lui à personne, sauf à Zora qu'elle ne voyait plus que de loin en loin car les deux amies s'étaient éloignées l'une de l'autre. Zora était tombée amoureuse d'un homme qui vivait à Pittsburgh et était partie s'installer avec lui.

Ruthana préférait laisser sa famille croire qu'il n'y avait personne dans sa vie car c'était devenu vrai : il n'y avait en effet plus personne dans sa vie.

Elle quitta Chicago pour New York où, pendant un an, elle ne reçut aucune nouvelle de Ben. Un jour, il lui téléphona afin de lui dire qu'il était à Washington pour le Pèlerinage de Prière, et cet événement, quoique essentiellement religieux, l'inspirait. Il devait se dérouler au Lincoln Memorial où l'on attendait une foule de trente mille personnes. Il lui dit qu'il n'avait jamais été aussi heureux. Le Sud était au bord de l'explosion.

« Je t'aime, dit Ruthana.

— Je sais, » répondit Ben.

Le fait de lui reparler rouvrit la blessure dans son cœur qu'elle croyait guérie. Elle pria pour sa sécurité.

Elle entretenait avec Dieu une relation ambiguë. Elle croyait, tout en ne sachant pas vraiment en quoi. Elle continuait d'assister chaque dimanche à l'office de l'Église baptiste d'Abyssinie, par habitude, et parce que ces expressions de dévotion qu'elle aimait lui étaient nécessaires. Mais elle restait extérieure à l'Église, comme elle l'était à la vie, affectée, profondément affectée, mais sans jamais être engagée.

Ben avait raison. La situation était explosive dans le Sud, et pas seulement là-bas. L'université de Little Rock dans l'Arkansas renonça à la ségrégation, mais la garde nationale dut intervenir pour protéger ses neuf étudiants noirs. À New York, le héros de Luke, Malcolm X, prit la tête d'une manifestation devant un poste de police parce que les policiers avaient tabassé un homme appartenant à la Nation d'Islam.

Le Ghana, premier pays d'Afrique à gagner son indépendance, nomma un ambassadeur aux Nations unies. Ruthana s'amusa de ce simple événement qui mettait en lumière toute l'absurdité de la ségrégation. D'un côté, les États-Unis accueillaient favorablement le vent de changement qui balayait l'Afrique, mais en même temps l'arrivée de diplomates africains à Manhattan se révéla un vent presque trop violent : elle suscita un certain chaos et de nombreuses réflexions car la plupart des meilleurs restaurants et hôtels de la ville pratiquaient encore la ségrégation. Cela ne devait pas durer, mais Ruthana se demanda ce qui se passerait si d'aventure l'un de ces diplomates devait se rendre, mettons, à Atlanta.

Le vent du changement ne soufflait pas seulement sur l'Afrique, mais balayait également l'Amérique. Si Ruthana ne prit aucune part active à la révolution, elle devint l'un des minuscules rouages du mécanisme qui l'entraînait, car elle agissait en son point le plus chaud, dans la rue d'où tout partait.

Un jour, elle était à son bureau où elle s'efforçait de trouver un logement pour une mère de neuf enfants, sans revenus et abandonnée par son mari, quand un jeune homme bien mis s'approcha d'elle. Elle eut l'impression de le connaître, sans pouvoir le situer.

« Mademoiselle Palmer ? »

Elle le reconnut aussitôt qu'il eut parlé, à sa voix. C'était un ami de Ben qu'elle avait connu dans le Sud. Elle sentit sa gorge se nouer. Il avait une attitude trop grave pour être porteur de bonnes nouvelles.

« C'est Ben, n'est-ce pas ? dit-elle dans un murmure.

— Je suis désolé », constata-t-il avec simplicité.

Ben était mort. Personne ne savait précisément ce qui s'était passé. Ils se trouvaient dans le Mississippi. Une dispute avait éclaté après qu'une femme blanche se fut plainte que Ben lui ait fait des avances. La querelle avait dégénéré en bagarre, mais celle-ci avait abouti à une solution. Puis Ben était parti acheter des cigarettes et n'était jamais revenu.

La police avait retrouvé son corps le lendemain matin, à demi submergé dans une rivière boueuse, battu à mort.

Elle se réfugia à l'église, le seul endroit qui lui vînt à l'esprit. L'endroit était vide, comme son cœur, et elle n'y trouva aucune consolation.

Elle téléphona à Zora, qui décida aussitôt de revenir à New York, mais Ruthana l'en dissuada. Elle se demanda ensuite pourquoi elle l'avait appelée.

Elle rentra chez elle et essaya de pleurer, mais les larmes ne vinrent pas. Elle déambula dans les rues, en quête de compagnie et de réconfort. Mais même si de nombreuses personnes la connaissaient, personne ne devina ce dont elle avait besoin ou ne songea à le lui offrir.

Elle se sentait totalement seule ; jamais elle n'avait éprouvé un sentiment de solitude aussi intense. Elle partit à la recherche du seul être susceptible de la comprendre. Elle alla trouver Luke.

Il ne savait pas ce qui lui était arrivé, seulement qu'il y avait quelque chose. Il quitta son bureau et la raccompagna à pied chez lui, jusqu'à Jessica qui riait avec ses enfants.

Ce furent les enfants qui provoquèrent ses larmes. Sans le faire exprès, simplement parce qu'ils étaient tellement heureux et innocents, tellement indifférents au monde, tellement aimants et aimés.

Aimés surtout.

46

Il lui fallut très longtemps pour se remettre de la mort de Ben, plus encore qu'elle ne le réalisa elle-même, et tout ce qu'il lui avait dit continua longtemps d'influencer sa vie.

Son travail devint toute son existence car elle n'avait rien d'autre, et de nouveau elle faillit se noyer car elle n'entrevoyait aucun espoir. Tout autour d'elle, dans le Nord du moins, le Mouvement des droits civils faisait des progrès impressionnants, mais s'accompagnait d'une violence toujours plus grande. Beaucoup de jeunes Noirs exigeaient une révolution plus rapide, plus agressive et, pour un certain nombre d'entre eux, la notion de *black power*, de « pouvoir noir », devint plus motivante que la non-violence de Martin Luther King.

Dans le Sud, la guerre s'accélérait aussi mais chaque légère avancée s'accompagnait d'un revers violent. Le jour où des Noirs marchèrent sur l'ancien capitole des Confédérés, l'université de l'Alabama expulsa neuf étudiants qui avaient participé à cette manifestation. Quand les restaurants modestes se mirent à accepter les Noirs dans les grandes villes, les maisons des dirigeants du mouvement à Nashville devinrent la cible des bombes et de nombreux étudiants en médecine d'une université proche furent blessés par les dégâts concomitants.

Martin Luther King conduisit un sit-in dans un petit bar servant des déjeuners à Atlanta. Arrêté, jeté en prison et condamné à quatre ans de travaux forcés, il fut relâché seulement après intercession du sénateur Kennedy, candidat à l'élection présidentielle.

Très consciente de ces événements, Ruthana ne voyait plus que le mauvais côté des choses. Elle avait espéré que le refuge pour femmes à Harlem allait faire une différence dans la vie des gens ; qu'un jour, même, il cesserait d'être utile. Au lieu de cela, le nombre de femmes qui venaient y chercher de l'aide augmentait toujours, et Ruthana n'avait pas l'impression d'être utile à quoi que ce soit. Si elle continuait, c'était uniquement parce qu'elle n'avait guère d'autre choix, travaillant seize à dix-sept heures par jour, animée par une rage qui puisait sa source dans la mort de Ben.

Elle cessa d'être attentive à sa famille, Luke et Jessica exceptés, et commença à envisager de suivre leur exemple. Elle savait qu'ils pensaient à se convertir à l'islam, mais n'étant pas croyante, elle ne voyait pas ce que cela pourrait lui apporter. Elle ne croyait plus à grand-chose.

L'Afrique était devenue son seul réconfort.

Souvent la nuit, au moment de sombrer dans le sommeil, elle réentendait la voix de Ben, qui l'emmenait faire des voyages extraordinaires dans les montagnes de la Lune. À ces moments-là, elle se sentait presque heureuse.

Un jour, une voix familière résonna soudain à son oreille : « Chérie, t'as besoin d'un coiffeur, d'une esthéticienne, quéqu'chose de terrrrible ! » Elle sut aussitôt à qui elle appartenait. Elle leva les yeux de son bureau et découvrit Zora, resplendissante en satin cramoisi, perchée sur des talons de dix centimètres.

Ruthana éclata d'un rire incoercible, tant elle éprouvait de soulagement à revoir son amie.

« Te moque pas de moi, Harriet Tubman ! tonna Zora, feignant d'être blessée. J'ai d'la gueule, moi, et y faut bien que quelqu'un apporte un peu de classe à ce trou ! »

Elles sortirent déjeuner. Zora était de passage à New York pour un jour seulement, en route pour Boston où elle comptait s'installer avec un nouvel homme qui serait « Monsieur Parfait » pendant un an ou deux.

« La Nouvelle-Angleterre, j'sais pas trop..., avoua-t-elle. Là-haut c'est cul serré, glaçon et compagnie !

— C'est joli à l'automne, lui fit remarquer Ruthana, s'efforçant de voir le bon côté des choses.

— Y faut plus qu'un tas d'feuilles mortes pour m'faire garder ma bonne humeur », dit en souriant Zora.

Puis son sourire disparut et en même temps tout son aplomb.

« Désolée pour Ben, dit-elle.

— Eh oui, tu sais..., commença Ruthana, incapable d'aller plus loin tant cette gentillesse lui faisait mal.

— Ouais, je sais », reprit doucement Zora.

Elles ne passèrent qu'une heure ou deux ensemble, mais cela suffit. La personnalité décapante de Zora, sa sollicitude inattendue avaient réchauffé le cœur de Ruthana. Alors, lentement, en même temps que l'arrivée du printemps, la situation s'améliora. Un jeune et nouveau président s'installa à la Maison-Blanche, rendant tous les espoirs possibles. Ruthana passa un entretien pour un emploi à la mairie, puis fut avisée au bout d'une semaine qu'elle avait décroché le poste et devait commencer deux mois plus tard. C'était un travail de conseil et de surveillance, et elle ne serait plus en contact direct avec la rue. Ruthana convint avec Luke que c'était préférable.

Luke et Jessica adhérèrent à la Nation d'Islam, et Luke emmena sa famille à Stockton pour annoncer en personne la nouvelle à Flora, afin qu'elle puisse constater de visu qu'ils étaient restés eux-mêmes.

« Comment l'a-t-elle pris ? s'enquit Ruthana à leur retour.

— Tu avais raison, bien sûr, répondit Luke avec un grand sourire. Elle était tellement absorbée par les enfants que j'ai même cru qu'elle ne m'avait pas entendu. Puis elle m'a demandé si elle pouvait continuer à parler de Jésus devant eux. J'ai dit : Bien entendu, ils savent qui est Jésus. Je ne m'étais pas rendu compte à quel point elle est rusée.

— Qu'est-ce qui s'est passé ? » le pressa Ruthana, se délectant d'avance de l'astuce de sa mère.

« Elle a déclaré que puisqu'elle avait assisté à une réunion de Nation d'Islam ce ne serait que justice que je la laisse emmener ses petits-enfants à un service dans son église. Comment refuser ? »

Ruthana riait déjà.

« Eh bien, ç'a été formidable, dit en souriant Luke. J'ai prévenu les gosses et je leur ai fait promettre de bien se tenir. Et, bien entendu, on a fini par tous y aller. »

Flora, incapable de tenir sa langue, avait tout raconté à Pearl, qui s'était jetée sur son téléphone pour prévenir tout le monde, même le jeune pasteur Hawkins, qu'une famille musulmane allait venir à l'église. Luke était certain que ce n'était pas délibéré, mais la congrégation leur avait offert un service inoubliable. La chorale avait chanté comme jamais, la congrégation rugit « Ô que oui ! » et « Dieu soit loué ! » et « Alléluia ! » comme pour prouver à ces musulmans que l'Évangile du temps jadis était la vraie réponse ; après les avoir accueillis, le révérend Hawkins avait prononcé une homélie à réveiller les morts sur un thème simple : peu importait la religion, ils étaient tous unis par la couleur de leur peau.

Ruthana demanda : « Elle était contente ?

— Ravie, répondit Luke. Elle était la reine du jour. »

Après le service, Isaac Dixon junior avait organisé un barbecue, où chacun s'était bousculé pour parler à Luke et à sa famille, que ce soit pour prouver son ouverture d'esprit ou dans l'espoir de les reconvertir par la force de l'exemple.

« Et Daoud et Jasmine, quel effet ça leur a fait ?

— Ils ont été très sages. Ils ont dit des choses gentilles à leur gran'ma, mais ils sont restés très silencieux. Dans le train, sur le chemin du retour, je leur ai demandé ce qu'ils en avaient pensé. »

Daoud demanda à son père : « Ils sont toujours déchaînés comme ça ? »

Luke sourit : « Toujours. »

Daoud échangea un coup d'œil complice avec Jasmine et tous deux poussèrent un soupir de soulagement. Ils étaient heureux d'être musulmans. L'office leur avait paru vraiment trop bruyant.

En rentrant chez elle, Ruthana en riait encore. Mais elle était heureuse que Flora ait si bien pris la chose et que Stockton leur ait réservé un accueil aussi enthousiaste.

Elle désirait que tout soit en ordre du côté de sa famille car une idée était en train de germer dans son esprit, qui allait l'éloigner d'eux.

Elle désirait partir pour l'Afrique.

Le projet n'avait encore ni forme ni structure, car Ruthana ne songeait à aucune destination précise, seulement à un continent, et n'avait pas davantage fixé de date pour son départ, mais l'idée était là, embryonnaire.

Elle téléphona à Willie. Chez lui, les nouvelles étaient mitigées. Ernestine se portait bien, tout comme Booker qui était devenu un pianiste accompli et réussissait bien à l'école.

Don et Diana étaient élèves en première année à l'université Roosevelt. Diana devenait plutôt radicale et venait d'adhérer au syndicat des étudiants noirs.

Don réussissait moins bien. Il n'était guère motivé par le collège, ne s'intéressait d'ailleurs pas à grand-chose, en dehors de la musique, de ses amis, et du caractère désespéré de la condition humaine, c'est-à-dire noire. Willie avoua à Ruthana quelque chose qu'il ne lui avait pas encore dit. Un an auparavant, il avait trouvé de la marijuana dans la poche de son fils.

Il avait essayé de se montrer raisonnable : lui-même en avait fumé à son arrivée à Chicago, mais il jugeait Don trop jeune et le lui avait dit. Inévitablement une dispute avait éclaté. Quand la poussière était retombée, père et fils étaient parvenus à un accord. Don continuerait à fréquenter l'université pour faire plaisir à son père, quoique le fait de recevoir une éducation classique ne l'intéressât vraiment pas. Il comprenait bien tout ce que ses parents avaient fait pour lui, leur en était reconnaissant, mais ne pensait pas qu'ils comprennent les jeunes.

Willie s'était abstenu de discuter : c'était déjà assez à ses yeux que Don accepte d'aller à l'université. Cependant Willie ne pensait pas que son fils franchirait le cap de la première année.

« Ce ne serait pas la fin du monde, intervint Ruthana. Toi non plus, tu n'y es pas allé.

— Non, en effet, concéda Willie. Et Dieu sait qu'on me le balance assez souvent dans les dents. Mais j'veux qu'il soit mieux que moi. »

Ruthana n'avait rien à dire. Contre toute probabilité, Willie s'était forgé, pour lui et pour sa famille, une bonne vie. Mais en vertu des circonstances de lieu et d'époque, du peu d'opportunités qui s'était présenté à lui, cette vie offrait forcément des espérances limitées. Il n'y avait rien d'étonnant à ce qu'il veuille davantage pour ses enfants.

Mais ceux-ci caressaient d'autres ambitions pour eux-mêmes, comme c'est si souvent le cas, et la distance entre eux était peut-être infranchissable.

Ruthana adorait son nouveau travail, et y excellait, mais au bout d'un an elle s'aperçut que le tohu-bohu du refuge lui manquait. Bien que sa vie fût bien remplie par les travaux administratifs et ses engagements politiques, elle n'avait plus guère de contacts avec les gens, hormis ses collègues, et rêvait de se retrouver face à face avec une personne en détresse pour lui apporter un peu de réconfort. Il lui arrivait parfois de retourner au refuge, mais elle ne pouvait pas rendre de réels services, n'étant pas présente pour suivre chacun des cas.

Zora revint de Boston et resta quelques jours. La chute des feuilles n'avait pas suffi à sauver son amour et elle avait décidé d'aller revoir sa famille à Detroit pour la première fois depuis des années. Elle avait toujours le même appétit de vivre, le même enthousiasme débridé, et elles passèrent de bons moments ensemble.

« Quand tu vas te décider à te marier, chérie ? lui demanda Zora plus d'une fois, et parce que c'était elle, Ruthana ne lui en voulut pas.

— Un jour...

— Eh ben, ma fille, tu f'rais bien de te presser, constata Zora. La roue tourne, et pour autant que je sache tu t'es encore jamais envoyée en l'air ! »

Elle partit pour Detroit, en promettant de revenir l'été suivant. En réalité, Ruthana allait devoir attendre plusieurs années avant de la revoir.

Elle a raison, se dit Ruthana. La roue tourne. Elle envisagea de prendre des vacances. Peut-être dans quelque situation romantique rencontrerait-elle un homme, ne serait-ce que pour la durée du séjour. Mais elle décida finalement de s'abstenir : elle économisait pour l'Afrique.

Inquiète pour Flora qui avait été souffrante, elle décida d'aller passer quelques jours à Stockton. Elle n'avait pas vu sa mère depuis plusieurs années. Et parce qu'elle savait qu'une grande manifestation pour les droits civils devait avoir lieu à Washington, elle s'y arrêta quelques jours en cours de route, et n'eut pas à le regretter.

La ville débordait de monde, mais une de ses connaissances à la mairie appela un collègue à Washington qui lui dénicha une chambre. Au matin du rassemblement, Ruthana décida d'aller à pied et constata qu'elle se faisait rapidement incorporer dans une marée humaine de Noirs, tous mus par une joyeuse détermination. Elle devint un élément de cette foule qui devait finalement compter plus de trois cent mille personnes.

Des années plus tard, elle serait heureuse de pouvoir dire qu'elle était là, bien qu'elle n'ait pas vu grand-chose, hormis les foules pressées autour d'elle. Elle entendit cependant, relayées par haut-parleurs, les paroles prononcées ce jour-là par Martin Luther King.

« Retournez au Mississippi, retournez en Alabama, clama-t-il. Retournez en Géorgie, retournez en Louisiane, retournez à vos taudis et à vos ghettos dans les villes du Nord, en sachant que, d'une façon ou d'une autre, cette situation peut changer et changera. Ne nous vautrons pas dans les vallées du désespoir. »

Il fit part de ses rêves.

« Aujourd'hui, j'ai fait un rêve. J'ai rêvé que, un jour, toute vallée sera relevée, et toute colline et toute montagne sera rabaissée, tout éperon deviendra une plaine, et tout mamelon une trouée, et la gloire du Seigneur sera révélée à tous les êtres faits de chair. »

C'était un discours puissant, empli de rêves, et il eut sur Ruthana, comme sur tant de ceux qui l'entendirent, un impact profond.

Il lui donna de l'espoir.

Et d'après Ben c'était la condition nécessaire à la réalisation d'une vie bien remplie.

« Libres enfin ! Libres enfin ! » s'exclama Luther King pour conclure. « Merci, Dieu tout-puissant, nous sommes libres enfin ! »

Elle poursuivit sa route jusqu'à Stockton, habitée par tout ce qu'elle avait vu et entendu, habitée également, pour la première fois, par un certain optimisme quant à l'avenir.

La seule incertitude qui lui restât encore concernait son propre avenir. Flora, bien rétablie de tous ses maux, fut heureuse de revoir sa fille. Elle voulait tout savoir de Luke et des siens, et revenait sans cesse sur leur visite à l'église de Stockton et sur la réaction enthousiaste de la ville face à ces musulmans. Ruthana était persuadée que la conversion de Luke ne changeait strictement rien aux sentiments de Flora pour son fils et les siens. Elle les aimait. C'était pur, simple et inconditionnel.

Elle aimait également Willie, mais s'inquiétait davantage pour sa famille et révéla à Ruthana certaines choses qu'elle ignorait encore. Albie et sa femme étaient allés rendre visite à leur fille, leur gendre et leurs petits-enfants, et étaient revenus avec des nouvelles alarmantes. Don avait laissé tomber l'université et travaillait comme barman dans un club de jazz. Il avait emménagé dans un studio avec quelques amis et ne voyait guère plus ses parents qu'une fois par semaine.

Diana entretenait des opinions politiques extrémistes. Avec quelques étudiantes, elle avait réussi à évincer le président du syndicat des étudiants noirs, en l'accusant de « parler noir, coucher blanc », selon ses propres termes. Diana avait été élue à sa place. Willie et Ernestine ne pouvaient pratiquement plus parler à leur fille sans que la conversation ne dégénère en violente dispute. Willie faisait de son mieux pour se montrer raisonnable. Diana disait beaucoup de choses qu'il avait déjà entendues dans sa jeunesse dans la bouche des communistes qu'il fréquentait alors : les conditions épouvantables du ghetto créées par les marchands de sommeil, les enfants affamés, pas seulement dans le tiers-monde, mais également aux États-Unis. Chaque jour, Diana paraissait se radicaliser davantage, opter toujours plus pour la violence comme unique réponse.

Booker seul apportait du bonheur à toute sa famille. Il était venu passer des vacances à Stockton l'été précédent, et tout le monde l'avait adoré. Il avait donné un récital de piano un soir dans la salle paroissiale et chacun s'accordait pour penser qu'un grand avenir musical l'attendait.

Les quelques jours se passèrent agréablement à cultiver d'anciennes relations. Un après-midi, Ruthana rendit visite à Mme Hopkins. Elle devait se féliciter de son initiative.

« Eh bien, Ruthana, commenta celle-ci. Je n'espérais plus jamais te revoir. »

Ruthana fut intriguée. Mme Hopkins semblait curieusement gênée, inquiète même.

« Eh bien..., je suis seulement venue vous remercier. Pour tout ce que vous avez fait pour moi. Vous avez été si gentille. »

Elle crut voir briller des larmes dans les yeux de Mme Hopkins.

« Oui, dit Mme Hopkins, entre, je t'en prie. »

Elle gardait pourtant un air légèrement contraint, ou peut-être nerveux. Elle mena Ruthana au salon et demanda à Connie, sa nouvelle bonne, de leur apporter du café.

« Je ne reçois plus beaucoup de visites ces jours-ci.

— Et comment va M. Hopkins ? » hasarda Ruthana.

Mme Hopkins eut l'air surpris.

« Vous n'êtes donc pas au courant ? s'étonna-t-elle. Il m'a quittée voilà plusieurs années déjà. Il vit à Memphis avec je ne sais quelle poule. »

Ruthana était choquée.

« Je suis confuse, je ne savais pas... »

Mme Hopkins décrivit non sans amertume une jeune « pouffiasse » qui ne s'intéressait qu'à l'argent de M. Hopkins et le plaquerait un jour ou l'autre.

« J'étais persuadée que ta mère te l'aurait raconté.

— Non, dit Ruthana. Elle me raconte les nouvelles locales, mais ça, elle ne l'a jamais mentionné. »

Il y eut un bref silence.

« Et l'histoire du Star Café, elle te l'a racontée ?

— Que s'est-il passé ? demanda Ruthana, troublée.

— Et mon petit-fils ?

— Je ne vois vraiment pas de quoi vous parlez, madame Hopkins. Je suis désolée », affirma Ruthana.

Elle perçut chez Mme Hopkins un grand soulagement

et un besoin de se libérer d'un poids. Lentement, avec une certaine nervosité, elle raconta à Ruthana comment, un jour, Flora avait réussi à mettre fin à elle toute seule à la ségrégation au Star Café.

« Je suis loin d'être fière du comportement de mon petit-fils, confessa-t-elle. Si ce n'est qu'il a su s'en aller. »

Elle examinait le mouchoir qu'elle tenait à la main, le triturait. Elle leva enfin les yeux sur Ruthana.

« C'est pour cela que j'ai été tellement surprise de te revoir ici. Je pensais que tu devais me détester. »

Ruthana était abasourdie. Elle réussit néanmoins à trouver des mots gentils pour Mme Hopkins, tout en étant incapable d'imaginer ce qu'elle allait dire à sa mère.

Ruthana alla tout droit chez Pearl et exigea de savoir si l'histoire était vraie, bien qu'il lui parût inimaginable que Mme Hopkins ait pu l'inventer.

Pearl confirma le récit, tout en précisant que Flora lui avait fait jurer de garder le secret. Elle souhaitait qu'aucun de ses enfants ne le sache, craignant qu'ils ne s'inquiètent pour elle.

Ruthana garda donc le secret jusqu'au matin de son départ. Alors elle fut incapable de se retenir de dire à Flora toute son admiration pour elle.

« J'ai entendu une anecdote à ton sujet, commença-t-elle, mine de rien. Au Star Café. » Flora renifla et se détourna, mais quand elle se retourna vers Ruthana, ses yeux brillaient de fierté.

« Il y en a dans le coin qui ont la langue bien active, grommela-t-elle. C'était rien.

— Mais si, M'man ! répliqua Ruthana, tout aussi fière que sa mère. C'était quelque chose, quelque chose de formidable.

— Eh ben, je l'ai fait, reconnut Flora. Et depuis les choses ont un peu changé par ici. »

Elles se quittèrent à la gare. Ruthana s'efforça de ravaler ses larmes pour ménager Flora. Sa mère lui paraissait âgée, sa santé la préoccupait et elle n'était pas sûre de la revoir un jour.

Ce fut cette année-là que la guerre qui couvait depuis si longtemps sous la cendre éclata vraiment dans le Sud. À Birmingham dans l'Alabama, la police attaqua au canon à eau des manifestants pour les droits civils conduits par le Dr King et lâcha les chiens sur eux. Ces images de violence suscitèrent au Nord des appels vibrants à l'action et Ruthana se demanda ce qu'il y avait de changé. Depuis des années, le même phénomène touchait le Sud, à plus petite échelle, sans que cela soulève une telle indignation.

À son travail, on s'accordait pour estimer que la télévision avait pris beaucoup d'importance sans que l'on s'en aperçoive. Avant il y avait des reportages simples, quelques photos, ou de courts extraits d'un reportage montrant une actualité précise, les neuf étudiants de Little Rock par exemple. Désormais les événements étaient couverts intégralement et de façon spectaculaire, grâce à de nouvelles caméras plus mobiles.

Ce n'était pas la seule explication. Certains événements ne pouvaient être filmés par les caméras de télévision, seulement leurs conséquences. Mais peut-être à cause de ce nouveau média, la violence s'éleva à des niveaux choquants, jamais atteints auparavant.

Toujours dans l'Alabama, quatre jeunes filles furent tuées au catéchisme quand un groupe de Blancs fit exploser une bombe dans leur église.

Medgar Evers, un militant bien connu du Mouvement des droits civils, fut abattu devant sa maison dans le Mississippi.

Puis en novembre, au Texas, ce fut l'assassinat du jeune président.

Pour Ruthana, la terre cessa de tourner lorsqu'elle apprit l'affreuse nouvelle de la mort violente de Kennedy. Elle n'entendait plus que la voix de Ben résonner à ses oreilles : « Ils se débarrassent de tous ceux qui se lèvent pour défendre la cause des Noirs. »

Se pouvait-il que cela soit vrai ? Étaient-« ils » à ce point puissants qu'ils n'hésitaient pas même à tuer un président ? La douleur et le choc éprouvés ce jour-là la privèrent de quelque chose d'important. S'« ils » pouvaient tuer des présidents, comme on avait assassiné Lincoln et Kennedy, s'« ils » pouvaient se débarrasser de toute personne qui se levait pour la défense des Noirs, comment espérer en l'avenir ?

Elle savait qu'elle se montrait irrationnelle. D'autres avaient défendu les Noirs, comme Roosevelt et Truman, sans pour autant qu'on les assassine ou qu'on se débarrasse d'eux, mais la succession des mauvaises nouvelles lui fit perdre un instant toute rationalité.

Willie l'appela, la suppliant de venir passer Noël à Chicago. Diana venait de se faire renvoyer de l'université. Willie était au bout du rouleau, il avait besoin d'aide.

C'était une sale histoire : Diana et une demi-douzaine d'autres avaient fait irruption dans une réunion du conseil d'administration de l'université, ils avaient lancé sur la table des bocaux remplis de cafards en vociférant que ces insectes provenaient des logements des ghettos avoisinants. Quelqu'un (Diana, disait-on) avait alerté la chaîne d'informations locales et une équipe de télévision s'était trouvée là pour couvrir l'événement.

L'université aurait bien laissé Diana quitte pour un avertissement, mais elle avait prononcé un discours devant le bureau du doyen de la faculté, dans lequel elle saluait ses frères et sœurs révolutionnaires et dénonçait l'institution en tant que bastion de l'élitisme, une coquille d'œuf dans une porcherie.

Alors on l'avait renvoyée.

Ruthana partit donc passer Noël à Chicago. Elle ne pensait pas pouvoir faire grand-chose, mais cela ne coûtait rien d'essayer. Par ailleurs elle avait besoin de passer Noël entourée des siens.

Diana se montra boudeuse et agressive. Elle demeurait chez ses parents uniquement parce qu'elle n'avait pas les moyens de s'installer ailleurs. Elle résista à toutes les tentatives de Ruthana pour l'atteindre, accusant sa tante d'appartenir à la bourgeoisie noire. Elle vouait un culte à Malcolm X alors que Martin Luther King lui apparaissait comme une sorte d'oncle Tom. Elle passait le plus clair de son temps enfermée dans sa chambre à écouter un rock fort et agressif.

Willie et Ernestine étaient au désespoir. Même Booker, habituellement si gai, était affecté par la rage de Diana et l'incapacité de ses parents à comprendre ce qui avait pu si gravement déraper.

Don débarqua un jour. Il salua tout le monde avec désinvolture, y compris Ruthana qu'il n'avait pourtant pas vue depuis des années. Il se montrait tour à tour détaché ou passionné, plaisantant de ce qui passait pour sacré aux yeux de ses parents, et défendant toutes les convictions et tous les agissements de Diana.

Pendant qu'il était là, Albie téléphona de Stockton. La mère d'Ernestine était morte. Ruthana vit le moment où sa belle-sœur allait craquer. Celle-ci resta d'abord absolument immobile, les bras tendus le long du corps, soutenue par Willie, puis elle roula des yeux et rejeta la tête en arrière, tremblant de tous ses membres.

« Seigneur Jésus ! hurla-t-elle. Oh ! Seigneur Jésus ! »

Elle se mit à sangloter violemment. Willie et Booker l'emmenèrent dans sa chambre, puis Willie revint trouver Ruthana.

« Il faut un docteur, annonça-t-il.

— Oui, bien sûr », dit Ruthana en se dirigeant vers le téléphone. Diana émergea de sa chambre pour voir quelle était la cause de toute cette agitation, tandis que Don se prélassait dans un fauteuil.

« J'suppose que ça veut dire la mort de Noël », confia-t-il à sa sœur.

Ce fut alors que son père le frappa.

Ruthana les accompagna à la gare, ce qu'elle devait regretter par la suite. Don et Diana partaient pour Stockton en traînant des pieds, Don était toujours en rage à cause de la gifle reçue de son père et Booker furieux contre tous les deux.

Tous attendaient non loin du guichet pendant que Willie prenait les billets. La guichetière, une Blanche, bavardait pour passer le temps.

« Et vous autres, vous rentrez chez vous pour Noël ?

— Non, M'dame, répondit Willie. On a un décès dans la famille.

— Dis-lui qu'elle se mêle de ses putains d'oignons », grommela Diana. Heureusement, le guichet était équipé d'un verre épais, de sorte que la préposée ne l'entendit pas.

Mais la remarque n'avait pas échappé à Willie ni à Ernestine. Ruthana, qui se tenait à côté de Diana, tenta d'étouffer le drame dans l'œuf.

« Diana, laisse tomber », la pressa-t-elle.

Mais rien n'aurait pu l'arrêter.

« Son putain de boulot, c'est de vendre des billets, pas de faire passer des interrogatoires aux Noirs. »

Ernestine se retourna vers sa fille.

« Elle fait rien d'aut' que son boulot, dit-elle, sentant la moutarde lui monter au nez. Tu respec' donc rien ? Personne ? »

Don ne fit rien pour arranger les choses. Il encouragea Diana : « On rampe devant ces pauv' Blancs. Oui, M'sieur, non, M'sieur, on veut pas d'ennuis nous aut'.

— Oh ! pour l'amour du ciel ! » marmonna Booker en s'éloignant pour aller s'asseoir sur un banc. Il ne voulait prendre aucune part à cette histoire.

Ayant récupéré ses billets, Willie s'approcha d'eux, les yeux brillants de colère.

Il s'efforça de rester calme : « Qu'est-ce qui se passe ? leur demanda-t-il.

— Tu te comportes en nègre », cracha Don.

C'est à ce moment-là que Ruthana comprit que son problème ne se limitait pas à la marijuana. Ses yeux pétillaient. Il était en train de franchement s'amuser.

« Et qu'est ce que tu veux que je sois d'autre ? demanda Willie.

— Ce que tu voudras, jeta Don en s'éloignant. Je vais vivre ma propre vie.

— Après tout c'qu'on a fait pour toi ! cria Ernestine.

— Oh oui, si on chantait encore une fois cet air-là », reprit Don, revenant sur ses pas. Puis, singeant leur patois campagnard : « On vous a donné tout c'qu'on avait ! On a mis de côté pour vot'université alors qu'c'était bien trop cher pour nous ! »

Diana pouffa de rire. Ruthana se dit que quelle que soit la substance prise par Don il en avait sûrement donné à sa sœur. Elle crut que Willie allait encore frapper son fils, tant ses poings étaient serrés.

« Et pour tes gosses à toi, tu comptes faire quoi ? lança-t-il à Don.

— En tout cas je vais faire sacrément attention à ce qu'ils ne vous ressemblent pas », rétorqua Don. Il projeta son menton en avant, comme pour inviter l'inévitable coup de poing.

Mais Willie ne le frappa pas. Au contraire, on aurait plutôt cru que c'était lui qui venait de recevoir une gifle de Don.

« Mon fils, non, dit-il, suppliant. C'est pas le moment. Il faut... Pense à ta mère... »

Ernestine sanglotait dans les bras de Ruthana.

Don jeta un coup d'œil à Diana qui hocha la tête. Ils prirent leurs valises.

« On se casse », annonça Diana.

Ils tournèrent les talons et s'éloignèrent.

« Vous êtes cinglés ? » cria Booker.

Ernestine, voyant ce qui se passait, se dégagea des bras de Ruthana. Elle fit quelques pas et hurla à l'adresse des jumeaux : « Écoutez-moi ! Je suis vot' M'man ! Et lui c'est vot' P'pa ! Vous allez où ? »

Ils ne se retournèrent même pas ; ils s'éloignaient toujours.

« Vous m'entendez ? brailla encore Ernestine. Vous me voyez ? Parlez-moi ! »

Diana s'arrêta et se retourna sous le regard de Don.

« Que les morts enterrent leurs propres morts », lança la jeune fille avant de s'éloigner.

Don la suivit en pouffant de rire.

Booker se leva, s'approcha de sa mère et entoura ses épaules de son bras.

« Allons viens, M'man. On va rater le train. »

Il souleva sa valise et entraîna sa mère en larmes.

Willie n'avait pas bougé. Ruthana essaya de trouver des paroles de réconfort.

« Ils reviendront », dit-elle.

Willie, les yeux toujours rivés sur ses enfants, paraissait à peine l'entendre.

Puis il secoua légèrement la tête et dévisagea sa sœur.

Il l'avait entendue, mais ne la croyait pas.

Il resta silencieux. Il prit ses sacs et se dirigea vers le train.

Ruthana resta sur place, frissonnant parce qu'il faisait froid.

Trop froid. Désespérément froid.

Elle n'avait plus envie d'être là. Elle voulait être ailleurs, loin, très loin. Dans un endroit chaud.

47

Elle avait l'impression de voir à l'infini ; le temps paraissait suspendu.

La terre s'étirait jusqu'à l'horizon, dans presque toutes les directions. C'est seulement en dirigeant son regard vers l'ouest qu'elle découvrait un indice, du fait que la terre n'est pas complètement plate, une falaise se dressant jusqu'à sept cents mètres, jusqu'au plateau d'où part le reste du monde.

Elle se trouvait en pays Karamoja. Dans la terre des rêves de Ben.

À plus de trois cents kilomètres vers le sud s'étendait un vaste lac, entouré de montagnes qui alimentaient d'autres lacs. Vers l'est s'étendait le pays Pokot, limité par une autre immense falaise aboutissant à un plateau qui s'étendait jusqu'au Kenya. À l'ouest l'Ouganda, et au nord la Nubie, et au-delà le Soudan, puis l'Égypte.

La végétation était rare et anguleuse, des ronces, des buissons qui paraissaient capables de survivre à des années sans pluie. Lorsqu'il pleuvait, l'eau s'écoulait dans les lits asséchés des cours d'eau, ruisselait jusqu'à un lac lointain qui nourrissait d'autres rivières, lesquelles devenaient le Nil.

La tribu Karamoja était établie du côté ouest d'un bras de la vallée de la Grande Crevasse, laquelle s'étire vers le nord et vers l'est jusqu'à la mer Morte. Ses coutumes, sa culture remontaient au temps des pharaons, et en quatre mille ans elle n'avait toujours pas trouvé de raisons d'en changer. La moitié est du bras était occupée par les Pokot, un groupe d'hommes exactement semblables aux Karamoja et leurs ennemis mortels. Pendant la plus grande partie de l'histoire écrite de l'humanité, ces deux tribus avaient occupé la vallée, presque sans que le reste du monde s'en aperçoive ou vienne les voir. Elles s'occupaient de leurs modestes récoltes, élevaient leur bétail et se faisaient la guerre de loin en loin. Jamais elles n'avaient trouvé de bonnes raisons d'inventer la roue.

Les hommes étaient trapus et bien bâtis dans leur jeunesse, des guerriers intrépides équipés de lances superbes et finement affûtées. Ils étaient capables de décocher une flèche de leurs arcs avec une précision remarquable tout en courant. Ils portaient un carré de toile attaché à une épaule et parfois une plume dans les cheveux. Certains hommes portaient encore un petit disque en argent incrusté dans la lèvre inférieure, manière pour eux de se défigurer afin de décourager les marchands d'esclaves arabes de les enlever.

Les femmes, vêtues avec plus de recherche, portaient des jupes compliquées faites d'herbes séchées tissées de perles en bois, avec parfois un morceau de tissu enroulé autour du buste. Certaines aimaient à s'enduire d'un mélange de bouse de vache et de beurre rance censé les rendre plus séduisantes aux yeux de leurs hommes, lesquels n'avaient pas conscience de l'odeur, à moins qu'ils ne la trouvent délectable.

Ruthana vivait donc dans l'un des berceaux de l'humanité et si elle avait parfois l'impression d'avoir trouvé une sorte de paradis, le plus souvent, surtout récemment, elle ne comprenait pas ce qu'elle faisait là. Elle était prise dans une petite guerre tribale où l'on se battait à coups d'arcs et de flèches avec quelques rares fusils, tandis que l'Ouganda proprement dit était en proie à une guerre civile mettant en œuvre des armes autrement plus efficaces.

Elle en venait même parfois à se dire qu'elle n'avait jamais voulu venir ici, ce qui n'était évidemment pas vrai. Le Ghana, s'il lui avait paru merveilleux, ne lui avait pas suffi : ce n'était que le bord d'un continent, pas son épicentre.

Après la scène épouvantable dans la gare de Chicago entre Willie, Ernestine et leurs aînés, Ruthana était retournée à New York, résolue à réaliser son rêve. Grâce à son emploi à la mairie, elle n'avait eu aucun mal à rencontrer le révérend père James Robinson, dont l'organisation, Operation Carrefour Afrique, constituait une source majeure d'information et d'expérience pour la fondation du Peace Corps, dont il était conseiller.

Le fait que tous les volontaires du Peace Corps soient blancs constituait un problème majeur. La presse africaine les épinglait régulièrement comme autant de gosses de riches Blancs qui s'amusaient à passer une année à manger de la vache enragée avec les indigènes. Le révérend Robinson était enchanté qu'une femme noire ayant l'expérience et les références de Ruthana, et qui plus est d'origine rurale, lui offre ses services.

On lui proposa de payer son voyage et de lui verser un modeste traitement pour aller passer un ou deux ans au Ghana, lequel refusait les bénévoles blancs. Elle prit un congé sans solde prolongé, vida son appartement et atterrit deux mois plus tard à Accra.

Elle fut éblouie, choquée, enchantée, horrifiée.

Elle avait beau être habituée aux rues bondées de Manhattan, rien ne l'avait préparée à la masse compacte de gens qui déferlaient dans cette capitale africaine, à cette impression de chaos tout juste contrôlé, à la vitalité brute de cette culture absolument étrangère, à la fois fascinante, accueillante et dérangeante. Elle en aima la vigueur, les couleurs vibrantes et les vêtements extravagants, le sens amical de l'accueil et la nourriture exotique. Elle fut horrifiée par l'ampleur de la tâche à accomplir.

Les Anglais avaient laissé en partant une infrastructure en état de marche mais, sans doute à cause de la rapidité de leur départ, n'avaient préparé qu'à contrecœur les indigènes à gouverner. La classe régnante, instruite, vivait confortablement ; la classe moyenne se débattait et l'immense majorité du peuple vivait toujours dans la misère. Tous avaient beau être unis par l'euphorie de l'indépendance et leur détermination à prouver leur capacité à devenir ce qu'ils avaient promis d'être, la trame sociale montrait des signes évidents de tension.

Ce qui choqua Ruthana fut d'avoir trouvé ce qu'elle était venue chercher. Elle passait inaperçue, invisible dans la foule. Elle n'était plus la représentante d'une minorité au sein d'une culture blanche, mais anonyme dans sa négritude. Peu importait son aspect, ce qui intéressait les gens c'était qui elle était et ce qu'elle était capable de faire.

Et ce qui la choqua encore plus fut de s'apercevoir qu'ici elle n'était pas laide. En l'absence d'idéaux blancs auxquels se comparer, de rappels constants de ses différences par rapport aux canons de la beauté blanche, par son visage, sa chevelure ou sa silhouette, elle commença à apprécier la femme qu'elle avait toujours été.

Elle commença à s'aimer.

Très heureuse d'avoir été envoyée dans un petit village côtier à environ cent cinquante kilomètres d'Accra, elle se sentit quelque peu dépassée par tout ce que l'on attendait d'elle. Elle devait être à la fois maîtresse d'école, infirmière de district et conseillère au village, autant de fonctions qu'elle assurerait dans une large mesure toute seule. Les premiers jours, elle fut prise de doutes, mais ensuite elle releva le défi, retroussa ses manches, et se mit à l'ouvrage.

De cette façon, Ruthana passa les deux années les plus heureuses de sa vie, et le jour où, dans ce petit village d'Afrique, l'opportunité d'une aventure amoureuse se présenta, elle était prête. Elle y prit même un immense plaisir, sans toutefois tomber amoureuse.

Joseph était technicien de laboratoire et, aux yeux de Ruthana, très bel homme, noir comme la nuit, avec sur les joues de petites cicatrices bien nettes témoignant de son initiation à la virilité.

Il vint passer deux jours au village dans le cadre d'une campagne gouvernementale de vaccination. Il était net et efficace, et s'appuya énormément sur l'aide de Ruthana car un grand nombre d'enfants étaient terrorisés par l'aiguille qu'il manipulait.

La journée terminée, ils se promenèrent ensemble sur la superbe plage au coucher du soleil, suivant des yeux les pêcheurs qui lançaient leurs filets dans l'écume. Ils achetèrent un poisson frais que Joseph fit griller sur un feu de bois. Ils s'allongèrent ensuite côte à côte sur la plage, jouissant de la chaleur tropicale. Ruthana embrassa du regard un ciel plus vaste qu'elle n'en avait jamais vu, constellé de plus d'étoiles qu'elle n'aurait jamais cru pouvoir exister.

« Voilà un satellite », fit remarquer Joseph.

Il lui désigna du doigt un point dans le ciel et Ruthana vit une petite lumière clignotante, qui avançait régulièrement à travers les cieux. Elle fut envahie par une admiration révérencielle et le sentiment d'être enfin arrivée là où elle devait être. Quand Joseph l'embrassa, elle ne lui opposa aucune résistance, bien que ce fût un baiser plus ardent que tous ceux qu'elle avait connus auparavant.

Il voulut lui faire l'amour, et elle ne résista pas davantage parce qu'elle était tellement heureuse, et lorsqu'il l'aima, elle se sentit remplie de toute l'Afrique.

Ils entretinrent des relations stables et intermittentes, qui lui faisaient penser au satellite clignotant. Le travail de Joseph l'obligeait à se déplacer dans tout le pays, mais il lui revenait régulièrement après quelques mois. Alors ils marchaient sur la plage, mangeaient du poisson grillé et faisaient l'amour. Elle savait qu'il avait une femme et des enfants à Accra parce qu'il le lui avait dit, et ne tomba donc pas amoureuse de lui. Tout cela ne l'empêchait pas de l'aimer et d'aimer les moments qu'ils passaient ensemble. Du reste elle était trop occupée pour tomber amoureuse.

Elle ne tomba pas davantage amoureuse du Ghana, tout en aimant ce pays, son village et ses habitants. Elle avait l'impression de grignoter le bord de quelque chose de plus vaste, quelque chose de plus satisfaisant encore. Si elle avait couvert tant de terrain en un aussi court laps de temps, elle devait être capable d'aller beaucoup plus loin car elle avait l'impression, même ici, d'être une touriste dans la vie des gens, de ne pas y participer pleinement.

Les villageois avaient beau la respecter, et Joseph lui dire qu'il l'aimait, elle n'éprouvait aucun sentiment de permanence. Elle était une étrangère, et un jour elle s'en irait comme le font tous les étrangers.

Le jour où elle quitta effectivement le village, au bout de deux ans, ses habitants lui offrirent de merveilleux adieux. Les enfants l'étreignaient et pleuraient, la suppliant de ne pas partir, tout en sachant son départ inéluctable. Les femmes l'embrassaient, versaient des larmes et lui disaient qu'elle allait leur manquer, et elle savait que c'était vrai, parce qu'elles allaient lui manquer à elle aussi, ce qui ne l'empêcherait pas d'aller de l'avant. Les hommes se montrèrent plus cérémonieux. Les uns vinrent lui serrer la main, d'autres lui offrirent des cadeaux minuscules et inutiles, qu'elle devait chérir toute sa vie. Puis, tandis que la Land Rover quittait le village, ils se rassemblèrent tous sur plusieurs rangs, lui interprétèrent une chanson d'adieu, et dansèrent pour elle leur danse en ligne fascinante, faite essentiellement de balancements et de sautillements. Puis, lorsqu'elle eut disparu, ils cessèrent de danser et retournèrent vaquer à leurs occupations habituelles.

Ruthana avait écrit au révérend Robinson pour lui expliquer ce qu'elle désirait faire. Après l'avoir incitée à se montrer prudente, il prit contact avec un groupe missionnaire en Angleterre, qui accepta ses services non sans lui conseiller à son tour la prudence.

Après de tendres adieux à Joseph à Accra, elle s'envola pour Le Caire, une capitale poussiéreuse et grouillante de monde qu'elle n'aima pas, puis de là, à Entebbe, une ville délabrée sur le point de sombrer dans une sanglante guerre civile, qui avait été autrefois la perle de l'Afrique et qu'elle n'apprécia pas davantage. Après un accueil circonspect et de nouvelles mises en garde de la part du groupe de l'église, Salomon, un homme placide et d'âge mûr qui faisait partie de la mission, l'emmena à trois cents kilomètres au nord d'Entebbe dans une ville défraîchie et à moitié écroulée qui avait été autrefois un joyau du colonialisme.

Ruthana avait le sentiment d'être au bord d'une aventure extraordinaire. Elle vit des girafes, des zèbres et des gnous. Son guide et elle s'arrêtèrent à un point d'eau où elle assista à une éblouissante envolée de flamants roses.

Salomon et elle passèrent la nuit dans un vieil hôtel qui avait dû autrefois être un palace. Ils dînèrent seuls dans une immense salle à manger où le menu très prometteur n'offrait pas grand-chose en réalité et le lendemain, après avoir chargé leur véhicule de provisions, son guide l'emmena à sa destination.

« Pourquoi allez-vous là-bas ? » l'interrogea-t-il.

Ils traversaient de riches terres agricoles.

Ruthana rit : « Pour travailler.

— Mauvais endroit », commenta Salomon, mais il n'en dit pas plus.

Ruthana, qui adorait ce voyage, était incapable d'imaginer quoi que ce soit de mauvais. N'allait-elle pas aux montagnes de la Lune ?

Mais Salomon avait raison, la bonne route laissa place à une piste de terre qui vira soudain pour descendre brutalement dans un enchaînement de tournants en épingle à cheveux. Ruthana avait beau faire confiance à ses talents de chauffeur, elle éleva quelques prières pour qu'ils en sortent sains et saufs.

Après un virage tortueux, un panorama merveilleux apparut sous leurs yeux, une terre vaste, plate jusqu'à l'horizon, à l'exception de quelques petits sommets dans le lointain qui étaient peut-être les montagnes qu'elle espérait découvrir.

Au pied du précipice, quelque six cents mètres plus bas, ils traversèrent la terre aride, et elle ressentit l'assaut de la chaleur, et l'impression qu'il n'avait pas plu depuis des mois. La poussière s'immisça à travers les vitres fermées, remplissant de sable ses yeux, sa bouche et son nez.

Après quelques kilomètres, elle aperçut de petits troupeaux de bétail, comme elle n'en avait jamais vu, mais que Ben lui avait décrits, du bétail africain dont on avait trouvé des représentations sur les anciennes tombes. Et ces troupeaux étaient gardés par des guerriers Karamoja émaciés, immobiles, et presque nus.

Une heure plus tard, ils atteignaient une minuscule mission, quelques cahutes dispersées au bord d'un village de huttes en pisé. Les missionnaires, un couple d'Anglais âgés, Peter et Sarah Mills, l'accueillirent gaiement, et la vie de Ruthana changea pour toujours.

Elle croyait être enfin rentrée à la maison. En réalité, elle était arrivée en un lieu qui devait lui montrer où se trouvait réellement son foyer.

48

Ruthana était choquée. Plus rien ne tenait debout.

Elle demanda à Sarah : « Mais pourquoi font-ils une chose pareille ? »

Sarah, nette, pimpante et efficace, était un tout petit bout de femme, débordant d'énergie et d'autorité. Son mari Peter et elle étaient arrivés en Ouganda quarante ans plus tôt et avaient consacré la majeure partie de leur existence à jouer les missionnaires zélés dans des villages de la région d'Entebbe. Cinq ans auparavant, ils avaient découvert en même temps les Karamoja et leur vocation. Ils avaient installé leur mission, vivant d'abord sous la tente tandis que Peter leur construisait une hutte. En cinq ans, ils avaient converti six personnes à la cause anglicane, dont deux récidivistes.

S'ils se sentaient parfois découragés, jamais ils ne l'auraient montré ni avoué. Ils menaient une vie exemplaire, construisant des puits pour le village, sans jamais douter que la parole de Dieu finisse par l'emporter.

Ruthana était incapable de concevoir la foi qui les portait face à tant d'indifférence. Les Karamoja acceptaient leurs dons, les puits qu'ils creusaient, la nourriture et l'aide médicale qu'ils fournissaient, et pour le reste les ignoraient presque entièrement, sauf lorsqu'ils avaient besoin de leur aide.

« Cela fait des milliers d'années qu'ils vivent de cette façon, ma chère, avait expliqué Sarah à Ruthana. Pourquoi voulez-vous qu'ils changent du jour au lendemain ? »

Ainsi poursuivaient-ils leur tâche, construisant une seconde hutte pour leurs très rares visiteurs et une minuscule église qui n'était jamais qu'un sol en ciment entouré d'une demi-douzaine de maigres troncs soutenant un toit de branchages. Peter et Sarah célébraient régulièrement l'office dans l'église, et Ruthana y participait tout en se sentant ridicule. La congrégation rassemblée en ce lieu ne dépassait jamais une demi-douzaine de personnes, mais les autres villageois se tenaient en nombre à l'extérieur, afin d'assister à cet obscur rituel. Sarah tapait sur un petit orgue à pédales pour accompagner les hymnes et Peter prêchait la bonne parole devant un public indifférent.

Au début, Ruthana, croyant le changement possible, avait vu cette entreprise comme un énorme défi. Trois mois plus tard, elle découvrait une vérité qui allait pulvériser tous ses idéaux : les Karamoja excisaient leurs femmes.

Elle en fut profondément choquée.

« Mais pourquoi font-ils une chose pareille ? demanda-t-elle à Sarah.

— Parce que ce sont des hommes, ma chère. Et vous savez bien comment sont les hommes. »

Ruthana, furieuse, ne savait en effet que trop comment étaient les hommes Karamoja. Ils lui apparaissaient vaniteux, fainéants, bons à rien, et défoncés presque en permanence. Ils passaient le plus clair de leur temps à garder leurs troupeaux puis, soudain, se lançaient dans l'action et partaient pour la chasse. Alors ils se métamorphosaient quelque temps en guerriers de littérature, se montrant aussi courageux qu'on peut l'être. Ils faisaient de leurs lances et de leurs arcs et flèches des armes mortelles, et pouvaient courir jusqu'à dix heures d'affilée. Ensuite, cette débauche d'activité terminée, ils revenaient à leur désœuvrement.

Les femmes abattaient tout le véritable travail. Elles cuisinaient, tenaient leurs maisons et portaient l'eau des puits. Elles construisaient les huttes sous les ordres stricts et la supervision des hommes. Elles élevaient les enfants, mais n'avaient jamais leur mot à dire dans aucune décision. Elles obéissaient aux ordres de leurs maris et se pliaient à la loi des anciens, toujours des hommes. À treize ans, toute jeune femme était excisée, afin que le sexe ne devienne jamais pour elle une motivation. Son vagin était coupé avec une pierre aiguisée ou, plus récemment, avec un couteau ; une brindille était insérée dans le trou afin de ménager un passage pour l'urine, et les tissus étaient pansés avec des feuillages et de la boue jusqu'à leur cicatrisation. Lors de la nuit de noces, certains maris devaient couper leurs femmes afin de pouvoir les pénétrer. Ce rituel barbare remontait à l'époque des pharaons.

Ce qui troublait le plus Ruthana était le fait que personne ne paraisse souhaiter un changement.

« Naturellement, cela ne nous plaît pas, reconnut Sarah. Mais ils y croient. Que voulez-vous que nous y fassions ?

— Arrêter ça, rétorqua Ruthana.

— Ne pensez-vous pas que ce serait abusif ? intervint Peter à son tour. C'est une coutume de leur tribu. Qui sommes-nous pour décréter qu'ils ont tort ?

— Nous avons essayé, ajouta Sarah, mais jamais nous n'avons réussi à trouver un argument qui leur paraisse convaincant. »

Abusive ou pas, Ruthana avait trouvé une juste cause. Elle enseignait l'anglais chaque jour, et plusieurs jeunes filles parlaient assez couramment sa langue. Ruthana se servit d'elles comme interprètes, afin de diffuser auprès des autres le message du droit des femmes à disposer de leur propre corps. Elle n'était pas préparée pour ce qui se passa ensuite.

« Il faut que tu cesses, ordonna sévèrement Sarah. Les anciens se plaignent, et beaucoup de femmes aussi.

— Mais c'est mal ! insista Ruthana.

— Ce n'est pas à toi de le décider pour elles, affirma Sarah, toujours aussi fermement. Ce sont des décisions auxquelles il faudra qu'elles parviennent par elles-mêmes. Nous ne sommes pas en Amérique ici. »

Peter, quoique plus conciliant, se montra tout aussi ferme.

« À quoi bon accorder leur indépendance à tous ces pays d'Afrique, si par la suite nous leur dictons l'attitude à adopter ? Nous leur avons accordé le droit de déterminer leur avenir, et qui peut affirmer que le modèle occidental soit celui qui leur convienne ? S'ils décident que c'est le socialisme qu'ils veulent, c'est leur droit. S'ils décident qu'ils désirent revenir aux frontières tribales et conserver leurs coutumes tribales, c'est leur droit également. »

Si elle ne trouva rien à répondre à ces arguments, Ruthana bouillait intérieurement. « Car sans cela tout ce qui s'est passé ces quinze dernières années, tout ce pour quoi ils ont combattu et versé leur sang ne serait qu'une perte de temps », conclut Peter.

Ruthana lui concéda ce point, mais demeura en désaccord avec lui sur cet unique sujet. Elle résolut de mener seule sa petite guerre d'usure et se lia d'amitié avec un ménage chrétien, les premiers convertis de Sarah et Peter, et les plus convaincus. Ce couple avait une fille de douze ans et Ruthana passa de longues heures à tenter de les persuader que leur fille devrait être la première de la tribu à ne pas subir l'excision. À contrecœur, ils finirent par accepter.

Quand arriva le moment de la cérémonie, ils enfermèrent leur fille dans une hutte. Mais le lendemain matin, Ruthana fut choquée de la découvrir à la cérémonie. Elle s'était enfuie de la hutte et cachée parmi d'autres jeunes filles, heureuse de se plier à cette mutilation.

« C'est la pression du groupe, constata Sarah, non sans une certaine autosatisfaction. Pourquoi voudrait-elle être différente des autres ?

— Peut-être devriez-vous vous demander, intervint Peter avec moins de suffisance, si vous êtes vraiment à votre place ici. »

Ruthana était déjà arrivée à la même conclusion, tout en étant réticente à le reconnaître ; il lui était difficile de renoncer au rêve de Ben.

Dans ce lieu où elle aurait dû se sentir chez elle, Ruthana n'était qu'une étrangère, quelqu'un de différent, avec des idéaux, des aspirations différents. Elle envisagea de retourner au Ghana où elle avait été si heureuse, mais là aussi elle était une étrangère. Sans doute était-elle « afro-américaine », mais quand même plus américaine qu'africaine. Elle rêvait de retrouver les certitudes, les vérités de l'idéal américain, pour ardu que soit le combat afin d'y accéder. Sans doute l'Afrique changerait-elle, certainement même, mais pas nécessairement dans le sens où elle l'aurait souhaité, et ce changement mettrait plus longtemps à survenir qu'il lui restait d'années à vivre.

Elle se sentait seule. À un niveau superficiel, les visites de Joseph le Ghanéen lui manquaient. Cependant cette relation n'avait aucun avenir et elle n'espérait pas retrouver un autre Joseph parmi les guerriers Karamoja.

Plus profondément, sa famille, ses amis lui manquaient désespérément. Elle ne recevait de nouvelles de son pays que de loin en loin car la poste était irrégulière et les rares journaux qui leur parvenaient étaient anglais, et n'apportaient guère de nouvelles des États-Unis.

Elle savait que Malcolm X était mort, tombé sous les balles de ses assassins. Elle savait que Martin Luther King était mort, tombé lui aussi sous les balles d'un assassin. Elle croyait réentendre les paroles de Ben.

« Ils se débarrassent de tout homme qui se lève pour défendre les droits des Noirs. »

C'était vrai et en même temps ce ne l'était pas toujours. Et, quoi qu'il en soit, cela constituait-il une raison suffisante pour abandonner la lutte, pour renoncer ? Elle n'ignorait pas que les États-Unis connaissaient des changements spectaculaires ; elle avait entendu parler de la Grande Société de Lyndon Johnson, et des nombreux progrès accomplis.

Et puis elle avait le mal du pays.

Elle savait son pays en guerre avec le Vietnam et n'ignorait pas que Booker combattait là-bas. Elle regrettait amèrement de n'avoir pas été présente pour lui faire ses adieux, lui souhaiter bonne route, et prier pour qu'il revienne sain et sauf.

Flora avait soixante-quatorze ans, et Ruthana désirait ardemment la revoir : qui pouvait savoir combien de temps il lui restait à vivre ? Luke et Jessica lui manquaient, et elle rêvait des tendres étreintes de Jasmine et Daoud. Elle désirait revoir Willie et Ernestine, et savoir ce qui était arrivé à Don et Diana, car toutes les lettres restaient silencieuses sur ce point.

Ses collègues de New York lui manquaient aussi, comme Zora et tout ce qu'elle représentait pour elle.

Stockton lui manquait et même Mme Hopkins. Les hamburgers, les hot dogs et les côtes de porc en marinade lui manquaient ; tout comme le gombo, le jambalaya et la glace nappée de sauce au caramel chaud. L'hiver lui manquait, la neige lui manquait, mais aussi les cerisiers en fleur. Le monde qu'elle comprenait lui manquait.

Elle prit la décision de rentrer. Ce fut alors que la guerre éclata et il ne lui fut plus possible de partir.

En pays Pokot se trouvait une petite mine d'or. Un jeune guerrier Pokot avait décidé de vendre son bétail contre une boîte d'allumettes remplie d'or. Avec cet or, il comptait acheter des fusils pour effectuer un raid sur les troupeaux Karamoja dans le but d'acquérir davantage de bétail.

Après une courte bataille au cours de laquelle plusieurs guerriers Karamoja furent tués et deux cents têtes de bétail volées, les guerriers Karamoja vendirent une partie de leur bétail, achetèrent des fusils et lancèrent à leur tour une attaque sur les Pokot. D'autres affrontements suivirent et les blessés arrivèrent nombreux à la mission. Avec leurs maigres ressources, Peter et Sarah étaient débordés. Ruthana pansait des blessures par balles, assistait les mourants tout en essayant de se convaincre qu'elle faisait du bien.

L'Ouganda n'était pas sûr non plus. Les deux présidents, Milton Obote et Idi Amin Dada, avaient contracté, pour gouverner, une alliance difficile, et de petites guerres civiles éclataient sans cesse entre leurs deux factions. Bien que sa nationalité et son statut de missionnaire honoraire procurassent à Ruthana immunité et liberté de déplacements, parvenir saine et sauve jusqu'à Entebbe posait un problème.

Peter et Sarah envisagèrent d'évacuer Ruthana par le Kenya, mais cela voulait dire traverser le pays Pokot, ce qui pouvait se révéler dangereux. Donc, pour un temps au moins, Ruthana se résigna à rester là où elle était, tout en rêvant d'être ailleurs.

Un jour, elle se trouvait dans l'abri en ciment qui servait de clinique, occupée à panser la blessure par balle d'un guerrier qui avait la ferme intention de retourner se battre aussitôt sa blessure soignée. Elle se sentait désespérée. Elle n'arriverait à rien dans cet endroit. Rien de ce qu'elle pouvait faire ou dire ne faisait la moindre différence avec quoi que ce soit.

Elle entendit des cris et l'avertisseur d'une voiture. Elle regarda par l'ouverture carrée qui tenait lieu de fenêtre et vit des villageoises balayer le sol, soulevant des nuages d'une poussière qui se redéposait aussitôt. Un visiteur de marque était visiblement attendu.

Elle assista à l'arrivée de la Land Rover, qui venait de l'est, du pays Pokot, et se demanda qui pouvait s'être montré assez imprudent pour effectuer ce voyage.

Elle sortit et vit le véhicule s'arrêter devant la mission. Un garde du corps armé en sortit.

Elle découvrit ensuite un homme dont la silhouette lui était vaguement familière, vêtu d'une longue robe blanche, de sandales et d'un petit calot blanc.

Il regarda autour de lui, l'aperçut et agita le bras.

Son cœur fit un bond et elle laissa échapper un cri de joie. Elle courut vers lui, le serra dans ses bras et pleura sur son épaule, riant à travers ses larmes.

C'était Luke, venu la ramener à la maison.

49

Retrouver Ruthana n'était pas la raison première de la présence de Luke en Afrique. Il était venu pour le « Hadj », le pèlerinage musulman à La Mecque. Quatre ans auparavant, Malcolm X avait effectué ce même pèlerinage et y avait connu une révélation. Il était rentré aux États-Unis avec une compassion accrue, et y avait fondé sa propre organisation pour l'unité des Noirs américains.

Après l'assassinat de Malcolm X, Luke s'était débattu dans des sentiments contradictoires pour finalement arriver à la conclusion que le pèlerinage lui permettrait peut-être de résoudre quelques-unes des questions complexes qui le travaillaient. Après avoir pris l'avion pour Le Caire, puis pour La Mecque, il avait été surpris, comme Malcolm X, de se retrouver dans un endroit où la couleur de sa peau n'avait aucune importance. Cependant, il y avait plus, bien plus que cela. La foi de ces innombrables pèlerins l'émut profondément, renforçant ses propres croyances, les modifiant, les élargissant bien au-delà des horizons qu'il avait connus jusqu'alors. Il ne désirait pas vivre en Arabie ou en Afrique, il ne désirait pas se conformer à la loi de ces pays, bien que celle-ci fût fondée sur la foi.

Tout comme Ruthana, Luke souhaitait rentrer aux États-Unis afin d'y amener des changements.

Depuis qu'il se trouvait au Caire, si près de Ruthana, il avait envie de la revoir, pour partager ses expériences avec elle et l'interroger sur ce qu'elle avait vécu. Il prit l'avion pour Nairobi. À la mosquée, il entendit parler de troubles dans la vallée de la Grande Crevasse et loua une Land Rover avec un chauffeur. Un homme rencontré à la mosquée lui proposa ses services comme garde du corps et traducteur. Il s'en fut en quête de Ruthana.

Ils regagnèrent Nairobi sans encombre et Ruthana trouva la ville propre et efficace, comparée à Entebbe. Elle prit son premier bain chaud depuis des années, se purifiant sans regret de la poussière du Karamoja, tout en sachant déjà qu'elle évoquerait avec tendresse les mois qu'elle y avait passés.

Luke lui donna les dernières nouvelles de la famille. Daoud et Jasmine fréquentaient l'université. Flora était plus fragile qu'autrefois, mais toujours en bonne santé. Willie et Ernestine également. Booker avait été blessé au Vietnam mais était rentré sain et sauf. Il devait se marier au printemps. Sa seule tragédie était de s'être mal remis d'une blessure à la main droite reçue au Vietnam. Plus question pour lui de jouer du piano.

« Et quelles sont les nouvelles de Don ? » demanda Ruthana, car Luke n'avait toujours pas mentionné les jumeaux et abordait d'autres sujets.

« Don est en prison. »

Ses parents ne l'avaient plus revu depuis ce jour où il leur avait tourné le dos dans la gare de Chicago et c'était seulement depuis son incarcération qu'on savait ce qui lui était arrivé depuis lors. Après avoir passé quelque temps à la dérive, il était parti pour Cuba, afin de collaborer à la révolution et à l'instauration d'une société marxiste. Il y était resté trois ans et en était revenu aussi dépourvu d'illusions sur Cuba que sur la société américaine. Comme son héros, Che Guevara, il avait rejoint un petit groupe de militants extrémistes qui ne croyaient qu'aux seules vertus de la révolution. Ils avaient cambriolé une banque à Detroit pour financer leur cause, mais avaient été pris et condamnés à une peine de prison.

« Je crois que j'ai besoin d'un verre, constata Ruthana, consternée, mais pas surprise du sort de Don.

— Je ne bois pas, lui rappela Luke.

— Eh bien, tu prendras un Coca pendant que j'avalerai un bon cocktail bien tassé », dit en souriant Ruthana. Et Dieu sait pourquoi, elle repensa à Zora et éclata de rire.

Ils entrèrent dans le bar du Hilton et constatèrent tous deux à quel point il est agréable d'appartenir à la majorité. Quelques touristes blancs y étaient installés, mais ce n'était pas la saison des safaris, et la plupart des clients étaient noirs.

N'ayant pas bu d'alcool depuis si longtemps, Ruthana ne savait trop que commander. Elle finit par se rendre à la suggestion du barman en prenant le cocktail maison, un mélange de couleurs vives qu'elle n'apprécia guère mais avala quand même.

« Et Diana ? » hasarda-t-elle. Elle se doutait bien que les nouvelles ne pouvaient être que mauvaises car Luke ne l'avait même pas mentionnée.

« Personne ne sait. » Il haussa les épaules. « Don est le dernier à l'avoir vue lorsqu'il est rentré de Cuba. Elle militait aux Panthères noires, mais depuis... »

Il but une gorgée de Coca et la regarda.

« Et toi ?

— Oh, je vais très bien, dit-elle. Maintenant. »

Et c'était vrai. Elle se sentait bien à présent et ne regrettait pas un seul instant de ses expériences. Elle se considérait comme une vieille habituée de l'Afrique et fut heureuse lorsqu'un serveur qui avait quelque difficulté à comprendre un touriste allemand s'exprimant en mauvais anglais lui demanda son aide.

Elle eut droit à un dernier moment d'Afrique à emporter avec elle. À l'aéroport, elle possédait trop de shillings kenyans et n'était pas autorisée à sortir autant d'argent du pays.

Elle demanda au policier : « Qu'est-ce que je vais pouvoir en faire ?

— Donnez-les à quelqu'un », suggéra-t-il en jetant un coup d'œil vers un porteur qui se tenait non loin de là. Celui-ci sourit de toutes ses dents et Ruthana comprit aussitôt de quoi il retournait. Elle lui fit cadeau de son surplus de shillings ; il la remercia gaiement et les rangea dans une poche déjà gonflée des shillings en trop d'autres voyageurs. Une arnaque bien montée, se dit Ruthana en se demandant combien ils étaient à se partager le butin.

Ils s'envolèrent pour Londres et de là pour New York, et Ruthana comprit pourquoi on voyait certaines personnes embrasser le sol lorsqu'elles rentrent au pays. Elle passa quelques jours chez Luke et Jessica où elle se délecta de la compagnie de Daoud et Jasmine qui étaient devenus de jeunes adultes aussi agréables et studieux qu'ils l'avaient été enfants.

Elle téléphona à Flora qui demanda, exigea même, qu'elle vienne passer quelques jours à Stockton.

Elle lui fit ce chantage : « Tu sais, je suis vieille et je vais peut-être plus être là bien longtemps. Et puis si t'as plus de sous après ton histoire africaine, je peux te payer ton billet de train. »

Ruthana éclata de rire et lui dit qu'elle avait de l'argent et comptait bien venir la voir. Pourtant, après avoir raccroché, elle versa quelques larmes car d'avoir entendu la voix de Flora était comme un signe de constance dans un monde inconstant.

Elle n'avait pas de soucis pécuniaires. Toute sa vie, elle avait été économe et, bien que très chichement payée en Afrique, elle s'était arrangée pour mettre de côté une petite partie de cette modeste somme sur un compte en banque à New York.

Elle revit de vieux amis et collègues de travail, et se vit proposer plusieurs emplois. Elle répondit qu'elle allait y réfléchir parce qu'elle ne savait pas encore ce qu'elle souhaitait faire. C'était déjà assez, pour l'instant, d'être rentrée au pays et d'essayer de prendre la mesure des immenses changements qui s'y étaient opérés. La première fois qu'elle se promena dans Harlem, elle crut presque être revenue en Afrique tant il y avait de gens qui portaient des coiffures afro et des vêtements africains ou des tenues hippies aux couleurs vives. Elle vit aussi, partout, le militantisme et l'accent mis sur le fait qu'il restait aux Noirs à parcourir un long chemin pour parvenir à l'égalité. Mais Ruthana voyait le pays avec les yeux de quelqu'un qui a été longtemps absent et trouve à son retour que ceux qui sont restés ont parcouru un long chemin.

Elle partit pour Stockton où Flora l'attendait à la gare, Albie à ses côtés. Flora lui tendit les bras. Ruthana s'y réfugia, s'y sentit étreinte, et aimée.

« Oh ! mon bébé, chuchota Flora. Je pensais plus te revoir un jour. »

Alors seulement Ruthana comprit à quel point les entreprises des enfants, leurs voyages, peuvent paraître terrifiants aux parents. Une ou deux fois, en Afrique, Ruthana avait eu peur pour sa sécurité, mais c'était seulement une ou deux fois, et uniquement dans le Karamoja.

Flora, qui ignorait tout de l'Afrique, avait imaginé Ruthana vivant dans des huttes d'herbes séchées encerclées par des lions, nageant dans des eaux infestées de crocodiles. Pourtant Ruthana lui avait envoyé des cartes postales d'Accra, représentant de hauts buildings ou la ville pleine d'animation, mais elles ne signifiaient rien pour Flora. Et lorsqu'elle avait appris que Ruthana allait vivre et travailler dans un village, elle s'était imaginé le pire.

Elle parut presque déçue quand sa fille lui avoua qu'elle n'avait jamais vu un lion, excepté au zoo. Ruthana raconta à Flora quelques anecdotes sur les Karamoja plus effrayantes que la réalité, afin de ne pas la décevoir et pour lui donner quelque chose à raconter à ses amies de l'église.

Flora avait vieilli, mais paraissait plus alerte que jamais. Plus tard dans la soirée, au moment d'aller se coucher, elle prit l'air un peu gêné.

« Albie sera un peu par ici, avoua-t-elle. Lui et moi, on s'fréquente. »

Ruthana la regarda, surprise.

« Il est bien seul depuis que sa pauvre femme, la M'man d'Ernestine, est morte, alors il reste ici certains soirs, expliqua Flora avec des mines de vierge effarouchée. Et moi je vais là-bas, certaines nuits. Il voudrait qu'on vive ensemble, mais moi je partirai pas d'ici, et lui il veut rester là-bas. En tout cas, pas jusqu'à ce que je sois sûre de ses intentions. »

Ruthana éclata de rire.

« Tu veux dire... ?

— Va pas te mettre des idées pareilles en tête, s'indigna Flora. On est trop vieux tous les deux pour tout ça. Mais c'est quéqu'fois bien agréable de dormir avec un homme à côté. »

Elle lança un regard de défi à Ruthana.

« Et toi, il est grand temps que tu trouves un homme avec qui dormir, dit-elle. T'as plus de quarante ans, ma fille, et ta roue tourne.

— Il y a eu quelqu'un en Afrique, M'man », dit Ruthana. Elle ne savait pas pourquoi elle avait révélé cela à sa mère, si ce n'est qu'elle ne voulait pas la décevoir.

« Sûr que je suis bien contente de l'apprendre, dit Flora, mais qu'est-ce que tu faisais avec un Africain ? Tu devrais te trouver un gentil garçon américain. »

Ruthana sourit : « Plus facile à dire qu'à faire.

— Mais non, insista Flora. T'es juste trop difficile pour ton propre bien. Une jolie fille comme toi. »

Ruthana eut le souffle coupé d'entendre sa mère lui

dire qu'elle était jolie, alors qu'elle ne le lui avait jamais dit de sa vie.

« ... nuit, Ma, dit Ruthana en embrassant sa mère. Ne te fais pas mordre par un lion. »

Flora rit, l'embrassa et partit se coucher.

Le dimanche, Albie vint les chercher pour les emmener à l'église dans sa nouvelle voiture. Ils formaient un couple magnifique, aussi parfaitement assortis qu'une paire de vieux gants. Flora le houspillait sans arrêt gentiment et Albie était ravi. Ils passèrent prendre Pearl au passage, qui paraissait beaucoup plus âgée que Flora, et plus fragile. Son arthrose l'avait obligée à renoncer à tenir l'orgue de l'église et elle s'en plaignait sans cesse.

Elle geignit : « Cette fille qu'ils ont maintenant... Elle a pas de rythme, pas de sentiment, elle laisse pas l'esprit du bon Dieu bouger en elle et faire la musique. »

La fille en question était une femme de quarante ans, et Ruthana trouva qu'elle jouait merveilleusement bien.

Ruthana passa quelques jours heureux à Stockton, réfléchissant à son avenir. Elle rendit visite à Mme Hopkins qui, devenue vieille, vivait toujours dans l'attente du retour de son époux volage. Elle fut heureuse de revoir Ruthana, mais son monde tournait désormais autour de ses arrière-petits-enfants, les enfants de Gavin. Cependant, bien qu'elle ne cessât de parler d'eux, elle ne mentionna pas une fois son petit-fils devant Ruthana.

Un soir, Ruthana était assise avec Flora sur la véranda derrière la maison. L'automne était venu et il faisait un temps superbe.

« Et tu vas faire quoi, maintenant que t'es rentrée ? » demanda Flora.

Ruthana contempla le ciel vespéral.

« Tout d'abord, annonça-t-elle, je vais retrouver Diana. »

Elle ne regardait pas du côté de Flora, mais l'entendit retenir son souffle. Et lorsqu'elle se retourna vers elle,

elle s'aperçut qu'elle pleurait, la main crispée sur sa bouche.

« Oui ! s'écria la vieille dame. Oui ! »

Elle se calma, sécha ses larmes, puis lança à Ruthana un regard féroce.

« Et quand tu l'auras retrouvée, ordonna-t-elle, amène-la ici, à Stockton. Cette fille va avoir besoin qu'on s'occupe un peu d'elle.

— Je ne réussirai peut-être pas à la retrouver, M'man », avança prudemment Ruthana.

Flora répondit avec brusquerie : « T'as intérêt. T'as vraiment intérêt ! »

Mais là encore, c'était plus facile à dire qu'à faire. Ruthana se rendit d'abord à Chicago, où elle connut de très joyeuses retrouvailles avec Willie et Ernestine. Ils paraissaient plus vieux que leur âge et portaient le poids énorme et indicible de la tristesse causée par les deux aînés.

Mais quand Booker vint en visite, emmenant sa fiancée charmante et rieuse avec lui, seul le bonheur régna quelque temps dans le minuscule appartement. Booker était plus gai que jamais, et si la blessure qui l'empêchait de jouer du piano lui inspirait de l'amertume, il ne le montrait pas. Il était promis à un avenir différent. Il étudiait la psychologie à l'université, estimant que son expérience au Vietnam lui permettait d'aider d'autres vétérans de cette guerre, des hommes qui n'avaient pas eu sa chance. Ils tinrent une conférence au sujet de Diana, mais personne n'avait de ses nouvelles. Leur unique indice avait été fourni par Don qui avait vu sa sœur pour la dernière fois à Baltimore, dans une maison qu'elle squattait avec d'autres Panthères noires. Ruthana s'en alla voir Don en prison à Detroit et il put lui donner les noms de quelques amis de Diana.

Au début, Don se montra sur la défensive. Il ne connaissait pas bien Ruthana et ne pouvait prévoir sa réaction devant sa situation. Mais grâce à sa longue expérience comme assistante sociale, aux entretiens avec des êtres méfiants où il fallait faire preuve d'infiniment de tact, Ruthana sut jeter un pont entre eux.

« Tu n'as besoin de rien ? » lui demanda-t-elle vers la fin de leur conversation.

Il secoua la tête.

« Aimerais-tu que je revienne te voir ? »

Il baissa les yeux et examina ses mains, puis les releva sur elle et Ruthana crut y voir briller des larmes. Il hocha la tête.

« Oui », dit-il d'une voix à peine audible.

Elle n'osait même pas imaginer ce que pouvait être sa vie en prison. Lorsqu'il était plus jeune, malgré ses difficultés avec son père, Ruthana avait vu en lui un garçon sensible et aimant, qui avait seulement besoin de preuves d'amour. Il avait donné tout son cœur à la révolution socialiste, pour se retrouver dans cet endroit. Il quitterait sûrement la prison endurci et amer, et elle se jura d'être là pour aider à sa sortie.

Elle appela quelques-uns de ses vieux amis du refuge à New York, et ils trouvèrent quelqu'un qui pourrait peut-être l'aider. Puis elle partit pour Baltimore.

Johnny Metz était contrôleur judiciaire. Âgé de un ou deux ans de plus que Ruthana, il avait un léger embonpoint et était très surmené. Son bureau croulait sous les dossiers et la visite de Ruthana ne parut pas l'enchanter, mais comme elle venait recommandée par des gens qu'il connaissait, il trouva un peu de temps à lui consacrer.

Ruthana exposa son problème et lui fit part des rares informations dont elle disposait. Il examina le plafond, puis Ruthana.

« Vous vous rendez compte de ce que vous me demandez ?

— Oui, répondit Ruthana. Je sais bien que c'est une aiguille dans une meule de foin, mais pour moi c'est très important. »

Il regarda sa montre, puis par la fenêtre. La nuit commençait déjà à tomber.

« Que diriez-vous d'un verre ? »

Ruthana haussa les épaules.

Ils se rendirent dans un petit bar à deux pas de là. C'était à croire que, dans la rue comme dans le bar, tout le monde connaissait Johnny.

« Si seulement je pouvais me rappeler tous leurs noms, confia-t-il. Les visages ça va, c'est facile, mais les noms il y en a trop. »

Ruthana ne le crut pas. À chacun de ceux qui l'avaient salué, il avait répondu par son nom. Elle se dit qu'il devait être doué d'une mémoire photographique. Cependant, grâce à ses propres années à New York, elle comprenait bien le problème. Pour celui qui ne possède pas grand-chose d'autre, il est particulièrement important d'être appelé par son nom.

Johnny était un homme bourru, abrupt et quelque peu cynique, mais il laissa peu à peu transparaître un sens de l'humour aigu et Ruthana comprit que son attitude n'était qu'une défense pour un cœur gros comme ça.

« Vous avez une photo d'elle ? »

Ruthana fit un signe de tête affirmatif et lui tendit une photo de Diana. Il l'examina comme pour mémoriser son visage, mais elle ne décela dans ses yeux aucune lueur de reconnaissance.

« Ça pourrait être n'importe qui », constata-t-il.

Il empocha la photo et ce geste suffit à redonner quelque espoir à Ruthana : il ne rejetait pas sa demande d'emblée.

« Pourquoi est-ce tellement important pour vous de la retrouver ? » demanda-t-il, bien que la réponse allât de soi.

Ruthana formula l'évidence : « Elle est de la famille », et essaya d'expliquer la situation, ce qui l'amena à parler d'Ernestine et de Willie, de Don et Diana, de Flora. Elle s'aperçut soudain qu'elle en était venue à parler d'elle-même, mais avant de l'avoir réalisé, elle en avait dit bien plus long qu'elle n'en avait eu l'intention.

Elle rit : « Vous êtes malin. »

Johnny sourit de ce compliment et consulta à nouveau sa montre. Il manquait toujours quelques heures dans sa journée.

« Où êtes-vous descendue ?

— Au "Y" », répondit-elle. Où qu'elle aille, Ruthana prenait toujours une chambre au Y.W.C.A., qu'elle jugeait pratique, confortable et bon marché.

« Vous avez faim ? »

Ruthana fit un signe affirmatif de la tête.

Il l'emmena dans un restaurant de poissons sans prétention à deux pâtés de maisons de là, non loin du port. L'endroit n'était guère élégant, mais la nourriture était délicieuse, et l'ambiance chaleureuse.

Pendant le dîner, Johnny parla un peu de lui. Il avait fait presque toute sa carrière comme contrôleur judiciaire, et pour lui c'était bien plus qu'un métier : une passion dévorante. Il avait été marié, mais sa femme l'avait quitté cinq ans auparavant, emmenant leurs deux enfants avec elle. Elle estimait qu'il se préoccupait davantage des pique-assiette dont il s'occupait que de sa propre famille.

« Mais ce ne sont pas des pique-assiette. La plupart d'entre eux cherchent juste un peu d'amour », conclut-il.

Aucun sentimentalisme dans cette affirmation, qui correspondait exactement à la réaction de Ruthana vis-à-vis de Don, mais en plus général : on ne naît pas mauvais.

Sa femme et lui avaient divorcé, et malgré son droit de visite, elle avait emmené ses enfants en Californie. Il ne les voyait plus guère qu'une fois par an.

Il raccompagna Ruthana au Y.W.C.A. en voiture.

« Vous comptez rester combien de temps ? demanda-t-il.

— Je n'y ai pas réfléchi. Quelques jours sans doute. »

Elle le remercia pour le dîner et sortit de la voiture.

« Y a-t-il une petite chance de la retrouver ?

— N'espérez pas trop. »

Il consulta encore sa montre puis démarra.

Ruthana resta plantée devant le « Y », se sentant un peu ridicule. Il n'existait aucune raison solide de supposer que Diana puisse encore se trouver à Baltimore, ou qu'il soit possible de la retrouver. Johnny s'était certes montré gentil, mais elle n'était pas sûre qu'il puisse l'aider.

Elle ne savait absolument pas par où commencer. Elle n'avait pas revu Diana depuis des années. La voilà donc partie pour chercher quelqu'un qu'elle ne connaissait pas très bien dans une ville qu'elle ne connaissait pas du tout.

Pourtant aucune puissance au monde n'aurait pu l'empêcher de poursuivre sa quête.

50

Johnny l'appela le lendemain.

« Aucune nouvelle, dit-il. Mais je me demandais ce que vous faisiez pour le dîner ce soir.

— Je n'ai pas de projet.

— Alors je passerai vous prendre à huit heures. »

Ce fut seulement au moment de raccrocher que Ruthana se demanda s'il s'agissait d'un rendez-vous galant.

Elle passa la journée au *Baltimore Herald*, à parcourir de vieux numéros du journal. Don lui avait donné le nom de quelques-uns des amis de Diana chez les Panthères noires, en laissant entendre que certains avaient pu être impliqués dans des affaires criminelles. Elle trouva des références aux Panthères et des photos de certains d'entre eux, mais ne trouva Diana mentionnée nulle part, ni personne qui aurait pu être elle. Ce soir-là, elle enfila sa plus jolie robe et attendit Johnny dans le hall. Il arriva en retard.

« Désolé, dit-il. Vous savez ce que c'est. »

Elle ne lui en voulut pas parce qu'elle ne le savait, en effet, que trop.

« Je connais un endroit qui sert de la cuisine africaine dit-il. J'ai pensé que ça vous plairait. »

Le restaurant était petit et la cuisine n'était pas particulièrement bonne, un mélange de plusieurs variétés de cuisines africaines, essentiellement des curries doux avec trop de cacahuètes, mais l'ambiance était sympathique. Le couple qui tenait l'établissement était originaire du Ghana et elle put leur dire quelques mots dans leur propre langue, ce qui leur fit plaisir.

Johnny ne mentionna pas Diana mais parla d'un cas qui le préoccupait : un jeune homme qui allait retourner en prison parce qu'il ne cessait de commettre des délits entraînant la révocation de sa liberté conditionnelle. C'était frustrant, parce qu'il s'agissait d'un gosse intelligent, et Johnny doutait fort qu'il survive à la prison.

« Parlez-moi de l'Afrique. »

Elle se lança. À présent, ses années là-bas lui apparaissaient comme une époque dorée de son existence, même son séjour dans le Karamoja. Elle réussit à le faire rire. Il la déposa devant le « Y ».

« Demain, même heure, dit-il tout en jetant un coup d'œil à sa montre.

— D'accord. »

Elle passa la journée du lendemain dans les locaux du journal, sans avoir davantage de chance que la veille. Puis elle eut une idée.

Elle possédait deux autres photos de Diana en plus de celle qu'elle avait confiée à Johnny. Elle prit un feutre et sur l'une d'entre elles dessina une coiffure afro.

« Ça fait une sacrée différence », constata Johnny en examinant la photo. Il ne la lui rendit pas mais la glissa dans sa poche.

Ce soir-là, ils dînèrent chinois et il la déposa ensuite au « Y », comme les autres soirs.

« Demain même heure », lança-t-il, comme d'habitude.

Ruthana accepta et lui souhaita bonne nuit ; il démarra. Elle resta plantée sur le trottoir, intriguée.

Se déciderait-il un jour à l'embrasser ?

Elle s'octroya une journée de congé, loin des vieux journaux, et la passa à explorer Baltimore. Ce qu'elle vit de la ville lui plut. Elle s'acheta une nouvelle robe et la porta ce soir-là pour le dîner.

« Joli », admira-t-il.

Ils étaient retournés dans le premier restaurant, et s'attaquaient ensemble à un énorme plat de crevettes bouillies. Johnny avait de grandes mains et un appétit plus grand encore, mais il savait décortiquer les crevettes proprement et avec beaucoup de délicatesse.

« À demain, même heure, dit-il en la déposant devant le "Y".

— Entendu », confirma-t-elle. Elle se pencha vers lui et l'embrassa doucement sur les lèvres.

« C'était en quel honneur ?

— Pour rien, dit-elle. J'en avais envie. »

Il sourit : « Est-ce que j'y aurai encore droit demain ? demanda-t-il.

— Si tu veux.

— Oui, je veux. »

Le lendemain était un samedi. Elle se promena encore en ville et alla voir un film. Johnny travaillait parce que le samedi était le jour où il s'occupait de ses papiers en retard.

Ce soir-là, ils dînèrent d'une pizza accompagnée par une bouteille d'un vin rouge râpeux dans un petit restaurant italien plein de chahut.

Il arrêta la voiture devant le « Y ».

« Je me disais qu'on pourrait aller faire un tour en voiture demain, dit-il. Autour de la baie. À moins que tu n'aies d'autres projets.

— Non, répondit-elle. Je n'ai aucun projet. »

Elle attendit qu'il l'embrasse, en vain. Déçue, elle s'apprêta à sortir de la voiture. Il l'attrapa par le bras.

« Il faut que tu comprennes, dit-il. Je ne peux demander à personne de partager ce que j'ai, et je ne changerai jamais : mon travail passera toujours en premier. Je ne prends aucune initiative. »

Elle le dévisagea.

« Alors c'est moi qui dois faire tout le boulot dans cette histoire ? demanda-t-elle.

— Oui. C'est ça. »

Elle remonta dans la voiture.

« Au moins, maintenant, je connais la règle du jeu. »

Elle l'embrassa sur la bouche, et il répondit. Ses lèvres étaient douces, pleines et complaisantes ; puis elle sentit sa langue chaude et épaisse s'insérer dans sa bouche et fut heureuse, tellement heureuse, parce que c'était ce qu'elle avait désiré.

Le lendemain, dimanche, il pleuvait, ce qui n'entama pas leur détermination. Ils firent le tour de la baie brumeuse et s'arrêtèrent pour déjeuner dans un restaurant de poissons à bon marché. Lorsque la pluie cessa, ils se promenèrent sur la plage par cet après-midi hivernal, lovés l'un contre l'autre pour se protéger du froid.

« Je n'ai pas beaucoup d'expérience des hommes, l'informa-t-elle.

— Heureux de l'apprendre, dit en souriant Johnny. Moi non plus. »

Elle lui expédia un coup de poing et éclata de rire.

« Je ne sais pas pourquoi tu t'es crue obligée de me dire ça, reprit-il, plus sérieux. Tu croyais que je ne le savais pas ? »

Elle demanda « Comment ? » sans trop savoir si elle devait se sentir vexée.

Il s'expliqua : « C'est mon boulot. Évaluer les gens. Écouter ce qu'ils disent et en déduire ce qu'ils cherchent à dire vraiment. Tu le sais bien. Tu fais la même chose. On me dit d'ailleurs que tu le fais très bien.

— À qui as-tu parlé ? exigea-t-elle de savoir en riant.

— Quelle importance ?

— Oui, reconnut-elle, ça n'a aucune importance. »

Il prenait désormais toutes les initiatives. Il l'attira vers lui, la prit dans ses bras et l'embrassa longuement, langoureusement.

Elle le sentit, dur contre elle, et se pressa contre lui pour lui faire comprendre que c'était bien ainsi.

« Qu'est-ce qu'on va faire ? chuchota-t-elle.

— Je ne sais pas, dit-il. Tout s'arrangera. »

Le lendemain, elle retourna au journal mais abandonna à la moitié de la matinée. C'était inutile. Autant chercher une aiguille dans une meule de foin. Elle ne savait plus que faire. Elle n'avait aucune idée de la façon de s'y prendre pour retrouver Diana, et son séjour à Baltimore commençait à lui revenir cher. Mais il y avait Johnny, et elle n'avait aucune envie de partir. Elle résolut de tenter de trouver un arrangement avec lui le soir même.

À son retour au « Y », un message de Johnny l'attendait. Elle le rappela à son bureau et il lui annonça qu'il passerait la prendre une demi-heure plus tard.

« J'ai pensé qu'elle dépendait sans doute de l'aide sociale, lui expliqua-t-il. Alors j'ai fait circuler la photo, celle avec la coiffure afro. Nous ne savons pas si c'est bien elle. »

Ils s'arrêtèrent devant des logements sociaux misérables dans le pire quartier de la ville. La rue était ignoble, le bâtiment à demi en ruine, avec des planches clouées sur la moitié de ses fenêtres. À chaque coin de rue, des jeunes gens voyants et blasés concluaient leurs affaires illégales. Des jeunes femmes, plus voyantes et plus blasées encore, racolaient en toute illégalité, bien qu'il fût à peine midi.

« N'espère pas trop, dit-il. Je ne sais pas si c'est elle. »

Il la précéda dans l'immeuble. L'entrée puait. Les murs pelaient, les huisseries pourrissaient sur pied. Quelque part, au loin, Ruthana perçut les pleurs d'un enfant. Ruthana aurait donné cher pour pouvoir rebrousser chemin, partir de là. Elle avait vu la même chose, pis même, à New York, mais ne supportait pas l'idée de Diana vivant dans de telles conditions. Mais Johnny la précédait, et elle le suivit. Les pleurs de l'enfant augmentaient de volume, et plus haut, une femme criait à quelqu'un ; un peu plus tard, la même femme s'emporta encore, puis se mit à pleurer.

Ils arrivèrent devant une porte sans numéro, et Johnny haussa les épaules.

« Ça doit être là », dit-il en frappant à la porte.

Il n'y eut pas de réponse, si ce n'est que l'enfant qui pleurait se trouvait certainement dans la pièce.

Johnny essaya la poignée. Elle céda et il entra. Ruthana le suivit.

La pièce était aussi sale que l'entrée, et presque vide de tout meuble. Il y avait une ou deux chaises branlantes et une vieille table, un matelas double jeté à même le sol, avec des couvertures répugnantes, et un homme inconscient.

En face du matelas se trouvait un petit réchaud devant lequel se tenait une femme portant un enfant d'environ deux ans sur la hanche. L'enfant pleurait. La femme remuait bien inutilement une poêle vide sur le réchaud. Elle était manifestement défoncée. Ruthana estima qu'elle devait avoir pris une substance plus forte que de la marijuana.

Elle avait les cheveux sales et emmêlés, une coiffure afro négligée depuis un certain temps déjà. Ses vêtements étaient en loques.

« Diana ? » hasarda prudemment Ruthana.

La femme se tourna vers elle, essaya d'ajuster son regard sur elle.

« Diana ? » répéta Ruthana plus vivement.

Pendant un instant infime, Ruthana douta, puis elle acquit une certitude sans savoir pourquoi, et s'approcha d'elle.

« Diana, dit-elle. Je suis venue pour te ramener chez toi. »

La femme ne manifesta en rien qu'elle avait entendu ou compris, mais des larmes se mirent à couler sur ses joues et elle tendit l'enfant à Ruthana.

« Il a faim, dit-elle. Mickey a faim. »

Ils l'emmenèrent parce qu'elle semblait vouloir partir ; elle serait allée n'importe où pourvu qu'elle y trouve de quoi nourrir son enfant. Ils allèrent au bureau de Johnny, où quelqu'un dénicha quelque chose à manger pour Mickey et un sandwich pour Diana. Elle resta assise dans un coin du bureau, tenant fermement l'enfant contre elle, sans laisser qui que ce soit le toucher ou le nourrir.

Ce fut seulement quand le garçonnet fut rassasié et calmé qu'elle laissa Ruthana tenter de le lui enlever. Ses yeux exprimaient une certaine reconnaissance. Mais Mickey se mit à crier, refusant de quitter sa mère. Johnny s'approcha de lui, et l'enfant se calma puis se laissa prendre dans ses bras.

Ils se rendirent ensuite dans une maison que connaissait Johnny où Angie, une femme chaleureuse et maternelle, prit les choses en main. Elle jaugea Diana du regard.

« Elle a besoin d'un bon repos », estima-t-elle.

Diana fut installée dans une petite chambre propre et spartiate. Elle s'endormit, ou s'évanouit, presque aussitôt.

Johnny tenait toujours Mickey. Ruthana essaya de le prendre, mais il refusait d'aller avec elle.

Angie leur montra une salle de bains, où Johnny donna un bain à Mickey, le débarrassa de la crasse dont il était recouvert et changea sa couche.

« Tu as des coups de fil à passer ? » demanda-t-il.

Ruthana partit téléphoner à Ernestine à Chicago. Willie était au travail, et Ruthana espéra qu'il y ait quelqu'un dans la maison avec elle, car Ernestine, en larmes, allait avoir besoin de quelqu'un.

Ensuite, elle appela Flora qui loua le Seigneur.

« Amène-les ici », exigea-t-elle.

Ruthana avait ses doutes.

« C'est à Willie et Ernestine de décider.

— Eux, je m'en charge.

— C'est encore très tôt, M'man, dit Ruthana. Elle n'est pas en bonne santé ; nous devons l'emmener chez un médecin...

— Fais ce que t'as à faire, conclut Flora. Puis amène-les-moi ! »

Le téléphone était dans l'entrée et, pendant que Ruthana téléphonait, un jeune homme entra avec un air quelque peu hanté, traqué. Il pénétra dans une chambre. Un peu plus tard une jeune femme arriva, avec le même air nerveux. Elle salua Ruthana d'un signe de tête et monta.

Pendant ce temps, Johnny, assis sur une chaise dans la pièce principale, bavardait avec Mickey, installé sur ses genoux. L'enfant portait des vêtements qu'Angie lui avait dénichés, trop grands pour lui, mais propres. Les murs étaient couverts de posters contre la drogue.

« Dis quelque chose à Tata », demanda Johnny à Mickey. L'enfant parut très dubitatif. Ruthana s'approcha d'eux, et s'agenouilla pour ne pas sembler une menace aux yeux de l'enfant.

Après quelques cajoleries de Johnny, Mickey se laissa prendre par Ruthana. Johnny consulta sa montre.

« Faut que j'y aille, dit-il.

— Merci, dit Ruthana, merci du fond du cœur.

— Je passerai plus tard », dit-il. Et il s'en alla.

Ruthana resta dans le fauteuil avec Mickey sur les genoux, lui chuchotant doucement à l'oreille. Il finit par s'endormir.

Angie s'approcha d'elle et conseilla : « Mieux vaut le mettre avec sa M'man. Elle aura besoin de lui à son réveil. »

Ruthana porta le petit garçon dans la chambre de Diana et l'étendit, endormi, dans les bras de sa mère. Diana, toujours endormie, s'enroula autour de lui comme pour le protéger, sans cesser de dormir.

Ruthana alla ensuite trouver Angie qui lui dit que Diana et Mickey pouvaient rester là. Un médecin qu'elle connaissait passerait un peu plus tard les ausculter. Ruthana avait bien compris qu'il s'agissait d'un centre de désintoxication pour jeunes ayant des problèmes de drogue ou d'alcool, ou des problèmes tout simplement, et elle qui ne savait plus si elle croyait en Dieu Le remercia qu'il existât des femmes comme Angie en ce monde.

Angie lui prépara une tasse de café puis Ruthana retourna dans la chambre de Diana et resta assise à côté d'elle.

À son réveil, Diana la dévisagea d'un air légèrement soupçonneux. Mickey se réveilla au même moment et Ruthana lui offrit une vieille peluche usée qu'elle avait dénichée. Mickey adora le nounours borgne, il s'en empara et le cajola.

« Veux-tu du café ? » demanda Ruthana à Diana.

Diana fit un signe affirmatif.

« Tout va bien, dit Ruthana, tandis qu'elles buvaient toutes les deux leur café à petites gorgées. Quoi qu'il ait pu se passer, quoi que tu aies fait, cela n'a plus d'importance. » Diana resta silencieuse un long moment. Puis laissa échapper un violent sanglot et renversa tout son café.

Alors elle pleura longtemps, et Ruthana la tint dans ses bras.

« Je veux rentrer à la maison », dit Diana.

Johnny passa un peu plus tard.

« Elle s'en sortira, dit Angie. Ici, il ne peut rien lui arriver. »

Ils sortirent dîner dans leur habituel restaurant de poissons. Johnny avait pu reconstituer une partie de l'histoire de Diana. Elle avait un petit casier judiciaire pour comportements violents à l'époque où elle militait avec les Panthères noires, mais rien qui puisse compromettre son avenir. Ensuite, elle semblait avoir dérivé, d'une ville à l'autre, d'un homme à l'autre. Il ignorait qui était le père de Mickey, et doutait fort que Diana elle-même le sache.

« Comment pourrais-je jamais te remercier ? » dit Ruthana.

Johnny décortiquait une crevette.

« Pas facile de répondre à celle-là... dit-il, sans lever les yeux, toujours concentré sur sa crevette. Tu pourrais venir t'installer à Baltimore, dit-il enfin en mettant la crevette en bouche. Trouver du travail ici, et m'épouser. »

Ruthana ne répondit pas tout de suite. Elle prit une crevette, la décortiqua, et la mangea.

« Oui, reconnut-elle enfin. Je pourrais. »

Willie et Ernestine arrivèrent de Chicago par avion le samedi suivant. Leurs retrouvailles avec leur fille furent difficiles tout d'abord car Diana souffrait de manque et, en outre, se méfiait de ses parents.

Mickey brisa la glace. Mickey, pourtant effrayé par toute femme qui n'était pas sa mère, fut parfaitement heureux de se laisser prendre dans les bras de sa grand-mère et serrer contre son cœur.

Pour Diana, ce fut tout autre chose. Elle accepta leurs étreintes sans enthousiasme. Ils voulaient la ramener à Chicago, mais Ruthana était contre. La désintoxication de Diana allait prendre un certain temps, et Ruthana ne pensait pas que Chicago, avec ses nombreuses tentations, serait le meilleur endroit pour la mener à bien.

Elle savait qu'elle allait devoir se montrer cruelle, mais Johnny et elle en avaient discuté en professionnels. Et Diana et elle en avaient discuté en tant que parentes.

« Elle ne veut pas aller à Chicago », articula Ruthana.

Elle lut la blessure dans leurs yeux.

« Elle veut aller à Stockton, poursuivit Ruthana. Maman s'occupera d'elle, et vous pourrez aller la voir là-bas et refaire connaissance avec elle.

— Flora n'y arrivera jamais, pas toute seule, objecta Ernestine.

— Ô que si ! la contredit Willie, avec un léger sourire.

— Alors j'irai là-bas moi aussi, décida Ernestine. Je m'installerai quelque temps chez P'pa.

— Oui, dit Ruthana. Bonne idée. Mais pas encore. Attends quelques semaines. Vois comment cela évolue. »

Elle-même n'était toujours pas convaincue que Flora puisse y arriver, mais elle n'avait pas de meilleure idée d'un endroit où Diana et Mickey puissent aller. Elle résolut de passer une quinzaine de jours à Stockton, pour s'assurer que Flora saisisse bien l'ampleur des problèmes de Diana.

Elle trouva un emploi à Baltimore, puis un petit appartement. Elle proposa que Johnny et elle vivent ensemble quelque temps, quand elle rentrerait de Stockton. Mais Johnny ne voulut pas en entendre parler.

« Tu as peur de t'engager ? demanda-t-il.

— Je t'aime, répondit-elle simplement. C'est un engagement ça.

— Alors épouse-moi, exigea-t-il.

— D'accord. »

Au bout de trois semaines, Angie jugea Diana suffisamment rétablie pour voyager, tout en doutant de la sagesse de leur décision de l'envoyer à Stockton. Diana était profondément blessée et porterait de nombreuses cicatrices, et elle n'était pas certaine que cette petite vieille qui vivait à la campagne disposerait des ressources nécessaires pour traiter ce genre de problème.

« On voit que vous ne connaissez pas la petite vieille en question », constata Ruthana avec un sourire.

Aussitôt qu'elles descendirent du train, Ruthana sut que tout allait bien se passer.

Flora était là, avec Albie. Elle ne prêta pas la moindre attention à Ruthana ni même, dans un premier temps, à Mickey, bien qu'elle brulât d'envie de le prendre dans ses bras.

À ce moment, elle n'avait de pensées que pour Diana. Elle s'avança vers sa petite-fille et la jaugea du regard.

« Toi, t'as besoin qu'on t'engraisse.

— Oh ! Gran' ! » s'écria seulement Diana.

Elle confia Mickey à Ruthana, se laissa envelopper dans les bras de sa grand-mère, et se laissa aimer.

RÉUNION

Flora

51

À l'occasion du quatre-vingtième anniversaire de Mama Flora, toute sa famille ou presque se retrouva à Stockton pour une fête.

Il n'y avait de place pour personne dans la petite maison de Flora car Diana et Mickey y vivaient, alors il fallut cantonner la famille dans toute la ville.

Willie et Ernestine descendirent chez Albie, ainsi que Booker, sa femme et leur fils de quatre ans, Albie junior, à qui son grand-père tenait évidemment comme à la prunelle de ses yeux.

Ruthana et Johnny s'installèrent chez Pearl qui était devenue une vieille dame très fragile. Ruthana ne pensait pas qu'elle puisse encore vivre bien longtemps, mais Pearl était bien décidée à ne pas lâcher prise avant Flora. Ruthana s'inquiétait de ce que la présence d'une fillette de deux ans sous son toit ne se révèle trop fatigante pour elle, mais Pearl, qui n'avait pas d'enfant, adora Floretta, et sanglota le jour de son départ.

Le révérend Hawkins et sa femme Tessa avaient spécifiquement demandé à ce que Luke et Jessica séjournent chez eux. L'idée de recevoir chez lui des musulmans à part entière stimulait sa curiosité et les deux hommes consacrèrent de longues heures au bonheur de débattre de questions religieuses. Jasmine s'installa chez eux également, ainsi que son mari Jamal et leur fils Yahya.

Flora regretta que Daoud ne puisse être des leurs. Étudiant en troisième cycle à l'Université musulmane du Caire, il y vivait avec sa femme et ses fils, mais il envoya à Flora des photos de la famille devant les pyramides, et elle en conçut une grande fierté.

L'absence de Don l'attrista encore davantage. Sa mise sous liberté conditionnelle était prévue pour l'année suivante. Flora avait espéré que les autorités, compréhensives, accorderaient à son petit-fils une permission pour son anniversaire, tout en sachant que ce n'était guère réaliste.

Stockton devait célébrer une autre grande célébration l'année suivante, celle du Bicentenaire américain, et Don promit de venir à cette occasion.

Diana, établie à Stockton, devait être de la fête, avec Mickey et son petit ami Rusty Simpson, ainsi nommé car ses cheveux possédaient de légers reflets cuivrés.

Les relations entre Flora et Diana n'avaient pas été sans nuage pendant les deux premières années que la jeune fille avait passées à Stockton. Souvent maussade ou pensive, elle avait souffert pendant un certain temps des symptômes du manque, mais Flora avait persévéré avec elle en se contentant de rester elle-même et d'aimer Mickey.

Au début, ce simple fait provoqua certaines frictions entre les deux femmes. Mickey était tout ce que Diana possédait au monde et elle vivait mal l'intrusion de Flora dans l'affection de l'enfant. Plusieurs fois, des disputes éclatèrent pour des riens, mais Flora saisit la véritable origine du problème et sut modifier son attitude vis-à-vis de Mickey.

Il y eut d'autres querelles encore, à propos de l'église. Flora croyait..., croyait sincèrement que Dieu pouvait aider Diana. Mais celle-ci niait ce Dieu avec tout autant d'acharnement.

Comme toujours, Flora pria pour demander à Dieu de la guider, et peut-être répondit-Il à ses prières, car elle prit une initiative qui devait améliorer leurs relations.

Diana avait beau être revenue au sein de sa famille, elle entretenait toujours en grande partie ses opinions radicales d'autrefois. Elle tirait sur la laisse que symbolisait Stockton, ayant tendance à considérer les Noirs de ce bourg comme complaisants et à mettre la simplicité de la vie qu'on y menait au compte de cette complaisance.

Pearl remit en partie les pendules à l'heure. Bien que Flora n'ait jamais révélé à aucun membre de sa famille les événements du Star Café, elle fut heureuse que Ruthana en ait été informée, estimant que cela pourrait peut-être aider Diana. Ne pouvant raconter elle-même l'histoire à sa petite-fille, elle demanda à Pearl de s'en charger.

Diana ne mentionna pas ce qu'elle avait appris, mais un soir, se rappelant leur visite à la réunion de Nation d'Islam, elle demanda à Flora quel effet cela lui faisait que Luke et sa famille soient devenus musulmans.

« Tant qu'ils sont croyants, répondit sa grand-mère. Ça m'est égal le nom qu'ils Lui donnent. »

Le dimanche suivant, elle n'exigea pas que Diana et Mickey l'accompagnent à l'église mais, l'après-midi, annonça à Diana qu'elle avait besoin de son aide.

Elles se rendirent au cimetière sur la tombe de Booker. Flora n'avait jamais cessé de passer une fois par semaine prendre soin de la sépulture. Elle désherbait et veillait à ce qu'il y ait toujours des fleurs fraîches dans une petite vasque. Depuis quelque temps, la tâche étant devenue trop lourde pour elle, Flora avait acheté une plante en pot et l'avait transplantée à côté de la tombe. Elle poussait chaque printemps, fleurissait chaque été, et se reposait l'hiver, ce qui, aux yeux de Flora, paraissait juste et bon.

Diana aida sa grand-mère à s'agenouiller à côté de la tombe, puis Flora s'assit par terre, et se mit en devoir d'arracher des mauvaises herbes. Elle ne demanda pas à Mickey de l'aider, mais il le fit quand même.

« Comment est-il mort ? » demanda Diana.

Flora lui raconta la mort de Booker. Elle la raconta avec des mots simples, s'efforçant de ne pas exagérer l'importance de l'événement, bien qu'il fût capital.

Diana ne fit aucun commentaire, mais tandis qu'elles s'éloignaient, elle se mit à poser des questions sur Luke.

Alors Flora lui raconta l'histoire de la conception de Luke, de sa naissance, des événements terribles qui avaient suivi, et son heureux dénouement.

« C'est Dieu qui l'a permis, conclut Flora. C'est Dieu qui m'a montré comment retrouver Luke. Et moi j'ai fait comme Il avait dit. Et je l'ai retrouvé. »

Elle se demanda jusqu'où elle pouvait pousser son avantage.

« 'xactement comme Il a fait avec Ruthana. »

Elles étaient rentrées à la maison et Flora faisait mine de s'activer.

Diana l'interrogea : « Qu'est-ce qui s'est passé pour Ruthana ?

— J'ai fait quelques erreurs, comme font les parents. »

Elle refusa d'en discuter ce soir-là, mais au fil des jours, elle évoqua la vie de Ruthana et la disparition de Josie. En alignant bout à bout chaque petit élément, elle finit par emmener Diana là où elle voulait en venir.

« Je voulais qu'il lui arrive rien de mal, expliqua-t-elle. Je voulais pas que sa vie ressemble à la mienne. Alors j'ai trop voulu la protéger.

— Mais Ruthana a eu une vie formidable ! s'exclama Diana, décontenancée.

— Maintenant, oui, reconnut Flora. Mais parle-lui toi-même à ta tante. Demande-lui un peu si elle était heureuse avant de partir pour l'Afrique. »

Diana ne fit aucun commentaire, mais quelques jours plus tard, elle s'assit pour écrire à Ruthana une lettre simple où elle ne lui posait aucune grande question :

juste un contact, un retour au sein de sa famille, le désir d'y jouer à nouveau un rôle.

Ruthana répondit. Une lettre simple, qui ne donnait aucune grande réponse. Pourtant, une semaine plus tard, Diana appela Ernestine à Chicago.

Ernestine était venue passer quelques mois à Stockton après le retour de Diana, en partie pour être auprès d'Albie, mais surtout pour se réconcilier avec sa fille.

L'initiative n'avait pas été un grand succès. Albie, très heureux de retrouver sa fille et de la voir renouer avec sa sœur Henrietta et sa famille, lui avait pourtant conseillé de retourner auprès de son mari.

« Va là-bas ou alors c'est lui qui vient ici, avait-il déclaré. C'est ton homme et t'as pas longtemps à passer avec lui. Quelle que soit la durée de ta vie, ça sera jamais assez. » Diana avait complètement repoussé sa mère. Elle s'était montrée polie avec elle, l'avait laissée tisser des liens avec Mickey, mais les blessures restaient profondes et étaient loin d'être cicatrisées.

Ernestine était repartie pour Chicago, pour y retrouver l'homme qu'elle aimait, l'homme auprès de qui elle avait enduré tant d'épreuves. Bien qu'elle fût heureuse avec lui et Booker, ses aînés lui manquaient.

C'est pourquoi ce jour où Diana l'appela de Stockton, pour ne rien communiquer d'important, simplement pour dire bonjour, cet appel représenta pour Ernestine un trésor inimaginable.

Peu après, Diana décida qu'elle aimerait travailler, ne serait-ce qu'à mi-temps. Flora l'accompagna en ville, afin de s'occuper de Mickey pendant l'entretien.

Ils attendirent devant la boutique, l'institut de beauté Norelle d'autrefois.

« Ça s'appelait Modes Modernes, avant, dit Flora, et encore avant ça c'était Lady je sais pas quoi, mais le vieux Tom Lanier, il a lancé cette boutique avant mon arrivée à Stockton. »

Elle resta quelques instants perdue dans ses souvenirs.

« Ils ont bien réussi, les Lanier. »

Diana décrocha l'emploi, ce qui fit une grande différence dans leurs vies, car la jeune femme avait désormais un but dans l'existence, et Flora devait s'occuper de Mickey pendant qu'elle était au travail, et en profitait pour combler le petit garçon d'amour.

« Tu le gâtes, disait Diana en riant.

— Pour ça oui, reconnut Flora. Une grand-mère c'est fait pour ça. »

Or donc la famille de Mama Flora se réunit à Stockton pour son quatre-vingtième anniversaire, et quels qu'aient pu être les problèmes des uns avec les autres, ou au sein de l'une ou l'autre famille, on les mit de côté, car ce moment appartenait à quelqu'un d'autre.

Tous participèrent à l'office du dimanche, même les musulmans de la famille, car il était célébré en l'honneur d'une femme qui croyait en Dieu à sa façon bien à elle, et tous, ceux qui avaient une foi différente comme ceux qui ne l'avaient pas, reconnaissaient que cette foi l'avait soutenue à travers bien des épreuves.

Le chœur chanta avec entrain, et quand la jeune Betty Jackson tenta avec succès le contre-ut qu'elle ratait parfois, toute l'assemblée l'acclama et tapa des pieds avec enthousiasme.

« Ô que oui ! »

Tout de même, Pearl se plaignit amèrement de la qualité du jeu de l'organiste.

Le révérend Hawkins prononça une homélie courte mais particulièrement émouvante, fondée sur un texte de Matthieu. C'était un homme du Nouveau Testament.

« Voici ma mère, et mes frères.

« Car quiconque accomplit la volonté de Dieu mon Père qui est au cieux, proclama-t-il, celui-là même est mon frère et ma sœur et ma mère. »

Il leur lança un regard féroce. Ils adoraient cela quand il les regardait férocement, car ils savaient que quelque chose d'épatant allait suivre.

« Voici ma mère, tonna-t-il, le doigt braqué sur Flora. Qui a accompli la volonté de Dieu ! »

Le service ne fut pas suivi par un barbecue, car la fête d'anniversaire devait se dérouler en début de soirée afin que les personnes âgées et les enfants puissent partir se coucher à une heure raisonnable. Isaac Dixon junior fournissait gracieusement le repas. Il avait prévu un quartier de bœuf, sachant que certains membres de la famille de Flora ne consommaient pas de porc.

Chacun regagna son domicile et se reposa, avant de se changer. Albie passa prendre Flora chez elle en voiture vers quatre heures. Elle portait une nouvelle robe, achetée spécialement pour l'occasion, et Albie lui offrit un petit bouquet de gardénias, sa fleur favorite, à épingler sur son corsage.

Il l'accompagna à l'église, avec Diana et Mickey. Presque tout le monde était déjà là, la moitié de la ville, semblait-il, et Ruthana fut particulièrement heureuse de constater que Gavin Hopkins avait déposé sa mère, Mme Hopkins, afin que celle-ci puisse participer à la fête, bien que lui-même s'abstînt de rester.

Il régnait un temps idéal, chaud, sans pluie. Un orchestre joua sous la direction du fils de Freeman Lanier. Il n'était pas très bon, mais quelle importance... et Betty Jackson se leva pour entonner un spiritual.

Diana allait protester que le spiritual, loin d'être un chant de l'esprit, témoignait plutôt de la domination des Blancs sur les Noirs, quand Booker lui ordonna de se taire et d'écouter la musique.

Vers six heures, le groupe migra vers la salle paroissiale où devait être prise la photo de famille.

Le photographe, déjà installé, avait disposé une rangée de chaises. Booker emmena Flora jusqu'à celle du milieu, la place d'honneur, et elle tint absolument à ce qu'Albie junior s'agenouille par terre devant elle, avec tous les autres arrière-petits-enfants autour de lui.

Chacun des autres membres de la famille trouva sa place, assis ou debout, selon les instructions de Flora, et l'on appuya sur le déclencheur.

Un an plus tard, Diana s'envola du nid. Elle épousa Rusty, que sa première femme avait quitté après un bref mariage pour les lumières brillantes de la grande ville, lui abandonnant leur fillette. Mickey trouva ainsi une sœur et Diana un mari, et leur mariage fut heureux.

Pearl mourut, après avoir vieilli aux côtés de Flora, la laissant seule, excepté Albie.

Celui-ci tenta de convaincre Flora de venir s'installer chez lui, mais l'idée de quitter sa petite maison lui était insupportable. Il continua donc à venir la voir trois ou quatre fois par semaine, restant parfois pour la nuit, et ils furent très heureux.

Les nuits où Albie n'était pas là et où Flora se retrouvait seule, elle aimait s'asseoir sur la véranda derrière sa maison lorsque les soirées étaient chaudes, se jurant qu'elle allait s'attaquer à son potager envahi par les mauvaises herbes.

En hiver, quand les soirées étaient fraîches, elle restait à l'intérieur à regarder la télévision ou à écrire des lettres à sa famille, très courtes car elle avait toujours eu du mal à écrire et l'arthrose de sa main n'arrangeait pas les choses.

L'année d'après, quand Don fut mis en liberté conditionnelle, il tint parole et vint passer un mois à Stockton afin de voir Flora et, surtout, Diana. Flora ne lui posa aucune question sur ses années de prison. Il les lui raconterait s'il en avait envie. Mais elle réclama une photo de Don qu'il lui confia juste avant de repartir pour Chicago passer quelque temps dans sa famille. Chaque soir avant d'aller se coucher, Flora contemplait le cliché pris le jour de son quatre-vingtième anniversaire. Elle l'avait fait encadrer et avait glissé dans son cadre la photo de Daoud avec sa famille aux pyramides et celle de Don.

Elle possédait aussi une petite photo de Booker, très ancienne, prise avant leur rencontre, à l'époque où il faisait partie d'une équipe de travailleurs. Elle découpa son visage dans la photo de groupe et l'ajouta également au cadre.

Ainsi étaient-ils enfin tous ensemble, réunis, la famille de Mama Flora, toutes générations confondues, et cela lui procurait un merveilleux sentiment de satisfaction que de les regarder, souriant gaiement face à l'objectif.

Et si elle se sentait fière de ce qu'elle avait créé et accompli dans sa vie, alors sûrement le bon Dieu Lui-même trouverait justifiée cette petite vanité.

« Peu m'importe qui ils sont, où ils ont été ou ce qu'ils font, se disait Mama Flora ; sans moi, sans ce que j'ai toujours cru, et ce que j'ai fait, rien de tout cela ne serait jamais arrivé. »

Table

Première partie

Deuxième partie

Troisième partie

Réunion

10 €

Cet ouvrage a été réalisé par la
SOCIÉTÉ NOUVELLE FIRMIN-DIDOT (Mesnil-sur-l'Estrée)
pour le compte de LA LIBRAIRIE PLON

Achevé d'imprimer en janvier 2000

Imprimé en France
Dépôt légal : janvier 2000
N° d'édition : 13161 - N° d'impression : 49602